HSSC

हरियाणा पुलिस कांस्टेबल परीक्षा

नवीनतम संस्करण अभ्यास किट

12 टेस्ट्स
10 मॉक टेस्ट्स
02 गतवर्षीय प्रश्न पत्र

वास्तविक परीक्षा प्रारूप पर आधारित टेस्ट

✓ पूर्णतः संशोधित और अद्यतन

✓ सभी बहुविकल्पीय प्रश्नो का विस्तृत विश्लेषण

शीर्षक	: HSSC हरियाणा पुलिस कांस्टेबल परीक्षा
लेखक का नाम	: Mr. Rohit Manglik
प्रकाशक	: EduGorilla Community Pvt. Ltd.
प्रकाशक का पता	: 12/651 प्रथम तल, अरविन्दो पार्क के सामने, निकट जामा मस्जिद, इंदिरा नगर लखनऊ, उत्तर प्रदेश, 226016, भारत।

कॉपीराइट EduGorilla

अस्वीकरण EduGorilla

Compiled and created by EduGorilla Community Pvt. Ltd

EduGorilla Community Pvt. Ltd. द्वारा मुद्रित

रोहित मांगलिक
सीईओ, EduGorilla

प्रिय छात्रों,

एक बहुत ही प्रचलित कहावत है कि "सफलता उन्हीं को मिलती है जो उसके लिए कड़ी मेहनत करते हैं।" लेकिन मैंने लोगों को उनकी परीक्षाओं के लिए दिन-रात एक करके मेहनत करते हुए देखा है, पर फिर भी वे सफल नहीं हो पाते। तो वहीं दूसरी ओर, कुछ लोग बस आधी मेहनत करके परीक्षा में सफलता प्राप्त करते हैं। तो, क्या वे किस्मत वाले हैं? नहीं मेरा मानना है, कि ऐसा इसलिए है क्योंकि वे सिर्फ कड़ी नहीं बल्कि कुशल तरीके से अपनी तैयारी करते हैं। इसी तरह आपको भी अपनी परीक्षाओं की तैयारी के लिए अपनी योजना बनानी चाहिए, ताकि आपकी भी सफलता की संभावना बढ़ सके। तो तैयार हो जाइये EduGorilla के साथ अपनी परीक्षा में चयन होने की संभावना को 16 गुना बढ़ाने के लिए।

EduGorilla आपको न केवल कड़ी मेहनत करने में मदद करता है, बल्कि एक स्मार्ट और योजनाबद्ध तरीके से तैयारी करने में भी सहायता प्रदान करता है। EduGorilla की तैयारी पैकेज के साथ आप अपने परीक्षा में चयन होने के रास्ते को सहज और मनोरंजक बना सकते हैं। अपनी तैयारी के लिए सही रास्ता खोजना मुश्किल हो सकता है, यदि आप ये नहीं जानते कि आपको किस दिशा में जाना है। चिंता न करें हम आपके साथ खड़े हैं! EduGorilla आपकी सफलता में आपका मार्गदर्शक बनेगा। हमारे तैयारी पैकेज के साथ आप रणनीतिक रूप से तैयारी कर, अपनी परीक्षा में सिर्फ एक ही प्रयास में सफल हो सकते हैं।

EduGorilla के तैयारी पैकेज में शामिल हैं-

• टेस्ट सीरीज़   • किताबें

हमारे तैयारी पैकेज को सभी तरह के नये बदलवों, विशेषज्ञों की राय एवं छात्रों के प्रतिक्रिया के अनुसार तैयार किया गया है। जो आपको परीक्षा के प्रत्येक चरण की चयन प्रक्रिया को पार करने के योग्य बनाता है।

हमारी किताबें शिक्षकों और विशेषज्ञों द्वारा आपकी परीक्षा के लिए तैयार की गई हैं, 150+ वर्षों के अनुभव के साथ; ताकि आपको आसान, कुशल और प्रभावी शिक्षण प्रदान किया जा सके। हमारी स्मार्ट किताबें न सिर्फ आपको प्रश्नों के उत्तर देने की समझ देती हैं, अपितु आपके अभ्यास के लिए समान रूप के प्रश्न भी प्रदान करती हैं।

EduGorilla की सक्षम टेस्ट सीरीज आपको वास्तविक अनुभव और आत्मविश्वास प्रदान करती हैं, जिसके माध्यम से आप केवल एक प्रयास में अपनी ऑफलाइन अथवा ऑनलाइन परीक्षा पास कर सकते हैं। वर्तमान में हम 83,000+ मॉक टेस्ट्स और 1,440+ प्रतियोगी एवं शैक्षणिक परीक्षाओं की तैयारी कराते हैं।

अर्थात, EduGorilla आपकी तैयारी में आपकी सहायता करने का कोई भी मौका नहीं छोड़ता है और परीक्षा के सभी चरणों को कवर करता है, ताकि परीक्षा की तैयारी के लिए आपको कहीं और भटकना ना पड़े।

हम आपको डिफेन्स, बैंकिंग, टीचिंग और अन्य राष्ट्रीय एवं राज्य स्तरीय परीक्षाओं के लिए सम्पूर्ण तैयारी पैकेज प्रदान करते हैं। अत: इससे कोई फर्क नहीं पड़ता कि आप किस परीक्षा के लिए तैयारी कर रहे हैं, क्योंकि आप सफलता हासिल करेंगे।

आपको परीक्षा की शुभकामनाएं!

रोहित मांगलिक,
संस्थापक और मुख्य कार्यकारी अधिकारी, EduGorilla

प्रस्तावना

EduGorilla छात्रों को उनकी परीक्षा में सफल होने के लिए मार्गदर्शन प्रदान करता है। जिसको ध्यान में रखते हुए हमारे कुल 150+ वर्षों का अनुभव रखने वाले प्रतिष्ठित विशेषज्ञों ने कड़े प्रयासों के द्वारा "HSSC : हरियाणा पुलिस कांस्टेबल परीक्षा" को तैयार किया है। इस किताब के प्रश्नों को हाल ही में परीक्षा के पाठ्यक्रम और पैटर्न में हुए सभी बदलावों को ध्यान में रखकर बनाया गया है। वो प्रश्न जिनकी हरियाणा पुलिस कांस्टेबल परीक्षा परीक्षा में आने कि संभवना काफी प्रबल है, उनको इस किताब मे रखा गया है। आप EduGorilla की "HSSC : हरियाणा पुलिस कांस्टेबल परीक्षा" के माध्यम से अपनी सफलता की संभावना को 16 गुना बढ़ा सकते हैं।

EduGorilla ये अपनी संपूर्ण तैयारी पैकेज के माध्यम से साकार करता है। इस किट में आपको प्रश्न अच्छी तरह अवधारित एवं संरचित रूप मे मिलेंगे जिन्हे आपकी जरूरतों के अनुसार बनाया गया है। इसके माध्यम से आपको स्मार्ट तरीके से परीक्षा के लिए अभ्यास करने में मदद मिलेगी। साथ ही आपको सहायक, समाधान और स्मार्ट उत्तर पत्रिका भी प्रदान की जायेंगी। जिससे आप अपना मूल्यांकन स्वयं कर सकते हैं। आप स्वयं की समीक्षा कर, उन सभी बिन्दुओं पर खुद को बेहतर तरीके से तैयार कर सकते हैं।

EduGorilla आपको अपनी परीक्षा में सफ़लता दिलाने और आपके लक्ष्य को हासिल करने में आपकी सहायता करने का वादा करता हैं। हम अपने प्रतिभागियों पर पूरा भरोसा करते हैं और उन्हें मेरिट सूची के शीर्ष पर देखते हैं। शीर्ष स्थान की ओर आपका पहला कदम है हमारे साथ तैयारी शुरू करना। EduGorilla की "HSSC : हरियाणा पुलिस कांस्टेबल परीक्षा" की विशेषताएं कुछ इस प्रकार हैं।

➤ अच्छी तरह से शोध किया हुआ पाठ्यक्रम

➤ उच्च गुणवत्ता

➤ विस्तृत उत्तर और विश्लेषण

➤ स्मार्ट उत्तर पत्रिका

➤ परीक्षा सुसंगत प्रश्न

इस प्रकार EduGorilla आपकी तैयारी को मजबूत और आपको परीक्षा में सफल होने के योग्य बनाता है।

हरियाणा पुलिस कांस्टेबल परीक्षा
परीक्षा की योग्यता, परीक्षा पैटर्न, विषय को जानने
के लिए QR कोड को स्कैन करें।

Book ID: 0636

<h2 style="text-align:center">प्रस्तावना</h2>

EduGorilla छात्रों को उनकी परीक्षा में सफल होने के लिए मार्गदर्शन प्रदान करता है। जिसको ध्यान में रखते हुए हमारे कुल 150+ वर्षों का अनुभव रखने वाले प्रतिष्ठित विशेषज्ञों ने कड़े प्रयासों के द्वारा "HSSC : हरियाणा पुलिस कांस्टेबल परीक्षा" को तैयार किया है। इस किताब के प्रश्नों को हाल ही में परीक्षा के पाठ्यक्रम और पैटर्न में हुए सभी बदलावों को ध्यान में रखकर बनाया गया है। वो प्रश्न जिनकी हरियाणा पुलिस कांस्टेबल परीक्षा परीक्षा में आने कि संभवना काफी प्रबल है, उनको इस किताब मे रखा गया है। आप EduGorilla की "HSSC : हरियाणा पुलिस कांस्टेबल परीक्षा" के माध्यम से अपनी सफलता की संभावना को 16 गुना बढ़ा सकते हैं।

EduGorilla ये अपनी संपूर्ण तैयारी पैकेज के माध्यम से साकार करता है। इस किट में आपको प्रश्न अच्छी तरह अवधारित एवं संरचित रूप मे मिलेंगे जिन्हे आपकी जरूरतों के अनुसार बनाया गया है। इसके माध्यम से आपको स्मार्ट तरीके से परीक्षा के लिए अभ्यास करने में मदद मिलेगी। साथ ही आपको सहायक, समाधान और स्मार्ट उत्तर पत्रिका भी प्रदान की जायेंगी। जिससे आप अपना मूल्यांकन स्वयं कर सकते हैं। आप स्वयं की समीक्षा कर, उन सभी बिन्दुओं पर खुद को बेहतर तरीके से तैयार कर सकते हैं।

EduGorilla आपको अपनी परीक्षा में सफ़लता दिलाने और आपके लक्ष्य को हासिल करने में आपकी सहायता करने का वादा करता हैं। हम अपने प्रतिभागियों पर पूरा भरोसा करते हैं और उन्हें मेरिट सूची के शीर्ष पर देखते हैं। शीर्ष स्थान की ओर आपका पहला कदम है हमारे साथ तैयारी शुरू करना। EduGorilla की "HSSC : हरियाणा पुलिस कांस्टेबल परीक्षा" की विशेषताएं कुछ इस प्रकार हैं।

➤ अच्छी तरह से शोध किया हुआ पाठ्यक्रम

➤ उच्च गुणवत्ता

➤ विस्तृत उत्तर और विश्लेषण

➤ स्मार्ट उत्तर पत्रिका

➤ परीक्षा सुसंगत प्रश्न

इस प्रकार EduGorilla आपकी तैयारी को मजबूत और आपको परीक्षा में सफल होने के योग्य बनाता है।

हरियाणा पुलिस कांस्टेबल परीक्षा
परीक्षा की योग्यता, परीक्षा पैटर्न, विषय को जानने
के लिए QR कोड को स्कैन करें।

Book ID: 0636

विषय-सूची

Q.1 हाल ही में चल रहे स्वच्छता सर्वेक्षण 2021 में बिहार को किस स्थान पर शामिल किया गया है?

[Delhi Forest Guard, 2021], [UPSSSC Rajasva Lekhpal, 2015]

A. 1   **B.** 10   **C.** 12   **D.** 13

Q.2 बिहार के किस वैज्ञानिक और उनकी टीम ने बैक्टीरिया की पहचान करने के लिए एक नई तकनीक का आविष्कार किया है?

[UPSSSC Rajasva Lekhpal, 2015]

A. डॉ. अमर त्रिपाठी   **B.** रवि भूषण पांडेय
C. डॉ. उज्ज्वल वर्मा   **D.** डॉ. राधाकृष्ण प्रसाद

Q.3 बिहार में एकमात्र जीनोम सीक्वेंसिंग लैब कहाँ से शुरू हुई है?

[Delhi Forest Guard, 2021]

A. पटना   **B.** दरभंगा   **C.** गया   **D.** वैशाली

Q.4 तरकारी एक्सप्रेस बिहार के निम्नलिखित में से किस शहर से शुरू की गई थी?

A. दरभंगा   **B.** पटना   **C.** गया   **D.** मुंगेर

Q.5 3 साल की अवधि के लिए सेबी के नए अध्यक्ष के रूप में किसे नियुक्त किया गया है?

A. अरुंधति भट्टाचार्य   **B.** कल्पना मोरपारिया
C. गीता गोपीनाथ   **D.** माधबी पुरी बुच

Q.6 राज्य सरकार का संवैधानिक प्रमुख कौन है?

A. राज्यपाल
B. मुख्यमंत्री
C. भारत के मुख्य न्यायाधीश
D. इनमें से कोई नहीं

Q.7 निम्नलिखित प्रसिद्ध हस्तियों में से कौन करनाल जिले से संबंधित है?

A. मानुषी छिल्लर   **B.** नेक चंद सैनी
C. बाबा रामदेव   **D.** कल्पना चावला

Q.8 उत्तल दर्पण द्वारा सदैव किस प्रकार की छवि का निर्माण होता है?
I. वास्तविक
II. आभासी
III. अभिवर्धित

A. केवल I   **B.** केवल II
C. केवल I और III   **D.** केवल II और III

Q.9 कंप्यूटिंग में, ______ डेटा एकत्र करने, भंडारण और प्रसंस्करण के लिए और जानकारी प्रदान करने के लिए घटकों का एक एकीकृत समूह है।

A. सूचना प्रणाली   **B.** ऑपरेटिंग प्रणाली
C. संचार प्रणाली   **D.** डिजिटल प्रणाली

Q.10 एक्सेल को रन विंडो के द्वारा चलाने के लिए क्या कोड टाइप करते हैं?

A. एक्सेल   **B.** विन एक्सेल
C. एमएस एक्सेल   **D.** एमएस वर्ड

Q.11 FTP का पूर्ण नाम क्या है?

A. फ़ाइल ट्रांसफ़र प्रोटोकॉल
B. फ़ाइल ट्रांजिट प्रोटोकॉल
C. फ़ोल्डर ट्रांसफर प्रोटोकॉल
D. फ़ोल्डर ट्रांजिट प्रोटोकॉल

Q.12 एक संख्या दूसरे की 25% है। बड़ी संख्या छोटी संख्या से 12 अधिक है। बड़ी संख्या क्या होगी?

A. 48   **B.** 16   **C.** 4   **D.** 12

Q.13 राज्य नीति के निर्देशक सिद्धांत ________ संविधान से उधार लिए गए हैं।

A. ऑस्ट्रेलिया   **B.** अमेरीका
C. कनाडा   **D.** आगरलैंड

Q.14 हरियाणा का पहला मुख्यमंत्री कौन था?

[HSSC Canal Patwari, 2021]

A. बनारसी दास गुप्ता   **B.** राव वीरेंद्र सिंह
C. भजन लाल   **D.** भागवत दयाल शर्मा

Q.15 एक काम को X, 9 दिनों में और Y, 18 दिनों में कर सकता है। वे एक साथ काम करते हुए $\frac{2}{3}$ काम को कितने दिन में कर सकते हैं?

A. 4   **B.** 3   **C.** 8   **D.** 9

Q.16 सायना नेहवाल कृषि प्रौद्योगिकी प्रशिक्षण एवं शिक्षण संस्थान हरियाणा के किस जिले में स्थित है?

A. करनाल   **B.** सिरसा   **C.** भिवानी   **D.** हिसार

Q.17 यदि $x = k^3 - 3k^2$ और $y = 1 - 3k$, तो k के किस मान के लिए, $x = y$ होगा?

A. 0   **B.** 1   **C.** −1   **D.** 2

Q.18 हरियाणा के किस जिले में 2000 एकड़ में मेगा बल्क ड्रग पार्क बनाने की योजना है?

A. सिरसा   **B.** हिसार   **C.** पंचकुला   **D.** पलवल

Q.19 पंचकुला जिले का गठन किस वर्ष किया गया था?

A. 1955   **B.** 1999   **C.** 1995   **D.** 1996

Q.20 यदि 'A @ B', A = B को दर्शाता है;
'A # B', A > B, को दर्शाता है;
'A * B', A < B, को दर्शाता है;
निम्नलिखित कथनों पर विचार करें और सही विकल्प चुनें।
N * T # O # S; L * O; L @ N

A. T = O   **B.** S = O
C. L > N   **D.** इनमें से कोई नहीं

Q.21 दिए गए कथनों का अध्ययन कीजिए और प्रश्न का उत्तर दीजिए।
A, C के 40 मीटर दक्षिण में है। C, D के 20 मीटर पश्चिम में है। B, D के 60 मीटर दक्षिण में है। F, E के 20 मीटर उत्तर में है। E, B के 30 मीटर पश्चिम में है।
D के संबंध में E किस दिशा में स्थित है?

A. उत्तर पूर्व   **B.** दक्षिण पश्चिम
C. पूर्व   **D.** पश्चिम

Q.22 आइओसीएल किस राज्य में स्थित रिफाइनरी में विषैली गैसें से जैव ईंधन एथेनॉल बनाएगा?

A. पंजाब और उत्तरप्रदेश
B. मध्य प्रदेश और हरियाणा
C. केरल और हरियाणा
D. हरियाणा और पंजाब

Q.23 इन्टरनेट एक्स्प्लोरर एक ______ है।
A. वेब एड्रेस
B. वेब ब्राउज़र
C. वेब होस्ट
D. वेब सर्वर

Q.24 दिए गए विकल्पों मे से सम्बंधित शब्द का चयन कीजिए।
ढाका : बांग्लादेश :: बेंगलुरु : ?
A. केरल
B. तमिलनाडु
C. कर्नाटक
D. महाराष्ट्र

Q.25 किसी दस्तावेज़ में पेज का सबसे ऊपरी भाग ______ के रूप में जाना जाता है।
A. फुटर
B. हैडर
C. टैब स्टॉप
D. नेविगेशन

Q.26 एक रेलगाड़ी 2 मिनट में 10 किमी की दूरी तय करती है। यदि उसकी चाल को 5 किमी/घंटा घटा दिया जाये, तो समान दूरी को तय करने में इसे कितना समय लगेगा?
A. 10 मिनट
B. 13 मिनट 20 सेकेण्ड
C. 13 मिनट
D. इसमें से कोई नहीं

Q.27 लुप्त संख्या का पता लगाएं।
21 : 3 : : 574 : ?
A. 23
B. 82
C. 97
D. 113

Q.28 ज्वालामुखीय गतिविधियों से किस प्रकार की झील बनती है?
A. खाड़ी
B. कॉल्डेरा झील
C. स्वच्छ (अलवण) जल की झील
D. कार्स्ट झील

Q.29 कौन-सी संख्या निम्न तालिका में प्रश्न चिन्ह के स्थान पर आएगी?

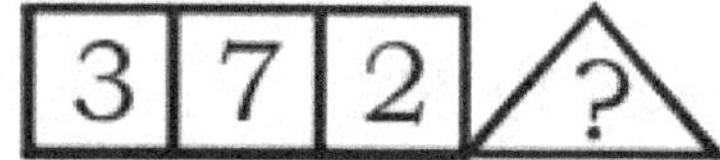

A. 6
B. 8
C. 12
D. 10

Q.30 सूचना साझा करने के लिए एक दूसरे से जुड़े दो या अधिक कंप्यूटर एक ______ बनाते हैं।
A. नेटवर्क
B. रूटर
C. सर्वर
D. पाइप लाइन

Q.31 दिए गए चित्र (A), (B), (C) तथा (D) में कौन-सा चित्र (X) के टुकड़ों से बनाया जा सकता है।

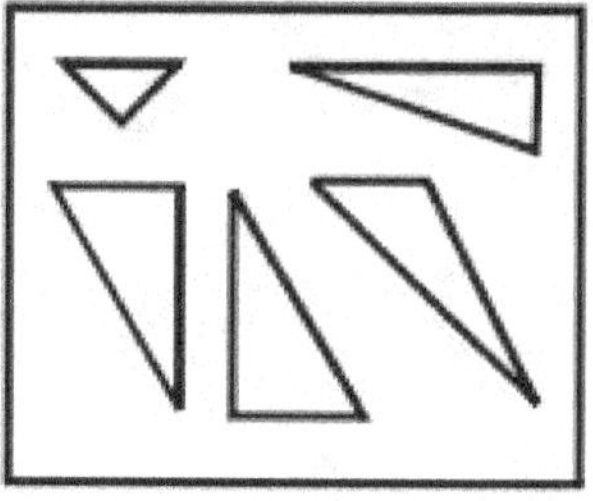

A. A
B. B
C. C
D. D

Q.32 दी गई उत्तर आकृतियों में से कौन सी आकृति प्रश्न आकृति की सही दर्पण प्रतिबिम्ब होगी?

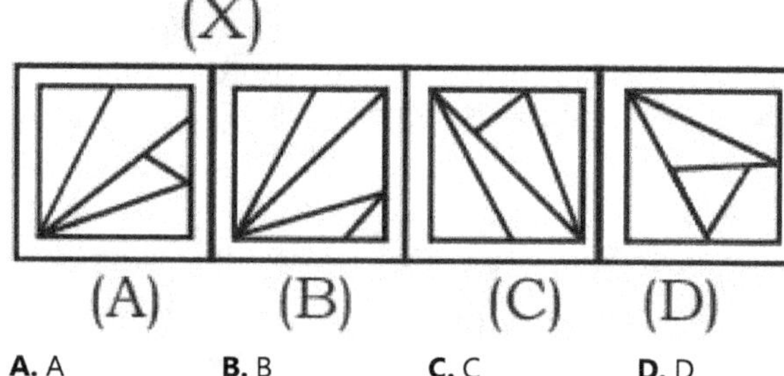

Q.33 एक राशि साधारण ब्याज की एक निश्चित दर से 5 वर्षों में स्वयं की $\frac{3}{2}$ हो जाती है। ब्याज दर ज्ञात कीजिए।
A. 10%
B. 12.5%
C. 15%
D. 8%

Q.34 प्रियंका पुष्पा से लंबी है लेकिन मनीष के जितनी लंबी नहीं है। रामा नमिता से लंबी है लेकिन पुष्पा के जितना लंबा नहीं है। इन सब में सबसे लंबा कौन है?
A. मीनष
B. पुष्पा
C. नमिता
D. प्रियंका

Q.35 हरियाणा में नशा को रोकने के लिए गठित एसटीएफ का मुख्यालय कहाँ पर बनाया जा रहा है?
A. गुरुग्राम
B. फतेहाबाद
C. भिवानी
D. सिरसा

Q.36 देश की पहली ऐसी जेल जिसमें कामन सर्विस सेंटर (अटल सेवा केंद्र) की शुरूआत की है, कहाँ पर है?

A. अम्बाला   B. रोहतक   C. जींद   D. सिरसा

Q.37 राज्य लोक सेवा आयोग के अध्यक्ष किसके द्वारा नियुक्त किये जाते है?

A. राष्ट्रपति   B. प्रधानमंत्री   C. मुख्यमंत्री   D. राज्यपाल

Q.38 वह छोटी संख्या ज्ञात करें हो 18, 21, 24 तथा 27 से पूर्णतः विभाजित हो जायें।

A. 1425   B. 1512   C. 1514   D. 1714

Q.39 हरियाणा में राष्ट्रीय पुलिस दिवस कब मनाया गया?

A. 21 अक्टूबर   B. 16 अक्टूबर   C. 2 अक्टूबर   D. 21 सितम्बर

Q.40 3 × 38 × 537 × 1256 में इकाई अंक क्या है?

A. 4   B. 2   C. 6   D. 8

Q.41 किसी विशिष्ट भाषा में, FORTUNE का कूट ROFTENU है, तो उसी भाषा में MINUTES को किस प्रकार कूटबद्ध किया जाता है?

A. USENIMT   B. MUSENIT   C. MUSETNI   D. NIMUSET

Q.42 दो संख्याओं का म.स. 19 है और उनका ल.स. 665 है। यदि एक संख्या 95 है तो दूसरी संख्या ज्ञात कीजिए।

A. 19   B. 133   C. 190   D. 77

Q.43 ऑप्टिकल फाइबर किस सिद्धांत पर काम करता है-

A. कुल आंतरिक प्रतिबिंब   B. प्रतिबिंब   C. अपवर्तन   D. ध्रुवीकरण

Q.44 एक चुनाव में तीन उम्मीदवार थें। विजेता उम्मीदवार को 45% तथा तीसरे स्थान वाले उम्मीदवार को कुल मतों का 25% मत प्राप्त हुआ। यदि दूसरे स्थान वाले उम्मीदवार 4500 मतों से पराजित हो गया, तो कितने मतदाताओं को सूचीबद्ध किया गया था?

A. 45000   B. 40000   C. 35000   D. 30000

Q.45 हरियाणा के किस जिले में छिलछिला वन्यजीव अभयारण्य स्थित है?

A. फतेहाबाद   B. हिसार   C. झज्जर   D. कुरुक्षेत्र

Q.46 एक आदमी 5 किमी/घंटा की गति के साथ किसी स्थान से दूसरे स्थान पर चलता है और 3 किमी/घंटा के प्रस्थान बिंदु पर वापस आता है। पूरी यात्रा की औसत गति है-

A. 4.5 किमी/घंटा   B. 4 किमी/घंटा   C. 4.25 किमी/घंटा   D. 3.75 किमी/घंटा

Q.47 एक वस्तु का अंकित मूल्य ₹ 200 है। एक व्यक्ति इसे 20% तथा $x\%$ के छूट पर ₹ 96 में खरीदता है। x का मान ज्ञात करें।

A. 40%   B. 60%   C. 50%   D. 70%

Q.48 _______ वेब पर फाइलों के स्थान को इंगित करने के लिए URL के रूप में ज्ञात एक एड्रेसिंग स्कीम का उपयोग करता है।

A. स्ट्रिंग   B. स्ट्रक्चर्ड क्वेरी लैंग्वेज   C. वर्ल्ड वाइड वेब   D. जावा स्क्रिप्ट

Q.49 5 व्यक्ति और 3 महिलाएँ 4 दिनों में ₹ 580 कमाते है, तथा 2 व्यक्ति और 5 महिलाएँ 6 दिनों में ₹ 690 कमाते है। एक व्यक्ति एक दिन में कितनी राशि कमाएगा ?

A. ₹ 40   B. ₹ 25   C. ₹ 20   D. ₹ 35

Q.50 बुलंद दरवाज़ा किसके द्वारा बनवाया गया था?

A. अकबर   B. बाबर   C. शाहजहाँ   D. इनमें से कोई नहीं

Q.51 हरियाणा में इनमें से कौन सा शहर कपास व्यापार का केंद्र है?

A. नारनौल   B. पलवल   C. जींद   D. करनाल

Q.52 हरियाणा में महिला बच्चों के मानक को बढ़ाने के लिए हरियाणा में कौन सी अनूठी परियोजना शुरू की जा रही है?

A. इंदिरा हरेली सहेली योजना
B. अपनी बेटी अपना धन योजना
C. इंद्र सहारा योजना
D. उपर्युक्त सभी

Q.53 हरियाणा का पहला साइबर थाना कहाँ पर खोला गया है?

A. करनाल   B. गुरुग्राम   C. फरीदाबाद   D. पलवल

Q.54 एक वस्तु का क्रय मूल्य, अंकित मूल्य का 64% है। अंकित मूल्य पर 12% की छूट देने के बाद, लाभ प्रतिशत क्या है?

A. 37.5%   B. 48%   C. 50.5%   D. 52%

Q.55 पुरानी लिखित सामग्री, जो पढ़ने में मुश्किल हो उसे किसके द्वारा आसानी से पढ़ा जा सकता है?

A. ब्रह्माण्डीय किरणों से   B. परा बैंगनी किरणों से   C. अवरक्त किरणों से   D. इनमें से कोई नहीं

Q.56 हरियाणा का पहला गुलाबी महिला थाना कहाँ पर खुला था?

A. यमुनानगर   B. पंचकूला   C. पलवल   D. हिसार

Q.57 एक परमाणु के नाभिक में न्यूट्रॉन और प्रोटॉन एक साथ कैसे जुड़े होते है?

A. गुरूत्वाकर्षण बल से   B. चुंबकीय बल से   C. विनिमय बल से   D. कूलॉम्बिय बल से

Q.58 प्रिज्म और लेंस बनाने के लिए किस प्रकार के काँच का प्रयोग किया जाता है-

A. नर्म काँच   B. पाइरेक्स काँच   C. जेना काँच   D. चकमक काँच

Q.59 किसी उत्पाद पर मुद्रित लाइनों के पैटर्न को क्या कहते हैं?

A. ओएमआर   B. ओसीआर   C. स्कैनर   D. बार कोड

Q.60 प्रत्येक वर्ष के पहले सत्र के प्रारंभ में दोनों सदनों को एक साथ कौन संबोधित करता है?

A. राष्ट्रपति   B. दोनों सदनों के अध्यक्ष   C. अध्यक्ष   D. प्रधानमंत्री

Q.61 हाइड्रोमीटर का उपयोग किसके मापन के लिए किया जाता है?

A. पानी में ध्वनी को मापने के लिए
B. वातावरण में हाईड्रोजन की उपस्थिति का पता लगाने के लिए
C. द्रव के घनत्व को मापने के लिए
D. वायुमंडलीय आर्द्रता में परिवर्तन का पता लगाने के लिए

Q.62 कल्पना चावला की मृत्यु अंतरिक्ष मिशन में कब हुई थी?

A. 1 जनवरी, 2003   B. 5 फरवरी, 2003   C. 3 फरवरी, 2003   D. 1 फरवरी, 2003

Q.63 हाइड्रोलिक प्रेस किस सिद्धांत पर निर्भर करता है?

A. पास्कल सिद्धान्त   B. बर्नोली का सिद्धान्त   C. आर्किमिडीज सिद्धान्त   D. बॉयल का नियम

Q.64 आर्य समाज के आंदोलन के महत्वपूर्ण स्तम्भ कौन थे?

A. महात्मा गाँधी   B. दयानंद सरस्वती

C. भगत सिंह **D.** इनमें से कोई नहीं

Q.65 हरियाणा में पहली बार राष्ट्रपति शासन लगाया गया था-

A. 21 नवंबर 1967 **B.** 30 अप्रैल 1977
C. 2 दिसंबर 1989 **D.** 6 अप्रैल 1991

Q.66 क्रोनोमीटर क्या मापता है?

A. ध्वनी तरंग **B.** समय
C. पानी की लहर **D.** रंग विषमता

Q.67 कृषि के संबंध में एमएसपी का अर्थ क्या है?

A. न्यूनतम समर्थन मूल्य **B.** न्यूनतम बिक्री मूल्य
C. मध्यम बिक्री मूल्य **D.** मध्यम बिक्री मूल्य

Q.68 यदि किसी टैंक के $\frac{1}{4}$ में 135 लीटर पानी है, तो टैंक के कितने हिस्से को 180 लीटर पानी से भरा जा सकता है?

A. $\frac{1}{3}$ **B.** $\frac{3}{1}$ **C.** $\frac{2}{3}$ **D.** $\frac{3}{2}$

Q.69 हरियाणा के किस जिले में रेल कोच फैक्ट्री स्थापित है?

A. करनाल **B.** पलवल **C.** कैथल **D.** सोनीपत

Q.70 हरियाणा केशरी के नाम से कौन प्रसिद्ध है?

A. पंडित नेकी राम शर्मा **B.** देवी लाल
C. बंशी लाल **D.** भागवत दयाल शर्मा

Q.71 कौन-से भैंसो की नस्ल हरियाणा में प्रसिद्ध है ?

A. तुरा **B.** मुर्रा **C.** चस्पा **D.** पुष्पा

Q.72 भिवानी कपड़ा मिल हरियाणा में कब स्थापित किया गया था?

A. 1932 **B.** 1937 **C.** 1943 **D.** 1948

Q.73 एक खच्चर _______ के बीच प्रतिच्छेदन संकरण द्वारा निर्मित होता है।

A. हिसाडेल और मेरिनो मेढ़े
B. नर गधा और एक घोड़ी
C. मादा गधा और एक नर घोड़ा
D. मेरिनो राम और बीकानेरी ईवे

Q.74 महात्मा गांधी को पहली बार हरियाणा के इस रेलवे स्टेशन में गिरफ्तार किया गया था?

A. पलवल **B.** पंचकुला **C.** कालका **D.** अमृतसर

Q.75 राम की आय श्याम की आय से 20% अधिक है। श्याम की आय राम की आय से कितना % कम है?

A. $16\frac{2}{3}\%$ **B.** $18\frac{3}{2}\%$ **C.** $18\frac{2}{3}\%$ **D.** $16\frac{3}{2}\%$

Q.76 7000 रुपये की धनराशि कितने वर्षों में 4% प्रतिवर्ष की साधारण ब्याज की दर से 8680 रुपये हो जाएगी?

A. 3 वर्ष **B.** 2 वर्ष **C.** 5 वर्ष **D.** 6 वर्ष

Q.77 कैटल वॉर्ट एक संक्रामक रोग है, जो _______ के कारण होता है।

A. बोवाइन पैपिलोमा वायरस
B. बोवाइन रेस्परेटरी सिन्सिटियल वायरस
C. संक्रमणीय बोवाइन राइनोट्रैचेटिस
D. रेबीज़

Q.78 20 संख्याओं का औसत 25 है। यदि 4 को प्रत्येक संख्या से घटाया जाता है, तो नया औसत क्या होगा?

A. 29 **B.** 11 **C.** 21 **D.** 19

Q.79 यदि स्थिर पानी में एक तैराक की गति 9 किमी/घंटा है। तैराक की अनुप्रवाह गति ज्ञात कीजिए, जब नदी 6 किमी/घंटा की गति से बह रही है?

A. 15 किमी/घंटा **B.** 18 किमी/घंटा
C. 3 किमी/घंटा **D.** 12 किमी/घंटा

Q.80 एक निश्चित कोड में 'GROWTH' को 'HQPVUG' और 'FOUR' को 'GNVQ' लिखा जाता है। उस कोड में 'PROBLEMS' कैसे लिखा जा सकता है?

A. OQPAMDNR **B.** QQNCMDNR
C. QQPAKDNR **D.** QQPAMDNR

Q.81 यदि 'cat' और 'boat' को क्रमशः 'xzg' और 'ylzg' लिखा जाता है। उसी भाषा में 'egg' को कैसे लिखा जा सकता है?

A. vtt **B.** vtu **C.** otx **D.** xzn

Q.82 लुप्त पद का पता लगाएं।

BZA, DYC, FXE, ?, JVI

A. HUG **B.** HWG **C.** HPT **D.** HQS

Q.83 यदि 'R', '÷' को दर्शाता है; 'P', '×' को दर्शाता है; 'W', '+' को दर्शाता है; और 'V', '-' को दर्शाता है; तब 14 W 16 R 4 V 3 P 5 का मान होगा:

A. 15 **B.** 4 **C.** 6 **D.** 3

Q.84 एक छात्र ने गलत प्रश्नों की संख्या को सही प्रश्नों की संख्या से दोगुना हल कर दिया। यदि उसने सभी में 48 प्रश्नों का प्रयास किया, तो उसने कितने प्रश्नों का सही ढंग से प्रयास किया ?

A. 12 **B.** 16 **C.** 18 **D.** 24

Q.85 'भई गति साँप छछूँदर केरी' का अर्थ है

A. शिकार की स्थिति **B.** आक्रमक स्थिति
C. हास्यास्पद स्थिति **D.** असमंजस की स्थिति

Q.86 मानव शब्द के लिए उपयुक्त भाववाचक संज्ञा का चयन कीजिए।

A. मनस्वी **B.** मानवता **C.** मनुष्यत्व **D.** आदमीयत

Q.87 क्ष, त्र और ज्ञ की गणना स्वतन्त्र वर्णों में नहीं होती, क्योंकि

A. ये संयुक्त व्यंजन हैं
B. इनका प्रयोग केवल तत्सम शब्दों में ही होता है
C. ये व्यंजन 'अर्द्धस्वर' माने गए हैं
D. ये पूर्णतः स्वतन्त्र व्यंजन हैं

Q.88 'सम-शम' शब्द युग्म का सही अर्थ वाला युग्म है

A. शान्ति-चावल **B.** शन्ति-मोक्ष
C. चावल-शान्ति **D.** समान-मोक्ष

Q.89 'सृष्टि' का विलोम है

A. विनाश **B.** विध्वंस **C.** प्रलय **D.** सृजन

Q.90 'अन्वेषण' का सन्धि-विच्छेद होगा

A. अन + वेषण **B.** अनु + एषण
C. अनु + ऐषण **D.** अनव + एषण

Q.91 एक क्रिकेटर की 40 पारियों के लिए बल्लेबाजी औसत 50 रन है। उनका उच्चतम स्कोर उनके सबसे कम स्कोर 172 रन से अधिक है। अगर इन दोनों पारियों को छोड़ दिया जाए तो शेष 38 पारियों का औसत 48 रन है। खिलाड़ी का उच्चतम स्कोर है:

A. 165 **B.** 170 **C.** 172 **D.** 174

Q.92 दिए गए विकल्पों में से विषम को ज्ञात कीजिए?

A. आयरन प्रेस **B.** मिक्सी

C. कंप्यूटर   **D.** गैस चूल्हा

Q.93 'I have never seen so beautiful building as the Taj'. Correct transformation of this sentence in the superlative form will be

A. The Taj is the most beautiful building that I have ever seen

B. I have seen the most beautiful building as the Taj

C. I will never see such the most beautiful building as the Taj is

D. The most beautiful building is the Taj If

Q.94 Direction: Choose the correct form of the verb to complete the sentence.

While she .... in the garden, it began to drizzle.

A. watered   **B.** has watered
C. was watering   **D.** had watered

Q.95 Fill in the blank with the most appropriate word.

It was very cold today. You ____ your sweater.

A. could wear   **B.** should have worn
C. should wear   **D.** couldn't worn

Q.96 Find out the part which contains the error.

Whenever he is coming (A)/ here, he brings (B)/ many gifts for me. (C) No error (D)

A. A   **B.** B   **C.** C   **D.** D

Q.97 Synonym of knavery is

A. Cowardice   **B.** Dishonesty
C. Stupidity   **D.** Heroism

Q.98 Give the synonym of the word:

Zenith

A. Base   **B.** Minimum
C. Peak   **D.** Foot

Q.99 Antonym of a philanthropist is

A. Misjudge   **B.** Misanthropist
C. Misconception   **D.** Misfortune

Q.100 Direction: Select the segment of the sentence that contains a grammatical error. If there is no error mark 'No error' as your answer.

Mike did not (A)/object to me (B)/borrowing his hockey stick (C)/. No error /(D)

A. A   **B.** B   **C.** C   **D.** D

// स्मार्ट उत्तर पुस्तिका //

सही उत्तर — उन छात्रों के प्रतिशत को इंगित करता है जिन्होंने प्रश्नों का सही उत्तर दिया था।

छोड़ दिया — उन छात्रों के प्रतिशत को इंगित करता है जिन्होंने प्रश्नों को छोड़ दिया था।

प्रश्न संख्या	उत्तर	सही उत्तर / छोड़ दिया	प्रश्न संख्या	उत्तर	सही उत्तर / छोड़ दिया	प्रश्न संख्या	उत्तर	सही उत्तर / छोड़ दिया	प्रश्न संख्या	उत्तर	सही उत्तर / छोड़ दिया	प्रश्न संख्या	उत्तर	सही उत्तर / छोड़ दिया
1	D	56.73 % / 1.17 %	17	B	67.76 % / 1.25 %	33	A	63.17 % / 1.27 %	49	C	53.3 % / 1.74 %	65	A	56.14 % / 1.1 %
2	C	52.32 % / 1.44 %	18	B	62.08 % / 1.9 %	34	A	62.87 % / 1.76 %	50	A	47.36 % / 1.65 %	66	B	83.71 % / 0.0 %
3	A	45.23 % / 1.61 %	19	C	51.14 % / 1.03 %	35	A	49.88 % / 1.29 %	51	B	56.4 % / 1.88 %	67	A	69.01 % / 1.69 %
4	B	60.8 % / 1.17 %	20	D	54.95 % / 1.78 %	36	C	50.93 % / 1.45 %	52	B	60.72 % / 1.63 %	68	A	41.95 % / 1.21 %
5	D	50.8 % / 1.96 %	21	B	65.01 % / 1.35 %	37	D	64.42 % / 1.86 %	53	B	55.82 % / 2.0 %	69	D	42.5 % / 1.71 %
6	A	80.27 % / 0.0 %	22	D	60.95 % / 1.35 %	38	B	46.59 % / 1.1 %	54	A	47.62 % / 1.03 %	70	A	69.77 % / 1.46 %
7	D	61.98 % / 1.7 %	23	B	60.91 % / 1.58 %	39	A	44.49 % / 1.22 %	55	C	66.18 % / 1.13 %	71	B	64.89 % / 1.49 %
8	B	40.78 % / 1.05 %	24	C	81.45 % / 0.0 %	40	D	67.03 % / 1.6 %	56	B	66.58 % / 1.84 %	72	B	54.13 % / 1.98 %
9	A	64.3 % / 1.15 %	25	B	52.27 % / 1.43 %	41	D	58.68 % / 1.48 %	57	C	41.05 % / 1.66 %	73	B	57.64 % / 1.17 %
10	A	46.67 % / 1.32 %	26	D	31.49 % / 3.97 %	42	B	89.08 % / 0.0 %	58	D	69.74 % / 1.27 %	74	A	50.54 % / 1.4 %
11	A	85.4 % / 0.0 %	27	B	77.88 % / 0.0 %	43	A	67.85 % / 1.44 %	59	D	84.97 % / 0.0 %	75	A	57.09 % / 1.83 %
12	B	47.39 % / 1.08 %	28	B	11.24 % / 4.85 %	44	D	20.87 % / 3.36 %	60	A	24.9 % / 4.0 %	76	D	76.09 % / 0.0 %
13	D	61.3 % / 1.32 %	29	A	54.83 % / 1.47 %	45	D	44.34 % / 1.26 %	61	C	45.82 % / 1.87 %	77	A	18.82 % / 3.02 %
14	D	47.51 % / 1.32 %	30	A	45.69 % / 1.18 %	46	D	42.15 % / 1.61 %	62	D	58.45 % / 1.11 %	78	C	56.68 % / 1.93 %
15	A	43.22 % / 1.46 %	31	C	12.84 % / 4.08 %	47	A	63.2 % / 1.53 %	63	A	60.9 % / 1.36 %	79	A	79.5 % / 0.0 %
16	D	56.27 % / 1.37 %	32	B	51.46 % / 1.42 %	48	C	48.18 % / 1.23 %	64	B	68.33 % / 1.42 %	80	D	43.03 % / 1.14 %

प्रश्न संख्या	उत्तर	सही उत्तर / छोड़ दिया
81	A	51.45 %
		1.23 %
82	B	40.13 %
		1.46 %
83	D	48.54 %
		1.14 %
84	B	30.1 %
		4.19 %

प्रश्न संख्या	उत्तर	सही उत्तर / छोड़ दिया
85	D	64.18 %
		1.68 %
86	B	68.75 %
		1.64 %
87	A	22.1 %
		4.67 %
88	D	18.62 %
		3.63 %

प्रश्न संख्या	उत्तर	सही उत्तर / छोड़ दिया
89	C	68.7 %
		1.05 %
90	B	54.35 %
		1.57 %
91	D	17.23 %
		3.7 %
92	D	83.39 %
		0.0 %

प्रश्न संख्या	उत्तर	सही उत्तर / छोड़ दिया
93	A	44.8 %
		1.5 %
94	C	77.42 %
		0.0 %
95	B	68.54 %
		1.11 %
96	A	58.92 %
		1.63 %

प्रश्न संख्या	उत्तर	सही उत्तर / छोड़ दिया
97	B	17.87 %
		3.2 %
98	C	85.32 %
		0.0 %
99	B	20.81 %
		4.12 %
100	B	42.61 %
		1.68 %

कार्य विश्लेषण	
औसत अंक (%)	42.5%
टॉपर्स स्कोर (%)	65.0%
आपका स्कोर	

//संकेत और समाधान//

1. केंद्र सरकार ने स्वच्छता सर्वेक्षण 2021 की राज्य रेंकिंग जारी की, जिसमें बिहा 100 से अधिक नगर निकायों वाले राज्यों में 13वें स्थान पर है, जबकि गया जिल अखिल भारतीय की जिला रेंकिंग में देश भर के 659 जिलों में से 289वें स्थान है। वहीं सुपौल को 300वां, पटना को 313वां और मुजफ्फरपुर को 351वां स्थान मिला है।

अतः विकल्प (D) सही है।

2. बिहार के युवा वैज्ञानिक डॉ. उज्ज्वल वर्मा और उनकी टीम ने बैक्टीरिया की पहचान के लिए एक नई तकनीक का आविष्कार किया है। कदमकुआं पटना के रहने वाले और कर्नाटक के मणिपाल इंस्टीट्यूट ऑफ टेक्नोलॉजी में इलेक्ट्रॉनिक्स एंड कम्युनिकेशन इंजीनियरिंग के प्रोफेसर डॉ. उज्ज्वल वर्मा ने चीनी को धागों में डालकर और बैक्टीरिया को खिलाने के लिए कल्चर डिश में डालकर चीनी के रासायनिक परिवर्तन को देखा है।

अतः विकल्प (C) सही है।

3. पटना के पास राज्य की एकमात्र जीनोम सीक्वेंसिंग लैब। पटना स्थित इंदिरा गांधी इंस्टीट्यूट ऑफ मेडिकल साइंसेज (आईजीआईएमएस) में बिहार की पहली और एकमात्र जीनोम-अनुक्रमण सुविधा अभिकर्मकों की कमी के कारण पिछले सप्ताह से गैर-संचालन हो गई है। कोविड - 19 के ओमिक्रॉन संस्करण का पता लगाने के लिए इस समय राज्य में किसी भी नमूने का परीक्षण नहीं किया जा रहा है।

अतः विकल्प (A) सही है।

4. बिहार के सहकारिता मंत्री सुभाष सिंह ने 24 अगस्त, 2021 को तरकारी एक्सप्रेस का शुभारंभ किया। यह पटना के निवासियों को उनके दरवाजे पर आधी कीमत पर सब्जियां पहुंचाने की सेवा है। सब्जियां सीधे किसानों के खेतों से प्राप्त होती हैं और पटना के सभी मोहल्लों में ई-रिक्शा से पहुंचती हैं।

अतः विकल्प (B) सही है।

5. माधबी पुरी बुच को 3 साल की अवधि के लिए सेबी का नया अध्यक्ष नियुक्त किया गया है।

सरकार ने 3 साल की अवधि के लिए सेबी के नए अध्यक्ष के रूप में माधबी पुरी बुच की घोषणा की है। बुच सेबी के पूर्व पूर्णकालिक सदस्य हैं। वह अजय त्यागी का स्थान लेंगी, जिनका पांच साल का कार्यकाल समाप्त हो रहा है। यह पहली बार है जब सेबी में किसी महत्वपूर्ण पद के लिए किसी महिला और निजी क्षेत्र के व्यक्ति को चुना गया है।

अतः विकल्प (D) सही है।

6. राज्यपाल राज्य सरकार का संवैधानिक प्रमुख होता है। वह राज्य की कार्यकारिणी में एक महत्वपूर्ण भूमिका निभाता है जहां वह मुख्य कार्यकारी प्रमुख के रूप में कार्य करता है। राज्यपाल प्रत्येक राज्य के लिए केंद्र सरकार द्वारा नामित किया जाता है।

अतः विकल्प (A) सही है।

7. कल्पना चावला (17 मार्च 1962 - 1 फरवरी 2003) एक अमेरिकी अंतरिक्ष यात्री, इंजीनियर और अंतरिक्ष में जाने वाली भारतीय मूल की पहली महिला थीं। वह हरियाणा के करनाल जिले की रहने वाली थी।

अतः विकल्प (D) सही है।

8. उत्तल दर्पण द्वारा केवल एक आभासी छवि का निर्माण किया जा सकता है क्योंकि दर्पण वास्तविक छवियों का निर्माण नहीं कर सकते हैं और साथ ही दर्पण की वक्रता के कारण बनने वाली छवि सामान्य तौर पर संकुचित प्रकृति की होती है।

अतः विकल्प (B) सही है।

9.
- कंप्यूटिंग में, एक सूचना प्रणाली डेटा एकत्र करने, भंडारण और प्रसंस्करण के लिए और ज्ञान प्रदान करने के लिए घटकों का एक एकीकृत समूह है।
- एक सूचना प्रणाली को सॉफ्टवेयर के रूप में परिभाषित किया गया है जो डेटा को व्यवस्थित और विश्लेषण करने में मदद करता है।
- एक सूचना प्रणाली का उद्देश्य अनिर्मित डेटा को उपयोगी जानकारी में बदलना है जिसका उपयोग किसी संगठन में निर्णय लेने के लिए किया जा सकता है।

अतः विकल्प (A) सही है।

10.
- एक्सेल को रन विंडो के द्वारा चलाने के लिए एक्सेल (Excel) कोड टाइप करते हैं।
- हालाँकि, कमांड प्रॉम्प्ट से 'एक्सेल' कमांड काम नहीं करता है।
- कमांड लाइन से एक्सेल एप्लिकेशन को खोलने के लिए स्टार्ट का उपयोग करने की आवश्यकता पड़ती है।

अतः विकल्प (A) सही है।

11.
- फ़ाइल ट्रांसफ़र प्रोटोकॉल, FTP का पूरा नाम है।
- फ़ाइल ट्रांसफ़र प्रोटोकॉल (FTP) एक मानक नेटवर्क प्रोटोकॉल है जिसका उपयोग कंप्यूटर नेटवर्क पर क्लाइंट और सर्वर के बीच कंप्यूटर फ़ाइलों को हस्तांतरण करने के लिए किया जाता है।

अतः विकल्प (A) सही है।

12. माना कि बड़ी संख्या x है।

$\Rightarrow$ छोटी संख्या $\dfrac{x}{4}$ होगी

इसके अलावा, बड़ी संख्या छोटी की 12 गुना है।

$$\Rightarrow x = 12 + \frac{x}{4}$$
$$\Rightarrow 4x = 48 + x$$
$$\Rightarrow 3x = 48$$
$$\Rightarrow x = 16$$

$\therefore$ बड़ी संख्या होगी $= 16$

अतः विकल्प (B) सही है।

13.
- राज्य नीति के निर्देशक सिद्धांत आयरलैंड संविधान से उधार लिए गए हैं।
- भारतीय संविधान के भाग- IV के तहत अनुच्छेद 36-51 राज्य नीति के निर्देशक सिद्धांतों से संबंधित हैं।
- भारत के संविधान के निर्माता आयरिश राष्ट्रवादी आंदोलन, विशेषकर आयरिश होम रूल आंदोलन से प्रभावित थे।

अतः विकल्प (D) सही है।

14.

- भागवत दयाल शर्मा हरियाणा के पहले मुख्यमंत्री थे (1 नवंबर 1966 से 23 मार्च 1967 तक)।
- राजनीतिक दल: भारतीय राष्ट्रीय कांग्रेस।
- 1941-47 तक स्वतंत्रता संग्राम में भाग लिया
- 1941 में 1 साल के लिए जेल की सजा मिली।
- 1942 में 3.5 साल के लिए जेल में बंद।
- 1957 और 1958 में ILO (जिनेवा) में भारतीय मजदूर प्रतिनिधिमंडल के सदस्य।
- 1959-61 में अखिल भारतीय ट्रेड यूनियन कांग्रेस (पंजाब, हिमाचल प्रदेश, जम्मू और कश्मीर) के सचिव और अध्यक्ष।
- 1962-66 से पंजाब विधानसभा के सदस्य और श्रम और सहकारिता राज्य मंत्री।

अतः विकल्प (D) सही है।

15. दिया है:

काम करने के लिए X द्वारा लिए गए दिन $= 9$ दिन

काम करने के लिए Y द्वारा लिए गए दिन $= 18$ दिन

X द्वारा 1 दिन में किया गया काम $= \dfrac{1}{9}$

Y द्वारा 1 दिन में किया गया काम $= \dfrac{1}{18}$

दोनों के द्वारा 1 दिन तक साथ काम करते हुए किया गया काम $= \left(\dfrac{1}{9}\right) + \left(\dfrac{1}{18}\right)$

दोनों के द्वारा 1 दिन तक साथ काम करते हुए किया गया काम $= \dfrac{(2+1)}{18}$

एक काम को करने के लिए दोनों के द्वारा लिया गया समय $= \dfrac{18}{3} = 6$ दिन

$\therefore$ एक साथ काम करते हुए $\left(\dfrac{2}{3}\right)$ काम करने के लिए लिया गया समय $= 6 \times \left(\dfrac{2}{3}\right) = 4$ दिन

अतः विकल्प (A) सही है।

16. सायना नेहवाल कृषि प्रौद्योगिकी प्रशिक्षण एवं शिक्षण संस्थान हरियाणा के हिसार जिले में स्थित है।

हरियाणा कृषि विश्वविद्यालय के चौधरी चरण सिंह के कृषि प्रौद्योगिकी प्रशिक्षण एवं शिक्षा संस्थान को 19 विभिन्न विषयों में कौशल विकास का प्रमाण पत्र/डिप्लोमा प्रदान करने के लिए भारतीय कृषि कौशल परिषद (एएससीआई) का अधिकृत केंद्र बनाया गया है।

अतः विकल्प (D) सही है।

17. दिया है:

$x = k^3 - 3k^2$ .....(i)

$y = 1 - 3k$ .....(ii)

$x = y$ .....(iii)

$x = y$ के लिए, (i) और (ii) को बराबर करने पर

$\Rightarrow k^3 - 3k^2 = 1 - 3k$

$\Rightarrow k^3 - 3k^2 + 3k - 1 = 0$

$\Rightarrow (k - 1)^3 = 0 \qquad \because (a - b)^3 = a^3 - b^3 - 3ab(a - b)$

$\Rightarrow k = 1$

अतः विकल्प (B) सही है।

18.

- हरियाणा के हिसार जिले में 2000 एकड़ में मेगा बल्क ड्रग पार्क बनाने की योजना है।
- हिसार में ड्रग पार्क बुनियादी कच्चे माल के निर्माण के लिए जैसे प्रमुख प्रारंभिक सामग्री, दवा मध्यवर्ती और सक्रिय दवा सामग्री है कि आवश्यक दवाओं में से कुछ का उत्पादन करने के लिए उपयोग करेगा।
- हरियाणा राज्य अवसंरचना और औद्योगिक विकास निगम (HSIIDC) केंद्र से अनुमोदन के बाद परियोजना का विकास करेगा।

अतः विकल्प (B) सही है।

19. पंचकुला जिले का गठन 1995 में किया गया था।

जिला पंचकुला का गठन 15 अगस्त 1995 को भारत में हरियाणा राज्य के 17 वें जिले के रूप में किया गया था। इसमें दो सब डिवीजन और दो तहसील पंचकुला और कालका शामिल हैं। इसमें 253 राजस्व गांव हैं। पंचकुला शहर इस जिले का मुख्यालय है। यह केंद्र शासित प्रदेश चंडीगढ़ का एक मुख्य शहर है और चंडीगढ़ राजधानी क्षेत्र का हिस्सा है।

अतः सही विकल्प (C) है।

20. यह दिया गया है कि,

'A @ B', A = B को दर्शाता है;

'A # B', A > B, को दर्शाता है;

'A * B', A < B, को दर्शाता है।

इसलिए, N * T # O # S; L * O; L @ N को इस प्रकार लिखा जा सकता है:

N < T > O > S; L < O ; L = N

उपरोक्त से, हम देख सकते हैं कि सभी विकल्प असंगत हैं।

अतः विकल्प (D) सही है।

21. उपरोक्त जानकारी से, विस्थापन आरेख नीचे दिखाया गया है:

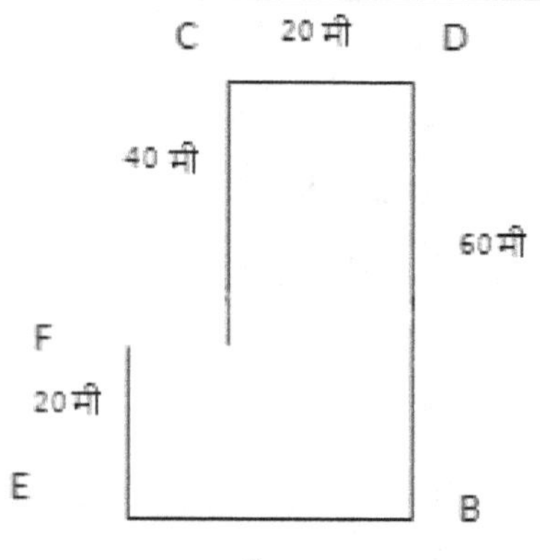

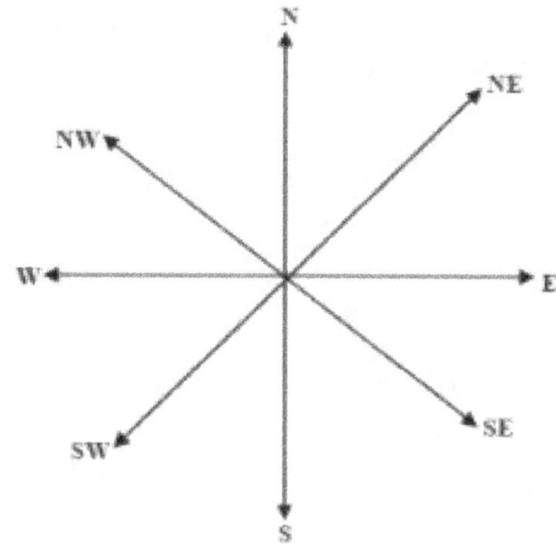

E दक्षिण पश्चिम दिशा में D के संबंध में स्थित है।

अतः विकल्प (B) सही है।

22.

- आइओसीएल हरियाणा और पंजाब में स्थित एक रिफाइनरी में जहरीली गैसों से जैव ईंधन इथेनॉल बनाएगा।
- पंजाब और हरियाणा में खेती से हर खरीफ सीजन में 30 मिलियन टन धान का उत्पादन होता है।
- अधिकांश किसान इस फसल अवशेष को जला देते हैं क्योंकि खेतों को साफ करने का कोई सस्ता तरीका नहीं है। लेकिन यह अभ्यास, और आलोचना है कि यह स्वास्थ्य आपात स्थिति के लिए अग्रणी है।
- पंजाब और हरियाणा में फसल की कटाई, उत्तरी भारत की पहले से ही खराब हवा को जलाने के लिए अधिक विषाक्त बनाने के लिए दोषी ठहराया गया।

अतः विकल्प (D) सही है।

23. इन्टरनेट एक्स्प्लोरर एक वेब ब्राउज़र है।

- एक ब्राउज़र एक अनुप्रयोग सॉफ्टवेयर है जिसका उपयोग वेब पेज, चित्र, वीडियो और अन्य फ़ाइलों की सामग्री का पता लगाने, पुनः प्राप्त करने और प्रदर्शित करने के लिए किया जाता है।
- ब्राउज़र वेब सर्वर से संपर्क करता है और जानकारी का अनुरोध करता है और वेब सर्वर कंप्यूटर पर परिणाम प्रदर्शित करने वाले वेब ब्राउज़र को जानकारी वापस भेजता है।

अतः विकल्प (B) सही है।

24. बांग्लादेश की राजधानी ढाका है।

इसी प्रकार,

कर्नाटक की राजधानी बेंगलुरु है।

अतः विकल्प (C) सही है।

25.

- किसी दस्तावेज़ में पृष्ठ का सबसे ऊपरी भाग हैडर के रूप में जाना जाता है।
- हैडर एक इलेक्ट्रॉनिक दस्तावेज़ या हार्ड कॉपी के शीर्ष पर पाया जाता है।
- माइक्रोसॉफ्ट वर्ड में प्रत्येक पृष्ठ के शीर्ष कोने में पृष्ठ संख्या प्रदर्शित करने के लिए दस्तावेज़ में एक हैडर बनाया जा सकता है।

अतः विकल्प (B) सही है।

26. दिया है:

ट्रेन द्वारा 2 मिनट में तय की गयी दूरी $= 10$ किमी

ट्रेन की गति $=$ दूरी /समय $= \dfrac{10}{2}$

$= \dfrac{10 \times 60}{2}$ किमी/घंटा

$= 300$ किमी/घंटा

$\Rightarrow$ गति में कमी $= 300 - 5 = 295$ किमी/घंटा

$\Rightarrow 295$ किमी/घंटा की दर से लिया गया समय $= \dfrac{10}{295}$ घंटा

$= \dfrac{10}{295} \times 60$ मिनट

$\Rightarrow \dfrac{600}{295}$ मिनट $= 2.033 \approx 2$ मिनट 4 सेकेण्ड

अतः विकल्प (D) सही है।

27. दिया है:

$21 : 3 :: 574 : ?$

$21 \div 7 = 3$

उसी प्रकार, $574 \div 7 = 82$

अतः विकल्प (B) सही है।

28.

- ज्वालामुखीय गतिविधियों से काल्डेरा झील बनती है।
- एक गड्ढा झील एक ज्वालामुखी क्रेटर या कैल्डेरा द्वारा बनाई गई एक अवसाद है जो पानी से भर जाती है।
- जब कोई ज्वालामुखी सक्रिय नहीं होता है, तो गड्ढा या काल्डेरा बारिश से पानी भर सकता है और बर्फ पिघल सकता है जो झील को भी खिला सकता है।

अतः विकल्प (B) सही है।

29. जैसे,

$(5 + 4 + 7) \div 2 = 8$

$(6 + 9 + 5) \div 2 = 10$

इसी तरह,

$(3 + 7 + 2) \div 2 = 6$

अतः विकल्प (A) सही है।

30.

- सूचना साझा करने के एक दूसरे से जुड़े दो या अधिक कंप्यूटर एक नेटवर्क बनाते हैं।
- कंप्यूटर नेटवर्क या डेटा नेटवर्क एक दूरसंचार नेटवर्क है जो कंप्यूटर को डेटा का आदान-प्रदान करने की अनुमति देता है।
- कंप्यूटर नेटवर्क में, नेटवर्क कंप्यूटिंग डिवाइस डेटा लिंक का उपयोग करके एक दूसरे के साथ डेटा का आदान-प्रदान करते हैं।
- नोड्स के बीच कनेक्शन केबल मीडिया या वायरलेस मीडिया का उपयोग करके स्थापित किए जाते हैं।
- सबसे प्रसिद्ध कंप्यूटर नेटवर्क इंटरनेट है।

अतः विकल्प (A) सही है।

31. दिए गए चित्र के लिए गठित चित्र नीचे दिखाया गया है:

अतः विकल्प (C) सही है।

32. दिए गए प्रश्न आकृति के उत्तर के लिए आकृति नीचे दिखाया गया है:

$$\text{ANS43Q12}$$

अतः विकल्प (B) सही है।

33. यह दिया गया है कि, एक राशि साधारण ब्याज की एक निश्चित दर से 5 वर्षों में स्वयं की $\frac{3}{2}$ हो जाती है।

माना कि मूलधन P है।

इसलिए, प्रश्नानुसार,

5 वर्षों के बाद कुल धन $= \frac{3P}{2}$

इसलिए, 5 वर्षों में साधारण ब्याज $= \frac{3P}{2} - P = \frac{P}{2}$

हम जानते हैं कि, साधारण ब्याज $= \frac{P.R.T}{100}$

जहाँ P मूलधन, R ब्याज दर और T समय है।

इसलिए, प्रश्नानुसार,

$$\Rightarrow \frac{P}{2} = \frac{P \times R \times 5}{100}$$

$$\Rightarrow R = 10\%$$

अतः विकल्प (A) सही है।

34. दी गई जानकारी अनुसार लम्बाई नीचे दिखाई गयी है:

मनीष

$\uparrow$

प्रियंका

$\uparrow$

पुष्पा

$\uparrow$

रामा

$\uparrow$

नमिता

अतः विकल्प (A) सही है।

35.

- गुरुग्राम हरियाणा में नशा रोकने के लिए गठित एसटीएफ का मुख्यालय है।
- हरियाणा सरकार ने गुरुग्राम और राज्य के अन्य हिस्सों में ड्रग पेडलिंग और मादक द्रव्यों के बढ़ते खतरे से निपटने के लिए विशेष कार्य बल (एसटीएफ) के तहत एक विशेष मादक पदार्थ विरोधी इकाई का गठन किया है।
- इस एसटीएफ का मुख्य कार्य ड्रग तस्करों को पकड़ना होगा।

अतः विकल्प (A) सही है।

36.

- जींद जिला की जेल देश की पहली ऐसी जेल है जिसमें एक कॉमन सर्विस सेंटर (अटल सेवा केंद्र) शुरू किया गया है।
- सामान्य सेवा केंद्र (CSC) योजना डिजिटल इंडिया कार्यक्रम के तहत मिशन मोड परियोजनाओं में से एक है।
- सामान्य सेवा केंद्र (CSC), जिसे हरियाणा में अटल सेवा केंद्र भी कहा जाता है, जिला सिरसा की अधिकांश ग्राम पंचायतों में स्थापित किया गया है।

अतः विकल्प (C) सही है।

37. राज्यपाल, मुख्यमंत्री की नियुक्ति करता है और उनकी सलाह पर, अन्य मंत्रियों और कई महत्वपूर्ण राज्य अधिकारियों जैसे कि महाधिवक्ता, राज्य लोक सेवा आयोग के सदस्यों की नियुक्ति करता है।

अतः विकल्प (D) सही है।

38. दिए गए नंबर:

18, 21, 24, तथा 27

आवश्यक संख्या

= 18, 21, 24, 27 का एलसीएम

= 3 × 3 × 7 × 4 × 3 × 2

= 1512

अतः विकल्प (B) सही है।

39.

- राष्ट्रीय पुलिस स्मारक दिवस हर साल 21 अक्टूबर को मनाया जाता है।
- यह दिन उन दस पुलिसकर्मियों के बलिदान को याद करता है जो 1959 में एक चीनी गोलीबारी में मारे गए थे।
- 21 अक्टूबर, 1959 को चीनी सैनिकों ने लद्दाख में बीस भारतीय सैनिकों पर गोलियां चलाईं और ग्रेनेड फेंके।
- घटना में दस बहादुर पुलिस कर्मियों की शहादत हुई और सात अन्य घायल हो गए।
- एक महीने से अधिक समय बाद, 28 नवंबर, 1959 को, चीनी सैनिकों ने शहीद पुलिसकर्मियों के शवों को भारत को सौंप दिया।
- उनका अंतिम संस्कार उत्तर पूर्वी लद्दाख में हॉट स्प्रिंग्स में पूरे पुलिस सम्मान के साथ किया गया था।
- घटना के बाद से, 21 अक्टूबर को शहीदों की याद में पुलिस स्मारक दिवस के रूप में मनाया जाता है।

अतः विकल्प (A) सही है।

40. दी गई संख्या: **3 × 38 × 537 × 1256**

गुणन में इकाई का अंक = सभी इकाई मान के गुणन में प्राप्त इकाई अंक

$\Rightarrow 3 \times 8 \times 7 \times 6$

$\Rightarrow$ **24 × 42**

$\Rightarrow 4 \times 2 = 8$

अतः विकल्प (D) सही है।

41. यहाँ पर निम्न स्वरूप का अनुसरण किया जा रहा है,

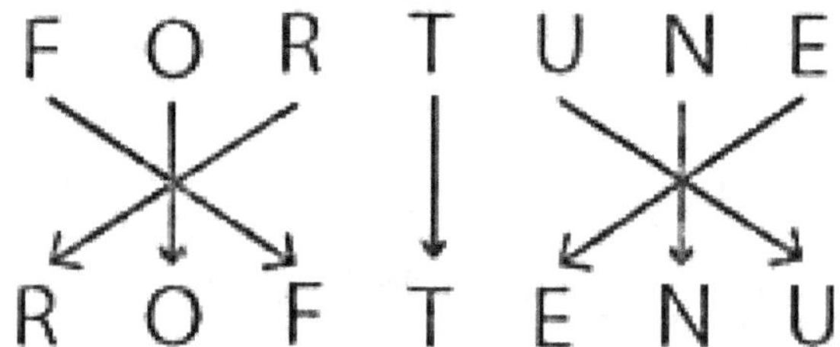

इसी तरह से,

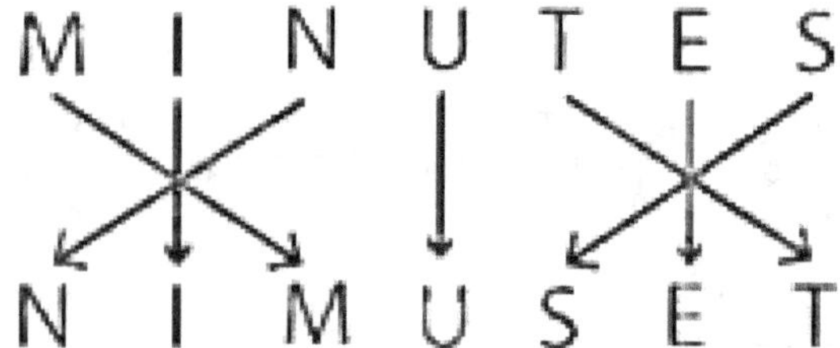

इसलिए, MINUTES को NIMUSET के रूप में कूटबद्ध किया जाएगा।

अतः विकल्प (D) सही है।

42. यह दिया गया है कि, दो संख्याओं का म.स. 19 है और उनका ल.स. 665 है।

हम जानते हैं कि,

म.स. × ल.स. = पहली संख्या × दूसरी संख्या

माना कि दूसरी संख्या x है। इसलिए, प्रश्नानुसार,

$19 \times 665 = 95 \times x$

$\Rightarrow x = \frac{12635}{95} = 133$

अतः विकल्प (B) सही है।

43. ऑप्टिकल फाइबर कुल आंतरिक प्रतिबिंब के सिद्धांत पर काम करता है। जिस घटना में घटना का कोण महत्वपूर्ण कोण से अधिक होता है, उसे कुल आंतरिक प्रतिबिंब के रूप में जाना जाता है।

ऑप्टिकल फाइबर की विशेषताएं:

- ऑप्टिकल फाइबर की बैंडविड्थ 2×10^{14} हर्ट्ज की आवृत्ति के साथ बड़ी है।
- ऑप्टिकल फाइबर में संचरण घाटा 0.1 डीबी/किमी के पास होता है।
- वे उच्च तन्य शक्ति के साथ लचीले होते हैं।
- ऑप्टिकल फाइबर का उपयोग कर संचार विद्युत चुम्बकीय हस्तक्षेप से मुक्त हैं।

अतः विकल्प (A) सही है।

44. दिया है: तीन उम्मीदवारों द्वारा प्राप्त वोटों का प्रतिशत नीचे दिखाया गया है।

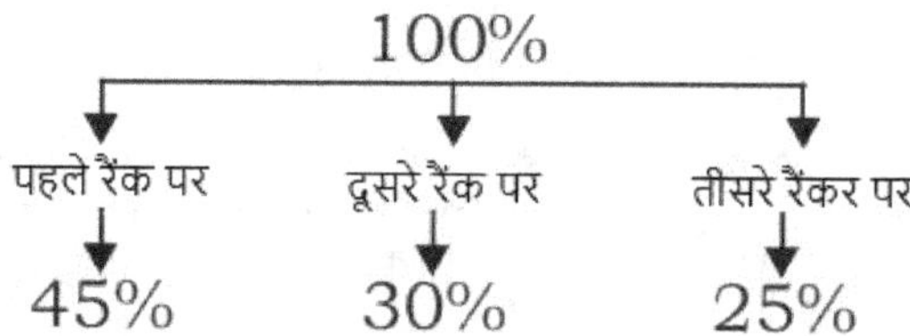

प्रथम और द्वितीय रैंक के बीच अंतर

$\Rightarrow 45\% - 30\% = 15\%$

$\Rightarrow$ कुल वोटों का $15\% = 4500$

$\Rightarrow \frac{15}{100} \times$ कुल वोट $= 4500$

$\Rightarrow$ कुल वोट $= \frac{4500 \times 100}{15} = 30000$

अतः विकल्प (D) सही है।

45. छिलछिला वन्यजीव अभयारण्य, जिसे सोंती रिजर्व फॉरेस्ट के रूप में भी जाना जाता है, भारत के हरियाणा राज्य में कुरुक्षेत्र जिले में कुरुक्षेत्र विश्वविद्यालय के पास स्थित है। अभयारण्य में 28.92 हेक्टेयर (71.5 एकड़) का क्षेत्र शामिल है। इसे 1986 में पक्षी अभयारण्य घोषित किया गया था।

अतः विकल्प (D) सही है।

46. दिया है:

जाने की गति $= 5$ किमी/घंटा

वापस आने की गति $= 3$ किमी/घंटा

यदि दो समान दूरियां दो असमान चालो x और y किमी/घंटा से तय की जाये, तो औसत गति $= \frac{2xy}{x+y}$

$= \frac{2 \times 5 \times 3}{5+3}$ किमी/घंटा

$= 3.75$ किमी/घंटा

अतः विकल्प (D) सही है।

47. दिया है:

एक वस्तु का अंकित मूल्य $=$ ₹ 200

लागत मूल्य $=$ ₹ 96

छूट: 20% और $x\%$

प्रश्नानुसार:

$$200 \times \frac{80}{100} \times \frac{(100-x)}{100} = 96$$

$$\Rightarrow (100 - x) = \frac{96 \times 10}{2 \times 8} = 60$$

$$\Rightarrow 100 - x = 60$$

$$\Rightarrow x = 100 - 60 = 40\%$$

अतः विकल्प (A) सही है।

48.

- वर्ल्ड वाइड वेब वेब पर फ़ाइलों के स्थान को इंगित करने के लिए URL के रूप में ज्ञात एक एड्रेसिंग स्कीम का उपयोग करता है।
- वर्ल्ड वाइड वेब (WWW या वेब फॉर शॉर्ट) एक सूचना स्थान है जहां दस्तावेजों और अन्य वेब संसाधनों की पहचान एक समान संसाधन लोकेटर (यूआरएल) द्वारा की जाती है, जो हाइपरटेक्स्ट लिंक से जुड़ा हुआ है, और इंटरनेट के माध्यम से एक्सेस किया जाता है।
- वर्ल्ड वाइड वेब का आविष्कार 1989 में अंग्रेजी वैज्ञानिक टिम बर्नर्स-ली ने किया था।

अतः विकल्प (C) सही है।

49. दिया है:

5 पुरुष और 3 महिलाएं 4 दिन में ₹ 580 कमाते हैं।

2 पुरुष और 5 महिलाएं 6 दिन में ₹ 690 कमाते हैं।

माना 1 आदमी की 1 दिन की मजदूरी x है और 1 महिला की 1 दिन की मजदूरी y है

$\Rightarrow$ (5 पुरुष + 3 महिलाएं) 1 दिन का वेतन

$= 5x + 3y$ .... (i)

$\Rightarrow$ (5x + 3y) × 4 = 580 $\Rightarrow$ 5x+3y = 145

(2 पुरुष + 5 महिलाएं) 1 दिन की वेतन

$= 2x + 5y$

$\Rightarrow$ (2x+5y) × 6 = 690 $\Rightarrow$ 2x + 5y = 115.... (ii)

समीकरण (i) × 5 और समीकरण (ii) × 3 द्वारा

हमें प्राप्त हुआ, 25x + 15y = 725 .... (iii)

6x + 15y = 345 .... (iv)

समीकरण (iii) - समीकरण (iv)

$\Rightarrow$ 19x = 380 $\Rightarrow$ x = 20

$\Rightarrow$ 1 आदमी का 1 दिन का वेतन = x = 20 रु

अतः सही विकल्प (C) है।

50. बुलंद दरवाजा, या 'जीत का द्वार', 1602 ई. में मुगल सम्राट अकबर द्वारा गुजरात पर अपनी जीत का स्मरण करने के लिए बनाया गया था। यह फतेहपुर सीकरी में जामा मस्जिद का मुख्य प्रवेश द्वार है, जो भारत के आगरा से 43 किमी दूर है। बुलंद दरवाजा दुनिया का सबसे ऊंचा प्रवेश द्वार है और मुगल वास्तुकला का एक उदाहरण है। यह अकबर के साम्राज्य में परिष्कार और प्रौद्योगिकी की ऊंचाइयों को प्रदर्शित करता है।

अतः विकल्प (A) सही है।

51. हरियाणा में कपास व्यापार का केंद्र पलवल है।

- यह हरियाणा का 21 वां जिला है और दिल्ली से 60 किमी दूर स्थित है।
- यह शहर दिल्ली-मथुरा राजमार्ग (एनएच-2) पर दिल्ली से 60 किमी की दूरी पर स्थित है।
- इसका महत्व मुख्य रूप से ऐतिहासिक है, लेकिन यह क्षेत्र कपास व्यापार के लिए एक केंद्र है।
- यह एक हिंदू मंदिर का स्थल है जिसे 'पंचवटी' कहा जाता है जो हिंदू धर्म का एक बड़ा प्रतीक है।

अतः विकल्प (B) सही है।

52. अपनी बेटी अपना धन योजना हरियाणा में महिला बच्चों का स्तर ऊंचा उठाने के लिए हरियाणा में शुरू किया जा रहा एक अनोखा प्रोजेक्ट है।

अपनी बेटी अपणा धन योजना का लाभ:

- एक योजना वित्तीय सहायता के रूप में लाभ प्रदान करती है।
- माताओं को उनकी पोषण संबंधी जरूरतों को पूरा करने के लिए 500 रुपये की आर्थिक सहायता दी जाती है।
- नवजात शिशु के नाम पर 2500 रुपये की राशि निवेश की जाती है।

अतः विकल्प (B) सही है।

53. हरियाणा का पहला साइबर थाना गुरुग्राम में स्थापित किया गया है, जहां साइबर अपराध से जुड़े मामले दर्ज किए जाएंगे।

साइबर थाने का उद्घाटन गुरुग्राम महानगर विकास प्राधिकरण गुरुग्राम के मुख्य कार्यकारी अधिकारी वी उमाशंकर ने पुलिस आयुक्त के साथ किया।

अतः विकल्प (B) सही है।

54. माना अंकित मूल्य x है।

इसलिए, प्रश्नानुसार,

क्रय मूल्य = अंकित मूल्य का 64%

C.P. $= 0.64x$

दी गई छूट $= x$ का 12%

छूट $= 0.12x$

हम जानते हैं कि,

विक्रय मूल्य = अंकित मूल्य - छूट

$\Rightarrow$ S.P. $= x - 0.12x$

$\Rightarrow$ S.P. $= 0.88x$

हम यह भी जानते हैं कि,

लाभ = विक्रय मूल्य - क्रय मूल्य

$$\Rightarrow लाभ = 0.88x - 0.64x$$

$$\Rightarrow लाभ = 0.24x$$

अब, लाभ प्रतिशत = [(लाभ/क्रय मूल्य) × 100]%

$$\Rightarrow लाभ\ प्रतिशत = \left[\frac{0.24x}{0.64x} \times 100\right]\%$$

$\Rightarrow$ लाभ प्रतिशत = 37.5%

अतः विकल्प (A) सही है।

55.

- पुरानी लिखित सामग्री, जो पढ़ने में मुश्किल हो उसे अवरक्त किरणों के द्वारा आसानी से पढ़ा जा सकता है।

- अवरक्त विकिरण एक प्रकार का विद्युत चुम्बकीय विकिरण है, जैसे कि रेडियो तरंगें, पराबैंगनी विकिरण, एक्स-रे और माइक्रोवेव हैं।

- अवरक्त प्रकाश ईएम स्पेक्ट्रम का हिस्सा है जो लोगों को रोजमर्रा की जिंदगी में सबसे ज्यादा मिलता है।

- यह मानव आंखों के लिए अदृश्य है, लेकिन लोग इसे गर्मी के रूप में महसूस कर सकते हैं।

अतः विकल्प (C) सही है।

56. हरियाणा के पुलिस महानिदेशक (डीजीपी) बीएस संधू ने पंचकूला में 'गुलाबी महिला थाना' का उद्घाटन किया।

हरियाणा सरकार ने प्रदेश के विभिन्न स्थानों पर महिला थाने खोले हैं और महिला पुलिस बटालियन के लिए एक हजार कर्मियों की भर्ती की है।

अतः विकल्प (B) सही है।

57.

- एक परमाणु नाभिक में, न्यूट्रॉन और प्रोटॉन विनिमय बलों द्वारा एक साथ रखे जाते हैं।

- दो कणों (जैसे न्यूट्रॉन और एक प्रोटॉन) के बीच एक बल जो अन्य कणों (जैसे कि पाइन्स) के बीच निरंतर इंटरचेंज से उत्पन्न होता है, विनिमय बल कहलाता है।

- एक परमाणु के नाभिक को एक साथ मजबूत परमाणु बल द्वारा आयोजित किया जाता है जो प्रोटॉन और न्यूट्रॉन को एक साथ बांधता है।

- यद्यपि मजबूत परमाणु बल चार मूलभूत बलों में सबसे मजबूत है, यह केवल बहुत ही कम कार्य करता है।

अतः विकल्प (C) सही है।

58.

- प्रिज्म और लेंस बनाने के लिए चकमक काँच का प्रयोग किया जाता है।

- चकमक काँच ऑप्टिकल और चश्मे में प्रयोग किया जाता है।

- चकमक काँच ऑप्टिकल काँच है जिसमें अपेक्षाकृत उच्च अपवर्तक सूचकांक और कम एब्बी संख्या होती है।

- चकमक काँच का एक अवतल लेंस आमतौर पर क्राउन काँच के उत्तल लेंस के साथ संयुक्त किया जाता है क्योंकि इसकी क्षतिपूर्ति ऑप्टिकल गुणों के कारण एक एक गुणात्मक डबल लेंस का उत्पादन होता है, जो रंगीन विचलन को कम करता है।

अतः विकल्प (D) सही है।

59.

- अधिकांश उत्पादों पर मुद्रित लाइनों के स्वरूप को बार कोड कहा जाता है।

- एक बार कोड एक ऑप्टिकल, मशीन-पठनीय, डेटा का प्रतिनिधित्व है।

- डेटा आमतौर पर बार कोड को ले जाने वाली वस्तु के बारे में कुछ बताता है।

अतः विकल्प (D) सही है।

60. अनुच्छेद 87 में यह प्रावधान है कि राष्ट्रपति प्रत्येक आम चुनाव के बाद पहले सत्र के प्रारंभ में और प्रत्येक वर्ष के पहले सत्र के प्रारंभ में संसद के दोनों सदनों को एक साथ संबोधित करेंगे। राष्ट्रपति के इस अभिभाषण को विशेष अभिभाषण माना जाता है। राष्ट्रपति के अभिभाषण पर संसद के दोनों सदनों में 'धन्यवाद प्रस्ताव' नामक प्रस्ताव पर चर्चा की जाती है।

अतः विकल्प (A) सही है।

61. हाइड्रोमीटर या उत्प्लव-घनत्वमापी के द्वारा बिना किसी गणना के, द्रव के घनत्व को मापा जा सकता है।

हाइड्रोमीटर की रचना इस सिद्धांत पर आधारित है कि द्रव में अंशतः डूबे हुए और संतुलित पिंड का भार उतने द्रव के भार के बराबर है जो पिंड का डूबा हुआ भाग विस्थापित करता है।

अतः विकल्प (C) सही है।

62. कल्पना चावला की मृत्यु अंतरिक्ष मिशन 1 फरवरी, 2003 में हुई थी।

अंतरिक्ष शटल कोलंबिया आपदा में, अन्य छह चालक दल के सदस्यों के साथ, जब कोलंबिया ने पृथ्वी के वायुमंडल में फिर से प्रवेश करने के दौरान टेक्सास के ऊपर विघटित कर दिया, कुछ ही समय पहले इसका 28 वां मिशन समाप्त होने वाला था।

अतः विकल्प (D) सही है।

63.

- हाइड्रोलिक प्रेस पास्कल के सिद्धांत पर निर्भर करता है-एक बंद प्रणाली में दबाव निरंतर होता है।

- हाइड्रोलिक प्रेस एक यांत्रिक उपकरण है जो 'पास्कल के नियम' पर आधारित है, जिसमें कहा गया है कि एक बंद प्रणाली में सभी दिशाओं में दबाव की तीव्रता बराबर होती है।

- यह इस तरह से लागू होता है कि यदि किसी बंद प्रणाली में एक बिंदु पर कोई दबाव परिवर्तन होता है तो दबाव की समान तीव्रता उसी प्रणाली में अन्य बिंदुओं पर बदल जाएगी।

अतः विकल्प (A) सही है।

64.

- दयानंद सरस्वती आर्य समाज के आंदोलन के महत्वपूर्ण स्तंभ थे।

- दयानंद सरस्वती (1824-1883) ने आंदोलन की स्थापना की।

- दयानंद ने चतुर्वर्ण प्रणाली की वैदिक धारणा की सदस्यता ली, जिसमें व्यक्ति किसी जाति में पैदा नहीं हुआ था, बल्कि व्यक्ति द्वारा अपनाए गए व्यवसाय के अनुसार उसकी पहचान की गई थी।

- आर्य समाज ने लड़कों के लिए पच्चीस साल और लड़कियों के लिए सोलह साल की न्यूनतम विवाह योग्य उम्र तय की।

- अंतरजातीय विवाह और विधवा पुनर्विवाह को भी प्रोत्साहित किया गया। महिलाओं के लिए समान दर्जा समाज की मांग थी, पत्र और भावना दोनों में।

अतः विकल्प (B) सही है।

65. 21 नवंबर 1967 को हरियाणा में पहली बार राष्ट्रपति शासन लगाया गया था। राष्ट्रपति शासन राज्य सरकार का निलंबन और किसी राज्य में सीधे केंद्र सरकार का शासन लागू करना है। भारत के संविधान के अनुच्छेद 356 के तहत, इस स्थिति में कि राज्य सरकार संवैधानिक प्रावधानों के अनुसार कार्य करने में असमर्थ है, केंद्र सरकार राज्य तन्त्र का प्रत्यक्ष नियंत्रण ले सकती है। इसके बाद, कार्यकारी प्राधिकारी को केंद्र द्वारा नियुक्त राज्यपाल के माध्यम से प्रयोग किया जाता है, जिनके पास उनकी सहायता के लिए अन्य प्रशासकों को नियुक्त करने का अधिकार होता है। प्रशासक आमतौर पर गैर-सेवानिवृत्त सिविल सेवक होते हैं।

अतः विकल्प (A) सही है।

66.

- तापमान, आर्द्रता और हवा के दबाव में गति या भिन्नता के बावजूद समय को सटीक रूप से मापने के लिए एक उपकरण को एक कालक्रम कहा जाता है।

- क्रोनोमीटर, महान सटीकता के पोर्टेबल टाइमकीपिंग डिवाइस, विशेष रूप से समुद्र में देशांतर का निर्धारण करने के लिए उपयोग किया जाता है।

अतः विकल्प (B) सही है।

67.

- MSP न्यूनतम समर्थन मूल्य के लिए है।

- कृषि समर्थन में किसी भी तीव्र गिरावट के खिलाफ कृषि उत्पादों का बीमा करने के लिए न्यूनतम समर्थन मूल्य (एमएसपी) भारत सरकार द्वारा बाजार हस्तक्षेप का एक रूप है।

- कृषि लागत और मूल्य आयोग (सीएसीपी) की सिफारिशों के आधार पर, भारत सरकार द्वारा कुछ फसलों के लिए बुवाई के मौसम की शुरुआत के लिए न्यूनतम समर्थन मूल्य की घोषणा की जाती है।

- अत्यधिक उत्पादन वर्ष के दौरान निर्माता - किसानों को बचाने के लिए मूल्य छोड़ने के खिलाफ न्यूनतम समर्थन मूल्य (एमएसपी) भारत सरकार द्वारा निर्धारित मूल्य है।

अतः विकल्प (A) सही है।

68. दिया है:

$$135 \text{ लीटर पानी से भरा हिस्सा } = \frac{1}{4}$$

$$1 \text{ लीटर पानी से भरा हिस्सा } = \frac{1}{4 \times 135}$$

$$180 \text{ लीटर पानी से भरा हिस्सा } = \frac{1 \times 180}{4 \times 135} = \frac{1}{3}$$

अतः विकल्प (A) सही है।

69.

- सोनीपत जिले के बरही में 500 करोड़ रुपये की लागत से रेल कोच रिफर्बिशिंग एंड रिहैबिलिटेशन फैक्ट्री लगाई गई है।

- फैक्ट्री में हर साल 250 पैसेंजर ट्रेन के डिब्बों की मरम्मत और आधुनिकीकरण किया जा रहा है।

अतः विकल्प (D) सही है।

70.

- पंडित नेकी राम शर्मा हरियाणा केसरी के नाम से प्रसिद्ध हैं।

- नेकी राम एक भारतीय राजनेता थे।

- वह संसद सदस्य थे, जो भारतीय राष्ट्रीय कांग्रेस के सदस्य के रूप में भारत की संसद के उच्च सदन राज्यसभा में हरियाणा का प्रतिनिधित्व करते थे।

- नेकीराम शर्मा स्वतंत्रता सेनानी थे और हरियाणा केसरी पंडित नेकीराम शर्मा ने जीवन भर अंग्रेजों के खिलाफ लड़ाई लड़ी।

अतः विकल्प (A) सही है।

71. मुर्रा नस्ल की भैंसें हरियाणा में प्रसिद्ध हैं। यह भैंसों की सबसे महत्वपूर्ण नस्ल भी है जिसे कुंदी और काली कहा जाता है। इसका घर रोहतक, हिसार और हरियाणा के सिंध, नाभा और पंजाब के पटियाला जिले और दिल्ली के दक्षिणी इलाके हैं। इसका रंग आमतौर पर पूंछ, चेहरे और हाथ-पैरों पर सफेद निशान के साथ जेट ब्लैक होता है।

अतः सही विकल्प (B) है।

72.

- 1937 में हरियाणा में भिवानी कपड़ा मिल की स्थापना हुई।

- वर्ष 1937 में इस शहर ने ग्रासिम कपड़ा मिल नाम की पहली कपड़ा मिल की स्थापना की।

- भिवानी हरियाणा राज्य के नगर निगम शहरों में से एक है।

- यह शहर अपनी आध्यात्मिक शिक्षा के लिए प्रसिद्ध है।

- 6 कपड़ा संस्थानों में से एक देश के शीर्ष और पुराने अनुसंधान संस्थानों में से एक है।

अतः विकल्प (B) सही है।

73.

- एक खच्चर एक नर गधे और एक घोड़ी के बीच प्रतिच्छेदन संकरण द्वारा निर्मित होता है

- अन्तर्विषयक संकरण में, दो अलग-अलग संबंधित प्रजातियों के नर और मादा जानवरों को रखा जाता है।

- कुछ मामलों में, संतान माता-पिता और शायद काफी आर्थिक मूल्य दोनों की वांछनीय सुविधाओं को जोड़ सकती है।

अतः विकल्प (B) सही है।

74. महात्मा गांधी को 10 अप्रैल, 1919 को गिरफ्तार किया गया था, जब वे रॉलेट एक्ट के विरोध में पंजाब जा रहे थे।

पलवल रेलवे स्टेशन फरीदाबाद से 29 किमी दूर है। यह वह स्थान था जहाँ पहली बार महात्मा गांधी को गिरफ्तार किया गया था। उनकी याद में, 'गांधी आश्रम' नामक एक इमारत बनाई गई है। पलवल हरियाणा का 21वां जिला है और पलवल शहर इस जिले का मुख्यालय है।

अतः विकल्प (A) सही है।

75. दिया है:

राम की आय श्याम की आय से 20% अधिक है

माना श्याम की आय $= 100$

$\therefore$ राम की आय $= 120$

श्याम की आय राम की आय से कम है-

$$= \frac{120 - 100}{120} \times 100$$

$$= 16\frac{2}{3}$$

अतः विकल्प (A) सही है।

76. दिया गया है:

धनराशि = 8680 रुपये

मूलधन = 7000 रुपये

दर = 4% प्रतिवर्ष

साधारण ब्याज = धनराशि – मूलधन

साधारण ब्याज = (8680 - 7000) रुपये

=1680 रुपये

समय = (साधारण ब्याज × 100)/(मूलधन × दर)

समय = (1680 × 100)/(7000 × 4)

=6 वर्ष

अतः विकल्प (D) सही है।

77.

- कैटल वॉर्ट्स, बोवाइन पैपिलोमा वायरस के कारण होता है जो एक संक्रामक वायरस है जो संक्रमित पशु से गैर-संक्रमित पशु तक फैलता है।

- बोवाइन पैपिलोमा वायरस एक तनाव से संबंधित संक्रमण है जो हल्के से श्वसन रोग का कारण हो सकता है और अन्य रोगों के लिए पशुओं के प्रतिरोध को कम करता है।

- संक्रमित बोवाइन राइनोट्रैचेटिस को 'रेड नोज' के नाम से भी जाना जाता है, अत्यधिक संक्रामक वायरस श्वसन रोग का कारण बनता है।

- रेबीज मानव सहित सभी गर्म रक्तयुक्त जानवरों को संक्रमित कर सकता है तथा यह केंद्रीय तंत्रिका तंत्र पर हमला करता है, जिससे मृत्यु हो जाती है।

अतः विकल्प (A) सही है।

78. दिया है:

20 नंबर का औसत = 25

∴ 20 नंबरों का जोड़ 25 × 20 = 500

प्रश्नानुसार:

नई राशि = 500 − 20 × 4 = 500 − 80 = 420

नया औसत $= \frac{420}{20} = 21$

अतः सही विकल्प (C) है।

79. यह दिया गया है कि,

स्थिर पानी में तैराक की गति = x = 9 किमी/घंटा

धारा की गति = y = 6 किमी/घंटा

इसलिए, तैराक की अनुप्रवाह गति = x + y = 9 + 6 = 15 किमी/घंटा

अतः विकल्प (A) सही है।

80. 'GROWTH' के प्रत्येक अक्षर को वर्णानुक्रम श्रृंखला के अनुसार एकांतर क्रम में क्रमशः एक स्थान पहले व एक स्थान बाद के अक्षर के रूप में कोडित किया गया है। और इसी नियम को 'FOUR' के लिए लागू किया जाता है।

इसलिए, 'PROBLEMS' को 'QQPAMDNR' के रूप में कोडित किया जाएगा।

अतः विकल्प (D) सही है।

81. प्रश्न में दिए अक्षरों का कोड प्रत्येक अक्षर का विपरीत अक्षर है जैसे कि,

'cat' को 'xzg' के रूप में लिखा जाता है।

'boat' को 'ylzg' के रूप में लिखा जाता है।

इसी प्रकार,

'egg' को **'vtt'** के रूप में लिखा जा सकता है। क्योंकि e का विपरीत अक्षर v तथा g का विपरीत t है।

अतः विकल्प (A) सही है।

82. दी गई श्रृंखला:

BZA, DYC, FXE, ?, JVI

- प्रथम अक्षर: B+2 = D+2 = F+2 = **H**+2 = J

- दूसरा अक्षर: Z-1 = Y-1 = X-1 = **W**-1 = V

- तीसरा अक्षर: A+2 = C+2 = E+2 = **G**+2 = I

इसलिए, HWG लुप्त शब्द है।

अतः विकल्प (B) सही है।

83. दिया है:

- 'R', '÷' को दर्शाता है

- 'P', '×' को दर्शाता है

- 'W', '+' को दर्शाता है

- 'V', '-' को दर्शाता है

दिए गए प्रश्न 14 W 16 R 4 V 3 P 5 को नीचे दिखाए अनुसार लिखा जा सकता है:

= 14 + 16 ÷ 4 – 3 × 5

= 14 + 4 – 15

= 3

अतः विकल्प (D) सही है।

84. यह मानते हुए कि लड़के को एक्स सवाल सही मिला है।

तब उन्हें 2x रकम गलत लगी क्योंकि सवाल कहता है कि लड़के को सवालों की संख्या दोगुनी हो गई।

फिर,

x + 2x = 48

3x = 48

x = 16

लड़के ने 16 प्रश्नों को सही ढंग से हल किया।

अतः सही विकल्प (B) है।

85.

- 'भई गति सांप छछूंदर केरी' लोकोक्ति का उपयुक्त अर्थ है असमंजस की स्थिति में होना।

- जैसे-रामलाल ने श्यामलाल को उधार देकर स्वंय को भई गति सांप छछूंदर केरी की स्थिति में डाल लिया है।

- जब कोई पूरा कथन किसी प्रसंग विशेष में उद्धत किया जाता है तो लोकोक्ति कहलाता है।

अतः विकल्प (D) सही है।

86. मानव शब्द के लिए उपयुक्त भाववाचक संज्ञा मानवता हैं।

जो शब्द पदार्थों की अवस्था, गुण, दोष, धर्म, दशा, स्वभाव आदि का बोध कराते हैं उन्हें भाववाचक संज्ञा कहते हैं।

जैसे:- बुढ़ापा, मिठास, बचपन, चढ़ाई, थकावट, मोटापा, मानवता, चतुराई, जवानी, लम्बाई, मित्रता, मुस्कुराहट, अपनापन, परायापन, भूख, प्यास, चोरी, क्रोध, सुन्दरता आदि।

अतः विकल्प (B) सही है।

87. क्ष, त्र और ज्ञ की गणना स्वतन्त्र वर्णों में नहीं होती, क्योंकि ये संयुक्त व्यंजन हैं।

क्ष, त्र और ज्ञ तीनों संयुक्ताक्षर व्यंजन कहा जाता है, क्योंकि ये दो वर्णों को जोड़कर संयुक्त वर्ण बनते हैं।

क्ष = क् + ष !

क में हलन्त (्) और ष (मूर्धन्य) को एक साथ लिखने पर क्ष वर्ण बन जाता है।

त्र = त् + र !

त् में हलन्त के साथ र लिखने पर त्र वर्ण बन जाता है।

ज्ञ = ज् + ञ !

ज में हलन्त और ञ को साथ लिखने पर ज्ञ वर्ण बन जाता है।

दो व्यंजन के मेल से यह वर्ण बनते हैं, इसलिए यह संयुक्ताक्षर वयंजन कहलाते हैं।

एक और व्यंजन श्र भी संयुक्ताक्षर व्यंजन है, जो दो वर्णों के मेल से बनता है।

श्र = श् + र ! इसे भी पहले श लिखकर हलन्त लगाएँ और फिर र लिखें तो श्र बन जाता है।

अतः विकल्प (A) सही है।

88. 'सम-शम' शब्द युग्म का सही अर्थ वाला युग्म समान-मोक्ष है।

प्रत्येक भाषा में कई ऐसे शब्द होते है, जिनके उच्चारण में या ध्वनियों में अत्यधिक कम अन्तर होता है, किन्तु वह अन्तर उनके अर्थों को परिवर्तित कर देता है। ऐसे शब्दों को शब्द-युग्म कहते हैं।

अतः विकल्प (D) सही है।

89. 'सृष्टि' का विलोम है प्रलय

अतः विकल्प (C) सही है।

90. 'अन्वेषण' का सन्धि-विच्छेद अनु + एषण होगा

इस सन्धि को बनाने का नियम: (उ + ए = व् + ए)

अन्वेषण में संधि का प्रकार: यण संधि

अतः विकल्प (B) सही है।

91. दिया है:

एक क्रिकेटर की 40 पारियों के लिए बल्लेबाजी औसत = 50 रन

∴ 40 पारियों की कुल रन = 50×40 = 2000

प्रश्नानुसार:

माना सबसे कम और उच्चतम स्कोर x और x+172 हैं

38 पारियों की कुल रन = 48 × 38 = 1824

⇒ x+x +172+1824 = 2000

⇒ 2x = 2000–1996 = 4

⇒ x = 2

∴ x+172 = 2+172 = 174

अतः विकल्प (D) सही है।

92. आयरन प्रेस बिजली से संचालित होता है।

मिक्सी बिजली से संचालित होती है।

कंप्यूटर बिजली से संचालित होता है।

लेकिन, गैस स्टोव गैस द्वारा संचालित होता है।

अतः विकल्प (D) सही है।

93. An adjective can exist in three forms-positive, comparative and superlative.

The positive form is the base form of the adjective.

The comparative form expresses a higher degree of some quality.

The superlative form expresses the highest degree. For adjectives with three syllables or more, the comparative degree is formed using the word 'more' and the superlative degree, using the word, 'most'.

The adjective, 'beautiful' (with three syllables) is the positive form. Its comparative degree of comparison is 'more beautiful'. Its superlative degree of comparison is 'most beautiful'.

So, The Taj is the most beautiful building that I have ever seen is the correct transformation of the given sentence in the superlative form.

Hence, the correct option is (A).

94. The sentence talks about an event continious in the present as can be inferred from ' it began to drizzle.' in the sentence.

Also, the sentence talks about only one action by one subject therefore present continuous form should only be used considering a single subject

So, The correct form of the verb to complete the sentence is was watering.

While she was watering in the garden it began to drizzle.

Hence, the correct option is (C).

95. The first sentence says that it was very cold. Here, 'was' indicates that an event of the past is being discussed. Thus, the action in the second sentence must also indicate a past event.

Option A is incorrect. 'could wear' indicates an event in the present and not the past. Thus, using it will make the tense of the sentence inconsistent.

Option B is correct. 'should have worn' indicates that the action 'worn' is an event of the past. Thus, it is correct.

Option C is incorrect. 'should wear' also discusses an event of the present and not the past and so, cannot be the correct answer.

Option D is incorrect. 'couldn't worn' is a grammatically incorrect phrase. According to the rules of usage, if the auxiliary is in the past tense then the main verb cannot be in its past participle form. Here, 'couldn't' is past and 'worn' is in the past participle form. Thus, it is incorrect.

Hence, the correct option is (B).

96. For the given sentence:

Whenever he is coming (A)/ here, he brings (B)/ many gifts for me. (C) No error (D)

Whenever he is coming is written as, 'Whenever he comes'. For habitual action, present indefinite tense is used.

Hence, the correct option is (A).

97. Knavery is a noun that stands for Lack of honesty, acts of lying or cheating or stealing.

Dishonesty is the right Synonym.

Hence, the correct option is (B).

98. Peak is the correct synonym of zenith.

Zenith stands for the highest part or point.

Peak means the point at which something is the highest, best, strongest, etc.

Hence, the correct option is (C).

99. A philanthropist is a wealthy person who gives money and time to help make life better for other people.

Sentence: A philanthropist known to generously donate to those organizations that help the poor.

Misanthropist is marked by a hatred or contempt for humankind.

Sentence: The moral corruption he saw around him made him misanthropic.

Hence, the correct option is (B).

100. In the given sentence part B is erroneous. In part B 'me' should be replaced by 'my'. In the given sentence the word 'borrowing' is used as a gerund.

Gerund: It is a verb that acts as a noun and ends in the 'ing' form. Here borrowing his hockey stick is the noun of action, therefore borrowing acts as a noun and is a gerund. Whenever we have a gerund we should use a 'possessive determiner' with it instead of 'objective case'. Therefore, we should replace me with a possessive determiner i.e. my.

Hence, the correct option is (B).

Q.1 अप्रैल 2022 में, संघ लोक सेवा आयोग (UPSC) के अध्यक्ष के रूप में किसे नियुक्त किया गया है?

A. विक्रम सिंह मेहता
B. डॉ. मनोज सोनी
C. गोपाल शर्मा
D. संजय शर्मा

Q.2 निम्नलिखित में से किस क्षेत्र में भारत और रूस के बीच जनवरी 2022 में पैसेज अभ्यास आयोजित किया गया था?

A. लाल सागर
B. अरब सागर
C. दक्षिण चीन सागर
D. भूमध्य सागर

Q.3 निम्नलिखित देशों में से किसमें प्रधानमंत्री नरेंद्र मोदी ने 11 मई, 2018 को 'रामायण सर्किट' की शुरुआत की?

[Super TET Paper - I, 2019]

A. नेपाल
B. इंडोनेशिया
C. श्रीलंका
D. म्यांमार

Q.4 मार्च 2022 में किस शहर में भारत के सबसे बड़े तैरते सौर ऊर्जा संयंत्र का उद्घाटन किया गया?

A. श्रीनगर
B. उदयपुर
C. अहमदाबाद
D. तूतिकोरिन

Q.5 2022 में संयुक्त राष्ट्र महिला कोर बजट में भारत का क्या योगदान है?

[HSSC Canal Patwari, 2021], [Delhi Forest Guard, 2021]

A. यूएसडी 10,000
B. यूएसडी 50,000
C. यूएसडी 100,000
D. यूएसडी 500,000

Q.6 एक संख्या उसके $\frac{2}{5}$ से 25 अधिक है। संख्या क्या है?

A. 120
B. 125
C. $\frac{125}{3}$
D. $\frac{122}{3}$

Q.7 दूध वसा का विशिष्ट गुरुत्व क्या है?

A. 0.85
B. 0.93
C. 1.03
D. 1.05

Q.8 दिए गए विकल्पों में से संबंधित अक्षर को चुनिए।
ACEG : SUWY : : BDFH : ?

A. TVZX
B. RTZV
C. TVXZ
D. RTVZ

Q.9 रानीखेत किस प्रकार का रोग है?

A. वायरल
B. निमेटोड
C. बैक्टीरियल
D. फंगल

Q.10 कठोर जल के धातु घटक हैं:

A. मैग्नीशियम, कैल्शियम और टिन
B. आयरन, टिन और कैल्शियम
C. कैल्शियम, मैग्नीशियम और आयरन
D. मैग्नीशियम, टिन और आयरन

Q.11 ब्रोमीन है:

A. रंगहीन गैस पानी में अघुलनशील
B. अत्यधिक ज्वलनशील गैस
C. काला ठोस पदार्थ
D. लाल तरल

Q.12 रेंगने और विसर्पण करने वाले कशेरुकी जंतुओं के प्रकार को क्या कहते हैं?

A. स्तनधारी
B. उभयचर
C. मृदुकवची
D. सरीसृप

Q.13 भारत में सबसे बड़ी प्रायद्वीपीय नदी कौन सी है?

A. कृष्णा
B. गोदावरी
C. कावेरी
D. महानदी

Q.14 निम्न में से कौन सी एक रबी फसल नहीं है?

A. गेहूं
B. जौ
C. बाजरा
D. सरसों

Q.15 'एम्पीयर' _______ की इकाई है।

A. विद्युत प्रवाह
B. गति
C. तापमान
D. दाब

Q.16 Direction: Choose the word opposite in meaning to the given word
Crowded

A. Deserted
B. Busy
C. Quiet
D. Congested

Q.17 निर्देश: प्रश्न में दिए गए विकल्पों में से संबंधित शब्द का चयन करें
तैरना : नदी : : पर्वतारोहण :?

A. सागर
B. सड़क
C. तालाब
D. पर्वत

Q.18 'मोहन वहां पढ़ता है' वाक्य में 'वहां' है?

A. स्थानवाचक क्रिया विशेषण
B. कालवाचक क्रिया विशेषण
C. रीतिवाचक क्रिया विशेषण
D. परिमाणवाचक क्रिया विशेषण

Q.19 इब्राहिम लोदी का मकबरा किस स्थान पर स्थित है?

A. पानीपत
B. गुरुग्राम
C. महेंद्रगढ़
D. रोहतक

Q.20 हरियाणा के सोनीपत जिले के राई नामक स्थान पर एक स्पोर्ट्स स्कूल है, स्कूल का नाम क्या है?

A. जवाहरलाल नेहरू स्पोर्ट्स स्कूल
B. इंदिरा गांधी स्पोर्ट्स स्कूल
C. मोतीलाल नेहरू स्पोर्ट्स स्कूल
D. राजीव गाँधी स्पोर्ट्स स्कूल

Q.21 निर्देश: प्रश्न में दिए गए विकल्पों में उस संख्या चुनिए जो कि दूसरों से अलग है।

A. 345
B. 679
C. 124
D. 568

Q.22 राज्यसभा के पदेन अध्यक्ष कौन हैं?

A. भारत के प्रधान मंत्री
B. भारत के राष्ट्रपति
C. भारत के उपराष्ट्रपति
D. भारत के मुख्य न्यायाधीश

Q.23 जलाल, अमित और फिरोज ने साझेदारी की। जलाल ने अमित से 4 गुना अधिक निवेश किया है और फिरोज द्वारा निवेश की गई राशि अमित द्वारा निवेश की गई राशि का $\left(\frac{3}{4}\right)^{th}$ है। वित्तीय वर्ष के अंत में, अर्जित कुल लाभ 19,000 रु है। जलाल का हिस्सा ज्ञात कीजिये।

A. 15000 रु
B. 12000 रु
C. 13000 रु
D. 10000 रु

Q.24 संसद में "भारतीय दंड संहिता" कब पारित हुई?

A. 7 जून 1860
B. 6 अक्टूबर 1860

C. 21 सितंबर 1872   **D.** 27 सितंबर 1873

Q.25 साधारण ब्याज की किस दर पर एक निश्चित राशि 10 साल में दोगुनी हो जाएगी?

A. 10%   **B.** 12%   **C.** 13%   **D.** 15%

Q.26 आयरन की कमी से क्या होता है?

A. सूखा रोग   **B.** रक्ताल्पता   **C.** क्रोहन रोग   **D.** घेंघा

Q.27 वायु में ध्वनि का वेग किस पर निर्भर नहीं करता है?

A. वायु का घनत्व   **B.** वायु का तापमान
C. वायु का दबाव   **D.** वायु की आर्द्रता

Q.28 हरियाणा की 'विशाल हरियाणा पार्टी' के संस्थापक कौन थे?

A. राव बीरेंद्र सिंह   **B.** ओमप्रकाश चौटाला
C. हुकुम सिंह   **D.** भगवत दयाल शर्मा

Q.29 हरियाणा में निम्नलिखित में से किस स्थान पर सहकारी दुग्ध संयंत्र खुले हैं?

A. अम्बाला   **B.** रोहतक
C. जींद   **D.** उपरोक्त सभी

Q.30 एक विक्रेता 70% हानि पर एक उत्पाद बेचता है। उत्पाद की कीमत क्या है जब बिक्री मूल्य 400 रु. है?

A. $\frac{4000}{3}$ रु.   **B.** $\frac{5000}{3}$ रु.   **C.** $\frac{2000}{3}$ रु.   **D.** $\frac{7000}{3}$ रु.

Q.31 कंप्यूटर सिस्टम में स्कैनर एक _______ है।

A. आउटपुट डिवाइस
B. एक्सटर्नल मेमोरी डिवाइस
C. इनपुट डिवाइस
D. प्रिंटर का प्रकार

Q.32 Choose the option which expresses the meaning of the given word.

MINIMUM

A. Little   **B.** High   **C.** Minimal   **D.** Meagre

Q.33 दो संख्याओं का महत्तम समापवर्तक तथा लघुत्तम समापवर्त्य 20 तथा 540 है। यदि एक संख्या 90 हो तो दूसरी संख्या क्या होगी?

A. 120   **B.** 140   **C.** 110   **D.** 115

Q.34 गर्म करने पर द्रव का घनत्व _______।

A. कम होता है
B. बढ़ जाता है
C. बदलता नही है
D. दबाव के अनुसार घटता या बढ़ता है

Q.35 कंप्यूटर का मस्तिष्क किसे कहा जाता है?

A. एएलयू   **B.** सीपीयू   **C.** कीबोर्ड   **D.** मॉनिटर

Q.36 यथार्थ का विलोम शब्द क्या है?

A. शत्रु   **B.** वाचाल   **C.** आदर्श   **D.** मूर्खता

Q.37 VIRUS से तात्पर्य है:

A. Vital Information Resources Under Seize
B. Vital Information Resources Under Caesar
C. Vital Information Resources Under System
D. Vital Information Resources Example

Q.38 यदि $a:b = 2:3$ और $b:c = 4:5$, तो $a^2 : b^2 : bc = ?$

A. $4:9:45$ **B.** $16:36:45$
C. $16:36:20$ **D.** $4:36:40$

Q.39 'बनवाली' सिंधु सभ्यता की मुख्य भूमि हरियाणा के किस जिले में स्थित है:

A. हिसार   **B.** रेवाड़ी   **C.** फतेहाबाद   **D.** पंचकुला

Q.40 What is the antonym of 'Vanity'?

A. Honesty   **B.** Truthfulness
C. Modesty   **D.** Decency

Q.41 भारत के संविधान के किस अनुच्छेद के अंतर्गत सशस्त्र बलों के सदस्यों के मौलिक अधिकारों को विशेष रूप से प्रतिबंधित किया जा सकता है?

A. अनुच्छेद 21   **B.** अनुच्छेद 25
C. अनुच्छेद 33   **D.** अनुच्छेद 19

Q.42 एक ट्रेन पहले 10 मिनट में 35 किमी /घंटा की गति पर और अगले 5 मिनट में 20 किमी /घंटा की गति से चली। कुल 15 मिनट में ट्रेन की औसत गति कितनी रही?

A. 30 किमी /घंटा   **B.** 23 किमी /घंटा
C. 31 किमी /घंटा   **D.** 29 किमी /घंटा

Q.43 MS-Word में 'Alt + Shift + D' क्या करता है?

A. डेटा सिस्टम कोड को स्वचालित रूप से सम्मिलित करता है
B. समय को स्वचालित रूप से सम्मिलित करता है
C. ड्राइवर पते को स्वचालित रूप से सम्मिलित करता है
D. वर्तमान दिनांक को स्वचालित रूप से सम्मिलित करता है

Q.44 यदि आप एक एनिमेटेड प्रस्तुति बनाना चाहते हैं, तो इसके लिए किस एप्लीकेशन प्रोग्राम का प्रयोग करना सबसे अच्छा होगा ?

A. MS पॉवरपॉइंट   **B.** MS वर्ड
C. MS एक्सेस   **D.** MS एक्सेल

Q.45 मध्ययुगीय लिंगराज मंदिर कहां स्थित है?

A. भुवनेश्वर   **B.** खजुराहो
C. मदुराई   **D.** माउंट आबू

Q.46 2.1, 10.5, 1.89 का महत्तम समापवर्तक ज्ञात कीजिये।

A. 0.21   **B.** 1.05   **C.** 0.3   **D.** 0.6

Q.47 Fill in the blanks with appropriate given options:
_______ idle man is always ready to idle away his time.

A. A   **B.** An   **C.** The   **D.** That

Q.48 हरियाणा में स्तिथ बाटा शू कारखाना कहाँ स्थित है?

A. पानीपत   **B.** फरीदाबाद   **C.** भिवानी   **D.** पलवल

Q.49 नीचे मुहावरों के सामने उनके अर्थ लिखे हैं इनमें से गलत अर्थ वाले मुहावरे छाँटिए।

A. नौ दो ग्यारह होना - भाग जाना
B. गाल बजाना - डींग मारना
C. पटरी बैठना - विचार मिलना
D. कौड़ी का तीन होना - बहुत अच्छा होना

Q.50 गोपाल गिरि का किला किस शासक द्वारा बनवाया गया था?

A. इल्तुतमिश   **B.** बहलोल लोदी
C. सिकंदर लोदी   **D.** बलबन

Q.51 हूणों को हराने वाले अंतिम शक्तिशाली और महत्वपूर्ण गुप्त राजा थे:

A. कुमारगुप्त

B. चन्द्रगुप्त तृतीय

C. महागुप्त

D. स्कन्दगुप्त

Q.52 पाकिस्तान के पहले प्रधान मंत्री लियाकत अली खान का जन्म _______ में हुआ था।

A. कुरुक्षेत्र

B. करनाल

C. सोनीपत

D. पानीपत

Q.53 निम्नलिखित शब्दों को उस क्रम में व्यवस्थित करें जिसमें वे एक शब्दकोश में पाए जा सकते हैं।

Treat, Tripod, Tremble, Trespass

A. Tremble, Treat, Trespass, Tripod

B. Tripod, Treat, Tremble, Trespass

C. Treat, Tremble, Trespass, Tripod

D. Treat, Trespass, Tremble, Tripod

Q.54 इनफार्मेशन को न्युमेरिकली (संख्यात्मक) और अल्फाबेटिकली (वर्णात्मक) रूप से व्यवस्थित करने के लिए कंप्यूटर में किस शब्द का प्रयोग किया जाता है?

A. क्रॉप

B. रिकॉर्ड

C. सॉर्ट

D. आर्गेनाईजेशन

Q.55 शुद्ध वर्तनी का चयन करे।

A. लीपी

B. लीपि

C. लिपि

D. लिपी

Q.56 निर्देशः दो कथन के बाद दो निष्कर्ष I तथा II दिये गये है।आपको दोनों कथनों को सच मानना है भले ही वे सामान्य ज्ञात तथ्यों से भिन्न है। आपको तय करना है कि दिये गये निष्कर्षों में से कौन सा निष्कर्ष यदि संभव है, दिये गये कथनों का अनुसरण करता है।

कथन:

कुछ मानवीय जीव फ़रिश्ते हैं।

सभी डॉक्टर फ़रिश्ते हैं।

निष्कर्ष:

I. कुछ मानवीय जीव डॉक्टर है।

II. कुछ डॉक्टर मानवीय जीव है।

A. केवल I अनुसरण करता है

B. केवल II अनुसरण करता है

C. I तथा II दोनों अनुसरण करता है

D. न तो I ना II अनुसरण करता है

Q.57 10 मीटर / सेकंड की दर से चलने वाले 120 मीटर लंबे कारवां को एक खड़े लड़के को पास करने में कितने सेकंड लगेंगे?

A. 10 सेकंड

B. 12 सेकंड

C. 11 सेकंड

D. 14 सेकंड

Q.58 दिए गए समीकरण में ? का मान ज्ञात कीजिये।

$254 \times ? \times 8 = 95504$

A. 47

B. 49

C. 51

D. 53

Q.59 एक विक्रेता रुपये 225 की कलाई की घड़ी खरीदता है और उसकी मरम्मत पर रुपये 15 खर्च करता है। यदि वह उसे रुपये 300 में बेचता है तो उसे कितने प्रतिशत लाभ होगा ?

A. 15%

B. 20%

C. 25%

D. 30%

Q.60 निम्नलिखित में से कौन सा तत्व समुद्री शैवाल से प्राप्त होता है?

A. आर्गन

B. सल्फर

C. वैनेडियम

D. आयोडीन

Q.61 प्रकाश के विद्युत चुम्बकीय स्वरूप की खोज किसने की थी?

A. स्नेल

B. न्यूटन

C. मैक्सवेल

D. यंग

Q.62 _______ वेब रिसोर्स की एक्सेस प्रदान करता है।

A. ब्राउज़र

B. यूआरएल

C. आईएसपी

D. वेब

Q.63 अकबर ने 'मियां' शीर्षक किसे दिया था?

A. राजा टोडर मल

B. मान सिंह प्रथम

C. बीरबल

D. तानसेन

Q.64 यदि दो संख्याओं का योग 10 है तथा उसके व्युत्क्रमों का योग $\frac{5}{12}$ है, तो संख्याएँ होगी।

A. 8 तथा 2

B. 6 तथा 4

C. 7 तथा 3

D. 9 तथा 1

Q.65 निम्नलिखित में से कौन सा वीडियो को सेव करने के लिए एक एक्सटेंशन है?

A. IPFG

B. PNG

C. DOX

D. MPEG

Q.66 एक नाव धारा की दिशा में चलने पर 36 किमी की दूरी को 3 घंटों मे पूरी कर लेती है। जबकि वापस लौटते समय, यह समान दूरी को 9 घंटों मे पूरी करती है। तो नाव की गति क्या है?

A. 8 किमी /घंटा

B. 12 किमी /घंटा

C. 14 किमी /घंटा

D. 10 किमी /घंटा

Q.67 यदि TAP को SZO के रूप में कूट किया जाता है, तो FREEZE को कैसे कूट किया जाएगा?

A. ATSSTS

B. EQDDZD

C. EQDDYD

D. ESDDYD

Q.68 दया का भाई अनिल है। दया चंद्र का पुत्र है। विमल चंद्र के पिता हैं। तो विमल से अनिल का क्या संबंध है?

A. पुत्र

B. भाई

C. पोता

D. अंकल

Q.69 1260 का $\frac{100}{3}$% + 755 का 80% क्या होगा?

A. 1162

B. 1402

C. 1024

D. 1001

Q.70 किस शहर को 'हरियाणा का दिल' नाम से जाना जाता है?

A. पानीपत

B. जींद

C. फरीदाबाद

D. करनाल

Q.71 What is the meaning of given idiom?

To keep one's temper

A. To become hungry

B. To be in a good mood

C. To preserve one's energy

D. To be loof from

Q.72 ब्रिटिश सरकार ने भारत सरकार अधिनियम 1919 की समीक्षा करने के लिए एक भारतीय वैधानिक आयोग की नियुक्ति की, इस आयोग को किस नाम से जाता है?

A. साइमन कमीशन

B. हंटर कमीशन

C. एलबर्ट आयोग

D. क्रिप्स मिशन

Q.73 निम्नलिखित में से कौन सा एक प्रभावी पौधा कीटनाशक है?

A. पयरेथ्रिन

B. सिनेरीन

C. निकोटीन

D. उपर्युक्त सभी

Q.74 निम्नलिखित में से कौन वैज्ञानिक ऑप्टिकल उपकरण नहीं है?

A. माइक्रोस्कोप

B. पेरिस्कोप

C. एंडोस्कोप

D. टेलिस्कोप

Q.75 लोहे में जंग लगना क्या है?

A. रसायनिक परिवर्तन

B. विद्युत रासायनिक परिवर्तन

C. विद्युत परिवर्तन

D. इनमे से कोई नहीं

Q.76 Direction: Choose the correct option with correct tense as per usage:

These grapes _______ sour.

A. Are tasting
B. Taste
C. Have been tasting
D. Were tasting

Q.77 हरियाणा के किस जिले में 'चौधरी देवीलाल प्राकृतिक पार्क' स्थित है?

A. भिवानी   **B.** रोहतक   **C.** पानीपत   **D.** यमुनानगर

Q.78 लाफिंग गैस का रासायनिक नाम है:

A. नाइट्रिक ऑक्साइड
B. हाइड्रोजन क्लोराइड
C. नाइट्रस ऑक्साइड
D. सल्फर डाइऑक्साइड

Q.79 यदि SEVEN को 23136 के रूप में कूट किया गया है और Eight को 34579 के रूप में कूट किया गया है, तो NINE को कैसे कूट किया जाएगा?

A. 6463   **B.** 6364   **C.** 6346   **D.** 6436

Q.80 10 आदमी प्रतिदिन 6 घंटे काम करते हैं और 18 दिनों में एक काम पूरा कर सकते हैं। 12 दिनों में एक ही काम को पूरा करने के लिए 15 पुरुषों को कितने घंटे काम करना होगा?

A. 4   **B.** 5   **C.** 6   **D.** 7

Q.81 निम्नलिखित में से कोन सा पादप कीटभक्षी नहीं है?

A. नेपेंथेस
B. यूट्रीकुलेरिया
C. ड्रोसेरा
D. मोनोट्रोपा

Q.82 जितेन्द्रिय में कौन सा समास है?

A. द्वंद्व समास
B. बहुव्रीहि समास
C. तत्पुरुष समास
D. द्विगु समास

Q.83 A person who does not believe in the existence of God is called:

A. Theist   **B.** Heretic   **C.** Atheist   **D.** Fanatic

Q.84 फोटो की ओर इशारा करते हुए विपुल ने कहा, "वह मेरे दादा के इकलौते बेटे की बेटी है।" फोटो में लड़की से विपुल कैसे संबंधित है?

A. माँ
B. बहन
C. चचेरी बहन
D. दादी

Q.85 पिता की आयु पुत्र की आयु की तीन गुनी है। 5 साल के बाद पिता की उम्र बेटे की उम्र से ढाई गुनी हो जाएगी। पुत्र की वर्तमान आयु क्या है?

A. 10 वर्ष   **B.** 15 वर्ष   **C.** 5 वर्ष   **D.** 20 वर्ष

Q.86 What will be the passive voice of the sentence?

They drew a circle.

A. A circle was being drawn by them
B. A circle was drawn by them
C. A circle have been drawn by them
D. A circle has been drawing by them

Q.87 A, B, C, D, E और F एक पंक्ति में बैठे हैं। E और F बीच में हैं। A और B छोर पर हैं। C, A के बायें बैठा है। B के दायें कौन है?

A. A   **B.** D   **C.** E   **D.** F

Q.88 हरियाणा के किस जिले में गोहाना का ऐतिहासिक शहर स्थित है?

A. पानीपत   **B.** सिरसा   **C.** सोनीपत   **D.** रेवाड़ी

Q.89 निम्नलिखित में से कौन एक प्रकार की मिट्टी नहीं है?

A. दोमट मिट्टी
B. चिकनी मिट्टी
C. लाल मिट्टी
D. पीली मिट्टी

Q.90 कीबोर्ड और प्रिंटर जैसे उपकरण जो कंप्यूटर से जुड़े होते हैं, उन्हें _______ कहा जाता है।

A. पेरिफेरल डिवाइस
B. प्रोसेसिंग डिवाइस
C. सिस्टम डिवाइस
D. इनपुट डिवाइस

Q.91 निम्नलिखित में से कौन सा आरेख यात्री, ट्रेन और बस के बीच सबसे सही संबंध को दर्शाता है?

A. **B.** **C.** **D.**

Q.92 निम्नलिखित में से कौन सा कथन पोषण के बारे में गलत है?

A. नाइट्रोजन और फास्फोरस मैक्रोन्यूट्रिएंट हैं
B. पादप हार्मोन पोषक तत्व होते हैं
C. मैंगनीज और मोलिब्डेनम सूक्ष्म पोषक तत्व हैं
D. पोषण विभिन्न कार्यों को पूरा करने के लिए ऊर्जा प्रदान करता है

Q.93 Hyenas and vultures are:

A. Primary consumers
B. Scavengers
C. Predators
D. Herbivorous

Q.94 निम्नलिखित में से कौन एक अपरिमेय संख्या है?

A. $\sqrt{16}$ **B.** $\sqrt{\left(\frac{12}{3}\right)}$ **C.** $\sqrt{12}$ **D.** $\sqrt{100}$

Q.95 कबीर ने 5 साल पहले 16% साधारण ब्याज पर कर्ज लिया था। उसने ब्याज के साथ 9600 रु भुगतान किए। उसने कर्ज के रूप में क्या राशि ली थी?

A. 16400 रु   **B.** 12000 रु   **C.** 12500 रु   **D.** 18000 रु

Q.96 राम 10 किमी दक्षिण की ओर चला, फिर दाएं मुड़ा और 5 किमी चला। फिर दोबारा वह दाएं मुड़ा और 10 किमी चला। फिर वह बायें मुड़ा और 10 किमी चला। राम को अपने प्रारंभिक बिंदु तक पहुँचने के लिए कितने किमी चलना होगा?

A. 25 किमी   **B.** 20 किमी   **C.** 5 किमी   **D.** 15 किमी

Q.97 हरियाणा की कौन सी नहर दिल्ली में ओखला नामक स्थान से यमुना नदी से निकली है?

A. गुडगाँव   **B.** भाखड़ा   **C.** पूर्वी-यमुना   **D.** भवानी

Q.98 WAN का पूर्ण रूप क्या है?

A. वाइडर एरिया नेटवर्क
B. वाइड एरिया नेटवर्क
C. वाइल्ड एरिया नेटवर्क
D. वाइड एरिया नेटवर्किंग

Q.99 शार्क में किस प्रकार की पूंछ पाई जाती है?

A. आद्यपालि
B. समपाली
C. विषमपालि
D. द्विसमपालि

Q.100 A, C का पुत्र है जबकि C और Q एक दूसरे की बहन हैं। Z, Q की मां है। यदि P, Z का पुत्र है, तो निम्नलिखित में से कौन सा कथन सही है?

A. Q, A का दादा है

B. P, A का मामा है

C. P, A का चचेरा भाई है

D. Z, C का भाई है

// स्मार्ट उत्तर पुस्तिका //

सही उत्तर   उन छात्रों के प्रतिशत को इंगित करता है जिन्होंने प्रश्नों का सही उत्तर दिया था।

छोड़ दिया   उन छात्रों के प्रतिशत को इंगित करता है जिन्होंने प्रश्नों को छोड़ दिया था।

प्रश्न संख्या	उत्तर	सही उत्तर / छोड़ दिया
1	B	52.12 % / 1.25 %
2	B	55.87 % / 1.9 %
3	A	64.35 % / 1.33 %
4	D	67.4 % / 1.09 %
5	D	89.2 % / 0.0 %
6	C	79.6 % / 0.0 %
7	B	64.61 % / 1.49 %
8	C	82.41 % / 0.0 %
9	A	13.96 % / 4.61 %
10	C	63.31 % / 1.57 %
11	D	81.02 % / 0.0 %
12	D	87.97 % / 0.0 %
13	B	89.47 % / 0.0 %
14	C	80.99 % / 0.0 %
15	A	89.28 % / 0.0 %
16	A	76.18 % / 0.0 %
17	D	83.28 % / 0.0 %
18	A	81.3 % / 0.0 %
19	A	87.34 % / 0.0 %
20	C	54.53 % / 1.46 %
21	A	41.35 % / 1.34 %
22	C	82.9 % / 0.0 %
23	B	66.4 % / 1.88 %
24	B	56.87 % / 1.01 %
25	A	65.32 % / 1.89 %
26	B	86.86 % / 0.0 %
27	C	51.28 % / 1.24 %
28	A	61.93 % / 1.93 %
29	D	87.95 % / 0.0 %
30	A	51.34 % / 1.45 %
31	C	76.53 % / 0.0 %
32	C	84.24 % / 0.0 %
33	A	80.04 % / 0.0 %
34	A	82.82 % / 0.0 %
35	B	88.41 % / 0.0 %
36	C	87.7 % / 0.0 %
37	A	56.08 % / 1.25 %
38	B	65.7 % / 1.43 %
39	C	84.15 % / 0.0 %
40	C	86.29 % / 0.0 %
41	C	66.64 % / 1.24 %
42	A	45.28 % / 1.55 %
43	D	86.8 % / 0.0 %
44	A	76.88 % / 0.0 %
45	A	42.07 % / 1.46 %
46	A	52.73 % / 1.76 %
47	B	87.29 % / 0.0 %
48	B	57.84 % / 1.22 %
49	D	88.79 % / 0.0 %
50	D	69.18 % / 1.53 %
51	D	68.39 % / 1.2 %
52	B	41.72 % / 1.3 %
53	C	83.78 % / 0.0 %
54	C	87.26 % / 0.0 %
55	C	80.37 % / 0.0 %
56	D	80.3 % / 0.0 %
57	B	56.67 % / 1.65 %
58	A	80.12 % / 0.0 %
59	C	53.82 % / 1.96 %
60	D	83.59 % / 0.0 %
61	C	85.16 % / 0.0 %
62	A	85.11 % / 0.0 %
63	D	87.44 % / 0.0 %
64	B	61.36 % / 1.11 %
65	D	46.77 % / 1.41 %
66	A	40.59 % / 1.35 %
67	C	62.16 % / 1.21 %
68	C	80.53 % / 0.0 %
69	C	40.57 % / 1.04 %
70	B	45.74 % / 1.08 %
71	B	48.09 % / 1.79 %
72	A	40.37 % / 1.86 %
73	D	44.25 % / 1.73 %
74	B	87.42 % / 0.0 %
75	A	85.32 % / 0.0 %
76	B	44.69 % / 1.43 %
77	D	59.57 % / 1.53 %
78	C	78.29 % / 0.0 %
79	A	86.28 % / 0.0 %
80	C	32.08 % / 4.9 %

प्रश्न संख्या	उत्तर	सही उत्तर / छोड़ दिया
81	D	50.06 % / 1.35 %
82	B	80.36 % / 0.0 %
83	C	80.91 % / 0.0 %
84	B	79.95 % / 0.0 %

प्रश्न संख्या	उत्तर	सही उत्तर / छोड़ दिया
85	B	64.27 % / 1.68 %
86	B	78.03 % / 0.0 %
87	B	68.5 % / 1.93 %
88	C	79.37 % / 0.0 %

प्रश्न संख्या	उत्तर	सही उत्तर / छोड़ दिया
89	D	80.59 % / 0.0 %
90	A	85.3 % / 0.0 %
91	C	79.85 % / 0.0 %
92	B	77.79 % / 0.0 %

प्रश्न संख्या	उत्तर	सही उत्तर / छोड़ दिया
93	B	87.57 % / 0.0 %
94	C	88.62 % / 0.0 %
95	B	54.65 % / 1.25 %
96	D	77.07 % / 0.0 %

प्रश्न संख्या	उत्तर	सही उत्तर / छोड़ दिया
97	A	87.34 % / 0.0 %
98	B	84.65 % / 0.0 %
99	C	49.51 % / 1.15 %
100	B	65.18 % / 1.91 %

कार्य विश्लेषण

औसत अंक (%)	70.0%
टॉपर्स स्कोर (%)	73.75%
आपका स्कोर	

//संकेत और समाधान//

1. संघ लोक सेवा आयोग (UPSC) के अध्यक्ष के रूप में डॉ. मनोज सोनी को नियुक्त किया गया है। वह वर्तमान में यूपीएससी के सदस्य हैं। उन्होंने 2005 में MS विश्वविद्यालय के देश के सबसे कम उम्र के कुलपति के रूप में कार्य किया। उन्होंने अगस्त 2009 से जुलाई 2015 के बीच अहमदाबाद में डॉ. बाबासाहेब अम्बेडकर मुक्त विश्वविद्यालय के कुलपति के रूप में भी कार्य किया।

अतः विकल्प (B) सही है।

2. भारत और रूस की नौसेनाओं ने 14 जनवरी 2022 को अरब सागर में एक पासिंग अभ्यास किया।

भारतीय नौसेना के स्वदेशी रूप से डिजाइन और निर्मित निर्देशित-मिसाइल विध्वंसक आईएनएस कोच्चि ने रूसी संघ की नौसेना के विध्वंसक एडमिरल ट्रिब्यूट्स के साथ अभ्यास किया। यह सुनिश्चित करने के लिए एक पासिंग अभ्यास किया जाता है कि इसमें भाग लेने वाली दो नौसेनाएं आपदा या युद्ध के समय में सुचारू रूप से समन्वय और संवाद करने में सक्षम हों।

अत: विकल्प (B) सही है।

3. 11 मई, 2018 को, प्रधानमंत्री नरेंद्र मोदी और नेपाली प्रधानमंत्री केपी शर्मा ओली ने संयुक्त रूप से रामायण सर्किट के हिस्से के रूप में दो पवित्र शहरों जनकपुर और अयोध्या के बीच एक सीधी बस सेवा को हरी झंडी दिखाई।

बस सेवा धार्मिक पर्यटन को बढ़ावा देना चाहती है और दोनों देशों के बीच लोगों के बीच संपर्क के लिए एक मज़बूत आधार बनाया है। पौराणिक कथा 'रामायण' के अनुसार, अयोध्या भगवान राम की जन्मभूमि है, जबकि, जनकपुर देवी सीता की जन्मभूमि है।

अतः विकल्प (A) सही है।

4. सदर्न पेट्रोकेमिकल्स इंडस्ट्रीज कॉर्पोरेशन लिमिटेड (SPIC) ने मार्च 2022 में भारत के सबसे बड़े तैरते सौर ऊर्जा संयंत्र का उद्घाटन और पूरी तरह से संचालन किया।

तमिलनाडु के तूतिकोरिन में SPIC कारखाने के परिसर में स्थित, यह 48 एकड़ का तैरता हुआ सौर ऊर्जा संयंत्र 62 एकड़ में फैले एक बड़े जलाशय पर स्थापित किया गया है।

यह प्रति वर्ष 42 मिलियन यूनिट बिजली पैदा करने में सक्षम है।

अतः विकल्प (D) सही है।

5. भारत ने अपने मुख्य बजट के लिए संयुक्त राष्ट्र महिला, लैंगिक समानता और महिला सशक्तिकरण के लिए संयुक्त राष्ट्र एजेंसी के लिए 500,000 अमरीकी डालर का योगदान दिया है।

संयुक्त राष्ट्र में भारत के स्थायी प्रतिनिधि टी.एस.तिरुमूर्ति ने घोषणा की कि भारत ने महिलाओं के नेतृत्व वाले विकास और लैंगिक समानता की अपनी साझेदारी की पुष्टि की है। संयुक्त राष्ट्र महिला कार्यकारी निदेशक, सीमा बहौस ने भारत को इसके योगदान के लिए धन्यवाद दिया।

अतः विकल्प (D) सही है।

6. माना संख्या ‘x’ है, तो,

प्रश्नानुसार,

$$x \times \left(\frac{2}{5}\right) + 25 = x$$

$$\Rightarrow x - x \times \left(\frac{2}{5}\right) = 25$$

$$\Rightarrow \frac{3x}{5} = 25$$

$$\Rightarrow x = \frac{(25 \times 5)}{3} = \frac{125}{3}$$

इसलिये, उचित संख्या $\frac{125}{3}$ है।

अतः विकल्प (C) सही है।

7. दूध वसा का विशिष्ट गुरुत्व 0.93 है।

इसे लैक्टोमीटर द्वारा मापा जाता है। यह एक हाइड्रोमीटर (विशिष्ट गुरुत्व मापने के लिए एक उपकरण) है जो दूध के विशिष्ट गुरुत्व की सामान्य सीमा के अनुकूल होता है।

अतः विकल्प (B) सही है।

8. यहाँ प्रतिरूप निम्नानुसार है,

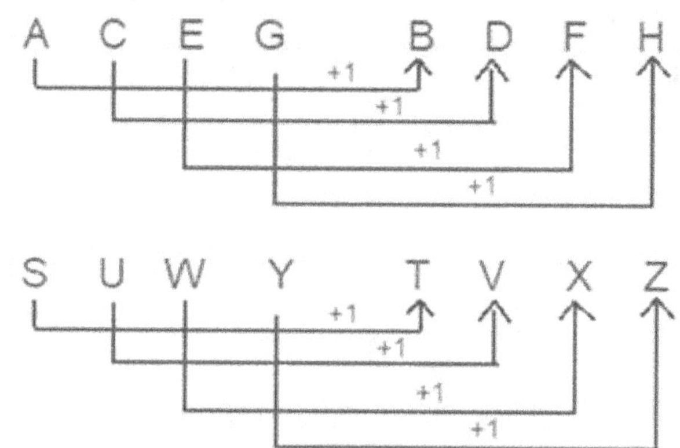

तो, सही उत्तर 'TVXZ' है।

अतः विकल्प (C) सही है।

9. रानीखेत एक वायरल बीमारी है।

इसे पश्चिम में न्यूकैसल रोग के नाम से भी जाना जाता है। यह पोल्ट्री का एक आम वायरस रोग है। यह वायरस दूषित पानी की बूंदों, संक्रमित पक्षियों, दूषित जंगम उपकरणों, कपड़ों और कर्मियों के संपर्क के कारण होता है।

अतः विकल्प (A) सही है।

10. कठोर जल के धातु घटक कैल्शियम, मैग्नीशियम और आयरन हैं।

हालांकि कुछ धातुओं में आयरन, एल्यूमीनियम और मैंगनीज भी पाया जा सकता है। ये धातुएं पानी में घुलनशील होती हैं, जिसका अर्थ है कि वे पानी में घुल जाएंगी।

अतः विकल्प (C) सही है।

11. ब्रोमीन कमरे के तापमान पर लाल तरल है।

ब्रोमिन का प्रतीक 'Br' है। ब्रोमीन की परमाणु संख्या 35 है। यह तीसरा सबसे हल्का हलोजन है अन्य सभी गैर-धातुएं कमरे के तापमान पर ठोस या गैस हैं लेकिन ब्रोमीन एकमात्र तरल गैर-धातु है। इसके गुण क्लोरीन और आयोडीन के बीच मध्यवर्ती हैं।

अतः विकल्प (D) सही है।

12. रेंगने और विसर्पण करने वाले कशेरुकी जंतुओं को सरीसृप कहते हैं।

ये रेंगने वाले स्थलीय जंतु होते हैं। ये दुनिया के अधिकांश गर्म क्षेत्रों में पाए जाने वाले ठंडे खून वाले जंतु हैं। इस वर्ग में कछुआ, गिरगिट आदि जीव आते हैं।

अतः विकल्प (D) सही है।

13. गोदावरी भारत की सबसे बड़ी प्रायद्वीपीय नदी है।

लंबाई, जलग्रहण क्षेत्र और मुक्ति के संदर्भ में, गोदावरी प्रायद्वीपीय भारत में सबसे बड़ी है।

अतः विकल्प (B) सही है।

14. बाजरा रबी की फसल नहीं है।

रबी की फसलें कृषि फसलें हैं जिन्हें सर्दियों में बोया जाता है और दक्षिण एशिया में वसंत में काटा जाता है। भारत में प्रमुख रबी फसलों में गेहूं, जौ, छोले, दालें, अलसी, सरसों आदि शामिल हैं। खरीफ फसलों में चावल, मक्का, बाजरा, सोयाबीन, मूंगफली, कपास आदि शामिल हैं।

अतः विकल्प (C) सही है।

15. 'एम्पीयर 'विद्युत प्रवाह की इकाई है।

एम्पीयर इकाई का नाम फ्रांस के आंद्रे-मैरी एम्पीयर के नाम पर रखा गया है। एम्पीयर को प्रति सेकंड एक कूलाम्ब के आवेश के प्रवाह के रूप में परिभाषित किया गया है। एम्पीयर एक सर्किट में बहने वाले एक प्रति युग्मक के बराबर होता है।

अतः विकल्प (A) सही है।

16. Crowded (Adjective) = having a lot of people

Deserted (Adjective) = with no people in it

'Deserted' is the opposite of 'Crowded'.

Example:

In the spring, this place is crowded with skiers.

The village was deserted during flood.

Hence, the correct option is (A).

17. तैराकी केवल नदी जैसे जलीय स्थान में ही की जा सकती है।

उसी प्रकार से, पर्वतारोहण केवल पर्वत जैसे पहाड़ी क्षेत्र पर ही किया जा सकता है।

इसलिए, सही उत्तर 'पर्वत' है।

अतः विकल्प (D) सही है।

18. 'मोहन वहां पढ़ता है' वाक्य में 'वहां' स्थानवाचक क्रिया विशेषण है।

स्थानवाचक क्रिया विशेषण वे शब्द होते हैं जो क्रिया के होने वाली जगह का बोध कराते हैं।यानी जहां क्रिया हो रही है उस जगह का बोध कराने वाले शब्द ही स्थानवाचक क्रियाविशेषण कहलाते हैं।

अतः विकल्प (A) सही है।

19. इब्राहिम लोदी का मकबरा पानीपत में स्थित है।

इब्राहिम खान लोदी 'दिल्ली सल्तनत' का एक 'अफगानी सुल्तान' था, जो अपने पिता सिकंदर लोदी की मृत्यु के बाद 1517 में सुल्तान बना। वह लोदी वंश का अंतिम शासक था। बाबर की आक्रमणकारी सेना द्वारा पानीपत की लड़ाई में वह पराजित हुआ और मारा गया। 21 अप्रैल 1526 को उनकी मृत्यु हो गई थी।

अतः विकल्प (A) सही है।

20. मोतीलाल नेहरू स्कूल ऑफ स्पोर्ट्स भारत के हरियाणा राज्य के सोनीपत जिले के राई में स्थित एक बोर्डिंग स्कूल है। इसकी स्थापना जुलाई 1973 में

हरियाणा सरकार द्वारा की गई थी। इसे शिक्षा विश्व रैंकिंग 2016 के अनुसार देश के शीर्ष 10 बोर्डिंग स्कूलों में स्थान दिया गया है।

हरियाणा के राई में स्थित मोतीलाल नेहरू स्कूल आफ स्पोर्ट्स को बेहतर खिलाड़ी तैयार करने के लिए जाना जाता है। स्कूल से निकलने वाले कई विद्यार्थियों ने सेना के अलावा राष्ट्रीय और अंतरराष्ट्रीय खेलों में शानदार प्रदर्शन किया है।

अतः विकल्प (C) सही है।

21. दिए गए विकल्पों में '345' अन्य से अलग है।

'345' को छोड़कर, यहाँ हर संख्या में पहले दो अंकों के बीच का अंतर 1 है और अंतिम दो अंकों के बीच का अंतर 2 है। अतः जो अलग है उसे इस प्रकार दर्शा सकते हैं:

$345 \rightarrow 4 - 3 = 1, 5 - 4 = 1$

$679 \rightarrow 7 - 6 = 1, 9 - 7 = 2$

$124 \rightarrow 2 - 1 = 1, 4 - 2 = 2$

$568 \rightarrow 6 - 5 = 1, 8 - 6 = 2$

इसलिए, '345' अलग है।

अतः विकल्प (A) सही है।

22. भारत का उपराष्ट्रपति राज्यसभा का पदेन सभापति होता है।

भारत के संविधान के अनुसार, अनुच्छेद 64 और 89 (1) कहता है कि भारत के उपराष्ट्रपति राज्यसभा के पदेन अध्यक्ष होंगे। वह इसके सत्र की अध्यक्षता करते हैं और राज्यसभा के दैनिक मामलों का ध्यान रखते हैं।

उपराष्ट्रपति का निर्वाचन एक निर्वाचक मंडल के सदस्यों द्वारा किया जाता है। जिसमें संसद के दोनों सदनों के सदस्य एकल हस्तांतरणीय मत के अनुपातिक प्रतिनिधित्व की प्रणाली के अनुसार होते है और इस तरह के चुनाव में मतदान गुप्त मतदान द्वारा होता है। इसका अर्थ है कि संसद के दोनों सदन उपराष्ट्रपति के चुनाव में भूमिका निभाते हैं।

अतः विकल्प (C) सही है।

23. माना कि जलाल, अमित और फिरोज का निवेश x, y और z है।

दिया हुआ है कि जलाल ने अमित से 4 गुना ज्यादा निवेश किया है और फिरोज द्वारा निवेश की गई राशि अमित द्वारा निवेश की गई राशि का $\left(\frac{3}{4}\right)^{th}$ है।

इसलिए, x = 4y और $y = \left(\frac{3}{4}\right)z$

दिया हुआ है कि वर्ष के अंत में कुल लाभ 19000 रु है।

$\Rightarrow x + y + z = 19000$

$\Rightarrow 4y + y + \left(\frac{4}{3}\right)y = 19000$

$\Rightarrow 12y + 3y + 4y = 57000$

$\Rightarrow 19y = 57000$

$\Rightarrow y = 3000$

जलाल का निवेश (x) = 4y = 4 × 3000 = 12000 रु

अतः विकल्प (B) सही है।

24. "भारतीय दंड संहिता" 6 अक्टूबर 1860 को संसद में पारित हुई।

1833 के चार्टर एक्ट के तहत स्थापित भारत के पहले कानून आयोग की सिफारिशों पर लॉर्ड थॉमस बबिंगटन मैकाले की अध्यक्षता में 1860 में इस

संहिता का मसौदा तैयार किया गया था। यह 1862 के शुरुआती ब्रिटिश राज काल के दौरान ब्रिटिश भारत में लागू हुआ था।

अतः विकल्प (B) सही है।

25. माना की राशि x रू है।

फिर, साधारण ब्याज भी x बन जाएगा क्योंकि साधारण ब्याज 10 वर्षों में दोगुना हो रहा है।

तो, दर $=(100 \times$ साधारण ब्याज$) / ($राशि $\times$ समय$)$

$$\Rightarrow \frac{(100 \times x)}{(x \times 10)} = 10\%$$

अतः विकल्प (A) सही है।

26. आयरन की कमी से रक्ताल्पता होती है।

आयरन की कमी से होने वाली रक्ताल्पता सामान्य प्रकार की रक्ताल्पता है और इसे साइडरोब्लास्टिक रक्ताल्पता कहा जाता है। यह तब होती है जब शरीर में पर्याप्त आयरन नहीं होता है। अस्थि मज्जा को हीमोग्लोबिन बनाने के लिए आयरन की आवश्यकता होती है और पर्याप्त आयरन के बिना, शरीर लाल रक्त कोशिकाओं के लिए पर्याप्त हीमोग्लोबिन का उत्पादन नहीं कर सकता है।

अतः विकल्प (B) सही है।

27. वायु में ध्वनि का वेग वायु के दबाव पर निर्भर नहीं करता है।

वायु को एक आदर्श गैस मानते हुए, ध्वनि की गति केवल तापमान पर निर्भर करती है। जैसे जैसे वायुवायु का तापमान बढ़ता है, वैसे वैसे ध्वनि की गति बढ़ती है। ध्वनि की गति पूरी तरह से वायु के दबाव से स्वतंत्र होती है क्योंकि वायु का दबाव और वायु का घनत्व एक ही तापमान पर एक दूसरे के समानुपाती होते हैं।

अतः विकल्प (C) सही है।

28. राव बीरेंद्र सिंह हरियाणा के 'विशाल हरियाणा पार्टी' के संस्थापक थे।

'विशाल हरियाणा पार्टी 'भारतीय राज्य हरियाणा में एक राजनीतिक पार्टी थी। इसकी स्थापना 1967 में हुई थी। यह हरियाणा की पहली क्षेत्रीय पार्टी थी और हरियाणा राज्य के गठन के छह महीने बाद ही सफलतापूर्वक अपना मुख्यमंत्री बनाया था। 23 सितंबर 1978 को इसका कांग्रेस (I) में विलय हो गया।

अतः विकल्प (A) सही है।

29. हरियाणा में अंबाला, रोहतक और जींद में सहकारी दुग्ध संयंत्र खुले हैं।

डेयरी कॉर्पोरेशन का गठन 1970 में किया गया था, जो 31 मार्च 1977 तक सक्रिय रूप से कार्य करता रहा। इसके बाद आनंद महासंघ पर आधारित तीन स्तरीय प्रणाली स्थापित करने के लिए महासंघ द्वारा व्यवसाय पर कब्जा कर लिया गया। 1 अप्रैल 1992 से, महासंघ ने पौधों को दुग्ध संघों को पट्टे पर दे दिया है। हरियाणा भारत के सबसे प्रगतिशील राज्यों में से एक है।

अतः विकल्प (D) सही है।

30. दिया हुआ है,

बिक्री मूल्य $= 400$ रु. और हानि $= 70\%$

लागत मूल्य $= ($बिक्री मूल्य $\times 100) / (100 -$ हानि$)$

लागत मूल्य $= \frac{(400 \times 100)}{(100 - 70)} = \frac{40000}{30}$

लागत मूल्य $= \frac{4000}{3}$

इसलिए, उत्पाद की लागत मूल्य $\frac{4000}{3}$ रु. है।

अतः विकल्प (A) सही है।

31. कंप्यूटर सिस्टम में स्कैनर एक इनपुट डिवाइस है।

स्कैनर एक उपकरण है जो दस्तावेजों, पाठ पृष्ठों और तस्वीरों को स्कैन करता है। जब कोई दस्तावेज़ स्कैन किया जाता है, तो स्कैनर दस्तावेज़ को एक डिजिटल प्रारूप में बदल देता है। यह दस्तावेज़ का एक इलेक्ट्रॉनिक संस्करण बनाता है जिसे कंप्यूटर पर देखा जा सकता है और इसे संपादित किया जा सकता है।

अतः विकल्प (C) सही है।

32. 'MINIMUM' refers to the least or smallest amount or quantity possible of something.

(A) 'Little' refers to being small in size, amount, or degree.

(B) 'High' refers to being of great vertical extent.

(C) 'Minimal' refers to being of a minimum amount, quantity or degree.

(D) 'Meagre' refers to lacking in quantity or quality.

So, 'Minimal' expresses the meaning of the word 'MINIMUM'.

Hence, the correct option is (C).

33. दूसरी संख्या को खोजने के लिए, हम सूत्र का उपयोग कर सकते हैं:

पहली संख्या $\times$ दूसरी संख्या $=$ ल.स.म. $\times$ म.स.म.

$\Rightarrow 90 \times$ दूसरी संख्या $= 540 \times 20$

दूसरी संख्या $= \frac{540 \times 20}{90} = 120$

अतः विकल्प (A) सही है।

34. गर्म होने पर द्रव का घनत्व कम हो जाता है।

जब किसी पदार्थ को गर्म किया जाता है तो उसकी मात्रा बढ़ जाती है और इसलिए घनत्व कम हो जाता है। ठोस पदार्थों में, मात्रा में वृद्धि नगण्य होती है और इसलिए घनत्व में भी कमी होती है। तरल पदार्थ और गैसों में, जैसे जैसे तापमान बढ़ता है, वैसे वैसे मात्रा बढ़ जाती है और इसलिए घनत्व काफी कम हो जाता है।

अतः विकल्प (A) सही है।

35. सीपीयू को कंप्यूटर का मस्तिष्क कहा जाता है।

इसमें कंप्यूटर सिस्टम की नियंत्रण प्रणाली और अरिथमेटिक लॉजिक यूनिट शामिल है। कंप्यूटर में सभी प्रमुख गणना और संकलक सीपीयू द्वारा निष्पादित किए जाते हैं। यह सभी आंतरिक और बाह्य उपकरणों को नियंत्रित करता है।

अतः विकल्प (B) सही है।

36. यथार्थ का विलोम शब्द आदर्श है।

किसी शब्द का विपरीत या उल्टा अर्थ देने वाले शब्द को विलोम शब्द कहते हैं। सरल भाषा में कहा जाए तो एक-दूसरे के विपरीत या उल्टा अर्थ देने वाले विलोम या विपरीतार्थक शब्द कहलाते हैं। विपरीतार्थक शब्दों को प्रतिलोमार्थक और विपर्ययवाची भी कहते हैं। विलोम शब्दों की रचना कभी पूर्णतया कोई भिन्न शब्द विपरीत अर्थ में प्रयुक्त होती है और कभी मूल शब्द में ही उपसर्ग लगाकर विरोधी अर्थ देने वाले शब्द बना लिए जाते हैं।

अतः विकल्प (C) सही है।

37. VIRUS का अर्थ 'Vital Information Resources Under Seize' है।

एक कंप्यूटर वायरस वास्तव में एक द्वेषपूर्ण सॉफ़्टवेयर प्रोग्राम या "मैलवेयर" है, जो आपके सिस्टम को संक्रमित करते समय, अन्य कंप्यूटर प्रोग्रामों को संशोधित करके और अपने स्वयं के कोड को सम्मिलित करके खुद को दोहराता है।

अतः विकल्प (A) सही है।

38. दिया है, $a:b = 2:3$ और $b:c = 4:5$

इसलिए,

$$
\begin{array}{ccc}
a & b & c \\
2 \times 4 & 3 \times 4 & \\
 & 4 \times 3 & 5 \times 3 \\
8 & 12 & 15
\end{array}
$$

$\Rightarrow a:b:c = 8:12:15$

$\therefore a^2:b^2:bc = (8)^2:(12)^2:(12 \times 15)$

$\Rightarrow 64:144:180 = 16:36:45$

अतः विकल्प (B) सही है।

39. 'बनवाली' सिंधु सभ्यता की मुख्य भूमि हरियाणा के 'फतेहाबाद' जिले में स्थित है।

बनवाली एक पुरातात्विक स्थल है जो हरियाणा के फतेहाबाद जिले में सिंधु घाटी सभ्यता के काल से संबंधित है। यह कालीबंगन से लगभग 120 किमी उत्तर-पूर्व में और फतेहाबाद से 16 किमी दूर स्थित है। बनवाली, जिसे पहले वनवली कहा जाता है, सूखे सरस्वती नदी के बाएं किनारे पर है।

अतः विकल्प (C) सही है।

40. The antonym of 'Vanity' is modesty.

The word which gives the opposite or reverses the meaning of a word is called antonym. Vanity means 'inflated pride in oneself' or one's appearance. So the opposite of vanity will be modesty, humility, humbleness etc.

Hence, the correct option is (C).

41. भारत के संविधान के अनुच्छेद 33 के तहत, सशस्त्र बलों के सदस्यों के मौलिक अधिकारों को विशेष रूप से प्रतिबंधित किया जा सकता है।

अनुच्छेद 33 संसद को सशस्त्र बलों, अर्ध-सैन्य बलों, पुलिस बलों, खुफिया एजेंसियों के सदस्यों या इसी तरह की सेवाओं के सदस्यों के मौलिक अधिकारों को प्रतिबंधित करने, संशोधित करने या निरस्त करने का अधिकार देता है। यह उनके कर्तव्यों के उचित निर्वहन करने के लिए आवश्यक है जो प्रकृति में संवेदनशील और जरूरी हैं।

अतः विकल्प (C) सही है।

42. दिया है,

पहले 10 मिनट में ट्रेन द्वारा तय की गई दूरी $= 35$ किमी / घंटा

$= \dfrac{35 \times 10}{60} = \dfrac{35}{67}$ किमी

अगले 5 मिनट में ट्रेन द्वारा तय की गई दूरी $= 20$ किमी / घंटा

$= \dfrac{20 \times 10}{60} = \dfrac{20}{6}$ किमी

तो, ट्रेन द्वारा तय की गई कुल दूरी है:

$\Rightarrow \left[\left(35 \times \dfrac{10}{60}\right) + \left(20 \times \dfrac{5}{60}\right) \right]$

$\Rightarrow \left(\dfrac{35}{6} + \dfrac{10}{6} \right)$ किमी $= \dfrac{45}{6}$ किमी

दिया है, कुल समय $= 15$ मिनट $= \dfrac{1}{4}$ घंटा

$\therefore$ ट्रेन की औसत गति $=$ कुल दूरी / कुल समय $= \dfrac{45}{6} \times 4 = 30$ किमी

अतः विकल्प (A) सही है।

43. MS-Word में 'Alt + Shift + D' वर्तमान दिनांक को स्वचालित रूप से सम्मिलित करता है।

MS-Word में 'Alt + Shift + T' समय को स्वचालित रूप से सम्मिलित करता है।

अतः विकल्प (D) सही है।

44. MS पॉवरपॉइंट एक एनिमेटेड प्रस्तुति बनाने के लिए सबसे अच्छा होगा।

'बिल्ट-इन ट्रांजिशन एंड एनिमेशन' के क्षेत्र में, पॉवरपॉइंट ने 2012 तक लगभग 95% प्रस्तुति सॉफ़्टवेयर प्राप्त किया है, जिससे इनिंग प्रस्तुति वास्तव में सरल हो गई है। यह उपयोगकर्ताओं को उन्नत और कस्टम एनिमेशन बनाने की अनुमति देता है।

अतः विकल्प (A) सही है।

45. लिंगराज मंदिर भुवनेश्वर में स्थित है।

लिंगराज मंदिर भुवनेश्वर का सबसे बड़ा मंदिर है। यह एक हिंदू मंदिर है जो भगवान शिव के हरिहर रूप को समर्पित है। ऐसा माना जाता है कि यह मंदिर सोमवंशी वंश के राजाओं द्वारा बनाया गया था, जो गंग शासकों के उत्तराधिकारी थे।

अतः विकल्प (A) सही है।

46. महत्तम समापवर्तक के लिए, पहले, हम प्रत्येक संख्या को 100 से गुणा करते हैं और उनके दशमलव को हटाते हैं।

तब वे संख्याएं 210, 1050, 189 होंगी।

210 के गुणनखंड $= 2 \times 5 \times 3 \times 7$

1050 के गुणनखंड $= 2 \times 3 \times 5 \times 5 \times 7$

189 के गुणनखंड $= 3 \times 3 \times 3 \times 7$

$\Rightarrow$ महत्तम समापवर्तक $= 3 \times 7 = 21$

तो, $\dfrac{21}{100} = 0.21$

इसलिए, $2.1, 10.5, 1.89$ का महत्तम समापवर्तक 0.21 है।

अतः विकल्प (A) सही है।

47. 'An' is used here because the next word sound is related to vowels 'idle'.

'A' is used before words starting in consonant sounds and 'an' is used before words starting with vowel sounds. It doesn't matter if the word is an adjective, a noun, an adverb, or anything else; the rule is exactly the same.

Hence, the correct option is (B).

48. बाटा शू कारखाना फरीदाबाद, हरियाणा में स्थित है।

1931 में स्थापित,बाटा इंडिया लिमिटेड ने भारत में हैंडबैग, कैजुअल शूज़ के शीर्ष आपूर्तिकर्ताओं की सूची में अपना नाम बनाया है। यह कंपनी सूचीबद्ध उत्पादों के अग्रणी विक्रेताओं में से एक है।

अतः विकल्प (B) सही है।

49. यहां पर 'कौड़ी का तीन होना - बहुत अच्छा होना' गलत है।

'कौड़ी का तीन' होने का अर्थ बेकार होना होता है।

अतः विकल्प (D) सही है।

50. गोपाल गिरि का किला बलबन द्वारा बनवाया गया था।

घियास-उद-दीन बलबन दिल्ली के मामलुक वंश का नौवां सुल्तान था। उनका मूल नाम बहा-उद-दीन था।

अतः विकल्प (D) सही है।

51. हूणों को हराने वाले अंतिम शक्तिशाली और महत्वपूर्ण गुप्त राजा स्कन्दगुप्त थे।

स्कन्दगुप्त, जिन्होंने कुमारगुप्त प्रथम को उत्तराधिकारी बनाया, आम तौर पर महान गुप्त सम्राटों में से एक मने जाते हैं। देश में अपने शासन के दौरान उत्तर-पश्चिम से उन्होंने हूणों के आक्रमण का सामना किया। हालांकि, स्कन्दगुप्त हूणों को हराने में सफल रहे और उन्होंने 455 ईस्वी में हूणों के आक्रमण को समाप्त कर दिया।

अतः विकल्प (D) सही है।

52. पाकिस्तान के पहले प्रधानमंत्री लियाकत अली खान का जन्म करनाल में हुआ था।

लियाकत अली खान कैद-ए-मिलत (राष्ट्र के नेता) और शहीद-ए-मिलत (राष्ट्र के शहीद) के रूप में जाने जाते हैं। वे एक पाकिस्तानी राजनेता, वकील, राजनीतिक सिद्धांतकार और पाकिस्तान के प्रमुख संस्थापक पिता थे। उनका जन्म 1 अक्टूबर 1895 को ब्रिटिश भारत के पंजाब प्रांत के करनाल में हुआ था।

अतः विकल्प (B) सही है।

53. शब्दकोश क्रम में,

Treat, Tremble, Trespass, Tripod

तो, 'Treat, Tremble, Trespass, Tripod' सही क्रम है।

अतः विकल्प (C) सही है।

54. इनफार्मेशन को न्युमेरिकली (संख्यात्मक) और अल्फाबेटिकली (वर्णात्मक) रूप से व्यवस्थित करने के लिए कंप्यूटर में सॉर्ट शब्द का प्रयोग किया जाता है।

लिखित सूचना की असेंबली को मानक क्रम में परिवर्तित करने की प्रक्रिया कोलेशन या सार्टिंग कहा जाता है। कई कोलेशन सिस्टम संख्यात्मक क्रम या वर्णात्मक क्रम या विस्तार और संयोजन पर आधारित है। यह सार्टिंग एल्गोरिथम का प्रयोग करने की सुविधा देता है जो एक निश्चित क्रम में तत्वों की सूची प्रदान करता है।

अतः विकल्प (C) सही है।

55. यहाँ शुद्ध वर्तनी 'लिपि' है।

अन्य सभी शब्दों की वर्तनी गलत है।

अतः विकल्प (C) सही है।

56. यहाँ संभव वेन आरेख होगा:

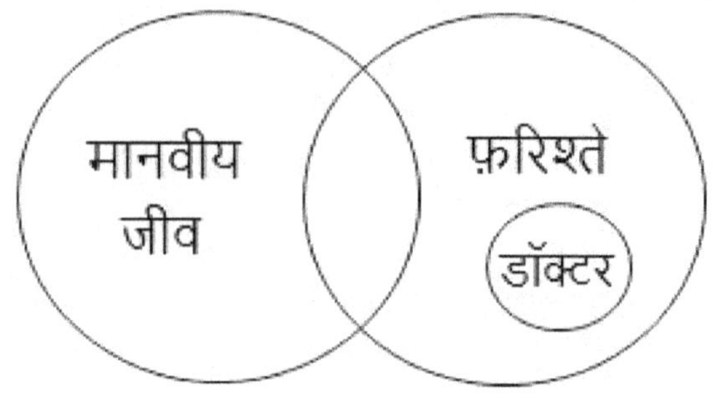

I. 'कुछ मानवीय जीव डॉक्टर है।' (यह संभव है लेकिन निश्चित नहीं है।)

II. 'कुछ डॉक्टर मानवीय जीव है।' (यह संभव है लेकिन निश्चित नहीं है।)

इसलिए, न तो I और न ही II अनुसरण करता है।

अतः विकल्प (D) सही है।

57. दिया है,

कारवां की लंबाई $= 120$ मीटर

कारवां की गति $= 10$ मीटर / सेकंड

तो, लिया गया समय $=$ दूरी / गति

$\Rightarrow$ समय $= \dfrac{120}{10} = 12$ सेकंड

अतः विकल्प (B) सही है।

58. दिया है,

$$254 \times ? \times 8 = 95504$$

$$\therefore ? = \dfrac{95504}{254 \times 8}$$

$$\Rightarrow ? = \dfrac{95504}{2032} = 47$$

अतः विकल्प (A) सही है।

59. दिया है,

विक्रेता 225 रुपये की एक कलाई घड़ी खरीदता है और इसकी मरम्मत करने के लिए 15 रुपये खर्च करता है। तो, कलाई घड़ी का क्रय मूल्य $= 225 + 15 = 240$ रु.

फिर, वह कलाई घड़ी को 300 रुपये में बेचता है।

तो, कलाई घड़ी पर उसका लाभ,

$\Rightarrow$ विक्रय मूल्य $-$ क्रय मूल्य $= 300 - 240 = 60$ रु.

तो, लाभ का $\% = \left(\dfrac{60}{240}\right) \times 100 = 25\%$

अतः विकल्प (C) सही है।

60. आयोडीन समुद्री शैवाल से प्राप्त किया जाता है।

समुद्री शैवाल आयोडीन से समृद्ध है और स्वस्थ थायराइड क्रिया और स्वस्थ उपापचय के लिए आवश्यक एक महत्वपूर्ण तत्व है। गर्भवती और स्तनपान कराने वाली महिलाओं के लिए आयोडीन विशेष रूप से महत्वपूर्ण है। समुद्री शैवाल में जस्ता और एंटीऑक्सिडेंट भी होते हैं, जो प्रतिरक्षा को मजबूत करने में मदद करते हैं।

अतः विकल्प (D) सही है।

61. मैक्सवेल ने प्रकाश की विद्युत चुम्बकीय प्रकृति की खोज की।

विद्युत चुंबकत्व नामक एक विद्युत सिद्धांत को 19 वीं शताब्दी के दौरान विभिन्न भौतिकविदों द्वारा विकसित किया गया था, जो जेम्स क्लर्क मैक्सवेल के काम के समापन के साथ मेल खाता था, जिन्होंने उसी सिद्धांत में पहले ही विकास एकीकृत किया था।

अतः विकल्प (C) सही है।

62. ब्राउज़र वेब रिसोर्स की एक्सेस प्रदान करता है।

ब्राउज़र एक सॉफ्टवेयर अनुप्रयोग है जिसका उपयोग वर्ल्ड वाइड वेब पर सामग्री का पता लगाने, पुनः प्राप्त करने और प्रदर्शित करने के लिए किया जाता है, जिसमें वेब पेज, चित्र, वीडियो और अन्य फाइलें शामिल हैं। प्रमुख वेब ब्राउज़र फ़ायरफ़ॉक्स, इंटरनेट एक्सप्लोरर, गूगल क्रोम, ओपेरा और सफारी हैं।

अतः विकल्प (A) सही है।

63. अकबर ने तानसेन को 'मियां' की शीर्षक दिया था।

तानसेन बंदवगढ़ (रीवा) के राजा रामचंद्र के दरबार में दरबारी संगीतकार थे। जब अकबर ने उसकी विलक्षण प्रतिभा के बारे में सुना, तो उसने राजा को तानसेन के लिए एक फरमान भेजा और उसे अपने दरबार में नवरत्नों में से एक बना दिया।

अतः विकल्प (D) सही है।

64. दिया है,

$$x + y = 10$$

इसलिए, $y = 10 - x$

और, $\dfrac{1}{x} + \dfrac{1}{y} = \dfrac{5}{12}$

इसलिए, $\dfrac{x+y}{xy} = \dfrac{5}{12}$

$$\Rightarrow \dfrac{10}{xy} = \dfrac{5}{12}$$
$$\therefore xy = 24$$

यहाँ y का मान रखते है,

$$x(10 - x) = 24$$
$$\Rightarrow 10x - x^2 = 24$$
$$\Rightarrow x^2 - 10x + 24 = 0$$
$$\Rightarrow (x - 6)(x - 4) = 0$$
$$\therefore x = 6, 4$$

अतः विकल्प (B) सही है।

65. MPEG एक वीडियो को सेव करने के लिए एक एक्सटेंशन है।

MPEG का अर्थ है 'मूविंग पिक्चर एबरापर्टस ग्रुप'। MPEG एक संगठन है जो डिजिटल ऑडियो और वीडियो को एन्कोडिंग के लिए मानक विकसित करता है। यह मानकीकरण के लिए अंतर्राष्ट्रीय संगठन (ISO) और अंतर्राष्ट्रीय इलेक्ट्रोटेक्निकल कमीशन (IEC) के साथ काम करता है ताकि मीडिया संपीड़न मानकों को व्यापक रूप से अपनाया और सार्वभौमिक रूप से उपलब्ध हो सके।

अतः विकल्प (D) सही है।

66. माना कि स्थिर जल में नाव की चाल c और धारा की चाल v हैं।

अतः,

धारा की दिशा में चाल $= c + v = \dfrac{36}{3} = 12$ किमी /घंटा

धारा के विपरीत नाव की गति $= c - v = \dfrac{36}{9} = 4$ किमी/घंटा

प्राप्त उपरोक्त परिणाम को जोड़ कर और v को हटा कर हल करने पर, हमें प्राप्त हुआ,

$$\Rightarrow 2c = 16$$
$$\Rightarrow c = 8 \text{ किमी /घंटा}$$

अतः विकल्प (A) सही है।

67. अंग्रेजी वर्णमाला के क्रम को देखने के बाद, हम पैटर्न देख सकते हैं,

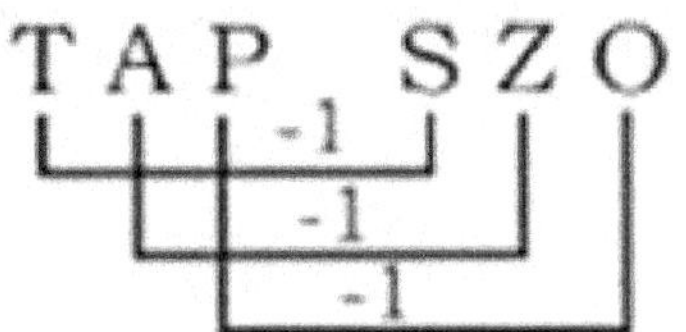

इसी तरह,

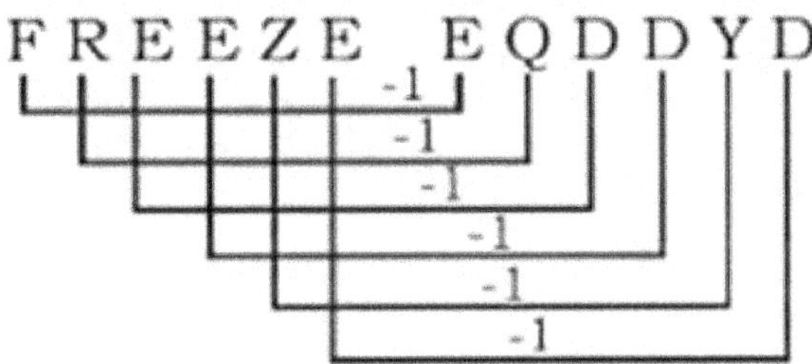

इसलिए, 'FREEZE' को 'EQDDYD' के रूप में कूट किया जाएगा।

अतः विकल्प (C) सही है।

68. उपरोक्त जानकारी से, हम निम्नलिखित वंश वृक्ष बना सकते हैं,

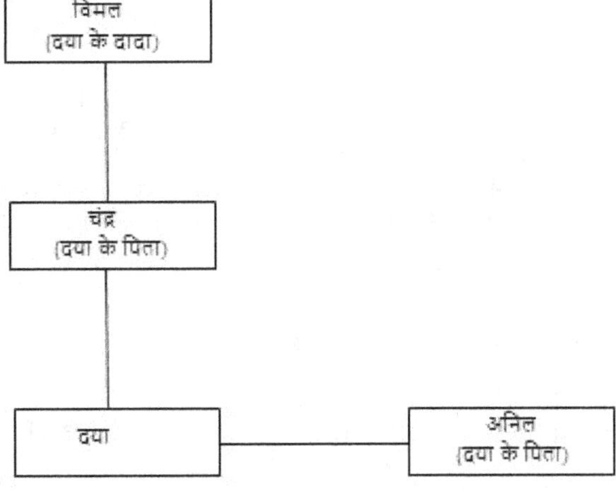

इसलिए, अनिल विमल का पोता है।

अतः विकल्प (C) सही है।

69. दिया है,

$$1260 \text{ का } \dfrac{100}{3}\% + 755 \text{ का } 80\%$$

$$\Rightarrow 1260 \times \left(\frac{100}{300}\right) + 755 \times \left(\frac{80}{100}\right)$$
$$\Rightarrow 420 + 604 = 1024$$

अतः विकल्प (C) सही है।

70. जींद को 'हरियाणा का दिल' के नाम से जाना जाता है।

जींद राष्ट्रीय राजमार्ग संख्या 71 पर स्थित है और दिल्ली से 127 किमी दूर है। जींद को इसका नाम जयंती देवी मंदिर से मिला, जिसे पांडवों ने बनवाया था। धीरे-धीरे जैतापुरी के नाम से मंदिर के चारों ओर एक शहर बन गया, जो बाद में जींद बन गया।

अतः विकल्प (B) सही है।

71. To keep one's temper is an idiom which means to maintain control of one's composure despite being angry or upset.

An idiom is a phrase or a group of words with a metaphorical (not literal) meaning, which has become accepted in common usage.

Hence, the correct option is (B).

72. ब्रिटिश सरकार ने भारत सरकार अधिनियम 1919 की समीक्षा के लिए एक भारतीय सांविधिक आयोग की नियुक्ति की, इस आयोग को साइमन कमीशन के नाम से भी जाना जाता है।

भारतीय सांविधिक आयोग, जिसे साइमन कमीशन के नाम से भी जाना जाता है, सर जॉन साइमन की अध्यक्षता में संसद के सात सदस्यों का एक समूह था। ब्रिटेन के सबसे बड़े और सबसे महत्वपूर्ण कब्जे में संवैधानिक सुधार का अध्ययन करने के लिए आयोग 1928 में ब्रिटिश भारत पहुंचा।

अतः विकल्प (A) सही है।

73. पयरेथ्रिन, सिनेरीन और निकोटीन सभी एक प्रभावी कीटनाशक हैं।

निकोटीन को तंबाकू या संबंधित निकोटिनयुक्त प्रजातियों से निकाला जाता है। यह यौगिक वनस्पति मूल के एक अच्छे प्राकृतिक कीटनाशक के रूप में कार्य करता है जबकि पाइरेथ्रिन और सिनरिन (पाइरेथ्रोइड्स) 'गुलदाउदी सिनारिफिफोलियम' के शुष्क पुष्पक्रम से प्राप्त होते हैं। प्यारेथ्रिन का उपयोग मक्खी स्प्रे, एरोसोल, मच्छर कॉइल आदि में भी किया जाता है।

अतः विकल्प (D) सही है।

74. पेरिस्कोप एक वैज्ञानिक ऑप्टिकल उपकरण नहीं है।

माइक्रोस्कोप, टेलीस्कोप, पेरिस्कोप और एंडोस्कोप जैसे सभी विकल्प ऑप्टिकल उपकरण हैं जो प्रकाश के गुणों जैसे प्रतिबिंब, अपवर्तन आदि का उपयोग करते हैं लेकिन पनडुब्बी में पेरिस्कोप का उपयोग यह देखने के लिए किया जाता है कि पानी की सतह पर क्या हो रहा है। इसका उपयोग युद्ध के दौरान दुश्मनों का पता लगाने के लिए सेना में अवलोकन उद्देश्यों के लिए किया जाता है लेकिन वैज्ञानिक क्षेत्र में नहीं।

अतः विकल्प (B) सही है।

75. लोहे की जंग एक रासायनिक परिवर्तन है।

एक रासायनिक गुण किसी पदार्थ की एक विशिष्ट रासायनिक परिवर्तन से गुजरने की क्षमता का वर्णन करता है। लोहे का एक रासायनिक गुण यह है कि यह ऑक्सीजन के साथ मिलकर आयरन ऑक्साइड बनाने में सक्षम है, जो जंग का रासायनिक नाम है।

अतः विकल्प (A) सही है।

76. These grapes taste sour.

Here, the given sentence is in present continuous tense. The present continuous tense is used to talk about an action going on at the time of speaking.

Hence, the correct option is (B).

77. यमुनानगर में स्थित 'चौधरी देवी लाल प्राकृतिक पार्क' स्थित है।

'चौधरी देवी लाल प्राकृतिक पार्क' को 'रुद्राक्ष वाटिका' के नाम से भी जाना जाता है। यह हरियाणा सरकार के वन विभाग द्वारा चलाया जाता है। यह ताजेवाला बैराज से 8 किमी और यमुना नदी पर हथनी कुंड बैराज से 10 किमी दूर है।

अतः विकल्प (D) सही है।

78. लाफिंग गैस का रासायनिक नाम नाइट्रस ऑक्साइड है।

नाइट्रस ऑक्साइड (N_2O), जिसे डाईनाइट्रोजन मोनोऑक्साइड भी कहा जाता है, नाइट्रोजन की कई ऑक्साइडों में से एक है, जो रंगहीन गैस है जिसमें सुखद, मधुर गंध और स्वाद होता है।

अतः विकल्प (C) सही है।

79. उनके कूट के साथ दिए गए शब्द इस प्रकार हैं:

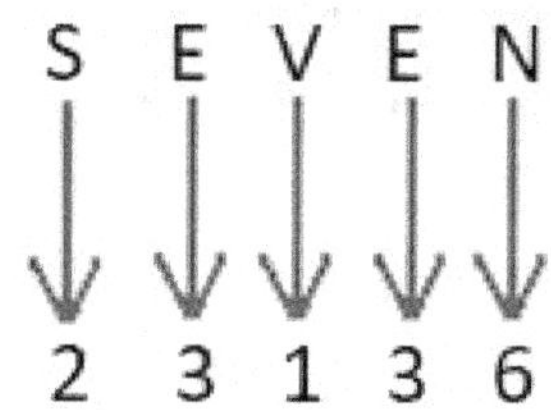

और

तो, NINE कूट होगा

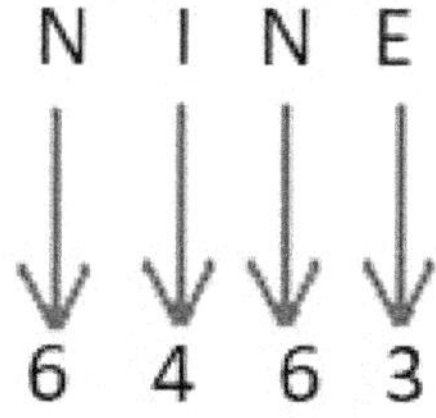

तो, NINE कूट 6463 होगा।

अतः विकल्प (A) सही है।

80. दिया है,

18 दिनों में काम पूरा करने के लिए, 10 आदमी एक दिन में 6 घंटे काम करते हैं।

तो, 18 दिनों में काम पूरा करने के लिए 1 आदमी काम (10×6) एक दिन में करता है।

1 दिन में काम पूरा करने के लिए 1 आदमी 1 दिन में $(6 \times 10 \times 18)$ घंटे काम करेगा। (कम दिन, कम पुरुष, अधिक घंटे)

1 दिन में काम पूरा करने के लिए, 15 पुरुष एक दिन में $\frac{(6 \times 10 \times 18)}{(12 \times 15)}$ घंटे काम करेंगे।

∴ 12 दिनों में काम पूरा करने के लिए, 15 पुरुष एक दिन में $\frac{(6 \times 10 \times 18)}{(12 \times 15)}$ घंटे काम करेंगे।

$$\Rightarrow \frac{(6 \times 10 \times 18)}{(12 \times 15)} = \frac{1080}{180} = 6 \text{ घंटे}$$

अतः विकल्प (C) सही है।

81. मोनोट्रोपा एक कीट नाशक पादप नहीं है।

यह एक सैप्रोफाइटिक पादप है, क्योंकि यह आसपास के सड़ने वाले पौधों से आवश्यक पोषक तत्वों को अवशोषित करके जीवित रहता है। अन्य दिए गए पौधे कीटभक्षी पादप के उदाहरण हैं।

अतः विकल्प (D) सही है।

82. जितेन्द्रिय शब्द में बहुब्रीहि समास है।

जिसमें समस्तपदों में से कोई भी पद प्रधान नहीं होता एवं दोनों पद मिलकर किसी तीसरे पद की और संकेत करते हैं वह समास बहुब्रीहि समास कहलाता है।

जितेन्द्रिय अर्थात् जीत ली हैं इंद्रियाँ जिसने।

अतः विकल्प (B) सही है।

83. A person who does not believe in the existence of God is called an Atheist.

For example,

The atheist refused to say the pre-dinner prayer.

Hence, the correct option is (C).

84. दिए गए कथन से हम देख सकते हैं कि,

विपुल के दादा इकलौते पुत्र = विपुल के पिता

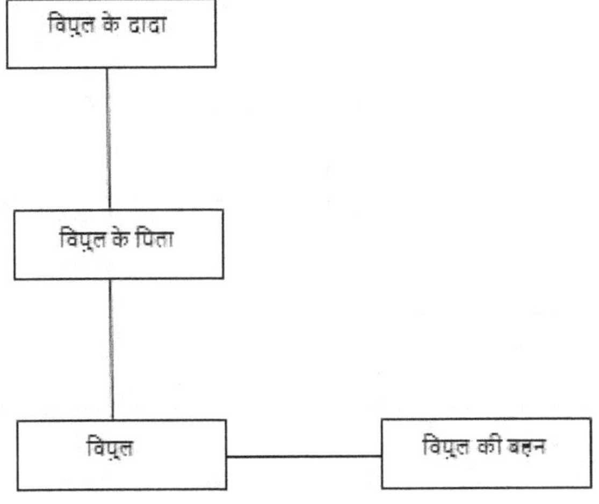

तो, उनके पिता की बेटी उसकी बहन होगी।

अतः विकल्प (B) सही है।

85. माना कि बेटे की वर्तमान उम्र x वर्ष है।

तो, पिता की आयु = 3x

5 वर्ष के बाद, पुत्र की आयु (x + 5) वर्ष होगी।

तो, पिता की उम्र = (3x + 5)

यह दिया गया है कि 5 वर्ष के बाद, पिता की आयु बेटे की आयु की 2.5 गुनी हो जाएगी।

तो, (3x + 5) = 2.5 (x + 5)

$\Rightarrow$ 3x + 5 = 2.5x + 12.5

$\Rightarrow$ 0.5x = 7.5

$\Rightarrow$ x = 15

इसलिए, पुत्र की वर्तमान आयु 15 वर्ष है।

अतः विकल्प (B) सही है।

86. The passive voice of 'They drew a circle.' will be 'A circle was drawn by them.'

Here, the action took place in the past and the doer of the action is shown as lesser important than the addressee.

Hence, the correct option is (B).

87. बैठने की व्यवस्था इस प्रकार होगी:

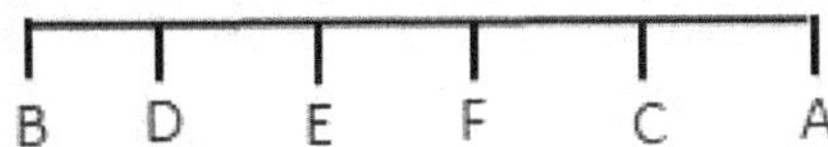

सभी को दी गई व्यवस्था में रखकर, हम देख सकते हैं कि D, B के दाईं ओर बैठा है।

अतः विकल्प (B) सही है।

88. गोहाना नाम का ऐतिहासिक शहर सोनीपत जिले में स्थित है।

प्राचीन काल में इसे एक पवित्र स्थान माना जाता था। पृथ्वीराज चौहान ने यहाँ एक किले का निर्माण करवाया था, जिसे बाद में 1192 में पृथ्वीराज को हराने के बाद मुहम्मद गोरी ने नष्ट कर दिया था।

अतः विकल्प (C) सही है।

89. पीली मिट्टी एक प्रकार की मिट्टी नहीं है।

दोमट मिट्टी: दोमट मिट्टी रेत, गाद और मिट्टी का मिश्रण है जिसे प्रत्येक प्रकार के नकारात्मक प्रभावों से बचने के लिए संयोजित किया जाता है।

चिकनी मिट्टी: चिकनी मिट्टी एक भारी मिट्टी का प्रकार है जो उच्च पोषक तत्वों से लाभान्वित होता है। चिकनी मिट्टी सर्दियों में गीली और ठंडी रहती है और गर्मियों में सूख जाती है।

लाल मिट्टी: लाल मिट्टी एक प्रकार की मिट्टी है जो पर्णपाती या मिश्रित जंगल के नीचे एक गर्म, समशीतोष्ण, नम जलवायु में विकसित होती है, जिसमें पतली कार्बनिक और कार्बनिक-खनिज परत होती है जो एक पीली-भूरी रंग की परत होती है। लाल मिट्टी आमतौर पर क्रिस्टलीय चट्टान से निकाली जाती है।

अतः विकल्प (D) सही है।

90. कीबोर्ड और प्रिंटर जैसे डिवाइस जो कंप्यूटर से जुड़े होते हैं, उन्हें पेरिफेरल डिवाइस कहा जाता है।

एक पेरिफेरल डिवाइस को एक कंप्यूटर डिवाइस के रूप में परिभाषित किया गया है जो कंप्यूटर का आवश्यक हिस्सा नहीं है। इन सहायक उपकरणों को कंप्यूटर से जोड़कर उपयोग करा जाता है।

अतः विकल्प (A) सही है।

91. यात्री, ट्रेन और बस के बीच सबसे सही संबंध होगा:

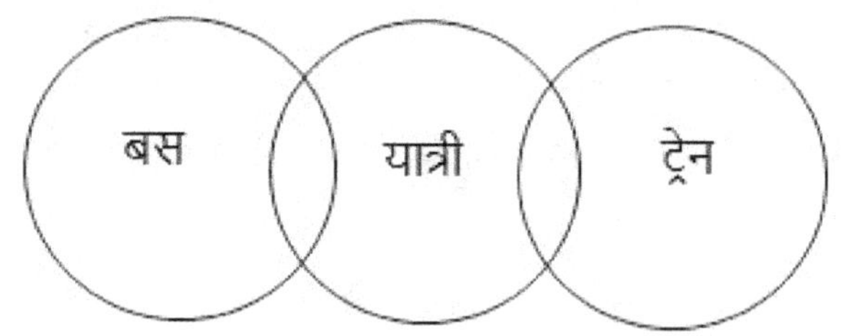

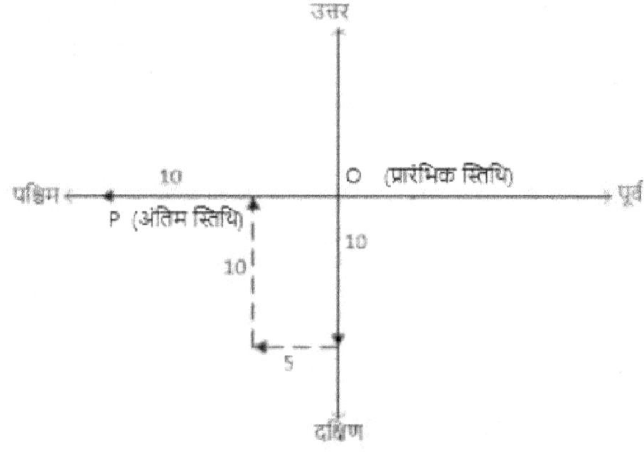

बस और ट्रेन एक दूसरे से अलग हैं लेकिन कुछ यात्री बस से यात्रा करते हैं और कुछ ट्रेन से यात्रा करते हैं।

अत: विकल्प (C) सही है।

92. पादप हार्मोन पोषक तत्व नहीं होते हैं।

पादप हार्मोन, जिसे फाइटोहोर्मोन के रूप में भी जाना जाता है, पोषक तत्वों नहीं बल्कि रसायन हैं। ये रसायन पौधों की वृद्धि को बढ़ावा देते हैं और प्रभावित करते हैं।

अत: विकल्प (B) सही है।

93. Hyenas and vultures are scavengers.

Scavengers keep an ecosystem free of dead animals. They break down the organic matter and recycle the essential nutrients into the ecosystem. They only eat the bodies of dead animals. Hence, they play a very important role in maintaining a stable ecosystem.

Hence, the correct option is (B).

94. $\sqrt{12}$ एक अपरिमेय संख्या है।

अपरिमेय संख्याएं सभी वास्तविक संख्याएं हैं जो परिमेय संख्याएं नहीं हैं। अपरिमेय संख्या को दो पूर्णांकों के अनुपात के रूप में व्यक्त नहीं किया जा सकता है।

अत: विकल्प (C) सही है।

95. यहाँ उपयोग किया गया सूत्र है,

$$साधारण\ ब्याज = \frac{(P \times R \times T)}{100}$$

जहाँ $P =$ मूलधन, $R =$ ब्याज दर, $T =$ समय अवधि

$$\therefore\ 9600 = \frac{(P \times 16 \times 5)}{100}$$

$$\Rightarrow P = 12000\ रु$$

अत: विकल्प (B) सही है।

96. राम द्वारा तय किया गया मार्ग इस प्रकार है:

यदि राम की प्रारंभिक स्तिथि बिंदु O और अंतिम स्तिथि बिंदु P है, तो हम उपरोक्त आरेख में देख सकते हैं कि राम को प्रारंभिक बिंदु तक पहुंचने के लिए 15 किमी चलना होगा।

अत: विकल्प (D) सही है।

97. हरियाणा की गुड़गांव नहर दिल्ली में ओखला नामक स्थान से यमुना नदी से निकली है।

यह नहर यमुना से ओखला बैराज से निकलती है। इस नहर के पानी से गुरुग्राम और फरीदाबाद जिलों मे सिंचाई होती है।

अत: विकल्प (A) सही है।

98. WAN का पूर्ण रूप 'वाइड एरिया नेटवर्क' है।

एक वाइड एरिया नेटवर्क, लोकल एरिया नेटवर्क (LANs) या अन्य नेटवर्क का एक संग्रह है जो एक दूसरे के साथ संचार करते हैं। एक WAN अनिवार्य रूप से नेटवर्क का एक नेटवर्क है, जिसमें इंटरनेट दुनिया का सबसे बड़ा WAN है।

अत: विकल्प (B) सही है।

99. शार्क में विषमपालि पूंछ पाई जाती है।

पूंछ एक हेटेरोसेरकल कॉडल फिन है। इसका मतलब है कि एक लोब दूसरे से बड़ा है और कशेरुक स्तंभ का एक विस्तार है। शार्क के मामले में, ऊपरी लोब बड़ा है।

अत: विकल्प (C) सही है।

100. उपरोक्त जानकारी के साथ हम निम्नलिखित वंशवृक्ष को बना सकते हैं:

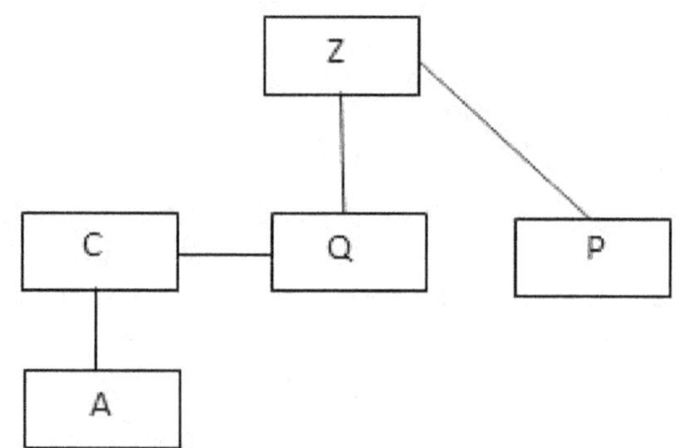

चूंकि, C और Q एक दूसरे की बहनें हैं और A, C का बेटा है। इसलिए C, A की मां है, इसलिए Z, A की दादी है। जैसे कि P, Z का पुत्र है, इसलिए P, A का मामा है।

अत: विकल्प (B) सही है।

Q.1 2022 लॉरियस स्पोर्ट्समैन ऑफ द ईयर किसे चुना गया है?

[Delhi Forest Guard, 2021]

A. मार्सेल ह्यूगो
B. मैक्स वर्स्टपिन
C. राफेल नडाल
D. रॉबर्ट लेवानडॉस्की

Q.2 29 अप्रैल 2022 को किस मिशन के तहत INS घड़ियाल महत्वपूर्ण जीवन रक्षक दवाएं वितरित के लिए कोलंबो पहुंचा?

A. MAITRI-22
B. DOSTI-IV
C. MISSION DOSTI
D. SAGAR IX

Q.3 गू॰ एस॰ ओपन टेनिस टूर्नमेंट, 2018 (महिला एकल) की विजेता थी:

[Delhi Forest Guard, 2020], [Super TET Paper - I, 2019]

A. कैरोलीन वोज्रियाकी
B. सिमोना हालेप
C. नाओमी ओसाका
D. सेरेना विलियम्स

Q.4 In the following question, out of the four alternatives, select the one which is opposite in meaning to the given word.

Fractious

A. Tranquil
B. Grumpy
C. Cantankerous
D. Waspish

Q.5 हथनी कुंड बैराज परियोजना हरियाणा के किस जिले से संबंधित है?

A. यमुनानगर
B. गुरुग्राम
C. रोहतक
D. फरीदाबाद

Q.6 'मानव' का विलोम शब्द है?

A. आतंक
B. दानव
C. मनुष्य
D. अनल

Q.7 In the following question, out of the four alternatives, choose the word which best expresses the meaning of the given word.

Dire

A. Calm
B. Mild
C. Critical
D. Trivial

Q.8 पानी की स्थायी कठोरता की वजह है:

A. क्लोराइड और कैल्शियम और मैग्नीशियम के सल्फेट्स
B. कैल्शियम बाइकार्बोनेट सल्फेट्स
C. मैग्नेशियम बाइकार्बोनेट
D. सिल्वर और पोटेशियम के क्लोराइड

Q.9 निर्देश: निम्न प्रश्नों में, दिए गए विकल्पों में से उसे चुनिए जो औरों से अलग हो।

A. Avoid
B. Dodge
C. Flee
D. Duck

Q.10 विभावरी का अन्तिम प्रहर है, अब प्रातः काल होगा। वाक्य में गाढ़े काले शब्द का पर्यायवाची है:

A. रात्रि
B. तपसा
C. क्षणदा
D. तरणी

Q.11 हरियाणा के किस जिले में सिंधु घाटी सभ्यता स्थल है?

A. सोनीपत जिला
B. फतेहाबाद जिला
C. झज्जर जिला
D. अंबाला जिला

Q.12 यदि $x^2 + \dfrac{1}{x^2} = 58$, है, तो $\left(x - \dfrac{1}{x}\right)^2$ का मान क्या है ?

A. 44
B. 56
C. 23
D. 98

Q.13 यदि किसी व्यक्ति का रक्त समूह O^-, है, तो वह किस रक्त समूह वाले व्यक्ति से रक्त प्राप्त कर सकता है?

A. A^-
B. B^-
C. AB^-
D. O^-

Q.14 कोई धन साधारण ब्याज से 20 वर्ष में स्वयं तीन गुना हो जाता है। इसी दर से यह धन कितने वर्ष में स्वयं का दोगुना हो जाएगा?

A. 8 वर्ष
B. 10 वर्ष
C. 12 वर्ष
D. 14 वर्ष

Q.15 निम्न में से कौन-सी क्रिया शरीर में रोग के विरुद्ध प्रतिरोधक के रूप में होती है-

A. कार्बोहाइड्रेट
B. लाल कणिकाएँ
C. विटामिन
D. श्वेत कणिकाएँ

Q.16 'अवनत' शब्द से प्रयुक्त उपसर्ग है -

A. नत
B. अ
C. अव
D. अवन

Q.17 दिये गये विकल्पों में से विषम संख्या होगा:

A. 863
B. 785
C. 791
D. 647

Q.18 हरियाणा के उत्तर- पश्चिम में निम्न में से कौन सा प्रदेश स्थित है?

A. राजस्थान
B. उत्तर प्रदेश
C. हिमाचल प्रदेश
D. पंजाब

Q.19 यदि कोई 3-फेज वाला प्रेरण मोटर, चालू करने पर गूँजता है, तो उसका कारण क्या हो सकता है?

A. असमान स्टेटर फेज प्रतिरोधक
B. खुला परिपथ रोटर
C. रोटर पर इंटर-शॉर्ट सर्किट
D. उपर्युक्त में से कोई भी

Q.20 जावा एक ______ है ?

A. हार्डवेयर डिवाइस राइटर
B. हाई लेवल लैंग्विज वेव
C. उच्च स्तरीय प्रोग्रामिंग भाषा
D. निम्न-स्तरीय भाषा

Q.21 निम्नलिखित में से कौन-सी संख्या $(3^{25} + 3^{26} + 3^{27} + 3^{28})$ को पूर्णतः विभाजित करेगी।

A. 11
B. 16
C. 25
D. 30

Q.22 किसी तकनीक के आधार पर कुछ समीकरण हल किए गए हैं। उस आधार पर अनसुलझे समीकरण का सही उत्तर ज्ञात कीजिये।

यदि 11 × 12 × 13 = 234, 24 × 23 × 35 = 658 है, तब 31 × 43 × 54 = ?

A. 497
B. 974
C. 749
D. 479

Q.23 सौर प्रणाली में पृथ्वी सूर्य से .... ग्रह है।

A. दूसरा
B. तीसरा
C. चौथा
D. पांचवा

Q.24 एक बैटरी के द्वारा किस प्रकार की ऊर्जा विद्युत ऊर्जा में परावर्तित हो जाती है?

A. तापीय
B. यांत्रिक
C. रासायनिक
D. जैविक

Q.25 निम्नलिखित में से भारतीय क्रिकेट का कौन सा सर्वप्रमुख खिलाड़ी हरियाणा से संबंधित है?

A. कपिल देव

B. सुनील गावस्कर

C. अजय जडेजा

D. अजहरुद्दीन

Q.26 एक स्कूल में, 10% लड़के लड़कियों के एक-चौथाई के बराबर हैं। उस स्कूल में लड़कों और लड़कियों का अनुपात क्या है?

A. 3:2

B. 5:2

C. 2:1

D. 4:3

Q.27 24 पुरुष 18 दिनों में एक काम पूरा कर सकते हैं, जबकि 12 महिलाएं 28 दिनों में एक ही काम पूरा कर सकती हैं। 27 पुरुष काम करना शुरू कर देते हैं और 8 दिनों के बाद 14 महिलाओं द्वारा बदल दिए जाते हैं। 14 महिलाएं शेष काम कितने दिनों में पूरा करेंगी?

A. 12 दिन

B. 14 दिन

C. 13 दिन

D. $12\frac{1}{2}$

Q.28 अल्फा कण एक परमाणु का नाभिक है:

A. लिथियम

B. हाइड्रोजन

C. हीलियम

D. ऑक्सीजन

Q.29 15 सेमी त्रिज्या और ऊंचाई 18 सेमी की एक शंकु पूरी तरह से पानी से भर जाती है। यह पानी 4.5 सेमी के त्रिज्या के एक खाली बेलनाकार बर्तन में खाली कर दिया जाता है। इस बर्तन में पानी की ऊँचाई कितनी होगी?

A. $\frac{100}{3}$ सेमी

B. $\frac{200}{3}$ सेमी

C. 200 सेमी

D. 320 सेमी

Q.30 17 संख्याओं का औसत 7 है। यदि एक संख्या को बाहर रखा जाता है, तो औसत 4 हो जाता है। बहिष्कृत संख्या क्या है?

A. 21

B. 55

C. 24

D. 20

Q.31 निर्देश: दिए गए विकल्पों में से ऐसे विकल्प को चुनें, जो श्रृंखला को पूरा करता हो:

1, 8, 7, 14, 15, 21, 25, ?

A. 28

B. 32

C. 30

D. 29

Q.32 एक्सेल में कोई भी फॉर्मूला सदैव निम्नलिखित से शुरू होता है:

A. %

B. =

C. +

D. −

Q.33 यदि दो संख्याएँ 13 से अधिक हैं और दो संख्याओं का H.C.F 13, L.C.M 273 है, तो संख्याओं का योग है:

A. 286

B. 130

C. 288

D. 290

Q.34 .... अधिकांश कंप्यूटरो का स्टैण्डर्ड इनपुट डिवाइस है।

A. स्कैनर

B. जॉयस्टिक

C. की-बोर्ड

D. माइक्रोफोन

Q.35 निम्नलिलित में से कौन-सा रोम का वर्णन करता है?

A. रीड ओनली मेमोरी

B. रीड वन्स मेमोरी

C. रीड ऑन मेमोरी

D. रीड अदर मेमोरी

Q.36 वर्तमान में सीपीयू द्वारा निष्पादित प्रोग्राम और डेटा, निम्न में से कौन स्टोर करता है?

A. प्राइमरी मेमोरी

B. सहायक मेमोरी

C. सेकेण्डरी मेमोरी

D. तृतीयक मेमोरी

Q.37 मुख्य रूप से एकाउंटिंग उद्देश्यों के लिए MS-Office के किस अवयव का उपयोग किया जाता है?

A. MS-Word

B. MS-Video

C. MS-Excel

D. MS-Access

Q.38 अक्षरों का कौन सा समूह दी गई अक्षर श्रृंखला में रिक्त स्थानों पर रखने पर श्रृंखला को पूरा करेगा?

ba _ abab _ b _ ba _ aba

A. a b a b

B. b b a a

C. a a b b

D. b a a b

Q.39 हरियाणा में सबसे अधिक किस फसल की खेती की जाती है?

A. गेहूँ

B. तिलहन

C. चावल

D. जूट

Q.40 एक दुकानदार अंकित मूल्य पर 10% छूट पर एक पुस्तक बेचने पर 12% का लाभ कमाता है। पुस्तक की लागत मूल्य और अंकित मूल्य का अनुपात है.

A. 45:56

B. 45:51

C. 45:51

D. 47:51

Q.41 किसी राज्य में 'राष्ट्रपति शासन' से तात्पर्य है कि उस राज्य पर प्रशासन है?

A. प्रत्यक्ष राष्ट्रपति का

B. कामचलाऊ सरकार का

C. राष्ट्रपति द्वारा मनोनीत मुख्यमंत्री का

D. राज्य के राज्यपाल का

Q.42 एक खोखले गोले का आंतरिक त्रिज्या और बाह्य त्रिज्या क्रमश: 7 सेमी और 8 सेमी है, उसे पिघलाकर 26 सेमी के व्यास का एक शंकु बनाया गया है। शंकु की ऊंचाई क्या होगी?

A. 8 सेमी

B. 12 सेमी

C. 4 सेमी

D. 17 सेमी

Q.43 सोनीपत जिले के राय स्थान पर स्थित मोतीलाल नेहरू स्कूल ऑफ स्पोर्ट्स की स्थापना कब की गई थी?

A. 1973 में

B. 1964 में

C. 1982 में

D. 1986 में

Q.44 लड़कों की एक पंक्ति में, श्रीनाथ बाएँ से सातवाँ तथा वैंकट दाएँ से बारहवें स्थान पर है। यदि वे अपना स्थान अदल-बदल लेते हैं, तो श्रीनाथ बाएँ ओर से बाइसवाँ हो जाता है, तो पंक्ति में कुल कितने लड़के है-

A. 19

B. 31

C. 33

D. 34

Q.45 पावर प्वाइंट में, एक खाली स्लाइड में बिंदीदार क्षेत्र को कहा जाता है-

A. टेम्पलेट

B. प्लैकार्ड

C. प्लेसहोल्डर

D. थीम

Q.46 20 किमी /घंटा की गति से चलने पर रमन को 400 मीटर की दूरी तय करने में कितने मिनट लगेंगे?

A. 2 मिनट

B. 1.5 मिनट

C. 1.2 मिनट

D. 2.5 मिनट

Q.47 यदि एक व्यक्ति अपनी कुर्सी को 720 रु में बेचता, तो उसे 25% की हानि होती है। 25% लाभ के लिए उसे कितने बेचना चाहिए?

A. 1200 रु

B. 1000 रु

C. 960 रु

D. 900 रु

Q.48 एमएस-एक्सेल में प्रतिशत के रूप में सेल के मूल्य को प्रदर्शित करने के लिए शॉर्टकट कुंजी क्या है?

A. Shift+%

B. Alt+Shit+%

C. Alt+Click+%

D. Ctrl+Shift+%

Q.49 पृथ्वी की सतह से सबसे दूर वातावरणीय परत को क्या कहते हैं?

A. समताप मंडल

B. क्षोभ मंडल

C. मेसोस्फीयर

D. बहिर्मंडल मंडल

Q.50 निम्नलिखित में से कौन हरियाणा में प्रताप गेट के कैथल शहर में स्थित है?

A. गुरुद्वारा नीमसाहब

B. गुरुद्वारा नौवीं पातशाही

C. रागसाद गुरुद्वारा

D. गुरुद्वारा छठी

Q.51 पहलवान सुशील कुमार का जन्म किस जिले में हुआ था?

A. हिसार   B. फरीदाबाद   C. नजफगढ़   D. गुरुग्राम

Q.52 कौन सा अनुच्छेद राज्यपाल को दो या अधिक राज्यों का अतिरिक्त प्रभार लेने की शक्ति देता है?

A. अनुच्छेद 182   B. अनुच्छेद 178
C. अनुच्छेद 168   D. अनुच्छेद 153

Q.53 वन्दे मातरम् योजना किससे सम्बंधित है?

A. गर्भवती महिलाओं से
B. बाल शिक्षा से
C. सड़को की व्यवस्था से
D. देश में लागू परियोजनाओं से

Q.54 800 में पहले 10% की वृद्धि की जाती है और इसमें एक बार फिर से 20% की वृद्धि की जाती है। अंतिम मान क्या है?

A. 1024   B. 1120   C. 1056   D. 1096

Q.55 यदि "#" का अर्थ "घटाना", "&" का अर्थ "भाग", "@" का अर्थ "जोड़" और "%" का अर्थ "गुणा" है, तो 315&3#9@4%6 =?

A. 120   B. 190   C. 221   D. 420

Q.56 यदि "+" का अर्थ "÷", "−" का अर्थ "×", "×" का अर्थ "−" और "÷" का अर्थ "+" है, तो $16 ÷ 8 − 4 + 2 × 4 = ?$

A. 16   B. 28   C. 34   D. 44

Q.57 भारत में मतदान आयु है:

A. 16 वर्ष   B. 18 वर्ष   C. 20 वर्ष   D. 21 वर्ष

Q.58 निम्नलिखित में से शुद्ध वाक्य का चयन कीजिए-

A. आयुष और ऋचा बाजार गई।
B. मैंने यह काम नहीं किया है।
C. इस कहानी को एक स्त्री लेखिका ने लिखा है।
D. बच्चे ने कहा पापा आ गई।

Q.59 A किसी विशेष कार्य को 6 दिनों में कर सकता है। B उसी कार्य को 8 दिनों में कर सकता है। A और B ने इसे 3200 रुपये के लिए करने के लिए हस्ताक्षर किए। उन्होंने C की मदद से 3 दिनों में काम पूरा कर लिया। C को कितना भुगतान किया जाना है?

A. 600   B. 420   C. 400   D. 380

Q.60 कौन सा जिला मुर्रा नस्ल के लिए प्रसिद्ध है?

A. जींद   B. भिवानी   C. गुरुग्राम   D. फरीदाबाद

Q.61 In the following question, out of the four alternatives, select the alternative which best expresses the meaning of the Idiom/ Phrase.

Face the muisc

A. To listen to something
B. To enjoy something
C. To face the consequences
D. To meet someone

Q.62 लाल मिट्टी के लाल रंग का क्या कारण है?

A. फॉस्फोरिक एसिड   B. ह्यूमस
C. नाइट्रोजन   D. लोहा

Q.63 निम्नलिखित में से कौन सा हरियाणा का एकमात्र पहाड़ी स्टेशन है?

A. करोह हिल्स   B. मोरनी हिल्स
C. सोहना हिल्स   D. अरावली रेंज

Q.64 रत्नाबली और शौकत के वर्तमान आयु का अनुपात $8:5$ है। 22 वर्षों के बाद उनकी आयु का अनुपात $10:9$ होगा। तो वर्तमान में, रत्नाबली की आयु कितनी है?

A. 5   B. 14   C. 81   D. 8

Q.65 _________ एक दूध प्रक्रिया है जो एक संवेदनशील पाचन तंत्र के साथ दूध को अधिक आसानी से पचाता है।

A. आयनीकरण   B. वाष्पीकरण
C. पाश्चराइजेशन   D. होमोजिनाइजेशन

Q.66 हरियाणा को किस सिंचाई योजना द्वारा स्वरूप कोलोडा, फुलिया कला, गुलहेड़ा और सुलहेड़ा आदि गांव को सिंचाई सुविधा प्राप्त हुई थी?

A. झज्जर उत्थान सिंचाई
B. नखाना सिंचाई
C. नंगल उठान सिंचाई
D. जवाहर लाल नेहरु सिंचाई

Q.67 Select the word which is incorrectly spelt.

A. Assuage   B. Malaise   C. Erudete   D. Impugn

Q.68 लौह-चुंबकीय कोर में भंवर-धारा की हानि किसकी समानुपाती है?

A. आवृति का व्युत्क्रम   B. आवृति का वर्ग
C. आवृति का वर्गमूल   D. आवृति

Q.69 निम्नलिखित में से कौन सा हरियाणा का राजकीय पक्षी है?

A. गौरैया
B. विशाल धनेश
C. ब्लैक फ्रंकोलीन (काला तीतर)
D. गोडावण

Q.70 बिंदु P से शुरू होकर, पंकज दक्षिण की ओर 20 मीटर तक चला गया। वह बाईं ओर मुड़ा और 30 मीटर चला। वह फिर बाएं मुड़ा और 20 मीटर चला और अन्त में, फिर से बाईं ओर मुड़ा और 40 मीटर चला तथा एक बिंदु Q पर पहुंच गया।
बिंदु P से बिंदु Q कितनी दूर और किस दिशा में है?

A. 20 मीटर पश्चिम   B. 10 मीटर दक्षिण
C. 10 मीटर पश्चिम   D. 10 मीटर उत्तर

Q.71 हरियाणा के गठन के समय राज्य में कितने जिले थे?

A. 4   B. 5   C. 6   D. 7

Q.72 'गोबर-गणेश' यह किस समास का उदाहरण है?

A. संबंध तत्पुरुष   B. संप्रदान तत्पुरुष
C. करण तत्पुरुष   D. अधिकरण तत्पुष

Q.73 किसी वृत्ताकार पहिए की त्रिज्या $1\frac{3}{4}$ मीटर है। 11 किलोमीटर की यात्रा करने के लिए इसे कितने चक्कर लगाने होंगे? $\left(\pi = \frac{22}{7}\right)$

A. 1000   B. 1100   C. 900   D. 1200

Q.74 निम्नलिखित में से कौन सा अक्षर प्रश्न चिह्न के स्थान पर आना चाहिए?
BN, CM, EK, FJ,?

A. GH   B. AQ   C. GI   D. EL

Q.75 8 घंटे प्रतिदिन कार्य करते हुए अनु एक पुस्तक की प्रति 18 दिनों में तैयार कर सकती है। यदि वही कार्य 12 दिनों में पूरा करना हो, तो अनु को प्रतिदिन कितने घंटे काम करना होगा?

A. 12 घंटे   B. 10 घंटे   C. 11 घंटे   D. 13 घंटे

Q.76 चार छात्र ABCD वर्ग के केंद्र की और मुख करके वर्ग के चार कोनों में से प्रत्येक एक कोने पर बैठे हैं | छात्र E जो केंद्र पर बैठा है केवल C का सामना कर रहा है जबकि छात्र A, E के पीछे की तरफ बैठा है। यदि D, E के दाई ओर बैठा है, तो E के संबंध में B की स्थिति क्या है?

A. B,E के दाई ओर है |

B. A ,Bऔर E के सामने की तरफ है |

C. B,E के पीछे की तरफ है |

D. B, E के बाई ओर बैठा है

Q.77 कमल उत्तर की ओर 20 मीटर चलता है। वह फिर बाएं मुड़ता है और 40 मीटर चलता है। वह फिर से बाएं मुड़ता है और 20 मीटर चलता है। इसके बाद वह फिर से वह दाई ओर मुड़ने के बाद 20 मीटर चलता है। वह अपने प्रारम्भिक स्थान से कितनी दूर है?

A. 40 मी   B. 50 मी   C. 60 मी   D. 70 मी

Q.78 राज्यसभा के एक तिहाई सदस्य सेवानिवृत्त होते हैं:

A. एक वर्ष बाद   B. दूसरे वर्ष बाद

C. तीसरे वर्ष बाद   D. पांचवें वर्ष बाद

Q.79 यदि रेखा MN पर एक दर्पण रखा गया है, तो कौनसी उत्तर आकृति दी गयी आकृति का सही प्रतिबिंब है?

प्रश्न आकृति:

उत्तर आंकड़ा:

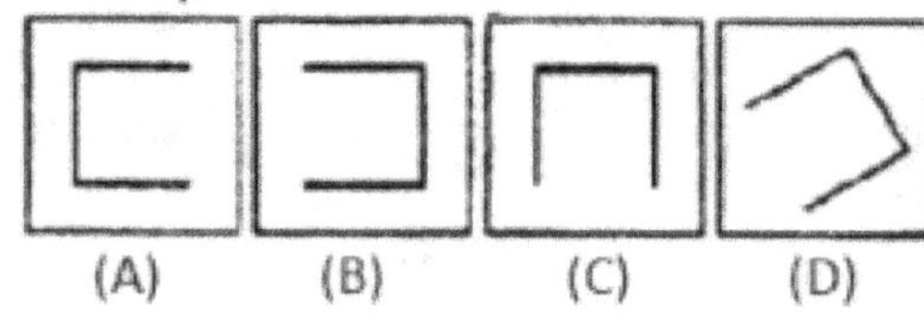

(A)   (B)   (C)   (D)

A. A   B. B   C. C   D. D

Q.80 वर्ड में, आप निम्न में से किन कुंजी अथवा कुंजी कॉम्बो को दबाकर 'फाइंड एंड रिप्लेस' डायलॉग बॉक्स प्रदर्शित कर सकते हैं?

A. F5   B. Ctrl+F

C. Ctrl+H   D. (A) व (C) दोनों

Q.81 चिट्ठी, विवरणिका, शिक्षण गतिविधियां, परीक्षा, प्रश्नोत्तरी और छात्रों के होमवर्क असाइन्मेंट जैसे डॉक्युमेंट को बनाने के लिए मुख्य रूप से कौन सा एक लोकप्रिय सॉफ्टवेयर का इस्तेमाल किया जाता है?

A. पेंट   B. माइक्रोसॉफ्ट वर्ड

C. माइक्रोसॉफ्ट ऐकसेस   D. कैलकुलेटर

Q.82 A,B का पिता है ; C , B कि पुत्री है ; D ,B का भाई है ; E ,A का पुत्र है। C और E के बीच क्या सम्बन्ध है?

A. भाई और बहन   B. चचेरे भाई और बहन

C. भतीजी और चाचा   D. चाचा और चाची

Q.83 तुगलक शासक फिरोज तुगलक ने प्रदेश के हिसार जिले में कौन-सा नगर बसाया था?

A. टोहाना   B. हांसी   C. सिवानी   D. फतेहाबाद

Q.84 प्राचीन काल में हरियाणा राज्य अन्य किस नाम से जाना जाता था?

A. ब्रह्मावर्त प्रदेश   B. ब्रह्मर्षि प्रदेश

C. ब्रह्मा की उत्तरवेदी   D. उपरोक्त सभी

Q.85 हरियाणा के किस भाग में वर्षा अधिक होती है?

A. दक्षिणी पश्चिमी भाग   B. उत्तरी पूर्वी भाग

C. उत्तरी पश्चिमी भाग   D. दक्षिणी पूर्वी भाग

Q.86 जिला रोहतक में निम्नलिखित में से कौन सा खनिज पदार्थ पाया जाता है?

A. चूना   B. तांबा   C. मैंगनीज   D. अभ्रक

Q.87 दिए गए विकल्पों में से सम्बन्धित शब्द को चुनिए

लोमड़ी : चालाक : : खरगोश : ?

A. निडर   B. खतरनाक   C. डरपोक   D. भयंकर

Q.88 एक कार की गति 70 किमी /घंटा है। यदि प्रति 2 घंटे में गति 2 किमी /घंटे बढ़ जाती है तो कितने घंटे में कार 345 किमी की दूरी को तय करेगी?

A. 4.82 घंटे   B. 6 घंटे   C. 3.6 घंटे   D. 5.5 घंटे

Q.89 दुनिया में सबसे प्रसिद्ध कीटनाशक है:

A. बीएचसी   B. डीडीटी

C. फ्लिट   D. इनमें से कोई नहीं

Q.90 प्रोग्राम या निर्देश ______ प्रणाली में हैं।

A. हार्डवेयर   B. आइकन

C. निर्देश   D. सॉफ्टवेयर

Q.91 हरियाणा का निम्नलिखित में से कौन सा प्रकृति भाग सबसे बड़ा है?

A. शिवालिक का पहाड़ी भाग

B. रेतीला भाग

C. मैदानी भाग

D. अरावली की पहाड़ियों का शुष्क मैदानी भाग

Q.92 यदि एक दर्पण को रेखा MN पर रखा जाता है, तब निम्न में से कौन-सा उत्तर दिये गए शब्द का सही दर्पण प्रतिबिम्ब होगा?

प्रश्न आकृति

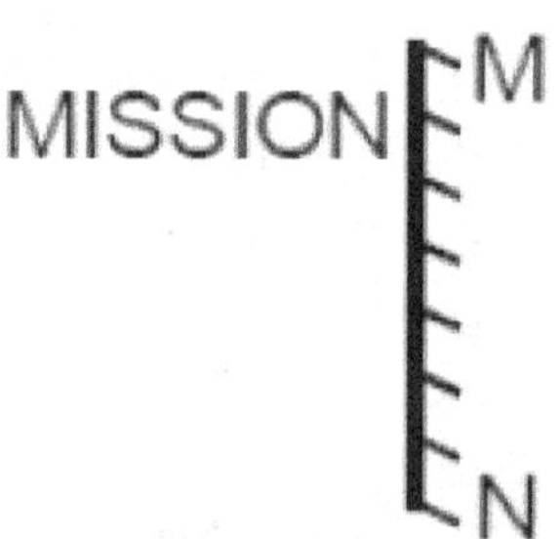

उत्तर आकृति

A. NOISSIM   B. NOISSIM

C. NOISSIM   D. NOISSIM

A. A   B. B   C. C   D. D

Q.93 एक परीक्षण में छात्रों के एक समूह के स्कोर का अंकगणितीय माध्य 57 था। उनमें से सबसे उष्वल 20% ने 80 का औसत अंक हासिल किया और सबसे कम 25% ने 32 का औसत स्कोर प्राप्त किया। 55% की समाप्ति का औसत स्कोर

A. 45   B. 50   C. 55   D. 60

Q.94 निम्नलिखित में से कौन सा खेल पुरस्कार हरियाणा राज्य द्वारा दिया जाता है?

A. महाराजा रणजीत सिंह पुरस्कार

B. रानी लक्ष्मीबाई/लक्ष्मण पुरस्कार

C. गुरु वशिष्ठ पुरस्कार

D. भीम पुरस्कार

Q.95 किसी कूटभाषा में P, # है A, % है C, φ है E, @ है। उस कूटभाषा में 'PACE' को कैसे लिखा जाता है?

A. # φ # %   **B.** % @ % φ

C. # % φ @   **D.** % @ # φ

Q.96 वह कौन-सा उपकरण है जो एक भौतिक छवि को डिजिटल में बदल देता है?

A. स्कैनर   **B.** छवि परिवर्त्तक

C. प्रिंटर   **D.** रिकॉर्डर

Q.97 बाइनरी लैंग्वेज में वर्णमाला का प्रत्येक अक्षरऔर प्रत्येक विशेष वर्ण.......... के असाधारण (यूनिक) संयोजन का बना होता है।

A. 8 अक्षर   **B.** 8 बाईटस

C. 8 किलोबाईटस   **D.** 8 बिट्स

Q.98 तत्वों के परमाणुओं के बीच इलेक्ट्रॉनों के हस्तांतरण द्वारा बने बंध को कहा जाता है:

A. आयनिक बंध

B. सहसंयोजी बंध

C. समन्वय सहसंयोजक बंध

D. हाइड्रोजन बंध

Q.99 सबसे छोटी पांच अंकों की संख्या जो 12, 18 और 21 से विभाज्य है:

A. 10080   **B.** 30256   **C.** 10224   **D.** 50321

Q.100 सूचना साझा करने के लिए दो या दो से अधिक कम्प्यूटरों को एक - दूसरे से जोड़ने की अवस्था _______ है।

A. नेटवर्क   **B.** राउटर   **C.** सर्वर   **D.** टनल

// स्मार्ट उत्तर पुस्तिका //

सही उत्तर उन छात्रों के प्रतिशत को इंगित करता है जिन्होंने प्रश्नों का सही उत्तर दिया था।

छोड़ दिया उन छात्रों के प्रतिशत को इंगित करता है जिन्होंने प्रश्नों को छोड़ दिया था।

प्रश्न संख्या	उत्तर	सही उत्तर / छोड़ दिया	प्रश्न संख्या	उत्तर	सही उत्तर / छोड़ दिया	प्रश्न संख्या	उत्तर	सही उत्तर / छोड़ दिया	प्रश्न संख्या	उत्तर	सही उत्तर / छोड़ दिया	प्रश्न संख्या	उत्तर	सही उत्तर / छोड़ दिया
1	C	67.77 % / 1.47 %	17	B	27.24 % / 4.89 %	33	B	77.51 % / 0.0 %	49	D	44.49 % / 1.63 %	65	D	76.4 % / 0.0 %
2	D	43.21 % / 1.66 %	18	D	55.76 % / 1.83 %	34	C	83.48 % / 0.0 %	50	A	88.15 % / 0.0 %	66	B	32.56 % / 4.43 %
3	C	56.03 % / 1.55 %	19	C	25.52 % / 3.2 %	35	A	51.12 % / 1.23 %	51	C	56.67 % / 1.25 %	67	C	65.36 % / 1.49 %
4	A	86.71 % / 0.0 %	20	C	86.86 % / 0.0 %	36	A	61.62 % / 1.22 %	52	D	46.34 % / 1.08 %	68	B	10.54 % / 4.84 %
5	A	45.32 % / 1.53 %	21	D	43.8 % / 1.71 %	37	C	51.94 % / 1.98 %	53	A	14.37 % / 3.69 %	69	C	89.99 % / 0.0 %
6	B	43.77 % / 1.53 %	22	D	23.58 % / 4.61 %	38	D	84.24 % / 0.0 %	54	C	81.78 % / 0.0 %	70	C	60.04 % / 1.74 %
7	C	56.61 % / 1.86 %	23	B	45.44 % / 2.0 %	39	A	62.78 % / 1.83 %	55	A	42.36 % / 1.26 %	71	D	58.01 % / 1.41 %
8	A	47.25 % / 1.2 %	24	C	57.23 % / 1.56 %	40	A	15.2 % / 3.82 %	56	B	42.72 % / 1.25 %	72	C	17.45 % / 4.75 %
9	C	59.34 % / 1.66 %	25	A	28.74 % / 4.45 %	41	D	79.47 % / 0.0 %	57	B	87.8 % / 0.0 %	73	A	80.3 % / 0.0 %
10	A	51.39 % / 1.22 %	26	B	83.26 % / 0.0 %	42	C	31.86 % / 3.47 %	58	B	78.72 % / 0.0 %	74	C	55.42 % / 1.32 %
11	B	85.59 % / 0.0 %	27	A	64.7 % / 1.48 %	43	A	32.49 % / 4.26 %	59	C	27.99 % / 3.19 %	75	A	79.49 % / 0.0 %
12	B	45.13 % / 1.95 %	28	C	61.75 % / 1.89 %	44	C	43.19 % / 1.93 %	60	A	62.04 % / 1.78 %	76	D	82.96 % / 0.0 %
13	D	68.55 % / 1.34 %	29	B	40.62 % / 1.47 %	45	C	58.83 % / 1.62 %	61	C	18.54 % / 4.53 %	77	C	52.94 % / 1.24 %
14	B	50.21 % / 1.33 %	30	B	67.36 % / 1.62 %	46	C	60.76 % / 1.36 %	62	D	68.1 % / 1.34 %	78	B	55.6 % / 1.66 %
15	D	13.04 % / 3.05 %	31	D	49.17 % / 1.58 %	47	A	64.32 % / 1.52 %	63	B	59.38 % / 1.86 %	79	C	42.76 % / 1.49 %
16	C	65.61 % / 1.56 %	32	B	85.74 % / 0.0 %	48	D	40.12 % / 1.14 %	64	D	14.69 % / 4.47 %	80	D	88.41 % / 0.0 %

प्रश्न संख्या	उत्तर	सही उत्तर / छोड़ दिया
81	B	67.55 % / 1.39 %
82	C	82.96 % / 0.0 %
83	D	54.96 % / 1.64 %
84	D	43.51 % / 1.63 %

प्रश्न संख्या	उत्तर	सही उत्तर / छोड़ दिया
85	B	23.22 % / 4.5 %
86	A	41.13 % / 1.94 %
87	C	53.44 % / 1.94 %
88	A	56.79 % / 1.64 %

प्रश्न संख्या	उत्तर	सही उत्तर / छोड़ दिया
89	B	84.67 % / 0.0 %
90	D	53.53 % / 1.01 %
91	C	15.59 % / 4.11 %
92	A	44.98 % / 1.6 %

प्रश्न संख्या	उत्तर	सही उत्तर / छोड़ दिया
93	D	69.35 % / 1.06 %
94	D	56.1 % / 1.76 %
95	C	69.79 % / 1.05 %
96	A	53.76 % / 1.63 %

प्रश्न संख्या	उत्तर	सही उत्तर / छोड़ दिया
97	D	89.58 % / 0.0 %
98	A	66.24 % / 1.86 %
99	A	83.35 % / 0.0 %
100	A	52.67 % / 1.25 %

कार्य विश्लेषण	
औसत अंक (%)	28.75%
टॉपर्स स्कोर (%)	58.75%
आपका स्कोर	

//संकेत और समाधान//

1. एफ 1 चैंपियन मैक्स वेरस्टैपेन को 2022 लॉरियस स्पोर्ट्समैन ऑफ द ईयर चुना गया है।

जमैका ओलंपिक स्प्रिंटर एलेन थॉम्पसन-हेरा को स्पोर्ट्सवुमेन ऑफ द ईयर चुना गया है।

अतः विकल्प (C) सही है।

2. INS घड़ियाल, मिशन SAGAR IX के हिस्से के रूप में, 29 अप्रैल 2022 को कोलंबो पहुंचा और 107 प्रकार की महत्वपूर्ण जीवनरक्षक दवाओं के 760 किलोग्राम से अधिक का वितरण किया। इसका उद्देश्य चल रहे संकट के दौरान श्रीलंका को महत्वपूर्ण चिकित्सा सहायता प्रदान करना था। मई 2020 से, भारतीय नौसेना ने 18 मित्र देशों में दस जहाजों को तैनात करते हुए, ऐसे आठ मिशन सफलतापूर्वक संपन्न किए हैं।

अतः विकल्प (D) सही है।

3. यू॰ एस॰ ओपन टेनिस टूर्नमेंट, 2018 (महिला एकल) की विजेता नाओमी ओसाका थी।

- नाओमी ओसाका ने नाटकीय अमेरिकी ओपन फाइनल में सेरेना विलियम्स को हराया।
- वह ग्रैंड स्लैम खिताब जीतने वाली पहली जापानी महिला बनीं।
- उन्होंने फाइनल में सेरेना विलियम्स पर 6-2, 6-4 की जीत दर्ज की।

अतः विकल्प (C) सही है।

4. The word 'Fractious' means irritable and quarrelsome. The word 'Tranquil' means free from disturbance; calm.

The words 'Grumpy', 'Cantankerous' and 'Waspish' are all synonyms of the word 'Fractious'.

Hence, the correct option is (A).

5. यमुनानगर जिले में पिछले कई वर्षों से लटका हुआ हथनी कुंड बैराज बनकर तैयार हो गया है। हथनी कुंड बैराज के निर्माण पर 220 करोड रुपए खर्च हुए। 2 वर्षों से ज्यादा पुराने ताजेवाला हैंडवर्क्स के स्थान पर हथनी कुंड बैराज का निर्माण कार्य इसलिए भी जरूरी था ताकि पश्चिमी और पूर्व यमुना नहर द्वारा सिंचाई और पीने के पानी की निर्विघ्न आपूर्ति की जा सके तथा हरियाणा ,उत्तर प्रदेश व दिल्ली को भीषण बाढ़ से बचाया जा सके।

अतः विकल्प (A) सही है।

6. मानव का विलोम शब्द दानव है। किसी शब्द का विपरीत या उल्टा अर्थ देने वाले शब्द को विलोम शब्द कहते हैं।

अतः विकल्प (B) सही है।

7. The meanings of the words are:

Dire ⇒ extremely serious or urgent.

Calm ⇒ not showing or feeling nervousness, anger, or other strong emotions.

Mild ⇒ not severe, serious, or harsh.

Critical ⇒ of importance.

Trivial ⇒ of little value or importance.

Hence, the correct option is (C).

8. पानी में स्थायी कठोरता कैल्शियम और मैग्नीशियम के क्लोराइड और सल्फेट्स की उपस्थिति के कारण है।

अतः विकल्प (A) सही है।

9. Avoid - दूर रहना,

Dodge - चकमा,

Flee - भागना,

Duck- टालना

यहाँ पर भागना इन सबसे अलग है।

अतः विकल्प (C) सही है।

10. जिन शब्दों के अर्थ में समानता होती है, उन्हें 'समानार्थक' या 'पर्यायवाची शब्द' कहते हैं या किसी शब्द-विशेष के लिए प्रयुक्त समानार्थक शब्दों को पर्यायवाची शब्द कहते हैं।

विभावरी का पर्यायवाची रात्रि होता है ।

विभावरी काअन्य पर्यायवाची शब्द: निशा, क्षया, रैन, रात, यामिनी, रजनी।

अतः विकल्प (A) सही है।

11. बनवाली हरियाणा के फतेहाबाद जिले में सिंधु घाटी सभ्यता काल से संबंधित एक पुरातात्विक स्थल है। बनवाली सरस्वती नदी की ऊपरी मध्य घाटी पर बनाया गया था।

अतः विकल्प (B) सही है।

12. दिया है: $x^2 + \dfrac{1}{x^2} = 58$

हम जानते हैं कि,

$$\left(x - \dfrac{1}{x}\right)^2 = x^2 + \dfrac{1}{x^2} = 2 \times x \times \dfrac{1}{x}$$

$$\Rightarrow \left(x - \dfrac{1}{x}\right)^2 = \left(x^2 + \dfrac{1}{x^2}\right) - 2$$

प्रश्नानुसार, उपरोक्त समीकरण मे मान रखने पर

$$\Rightarrow \left(x - \dfrac{1}{x}\right)^2 = 58 - 2\left(x^2 + \dfrac{1}{x^2} = 58\right)$$

$$\Rightarrow \left(x - \dfrac{1}{x}\right)^2 = 56$$

अतः विकल्प (B) सही है।

13. O- रक्त वाला व्यक्ति किसी भी रक्त समूह वाले व्यक्ति को अपना रक्त दान कर सकता है लेकिन केवल O- रक्त समूह वाले व्यक्ति से ही रक्त प्राप्त कर सकता है।

अतः विकल्प (D) सही है।

14. माना मूलधन $= P$

$\therefore$ मिश्रधन $= 3P$

ब्याज $= 3P - P = 2P$

प्रश्न के अनुसार,

$$2P = \dfrac{P \times R \times 20}{100}$$

$$\Rightarrow R = 10\%$$

t साल बाद यह दोगुना हो जाएगा

इस प्रकार, ब्याज $= 2P - P = P$

$\Rightarrow P = \dfrac{P \times 10 \times t}{100}$

$\Rightarrow t = 10$ वर्ष

अतः विकल्प (B) सही है।

15. श्वेत कणिकाएँ शरीर के विरुद्ध प्रतिरोधक का काम करती हैं।श्वेत रक्त कोशिकाएं (जिन्हें ल्यूकोसाइट्स या प्रतिरक्षा कोशिकाएं भी कहा जाता है) ऐसी कोशिकाएं हैं जो रक्त का एक घटक बनाती हैं।वे प्रतिरक्षा प्रणाली के हिस्से के रूप में संक्रामक बीमारी के विरुद्ध शरीर की रक्षा करने में मदद करते हैं।

अतः विकल्प (D) सही है।

16. अवनत' शब्द में 'अत' उपसर्ग तथा 'नत्' मूल शब्द है। उपसर्ग वे शब्दांश होते हैं जो मूलशब्द के पूर्व संयुक्त होते हैं और उसके अर्थ में विकार उत्पन्न करते हैं। उपसर्ग का अर्थ होता है, परन्तु प्रत्यय अर्थहीन होते हैं।

अतः विकल्प (C) सही है।

17. दिए गए विकल्प निम्नलिखित प्रतिरूप का अनुसरण करते हैं:

(A) 863 ⇒ अंको का योग = 8 + 6 + 3 = 17

(B) 785 ⇒ अंको का योग = 7 + 8 + 5 = 20

(C) 791 ⇒ अंको का योग = 7 + 9 + 1 = 17

(D) 647 ⇒ अंको का योग = 6 + 4 + 7 = 17

इस प्रकार, "785" दिए गए विकल्पों में से विषम है।

अतः विकल्प (B) सही है।

18. हरियाणा उत्तर पश्चिम भारत में 27 डिग्री 39' N से 30 डिग्री 35'N अक्षांश और 74 डिग्री 28' E से 77 डिग्री 36' E देशांतर के बीच और समुद्र तल से 700 3600 फीट की ऊंचाई के साथ स्थित है।

हरियाणा के उत्तर- पश्चिम में पंजाब प्रदेश स्थित है।

अतः विकल्प (D) सही है।

19. रोटर के अंदर वाइंडिंग का इंटर-शॉर्ट सर्किट 3-चरण प्रेरण मोटर के लिए एक सामान्य विद्युत दोष है। खराब विनिर्माण और घूमने में जाम की वजह से अधिक ओवरहीटिंग इस दोष का कारण हो सकता हैं। यह कंपन को तेज कर सकता है, वाइंडिंग को जला सकता है।

अतः विकल्प (C) सही है।

20. जावा एक उच्च स्तरीय प्रोग्रामिंग भाषा है। जावा एक सामान्य प्रयोजन प्रोग्रामिंग भाषा है, जिसे सन माइक्रो सिस्टम द्वारा विकसित किया गया था। इसका उपयोग डेस्कटॉप व मोबाइल एप्लिकेशन को बिल्ड करने में किया जाता है। ये पूरी तरह से ऑब्जेक्ट ओरिएंटेड प्रोग्रामिंग के उपर आधारित है। C++ और जावा एक-दूसरे के काफी समान है, इसके बावजूद जावा में अधिक अग्रिम और सरल विशेषताएं हैं।

अतः विकल्प (C) सही है।

21. दिया है: $= 3^{25} + 3^{26} + 3^{27} + 3^{28}$

$= 3^{25}(1 + 3 + 3^2 + 3^3)$
$= 3^{25}(1 + 3 + 9 + 27)$
$= 3^{25} \times 40,$
$= 3^{24} \times 3^1 \times 4 \times 10$
$= 30 \times 4 \times 3^{24}$

जो स्पष रूप से 30 से विभाज्य है इसलिए दी गई अभिव्यक्ति 30 से विभाज्य है।

अतः विकल्प (D) सही है।

22. दी गई श्रृंखला निम्नलिखित प्रतिरूप का अनुसरण करती है:

11 × 12 × 13 = 234;

यह प्रत्येक संख्या के अंकों का योग करके प्राप्त किया जा सकता है,

11 → 1 + 1 = 2; 12 → 1 + 2 = 3; 13 → 1 + 3 = 4

उसी प्रकार,

24 × 23 × 35 = 658;

24 → 2 + 4 = 6; 23 → 2 + 3 = 5; 35 → 3 + 5 = 8

31 × 43 × 54

31 → 3 + 1 = 4; 43 → 4 + 3 = 7; 54 → 5 + 4 = 9

इसलिए, 31 × 43 × 54 = 479

अतः विकल्प (D) सही है।

23. सौर प्रणाली में पृथ्वी सूर्य से तीसरा ग्रह है। बुध, शुक्र, पृथ्वी और मंगल आंतरिक ग्रह कहलाते हैं। इन्हें पृथ्वी तुल्य ग्रह भी कहा जाता है। बृहस्पति, शनि, अरुण एव वरुण को बाहय ग्रह कहा जाता है। इन्हें बृहस्पति तुल्य भी कहा जाता है।

अतः विकल्प (B) सही है।

24. बैटरी एक ऐसा उपकरण है जो रासायनिक ऊर्जा को सीधे विद्युत ऊर्जा में रासायनिक ऑक्सीकरण-रेडॉक्स प्रतिक्रिया के माध्यम से परिवर्तित करता है।

इस प्रकार की प्रतिक्रिया में विद्युत सर्किट के माध्यम से एक पदार्थ से दूसरे में इलेक्ट्रॉनों का स्थानांतरण शामिल है।

अतः विकल्प (C) सही है।

25. हरियाणा के कपिल देव भारतीय क्रिकेट इतिहास के लिए एक स्वर्णिम अध्याय हैं। मई 1991 में हरियाणा ने रणजी ट्रॉफी और ईरानी ट्रॉफी जीती थी।कपिल देव निखंज ने 8 फरवरी 1994 को टेस्ट क्रिकेट में 432वां विकेट ले कर क्रिकेट के संसार में सर्वाधिक विकेट लेने का रिकॉर्ड बनाया। क्रिकेट की बाइबिल कहे जाने वाले खेल पत्रिका 'विजडन' ने कपिल देव को वर्ष 2002 में शताब्दी का सर्वश्रेष्ठ भारतीय 'क्रिकेटर' का पुरस्कार प्रदान किया।

अतः विकल्प (A) सही है।

26. माना, लड़कों की संख्या $= B$

और लड़कियों की संख्या $= G$

तब, $10 \times B = \dfrac{1}{4} \times G$

$= \dfrac{B}{10} = \dfrac{G}{4} = \dfrac{B}{G}$

$= \dfrac{10}{4} = \dfrac{5}{2}$

$= B : G = 5 : 2$

अतः विकल्प (B) सही है।

27. 24 पुरुष 18 दिनों में 1 काम पूरा करते हैं।

हम जानते है की,

$$\frac{M_1 D_1}{W_1} = \frac{M_2 D_2}{W_2}$$

$$\Rightarrow \frac{24 \times 18}{1} = \frac{27 \times 8}{W_2}$$

$$W_2 = \frac{27 \times 8}{24 \times 18} = \frac{1}{2}$$

शेष कार्य $= 1 - \frac{1}{2} = \frac{1}{2}$

यह काम 14 महिलाओं को करना है।

$$\therefore \frac{M_1 D_1}{W_1} = \frac{M_2 D_2}{W_2}$$

$$\Rightarrow \frac{12 \times 28}{1} = \frac{14 \times D_2}{\frac{1}{2}}$$

$$\Rightarrow 14 \times D_2 = \frac{1}{2} \times 12 \times 28$$

$$\Rightarrow D_2 = \frac{6 \times 28}{14} = 12 \text{ दिन}$$

अतः विकल्प (A) सही है।

28. एक अल्फा कण, एक हीलियम परमाणु के नाभिक के बराबर संरचनात्मक रूप से, दो प्रोटॉन और दो न्यूट्रॉन से मिलकर बनता है।

अतः विकल्प (C) सही है।

29. बेलन की ऊंचाई $= h$ सेमी और त्रिज्या $r = 4.5$ सेमी

शंकु की ऊंचाई, $H = 18$ सेमी और त्रिज्या, $R = 7$ सेमी

प्रश्न के अनुसार, बेलन का आयतन $=$ शंकु का आयतन

$$\Rightarrow \pi r^2 h = \frac{1}{3} \pi R^2 H$$

$$\Rightarrow (4.5)^2 h = \frac{1}{3} \times (15)^2 \times 18$$

$$\Rightarrow 20.25 \times h \times 3 = 225 \times 18$$

$$\Rightarrow h = 225 \times \frac{18}{20.25 \times 3}$$

$$\Rightarrow h = \frac{200}{3}$$

अतः विकल्प (B) सही है।

30. माना, बहिष्कृत संख्या x है।

17 संख्या का औसत $= 7$

$\therefore$ 17 संख्या का योग $= 17 \times 7 = 119$

प्रश्नों के अनुसार,

$\Rightarrow 119 - x = (17 - 1) \times 4$

$\Rightarrow 119 - x = 64$

$\Rightarrow x = 55$

$\therefore$ बहिष्कृत संख्या $= 55$

अतः विकल्प (B) सही है।

31. दी गयी श्रृंखला निम्नलिखित प्रतिरूप का अनुसरण करता है:

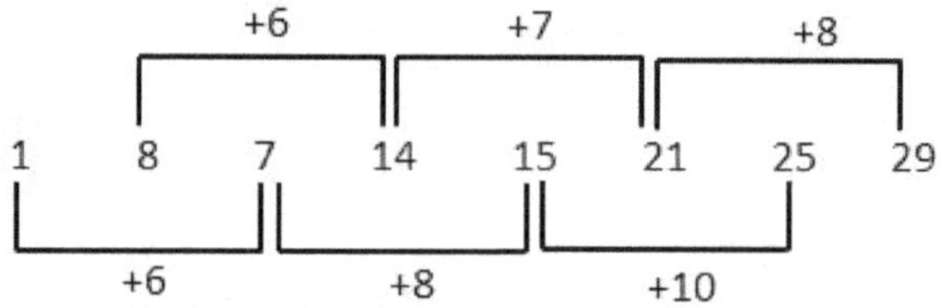

अतः विकल्प (D) सही है।

32. एक्सेल का फार्मूला सदैव $' = '$ से शुरू होता है

उदाहरण $= \left(\frac{(C_{10} + C_{11})}{12} \right) + D18$

अतः विकल्प (B) सही है।

33. माना, संख्या $13a$ और $13b$ है, जहां a और b सह अभाज्य संख्या हैं।

तब, $13a \times 13b = (13 \times 273) \Rightarrow ab = 21$

21 गुणक साथ दो सह अभाज्य संख्या 3 और 7 हैं।

इसलिए, संख्या $(13 \times 3, 13 \times 7)$ यानी, 39 और 91

इनका योग $= (39 + 91) = 130$

अतः विकल्प (B) सही है।

34. अधिकांश कंप्यूटर ऑपरेटिंग सिस्टम और एक्सटेंशन प्रोग्रामिंग भाषाओं ने की-बोर्ड को मानक इनपुट डिवाइस और मॉनिटर को मानक आउटपुट डिवाइस के रूप में जाता है। की-बोर्ड और मॉनिटर को डिफ़ॉल्ट डिवाइस के रूप में माना जाता है जब कोई अन्य विशिष्ट डिवाइस इंगित नहीं किया जाता है।

अतः विकल्प (C) सही है।

35. कम्प्यूटर में दो तरह की मेमोरी होती है। प्राइमरी और सेकेण्डरी, प्राइमरी मेमोरी दो प्रकार होती है- (1) रैम (2) रोम।

रोम (रीड ओनली मेमोरी) में फिक्सड प्रोग्राम होता है जिसे कम्प्यूटर को बनाते समय ही प्रोग्राम कर दिया जाता है, जो सिस्टम को आन करने में मदद करता है।

अतः विकल्प (A) सही है।

36. प्राथमिक मेमोरी को मुख्य मेमोरी के रूप में भी जाना जाता है। यह मेमोरी डेटा को अस्थायी रूप से संग्रहीत करती है। यह सीधे सीपीयू से जुड़ा होता है। इसमें सीमित भंडारण क्षमता होती है।

अतः विकल्प (A) सही है।

37. MS-Excel माइक्रोसॉफ्ट द्वारा बनाया गया एप्लीकेशन सॉफ्टवेयर है जिसका उपयोग मुख्य रूप से मार्कशीट इत्यादि बनाने के काम में आता है।

अतः विकल्प (C) सही है।

38. सबसे पहले, श्रृंखला को 4 समान भागों में विभाजित करेंगे:

b a_ a / bab_ / b _ ba / _ aba

यह श्रृंखला निम्नलिखित पैटर्न का अनुसरण करता है:

baba /baba /baba/baba, जहां baba शब्द की पुनरावृत्ति होती है।

अतः विकल्प (D) सही है।

39. हरियाणा में सबसे अधिक गेहूँ की खेती सबसे अधिक की जाती है।

उत्तर प्रदेश, पंजाब, हरियाणा, मध्य प्रदेश, राजस्थान तथा बिहार गेहूँ के सर्वाधिक महत्त्वपूर्ण उत्पादक राज्य हैं, जो गुजरात तथा महाराष्ट्र राज्यों के साथ

मिलकर देश के लगभग 90% गेहूँ का उत्पादन करते हैं। उत्तर प्रदेश में दक्षिणी पर्वतीय एवं पठारी भूमि को छोड़कर सर्वत्र भाग में गेहूँ की कृषि की जाती हैं।

गेहूँ (ट्रिटिकम जाति) विश्वव्यापी महत्व की फसल है। विश्व में कुल कृष्य भूमि के लगभग छठे भाग पर गेहूँ की खेती की जाती है यद्यपि एशिया में मुख्य रूप से धान की खेती की जाती है, तो भी गेहूँ विश्व के सभी प्रायद्वीपों में उगाया जाता है। यह विश्व की बढ़ती जनसंख्या के लिए लगभग 20 प्रतिशत आहार कैलोरी की पूर्ति करता है।

अतः विकल्प (A) सही है।

40. माना, CP 100 है।

इसलिये, $SP = 100 + 12\% = 112$

यदि अंकित मूल्य x है, तो

$90\% \times x = 112$

$\Rightarrow x = \dfrac{112 \times 100}{90}$

$\Rightarrow x = \dfrac{1120}{9}$ रु

इस प्रकार, आवश्यक अनुपात

$= 100 : \dfrac{1120}{9}$

$= 900 : 1120$

$= 45 : 56$

अतः विकल्प (A) सही है।

41. राष्ट्रपति शासन भारत के संविधान के अनुच्छेद 356 में वर्णित संविधान तंत्र के किसी राज्य में विफल होने पर लगाया जाता है। इस स्थिति में राज्य सरकार संविधान के अनुसार कार्य करने में सक्षम नहीं होती है और यह केंद्र सरकार के प्रत्यक्ष नियंत्रण के अंतर्गत आ जाता है जहां कार्यकारी अधिकारी गवर्नर होता है।

अतः विकल्प (D) सही है।

42. दिया है: खोखले गोले का आंतरिक त्रिज्या $(r) = 7$ सेमी

खोखले गोले का बाह्य त्रिज्या $(R) = 8$ सेमी

ठोस शंकु का व्यास $(d) = 26$ सेमी

या त्रिज्या $(r) = 13$ सेमी

हम जानते हैं कि, खोखले का आयतन = शंकु का आयतन

$\dfrac{4}{3}\pi(R^3 - r^3) = \dfrac{1}{3}\pi r^2 h$

$\Rightarrow \dfrac{4}{3}\pi \times (8^3 - 7^3) = \dfrac{1}{3} \times \pi \times 13^2 \times h$

$\Rightarrow 4 \times (512 - 343) = 169 \times h$

$\Rightarrow 4 \times 169 = 169 \times h$

$\Rightarrow h = 4$ सेमी

अतः विकल्प (C) सही है।

43. मोतीलाल नेहरू स्कूल ऑफ स्पोर्ट्स हरियाणा के सोनीपत जिले के राय में स्थित एक बोर्डिंग स्कूल है। इसकी स्थापना जुलाई 1973 में हरियाणा सरकार द्वारा की गई थी। स्कूल पब्लिक स्कूल पैटर्न पर आयोजित किया जाता है। यह पूरी तरह से आवासीय और सह-शैक्षिक है।

अतः विकल्प (A) सही है।

44. श्रीनाथ बाएं से 7 वें और वेंकट दाएं से 12 वें स्थान पर हैं।

अब, यदि वे अपने पदों को बदलते हैं, तो श्रीनाथ बाई ओर से 22 वें स्थान पर आ जाते हैं।

इसलिए, श्रीनाथ बाएं से 22 और दाएं से 12 हैं।

इस प्रकार, उसके पहले 21 लड़के हैं और उसके बाद 11 लड़के हैं।

अतः लड़कों की कुल संख्या = उससे पहले लड़कों की संख्या + उसके बाद लड़कों की संख्या + श्रीनाथ

$= 21 + 11 + 1 = 33$

इस प्रकार, कुल लड़कों की संख्या 33 हैं।

अतः विकल्प (C) सही है।

45. पावर प्वाइंट में एक खाली स्लाइड में बिंदीदार क्षेत्र को प्लेसहोल्डर कहा जाता है। प्लेसहोल्डर स्लाइड ले आउट पर स्थित एक एलिमेंट होता है जो स्लाइड पर किसी प्रकार का टेक्स्ट इनपुट करने के लिए उपयोग किया जाता है।

अतः विकल्प (C) सही है।

46. रमन की गति $= 20$ किमी /घंटा

किमी /घंटा से मीटर /सेकंड में परिवर्तित करने पर $= \dfrac{5}{18} \times 20 = \dfrac{50}{9}$ मीटर /सेकंड

हम जानते हैं कि, समय $=$ दूरी /गति

$\Rightarrow$ समय $= \dfrac{400}{\frac{50}{9}}$

$\Rightarrow$ समय $= 400 \times \dfrac{9}{50}$

$\Rightarrow$ समय $= 8 \times 9$

$\Rightarrow$ समय $= 72$ सेकंड

$\Rightarrow 72$ सेकंड $= \dfrac{72}{60} = \dfrac{6}{5} = 1.2$ मिनट

अतः विकल्प (C) सही है।

47. दिया है, $SP = 720$ रु

हानि $\% = 25$

$CP = ($ 100 $/$ 100 $-$ हानि $\%) \times SP$

$= \dfrac{100}{100 - 25} \times 720$

$= 960$ रु

$SP = ($ 100 $+$ लाभ $\%$ $/$ 100 $) \times CP$

$= \dfrac{100 + 25}{100} \times 960$

$= 1200$ रु

अतः विकल्प (A) सही है।

48. एमएस-एक्सेल में सेल का मान प्रतिशत के रूप में प्रदर्शित करने के लिए Ctrl+Shift+% शॉर्टकट कुंजी का प्रयोग किया जाता है।

अतः विकल्प (D) सही है।

49. पृथ्वी से सबसे अधिक दूरी पर बहिर्मंडल होता है जिसमें काफी कम वायुमंडलीय अणु होते है। यह पृथ्वी के ऊपर, थर्मोस्फीयर से 6,200 मील (10,000 किमी) तक फैला हुआ है।

अतः विकल्प (D) सही है।

50. हरियाणा के कैथल नगर में प्रताप गेट के निकट गुरुद्वारा नीमसाहब स्थित है।

अतः विकल्प (A) सही है।

51. सुशील कुमार का जन्म बापरोला, नजफगढ़ में वर्ष 1982 में हुआ था। उन्होंने 2010 के राष्ट्रमंडल खेलों, 2012 के लंदन ओलंपिक में रजत पदक जीता था।

इन्हें वर्ष 2008 में बीजिंग ओलंपिक में कांस्य पदक जीता था। इन्होंने 64 किलोग्राम फ्री स्टाइल में कजाकिस्तान के लियोनिड स्प्रिडोनोव को हराया। वह सतपाल पहलवान के शिष्य हैं।

अतः विकल्प (C) सही है।

52. संविधान का अनुच्छेद 153 कहता है कि, प्रत्येक राज्य के लिए राज्यपाल होंगे। सातवें संवैधानिक संशोधन अधिनियम, 1956 ने दो या अधिक राज्यों के लिए एक ही व्यक्ति को राज्यपाल के रूप में नियुक्त करने की सुविधा प्रदान की है।

अतः विकल्प (D) सही है।

53. वन्दे मातरम् योजना गर्भवती महिलाओं से सम्बंधित है।

वन्दे मातरम् योजना देश में 9 फरवरी, 2004 को प्रारम्भ की गई थी। इसके तहत प्रत्येक माह की 9 तारीख को राजकीय एवं निजी चिकित्सा संस्थाओं में स्त्री विशेषज्ञ ओ.पी.डी. में गर्भवती महिलाओं को निःशुल्क प्रसव पूर्व एवं प्रसवोत्तर जाँच एवं परामर्श सेवाएं ऐच्छिक रूप से प्रदान किये जाने की व्यवस्था है।

अतः विकल्प (A) सही है।

54. जब 800 में पहली बार 10% वृद्धि की जाती है।

$$\Rightarrow 800 + 800 \times \frac{10}{100} = 880$$

और इसमें फिर से 20% की वृद्धि की जाती है।

$$\Rightarrow 880 + 880 \times \frac{20}{100} = 1056$$

अतः विकल्प (C) सही है।

55. दिया हैं: 315 & 3 # 9 @ 4 % 6

दिये गये समीकरण के अनुसार, नया समीकरण होगा,

315 ÷ 3 – 9 + 4 × 6

BODMAS का उपयोग करके इसे हल करेंगें:

315 ÷ 3 – 9 + 4 × 6

⇒ 105 – 9 + 24

⇒ 129 – 9

⇒ 120

अतः विकल्प (A) सही है।

56. दिया हैं: 16 ÷ 8 – 4 + 2 × 4

दिये गये समीकरण के अनुसार, नया समीकरण होगा,

16 + 8 × 4 ÷ 2 – 4

= 16 + 16 – 4

= 28

अतः विकल्प (B) सही है।

57. भारत के संविधान के साठवें संशोधन को आधिकारिक रूप से संविधान (साठवाँ संशोधन) अधिनियम, 1988 के रूप में जाना जाता है, जिसमें लोकसभा चुनाव और राज्यों की विधानसभाओं के लिए मतदान की आयु को 21 वर्ष से घटाकर 18 वर्ष कर दिया।

अतः विकल्प (B) सही है।

58. 'मैंने यह काम नहीं किया है।' शुद्ध वाक्य है जबकि अन्य विकल्पों का शुद्ध रूप इस प्रकार है:

(a) आयुष और ऋचा बाजार गये।

(c) इस कहानी को एक लेखिका ने लिखा है।

(d) बच्चे ने कहा पापा आ गये।

अतः विकल्प (B) सही है।

59. A की एक दिन के कार्य की राशि $= \frac{1}{6}$

B की एक दिन के कार्य की राशि $= \frac{1}{8}$

$A + B$ की एक दिन के कार्य की राशि $= \frac{1}{6} + \frac{1}{8} = \frac{7}{24}$

$A + B + C$ की कार्य की राशि $= \frac{1}{3}$

C की एक दिन के कार्य की राशि $= \frac{1}{3} - \frac{7}{24} = \frac{1}{24}$

A का एक दिन का कार्य $: B$ का एक दिन का कार्य $: C$ का एक दिन का कार्य $= \frac{1}{6} : \frac{1}{8} : \frac{1}{24} = 4:3:1$

C को भुगतान की जाने वाली राशि $= 3200 \times \frac{1}{8} = 400$

अतः विकल्प (C) सही है।

60. हरियाणा में जींद जिला मुर्रा नस्ल की भैंसों के लिए प्रसिद्ध है। इस जिले में 48 पशु चिकित्सा अस्पताल, 58 पशु चिकित्सा डिस्पेंसरी, 79 स्टॉकमैन केंद्र, 3 भेड़ ऊन विस्तार केंद्र एवं कुक्कुट विस्तार केंद्र कार्यरत है। हरियाणा के सहकारी क्षेत्र में बड़े पैमाने का एक मिल्क प्लांट जींद में स्थापित है।

अतः विकल्प (A) सही है।

61. The correct answer is option (C) , i.e. **'To face the consequences'**

'Face the music' means 'to accept the unpleasant results of one's actions'.

Usage: After Janine was caught stealing, she had to **face the music**.

Hence, the correct option is (C).

62. मिट्टी का लाल रंग मुख्य रूप से फेरिक ऑक्साइड के कारण होता है, जो मिट्टी के कणों पर पतली कोटिंग के रूप में होता है, जबकि लौह ऑक्साइड हेमेटाइट या हाइड्रस फेरिक ऑक्साइड के रूप में होता है।

अतः विकल्प (D) सही है।

63. मोरनी हिल्स हरियाणा के पंचकुला जिले में एकमात्र पहाड़ी स्टेशन है और इसे हिमालयी दृश्यों, वनस्पतियों और झीलों के लिए जाना जाता है।

अतः विकल्प (B) सही है।

64. माना कि वर्तमान में रत्नाबली और शौकत कि आयु क्रमशः $8x$ और $5x$ है।

22 वर्षों के बाद:

$$(8x + 22):(5x + 22) = 10:9$$
$$\Rightarrow 9(8x + 22) = 10(5x + 22)$$
$$\Rightarrow 72x - 50x = 22$$
$$\Rightarrow x = \frac{22}{22} = 1$$

रत्नाबली की वर्तमान आयु $= 8 \times 1 = 8$ वर्ष

अतः विकल्प (D) सही है।

65. होमोजिनाइजेशन छोटे कणों में वसा ग्लोब्यूल्स के टूटने की प्रक्रिया है। यह उन लोगों के लिए पाचन में सहायता करता है जिनके पास एक संवेदनशील पाचन तंत्र है।

अतः विकल्प (D) सही है।

66. नखाना सिंचाई परियोजना नखाना क्षेत्र में सिंचाई सुविधाओं का विस्तार करने के लिए हरियाणा सरकार ने सालवान फीडर आर. डी. 1.44.000 को धमतान वितरण के सामने की परियोजना स्वीकृत की है। यह परियोजना 37,500 फुट लंबी है। परिणामस्वरूप कोलोडा, फुलिया कला, गुलहेड़ा और सुलहेड़ा के गांवों को पर्याप्त सुविधाएं मिलीं।

अतः विकल्प (B) सही है।

67. The incorrectly spelt word is 'Erudete'.

The correct spelling is **'Erudite'. It means learned and wise.**

Assuage: Make an unpleasant feeling less intense.

Malaise: A general feeling of discomfort, unease, the cause of which is difficult to identify.

Impugn: Dispute the truth, validity, or honesty of (a statement or motive); call into question.

Hence, the correct option is (C).

68. भँवर धारा का सूत्र है:

$$P_e = K_e\, f^2\, B^2{}_{max} t^2 V$$

उपरोक्त सूत्र के अनुसार, भँवर धारा की हानि सीधे आवृत्ति के वर्ग के आनुपातिक हैं।

अतः विकल्प (B) सही है।

69. ब्लैक फ्रैंकोलीन (काला तीतर) हरियाणा का राजकीय पक्षी है। ब्लैक फ्रांसोलिन जिसे कभी-कभी ब्लैक पार्ट्रिज के रूप में जाना जाता है, उत्तर और मध्य भारत के अधिकांश हिस्सों में एक व्यापक प्रजनन निवासी है। जिसे काल टेटर हिंदी में कहा जाता है।

अतः विकल्प (C) सही है।

70. प्रश्न के अनुसार,

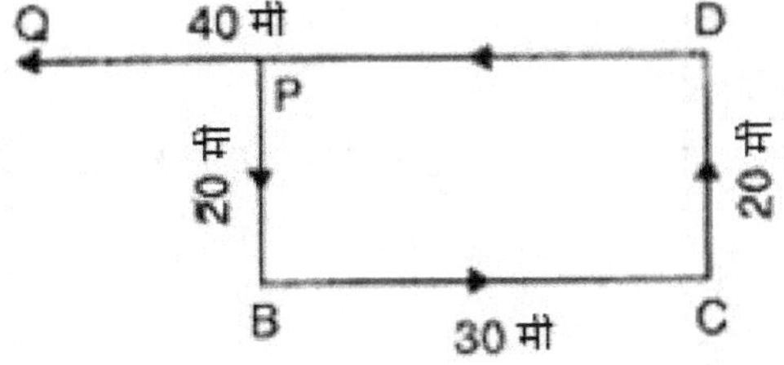

उपरोक्त आकृति से, P से Q की दूरी $= PQ = (DQ - PD) = (DQ - BC)$

$= (40 - 30)$ मीटर $= 10$ मीटर

P से बिंदु Q पश्चिम दिशा में है

अतः विकल्प (C) सही है।

71. हरियाणा 1 नवंबर 1966 को अस्तित्व में आया, उस समय हरियाणा में 7 जिले अंबाला, जींद, हिसार, करनाल, रोहतक, गुरुग्राम एवं महेंद्रगढ़ थे। इसके पश्चात 22 दिसंबर 1972 को भिवानी तथा सोनीपत जिलों का गठन हुआ। इसके बाद आवश्यकता अनुसार समय-समय पर जिले बनाते गए। सबसे अंत में 15 अगस्त 2008 में पलवल को बनाया गया।

अतः विकल्प (D) सही है।

72. 'गोबर गणेश' यह 'करण तत्पुरुष समास' का उदाहरण है जिसका समास विग्रह है - गोबर से निर्मित गणेश। जबकि संप्रदान तत्पुरुष का उदाहरण - डाक गाड़ी 'डाक के लिए गाड़ी', सम्बन्ध तत्पुरुष का उदाहरण है-गंगातट 'गंगा का तट' तथा अधिकरण तत्पुरुष का उदाहरण है-आपबीती 'आप पर बीती'।

अतः विकल्प (C) सही है।

73. दिया हैं: 11 किलोमीटर $= 11000$ मीटर

वृत्ताकार चक्र की त्रिज्या $r = 1\frac{3}{4} = \frac{7}{4} = 1.75$ मीटर

एक गोलाकार पहिया की परिधि $= 2\pi r$

$= 2 \times \frac{22}{7} \times 1.75$ मीटर

चक्कर की संख्या = कवर की जाने वाली दूरी/वृत्त की परिधि

$$= \frac{11000}{2 \times \frac{22}{7} \times 1.75}$$

$$= \frac{11000}{11} = 1000$$

अतः विकल्प (A) सही है।

74. दी गयी श्रृंखला के अनुसार, BN, CM, EK, FJ में उनके अक्षरों के स्थान की संख्या का योग समान है और पहले अक्षर को आरोही क्रम में रखा गया है।

वर्णमाला स्थिति के आधार पर,

B(2)+N(14) = 16

C(3)+M(13) = 16

E(5)+K(11) = 16

F(6)+J(10) = 16

G(7)+I(9) = 16

अतः विकल्प (C) सही है।

75. दिए गए विवरण हैं:

रोजाना 8 घंटे काम करने के बाद आशु काम पूरा कर सकता है $= 18$ दिन

दिन में 1 घंटा काम करने से आशु काम पूरा कर सकता हैं =
$18 \times 8 = 144$ दिन

∴ 12 घंटे में काम पूरा करने के लिए आशु को कितने घंटे काम करना चाहिए

$= \dfrac{144}{12} = 12$ घंटे / दिन

अतः विकल्प (A) सही है।

76.

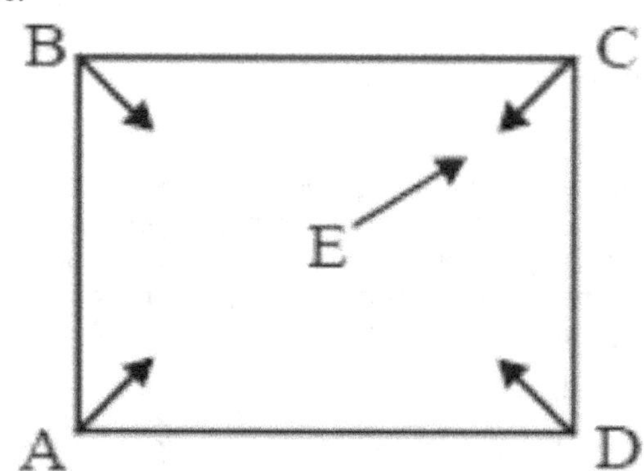

उपरोक्त आरेख से, B, E के बाईं ओर बैठा है।

अतः विकल्प (D) सही है।

77. प्रश्न के अनुसार, कमल द्वारा चली गई दूरी को निम्न आकृति से समझाया गया है:

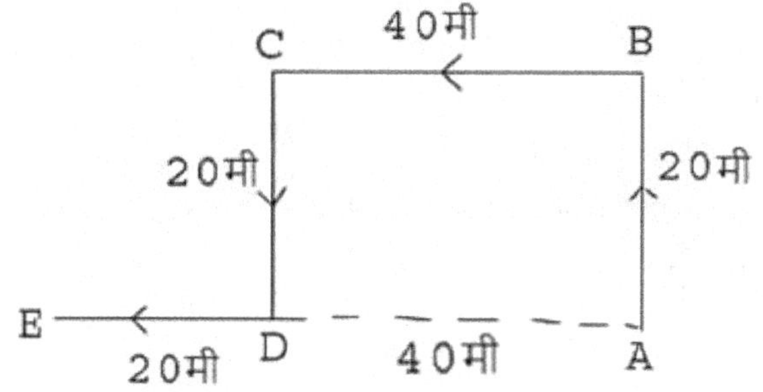

आकृति से, कमल की प्रारंभिक स्थिति A से E तक की दूरी,

AE = (AD + DE) = 40 + 20 = 60 मीटर

अतः विकल्प (C) सही है।

78. संसद द्वारा निर्मित कानून के अनुसार, राज्यसभा के एक तिहाई सदस्य प्रति 2 वर्ष के पश्चात सेवानिवृत्त हो जाते हैं। इन सेवानिवृत्त सदस्यों के स्थान पर नए सदस्यों का चुनाव किया जाता है। इस प्रकार राज्यसभा के सभी सदस्य 6 वर्ष तक अपने पद पर बने रहते हैं। संविधान द्वारा निर्धारित राज्यसभा सदस्यों की अधिकतम संख्या 250 है। वर्तमान कानून में 245 सदस्यों की संख्या का प्रावधान है।

अतः विकल्प (B) सही है।

79. जब दर्पण को MN पर रखा जाता है तो सबसे ऊपरी भाग नीचे की ओर आता है।

इसलिए, उत्तर आकृति (C) दी गई प्रश्न आकृति की दर्पण छवि है।

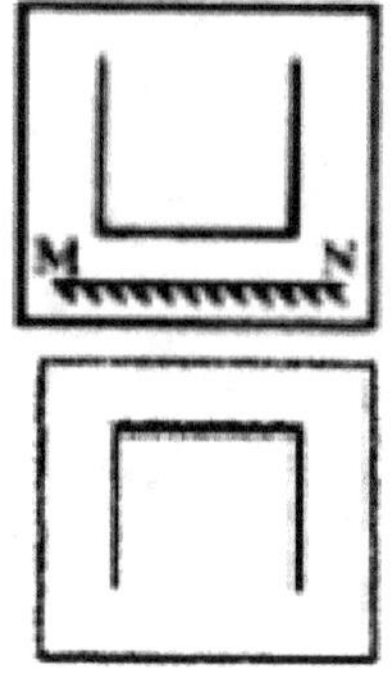

अतः विकल्प (C) सही है।

80. यदि आप किसी वर्ड डॉक्यूमेंट में टेक्स्ट 'फाइंड एंड रिप्लेस' (ढूंढना और बदलना) चाहते हैं, तो F5 या कुंजी संयोजन Ctrl + H का उपयोग करें। यह "ढूंढें और बदलें" डायलॉग बॉक्स लाएगा। फिर बस उस शब्द या शब्दों को टाइप करें जिसे आप ढूंढ रहे हैं और उन्हें जिसके साथ बदलना है वो टाइप करे। फिर "Replace All" बटन पर क्लिक करें।

अतः विकल्प (D) सही है।

81. माइक्रोसॉफ्ट वर्ड एक ऐसा लोकप्रिय सॉफ्टवेयर है जिसका इस्तेमाल, चिट्ठी, विवरणिका, शिक्षण गतिविधिया, परीक्षा, प्रश्नोत्तरी और छात्रों के होमवर्क असाइनमेंट जैसे आदि डॉक्यूमेंट को बनाने के लिए किया जाता है।

अतः विकल्प (B) सही है।

82. प्रश्नानुसार, A , B का पिता है तथा C , B कि पुत्री है ।

E, A का पुत्र है।

इसलिए, C ,E कि भतीजी है।

अतः विकल्प (C) सही है।

83. फिरोज तुगलक शासक ने हिसार जिले में फतेहाबाद नामक एक नगर अपने पुत्र फ़तेह खां के नाम पर बसाया। उसने सिंचाई के लिए नहरें बनवाई।

अतः विकल्प (D) सही है।

84. प्राचीन काल में हरियाणा को ब्रह्मावर्त प्रदेश, ब्रह्मर्षि प्रदेश, ब्रह्मा की उत्तरवेदी आदि नामों से जाना जाता था।

अतः विकल्प (D) सही है।

85. हरियाणा में अंबाला, कुरुक्षेत्र, यमुनानगर, करनाल, पानीपत, गुरुग्राम, रोहतक, सोनीपत व फरीदाबाद क्षेत्र हरे भरे क्षेत्र कहलाते हैं। परंतु गुरुग्राम और फरीदाबाद के कुछ भागों को काटकर बनाया गया। मेवात जिला हरा भरा नहीं है। प्रदेश के उत्तर पूर्वी भाग अंबाला, यमुनानगर ,कुरुक्षेत्र में वर्षा अधिक होती है।

अतः विकल्प (B) सही है।

86. चूना -पत्थर मुख्यत : हरियाणा के महेंद्रगढ़, रोहतक, हिसार और अंबाला जिलों में प्राप्त होता है। अंबाला जिले में नारायणगढ़ तहसील के बरुन,खडाम, रामसर , शोला, जौनपुर स्थानों पर तथा पंचकुला की कालका तहसील के माला स्थान पर चुना पत्थर निकाला जाता है।

अतः विकल्प (A) सही है।

87. जिस प्रकार लोमड़ी का सम्बन्ध चालाक शब्द से है, उसी प्रकार खरगोश का सम्बन्ध डरपोक शब्द है।

अतः विकल्प (C) सही है।

88. प्रथम 2 घंटे में कार के द्वारा तय की गई दूरी $70 \times 2 = 140$ किमी

अगले 2 घंटे में कार के द्वारा तय की गई दूरी $= 72 \times 2 = 144$ किमी

आवश्यक दूरी $= 345 - (140 + 144) = 61$ किमी

74 किमी /घंटे की गति से 61 किमी की दूरी तय करने में लगा समय $= \frac{61}{74}$ घंटे $= 0.82$ घंटे

कुल लिया गया समय $= 2 + 2 + 0.82 = 4.82$ घंटे

अतः विकल्प (A) सही है।

89. डीडीटी दुनिया में सबसे प्रसिद्ध कीटनाशकों में से एक है। कीटनाशक के रूप में, डीडीटी का उपयोग प्रथम विश्व युद्ध के दौरान किया गया था। यह एक कीट नाशक के रूप में इतना प्रभावी था कि कुछ ने इसे कीटनाशकों का "परमाणु बम" कहा।

अतः विकल्प (B) सही है।

90. कंप्यूटर प्रोग्राम या निर्देश प्रणाली सॉफ्टवेयर में होते है; ये निर्देश सामूहिक रूप से एक एल्गोरिथम को बढ़ाता है जो सॉफ्टवेयर के उन कार्यों को पूरा करता है जिसके लिए सॉफ्टवेयर को बनाया जाता है। प्रोग्राम को जावा, C+, C++, पायथन,आदि प्रोग्रामिंग लैंग्वेज में लिखा जाता है।

अतः विकल्प (D) सही है।

91. मैदानी क्षेत्र प्रदेश का सबसे बड़ा भाग है यह उत्तर से दक्षिण तक फैला हुआ है। इस बारे में गर्मियों में अधिक गर्मी तथा सर्दियों में अधिक सर्दी पड़ती है। यहां वर्षा भी अच्छी होती है इसलिए मैदानी क्षेत्र में शीशम, पीपल, बड, आम, नीम तथा जामुन के वृक्ष पाये जाते है। इसी भाग में वीवीपुर तथा नजफगढ़ की प्रसिद्ध झीलें स्थित है।

अतः विकल्प (C) सही है।

92. यदि एक दर्पण लाइन AB पर रखा गया है, तो उत्तर आकृति की सही छवि है:

अतः विकल्प (A) सही है।

93. माना, कि कुल छात्रों की संख्या x है।
सभी छात्रों का कुल प्राप्तांक $= 57x$

20% बुद्धिमान छात्रों का प्राप्तांक $= \left(\frac{20}{100}\right) x \times 80 = 16x$

25% बुद्धिमान छात्रों का प्राप्तांक $= \left(\frac{25}{10}\right) x \times 32 = 8x$

माना कि 55% छात्रों का औसत y है।

इन छात्रों का कुल प्राप्तांक $= \left(\frac{55}{100}\right) x \times y$

कुल प्राप्तांक $= 16x + 8x + \left(\frac{55}{100}\right) x \times y = 57x$

$\Rightarrow \left(\frac{55}{100}\right) y = 33y$

$\Rightarrow y = 60$

अतः विकल्प (D) सही है।

94. भीम पुरस्कार हरियाणा राज्य द्वारा दिया जाता है। यह राज्य के उन खिलाड़ियों को दिया जाता है जिन्होंने पिछले चार वर्षों में राष्ट्रीय और अंतरराष्ट्रीय प्रतियोगिताओं में उत्कृष्ट प्रदर्शन दिखाया है। भीम पुरस्कार के प्रत्येक प्राप्तकर्ता को पांच लाख रुपये नकद, एक स्मृति, प्रशस्ति पत्र, ब्लेज़र, टाई और एक स्कार्फ मिलता है।

अतः विकल्प (D) सही है।

95. प्रश्न के अनुसार,

P = #

A = %

C = φ

E = @

तो, PACE को उस कोड में लिखा गया है: #%φ@

अतः विकल्प (C) सही है।

96. स्कैनर एक इनपुट डिवाइस है जिसके माध्यम से फाइल को स्कैन करके सीपीयू तक पहुँचाया जाता है। इसके द्वारा भौतिक छवि को डिजिटल में बदल दिया जाता है ताकि सीपीयू समझ सके।

अतः विकल्प (A) सही है।

97. बाइनरी संख्या मूलतः दो अंको पर आधारित विभिन्न संयोजन वाली संख्याओं के रूप में 0 और 1 का प्रतिनिधित्व करती हैं इन्हे "ऑफ" या "ऑन" भी कहते हैं। 8 बाइनरी डिजिट (बिट्स) की एक स्ट्रिंग संभावित 256 संख्याओं को निरूपित कर सकती है और विभिन्न प्रकार के प्रतीकों (प्रतीक चिन्हों), अक्षरों या निर्देशों के अनुकुल कार्य करती है।

अतः विकल्प (D) सही है।

98. आयनिक बंध एक प्रकार का रासायनिक बंध है जो दो विपरीत आवेश वाले आयनों के बीच इलेक्ट्रोस्टैटिक आकर्षण के माध्यम से बनता है।

अतः विकल्प (A) सही है।

99. हम जानते है, सबसे छोटी पाँच अंकीय संख्या = 10000 है।

12, 18, 21 का LCM = 252

10000 को 252 से विभाजित करने पर शेष 172 प्राप्त हुआ।

अंतर = 252 - 172 = 80

संख्या = 10000 + 80 = 10080

अतः विकल्प (A) सही है।

100. कंप्यूटर नेटवर्क कंप्यूटर का एक समूह है जो संसाधनों को साझा करने के लिए एक साथ जुड़ा हुआ है। कंप्यूटर और डिवाइस जो किसी नेटवर्क को संसाधन आवंटित करते हैं उन्हें सर्वर कहा जाता है। कंप्यूटर नेटवर्क बड़ी संख्या में एप्लिकेशन और सेवाओं जैसे वर्ल्ड वाइड वेब और डिजिटल वीडियो तक पहुंच का समर्थन करता है। सबसे प्रसिद्ध कंप्यूटर नेटवर्क इंटरनेट है।

अतः विकल्प (A) सही है।

Q.1 निम्नलिखित में से किस शहर में, इंडिया ग्लोबल फोरम (IGF) का पहला संस्करण मार्च 2022 में आयोजित किया गया था?

[Delhi Forest Guard, 2021]

A. बेंगलुरू   **B.** पणजी   **C.** मुंबई   **D.** चेन्नई

Q.2 तुल्यकालिक मोटर का प्रवर्तन बल-आघूर्ण होता है-
A. बहुत न्यून
B. शून्य
C. बहुत उच्च
D. अर्ध-पूर्ण लोड बल-आघूर्ण

Q.3 सर्वविद्युत मोटर कैसी मोटर होती है?
A. शंट मोटर   **B.** सीरीज़ मोटर
C. सिंगल प्रेरण   **D.** तुल्यकालिका मोटर

Q.4 हरियाणा के उत्तर में निम्न में से कौन सा प्रदेश स्थित है ?
A. उत्तर प्रदेश   **B.** पंजाब
C. हिमाचल प्रदेश   **D.** राजस्थान

Q.5 कलगुरली और कूलगार्डी - सोने की खानों के लिए प्रसिद्ध स्थान निम्नलिखित में स्थित हैं:
A. इंग्लैंड   **B.** दक्षिण अफ्रीका
C. ऑस्ट्रेलिया   **D.** अमेरीका

Q.6 आप सेल्स में लागू सीमाओं को कैसे हटा सकते हैं?
A. स्वरूप कक्षों के बॉर्डर टैब पर कोई नहीं चुनकर।
B. स्वरूप सेल टूलबार में बॉर्डर टूल की सूची खोलें फिर पहला टूल चुनकर।
C. बॉर्डर टैब के स्वरूप कक्षों में सभी को चुनकर।
D. (A) और (B) दोनों

Q.7 ग्लोबल वार्मिंग के लिए निम्न में से किस घटना को जिम्मेदार माना जाता है?
A. ग्रीन हाउस गैस   **B.** कोयला खदानों में आग
C. सूखी खेती   **D.** मानसून

Q.8 15 से 85 के बीच कितनी प्राकृतिक संख्याएं 7 से विभाज्य हैं?
A. 7   **B.** 8   **C.** 9   **D.** 10

Q.9 एक प्रकाश-संवेदनशील उपकरण जो ड्राइंग, मुद्रित पाठ या अन्य छवियों को डिजिटल रूप में परिवर्तित करता है:
A. कीबोर्ड   **B.** प्लॉटर   **C.** स्कैनर   **D.** ओएमआर

Q.10 सीपीयू बुनियादी कार्य करता है जैसे कि
A. अंकगणितीय संचालन   **B.** तार्किक
C. नियंत्रण करना   **D.** उपरोक्त सभी

Q.11 गोस्पर्स पर्वत की आग ने सिंगापुर के आकार के सात गुना क्षेत्र को नष्ट कर दिया है। गॉस्पर्स पर्वत _______ में स्थित हैं।
A. पेरू   **B.** जर्मनी
C. ऑस्ट्रेलिया   **D.** वेनेजुएला

Q.12 महाभारत कालीन प्राचीन गाँव अमीन हरियाणा के किस जिले में स्थित है ?
A. रोहतक   **B.** कुरुक्षेत्र   **C.** जींद   **D.** सिरसा

Q.13 किसी DC शंट मोटर की प्राप्त अधिकतम गति कितनी होती है?
A. शून्य भार गति के बराबर
B. शून्य भार गति से काफी ज्यादा
C. शून्य भार गति से काफी कम
D. आदर्शतः अनंत

Q.14 लेख की लागत 75 रुपये थी। लागत में पहले 20% की वृद्धि हुई थी और बाद में इसे 20% तक घटा दिया गया था। लेख की वर्तमान लागत है:
A. 70 रु   **B.** 77 रु   **C.** 72 रु   **D.** 75 रु

Q.15 निम्नलिखित में से कौन मिट्टी के क्षरण का कारण नहीं है?
A. जलनिकास   **B.** वनों की कटाई
C. अपक्षय   **D.** चराई

Q.16 शॉकवेव प्रारूप द्वारा विकसित किया गया था
A. आईबीएम   **B.** एप्पल
C. मैक्रोमीडिया   **D.** माइक्रोसॉफ्ट

Q.17 हरियाणा के कितने प्रतिशत लोग पशुपालन करते हैं?
A. 75%   **B.** 80%   **C.** 85%   **D.** 90%

Q.18 जब आप एक presentation खोलते हैं तो बाएं पैनल पर कौन सा टैब उपलब्ध नहीं है?
A. Outline   **B.** Slides
C. Notes   **D.** इनमें से कोई भी नहीं

Q.19 भारतीय कृषि का किसी महत्वपूर्ण स्तर तक यंत्रीकरण किस कारण से संभव नहीं है ?
A. छोटे जोत क्षेत्र   **B.** ट्रैक्टरों की कमी
C. किसानों की गरीबी   **D.** लोगों की उदासीनता

Q.20 हरियाणा प्रदेश में वर्षा का वार्षिक औसत कितना है?
A. 40 सेमी   **B.** 42 सेमी   **C.** 45 सेमी   **D.** 55 सेमी

Q.21 शरीर की प्रमुख ग्रंथि कौन सी है?
A. पीयूष ग्रंथि   **B.** टाइफ़स
C. तिल्ली   **D.** ब्रूनर ग्रंथियां

Q.22 X, Y और Z एक काम को क्रमशः 24, 30 और 40 दिन में कर सकते हैं। वे एक साथ काम करते हुए उस काम को कितने दिन में कर सकते हैं?
A. 10 दिन   **B.** 6 दिन   **C.** 5 दिन   **D.** 9 दिन

Q.23 "व्यव्साय पर कर " की वसूली किसके द्वारा की जा सकती है ?
A. केवल राज्य सरकार द्वारा
B. राज्य और संघ दोनों सरकार द्वारा
C. केवल पंचायत द्वारा
D. केवल केंद्र सरकार द्वारा

Q.24 किस डिवाइस में डाटा को स्टोर करने के बाद परिवर्तन नहीं कर सकते व नष्ट नहीं कर सकते?
A. फ्लॉपी डिस्क   **B.** हार्ड डिस्क
C. रैम   **D.** टेप ड्राइव

Q.25 निम्नलिखित में से किस सत्र में, ऑल इंडिया मुस्लिम लीग ने 23 मार्च 1940 को पाकिस्तान प्रस्ताव पारित किया?

A. दिल्ली　　B. कराची　　C. लाहौर　　D. लखनऊ

Q.26 चौरी चौरा की घटना ने निम्नलिखित आंदोलनों में से किसके अंत का मार्ग प्रशस्त किया?

A. सविनय अवज्ञा आंदोलन
B. असहयोग आंदोलन
C. भारत छोड़ो आंदोलन
D. खेड़ा सत्याग्रह

Q.27 एक विशेष कूट भाषा में, 'he is good boy' को 'no po ko lo' के रूप में लिखा जाता है, 'good for health' को 'po ro fo' के रूप में लिखा जाता है और 'health is good' को 'fo ko po' के रूप में लिखा जाता है। उस भाषा में 'is' के लिए कौन सा कूट रखा गया है?

A. lo　　B. no　　C. ko　　D. po

Q.28 हरी कंक्रीट, मिलाने पर बनायी जा सकती है।

A. अस्पताल अपशिष्ट　　　　B. ठोस अपशिष्ट
C. औद्योगिक अपशिष्ट　　　　D. इनमें से कोई भी नहीं

Q.29 पी. वी. सिंधू किस खेल से संबंधित है?

A. टेनिस　　B. हॉकी　　C. स्कैश　　D. बैडमिंटन

Q.30 निम्न में से हरियाणा के किस मुस्लिम संत ने हिंदी साहित्य के विकास में महत्वपूर्ण योगदान दिया ?

A. शेख अब्दुल क़ादोस　　　B. सन्त्रत सदुल्लाह
C. शेख बहाउद्दीन चिश्ती　　D. उपरोक्त सभी

Q.31 इसके तहत नियमित भाषाएं बंद हैं:

A. उपसर्ग संपत्ति　　　　B. सबसेट प्रॉपर्टी
C. अनंत संघ　　　　　　D. ये सभी

Q.32 एक ही भूमि पर दो या दो से अधिक फसलों को एक साथ उगाना _______ कहा जाता है।

A. मिश्रित फसल　　　　B. मिश्रित खेती
C. अंतर - फसल　　　　D. खेती

Q.33 मुख्यतः अनुच्छेद 371 _______ राज्य/राज्यों को विशेष दर्जा प्रदान करता है।

A. जम्मू और कश्मीर　　　B. पश्चिम बंगाल
C. उत्तर-पूर्वी राज्य　　　D. गुजरात और राजस्थान

Q.34 34 वें राष्ट्रीय खेल 2011 में हरियाणा को पदक तालिका में कौन सा स्थान प्राप्त हुआ था?

A. प्रथम　　B. द्वितीय　　C. तृतीय　　D. चतुर्थ

Q.35 भूतपूर्व प्रधानमंत्री अटल बिहारी वाजपेयी की अस्थियों का विसर्जन हरियाणा में कितने स्थानों पर किया गया ?

A. 2　　B. 4　　C. 6　　D. 8

Q.36 हाजी अली दरगाह किस शहर में स्थित है?

A. दिल्ली　　B. मुंबई　　C. जयपुर　　D. भोपाल

Q.37 निम्नलिखित में से किस राज्य के मुख्यमंत्री ने आर्गेनाईजेशन फॉर काउंटर-टेरिस्ट ऑपरेशंस (Organisation for Counter-Terrorist Operations-OCTOPUS) को अपने सुरक्षा कवर में शामिल किया है?

A. आंध्र प्रदेश　　　　B. उत्तर प्रदेश
C. झारखंड　　　　　D. ओडिशा

Q.38 इन्टरनेट कम्युनिकेशन लैंग्वेज टी.सी.पी. / आई.पी. का पूर्ण रूप है _______

A. ट्रांसमिशन कंट्रोल प्रैक्टिस
B. ट्रांसमिशन कंट्रोल प्रोटोकॉल
C. ट्रांसपोर्ट कंट्रोल प्रोटोकॉल
D. ट्रांसपोर्ट कॉम्पोनेन्ट प्रैकिटस

Q.39 मोबाइल संचार के संदर्भ में LTE का पूर्ण रूप क्या है?

A. लिमिटेड ट्रांसमिटेड एनर्जी
B. लॉन्ग टर्म एवोलुशन
C. लीस्ट इफेक्टिव ट्रांसपोर्टेशन
D. इनमें से कोई नहीं

Q.40 सरकार ने अगले पांच वर्षों में 'जल जीवन मिशन' पर कितना खर्च करने की घोषणा की है?

A. 4.2 लाख करोड़ रुपये　　　B. 7.9 लाख करोड़ रुपये
C. 11.5 लाख करोड़ रुपये　　　D. 3.6 लाख करोड़ रुपये

Q.41 निम्नलिखित में से कौन सा एक इनपुट डिवाइस है जिसका उपयोग गति डेटा को कंप्यूटर या अन्य इलेक्ट्रॉनिक उपकरणों में दर्ज करने के लिए किया जाता है?

A. मॉनिटर　　B. ट्रैकबॉल　　C. स्पीकर　　D. प्लॉटर

Q.42 निम्नलिखित में से किसने UK में आम चुनाव जीते हैं?

A. प्रीति पटेल　　　　B. जेरेमी हंट
C. बोरिस जॉनसन　　　D. डोमिनिक कमिंग्स

Q.43 जीन _______ है।

A. विशेष डीएनए खंड जो एक विशिष्ट विशेषता की आनुवंशिकता निर्धारित करता है
B. शारीरिक कोशिकाओं का आधा डीएनए खंड
C. सम्पूर्ण डीएनए
D. आधा डीएनए खंड

Q.44 एक दुकानदार 21 नायकी के जूते बेचकर, 5 नायकी के जूते के विक्रय मूल्य के बराबर लाभ अर्जित करता है। उसका लाभ प्रतिशत कितना है?

A. 31.25 प्रतिशत　　　B. 23.8 प्रतिशत
C. 47.6 प्रतिशत　　　D. 16.35 प्रतिशत

Q.45 प्रदेश में मोरनी की पहाडियों पर किस प्रकार की मिट्टी पाई जाती है ?

A. रेतीली मिट्टी　　　　B. भूरी मिट्टी
C. पथरीली मिट्टी　　　D. बलुई दोमट मिट्टी

Q.46 भूमिगत केबलों में आवरण का प्रयोग किस लिए किया जाता है?

A. यांत्रिक शक्ति प्रदान करने के लिए
B. उचित रोधन के लिए
C. केबल को नमी से बचाने के लिए
D. इनमे से कोई भी नहीं

Q.47 पावरपॉइंट में मोशन पाथ क्या है?

A. एक प्रकार का एनीमेशन एंट्रेंस इफेक्ट
B. स्लाइड्स को आगे बढ़ाने का एक तरीका
C. स्लाइड पर आइटम को स्थानांतरित की एक विधि
D. ऊपर के सभी

Q.48 कुरुक्षेत्र विकास बोर्ड का गठन कब किया गया था ?

A. 1 अगस्त 1958　　　B. 1 अगस्त 1968
C. 1 अगस्त 1978　　　D. 1 अगस्त 1988

Q.49 निर्देश: दिए गए विकल्पों में से समान शब्द/अक्षर/संख्याएं चुनें।

$O \times P : 15 \times 16 :: E \times Q : ?$

A. 5×18 **B.** 6×18 **C.** 5×17 **D.** 17×5

Q.50 Some parts of the sentence have errors and some are correct. Find out which part has an error and mark that part as your answer.If there are no errors, mark "No error" as your answer.
A growing dissent of voices were heard all over the country making civilians anxious .

A. A growing dissent of voices
B. Were heard all over the country
C. making civilians anxious.
D. No error

Q.51 पोषण के महत्वपूर्ण घटक क्या हैं?
A. प्रोटीन
B. वसा
C. कार्बोहाइड्रेट
D. उपरोक्त सभी

Q.52 दो संख्याएं $3:4$ के अनुपात में हैं। यदि उनका लघुत्तम समापवर्त्य 48 है, तो उन संख्याओं का योग कितना है?
A. 28   **B.** 40   **C.** 64   **D.** 42

Q.53 निम्नलिखित में से कौन सा ऊतक भोजन को संचित करने और पौधे को सहायता प्रदान करने में सहायक होता है?
A. कोलेनकाइमा
B. एपिडर्मिस
C. पैरेन्काइमा
D. स्क्लेरेनकाइमा

Q.54 भारत में तटीय इस्पात संयंत्र कहाँ स्थित है?
A. तूतीकोरिन
B. लखनऊ
C. विशाखापट्टनम
D. मंगलूर

Q.55 भारत में मत्स्य पालन क्षेत्र के विकास और प्रबंधन के लिए, मिशन फ़िंगरिंग को नीले क्रांति कार्यक्रम के तहत लॉन्च किया गया है, जिसके कुल खर्च के साथ?
A. 3300 लाख
B. 52000 लाख
C. 34000 लाख
D. 45000 लाख

Q.56 विभाजन के बाद की अवधि जिसमें पशु दूध का उत्पादन करता है:
A. शुष्क काल
B. काल की अवधि
C. धारणा
D. स्तनपान की अवधि

Q.57 भारत छोड़ो आंदोलन किस वर्ष में हुआ?
A. 1942   **B.** 1945   **C.** 1939   **D.** 1940

Q.58 राहुल अपनी कार को पूर्व की दिशा में 5 किमी चलाता है। वह दाईं ओर मुड़ कर 3 किमी चलता है। फिर पश्चिम की ओर मुड़ता है, और 1 किमी चलता है। वह शुरुआती बिंदु से कितनी दूर है?
A. 5 किमी   **B.** 6 किमी   **C.** 10 किमी   **D.** 2 किमी

Q.59 महेंद्रगढ़ जिले में कृषि की उन्नति के लिए कौन सी सिंचाई योजना चलाई गई?
A. लोहारू लिफ्ट
B. पश्चिमी यमुना नगर
C. जे. एल. एन. उठान
D. हथिनी कुंड बैराज

Q.60 हरियाणा राज्य को कितने कृषि जलवायु क्षेत्रों में विभाजित किया गया है ?
A. 4   **B.** 3   **C.** 1   **D.** 2

Q.61 2022 कॉमनवेल्थ खेलों से कौन-से खेल को हटा दिया गया है?
A. टेबल टेनिस
B. जूडो
C. निशानेबाज़ी
D. हॉकी

Q.62 हिसार जिले की प्रसिद्ध झील कौन सी है ?
A. रानिया झील
B. आमटी झील
C. जवाहर नगर झील
D. ब्लू बर्ड झील

Q.63 फलों के डी-ग्रीनिंग के लिए किस रसायन का उपयोग किया जाता है?
A. जिबरेलिक एसिड
B. साइटोकिनिन
C. एथिलीन
D. आईबीए

Q.64 निर्देश: दिए गए विकल्पों में से विषम संख्या युग्म ज्ञात कीजिए।
A. 34 – 43   **B.** 55 – 62   **C.** 62 – 71   **D.** 83 – 92

Q.65 $15\%, 20\%$ और 25% की तीन क्रमिक छूटें किस एकल छूट के बराबर है?
A. 48%   **B.** 49%   **C.** 50%   **D.** 51%

Q.66 जिला रोहतक में प्रमुख रूप से किस चीज को खेती की जाती है ?
A. बाजरा
B. ज्वार
C. गन्ना
D. उपरोक्त सभी

Q.67 X, Y की बहन है| Y, Z का भाई है| Z, P का पति है| O, Y के पिता हैं| P, O से किस प्रकार सम्बन्धित है?
A. पत्नी   **B.** चाचा   **C.** बहन   **D.** बहू

Q.68 विभिन्न प्रोग्रामों का ऐसा संग्रह जो कंप्यूटर को नियंत्रित करने में आपकी सहायता करता है:
A. सिस्टम सॉफ्टवेर
B. एप्लीकेशन सॉफ्टवेयर
C. माइक्रोसॉफ्ट एक्सेल
D. माइक्रोसॉफ्ट वर्ड

Q.69 यदि R $= 18$; RING $= 48$तो WRONG $=$?
A. 74   **B.** 76   **C.** 75   **D.** 77

Q.70 यदि $a - b = 4$ और $a^2 + b^2 = 24$ है, तो ab का मान ज्ञात कीजिए।
A. 5   **B.** 4   **C.** 6   **D.** 7

Q.71 हरियाणा को प्रशासनिक सुविधा के लिए कितने मण्डलों में बांटा गया है ?
A. तीन   **B.** चार   **C.** पांच   **D.** छ:

Q.72 निम्नलिखित में से कौन सा सही है
$96 * 6 * 8 * 2$
A. $\div, =, \times$ **B.** $\times, =, \div$ **C.** $=, \div, \times$ **D.** $=, \times, \div$

Q.73 मनुस्मृति में हरियाणा राज्य जो सरस्वती व दृषद्वती नदियों के मध्य क्षेत्र था को कहा गया है ?
A. ब्रह्मावर्त
B. राज हरियाणा
C. हरियाणा
D. सभी

Q.74 ऋग्वेद में उल्लेखित हरियाणा का नाम है-
A. हरना   **B.** अर्यना   **C.** हरियाल   **D.** रज हरयाने

Q.75 पौधे और पशु प्रजनन में कितने चरण शामिल हैं?
A. 1   **B.** 2   **C.** 3   **D.** 4

Q.76 लैक्टोज असहिष्णुता क्या है?
A. दूध से एलर्जी
B. अंडे की सफेदी से एलर्जी
C. सभी डेयरी से एलर्जी
D. अंडे की जर्दी से एलर्जी

Q.77 ईथेन गैस का स्वाद हल्का _____ होता है।

A. मीठा   **B.** कडवा   **C.** खट्टा   **D.** नमकीन

Q.78 निम्नलिखित में से कौन सा चित्र यात्रियों, ट्रेन और बस के बीच सबसे अच्छे संबंध को दर्शाता है?

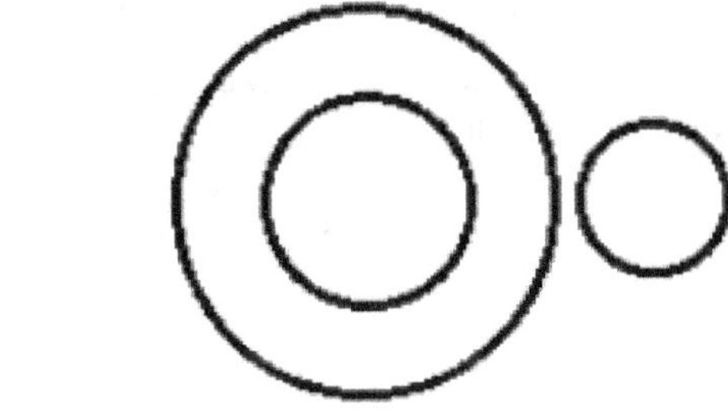

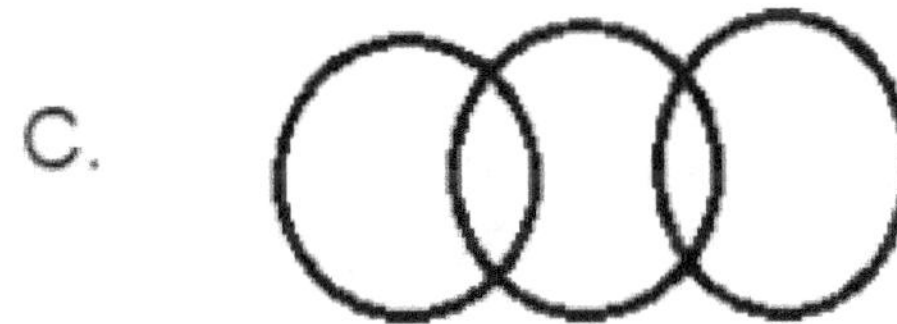

A. A   **B.** B   **C.** C   **D.** D

Q.79 भारत को आजादी मिलने से पहले हरियाणा किस राज्य का हिस्सा था?

A. उत्तर प्रदेश   **B.** राजस्थान
C. हिमाचल प्रदेश   **D.** पंजाब

Q.80 दुनिया में कितने जानवरों की नस्लें हैं?

A. 7.8 गिलियन   **B.** ९.९ मिलियन
C. 8.7 मिलियन   **D.** 6.8 मिलियन

Q.81 चाय की खेती के लिए उपयुक्त मिट्टी है:

A. लाल मिट्टी   **B.** काली मिट्टी
C. कछार की मिट्टी   **D.** लेटराइट मिट्टी

Q.82 जाइलम निम्नलिखित में से किसके परिवहन में मदद करता है?

A. पानी   **B.** खाना
C. पोषक तत्व   **D.** दोनों (A) और (C)

Q.83 In the following question, out of the four alternatives, choose the word which is opposite in meaning to the given word.

Jaunt

A. Halt   **B.** Excursion
C. Stroll   **D.** Ramble

Q.84 Which of the given responses would be a meaningful order of the following words?

1. Editing
2. Research
3. Printing
4. Distribution
5. Manuscript

A. 2,5,1,4,3   **B.** 5,2,1,3,4   **C.** 2,5,1,3,4   **D.** 2,5,4,3,1

Q.85 राज्य में औषधि वृक्षों को रोपण हेतु 'वनस्पति वन योजना' कब लागू की गई?

A. 1 नवम्बर 2002   **B.** 1 सितंबर 2005
C. 1 नवम्बर 2003   **D.** 1 जून 2005

Q.86 _________ एक धारणा है जो कुछ सबूतों के आधार पर बनाई गई है।

A. निष्कर्ष   **B.** परिकल्पना
C. विश्लेषण   **D.** उपरोक्त सभी

Q.87 हरियाणा की मुख्य फसल कौन सी है?

A. जौ   **B.** गेहूँ
C. कपास   **D.** उपरोक्त सभी

Q.88 दृष्टिवैषम्य के दोष को ठीक करने के लिए निम्नलिखित में से कौन सा लेंस सही है?

A. बेलनाकार लेंस   **B.** गैप लेंस
C. उत्तल लेंस   **D.** बिफोकल लेंस

Q.89 लूना प्रोग्राम किस देश द्वारा शुरू किए गए मानवरहित अंतरिक्ष अभियानों की एक श्रृंखला थी?

A. सोवियत संघ   **B.** चीन
C. अमेरीका   **D.** भारत

Q.90 सिंचाई नहरों को आम तौर पर साथ में जोड़ा जाता है-

A. रिज लाइन   **B.** समोच्च रेखा
C. घाटी की रेखा   **D.** सीधी रेखा

Q.91 प्रजनन क्षमता _________ संतानों की प्राकृतिक क्षमता है।

A. उपज   **B.** उत्पादन
C. विकास   **D.** इनमें से कोई भी नहीं

Q.92 Find the correctly spelled word.

A. Adalation   **B.** Adultion
C. Adulation   **D.** Adulattion

Q.93 Direction: Find out the correct synonym from the given options.

FOSTERING:

A. Safeguarding   **B.** Neglecting
C. Ignoring   **D.** Nurturing

Q.94 Direction: In questions given below out of four alternatives, choose the one which can be substituted for the given word/sentence.

A person who does not believe in the existence of God:

A. Theist　　**B.** Atheist　　**C.** Heretic　　**D.** Fanatic

Q.95 Direction: In questions given below out of four alternatives, choose the one which can be substituted for the given word/sentence.

To make clean breast of:

A. To gain prominence

B. To praise oneself

C. To confess without of reserve

D. To destroy before it blooms

Q.96 Direction: In the questions below the sentences have been given in Active/Passive voice. From the given alternatives, choose the one which best expresses the given sentence in Passive/Active voice.

Our task had been completed before sunset.

A. We completed our task before sunset.

B. We have completed our task before sunset.

C. We complete our task before sunset.

D. We had completed our task before sunset.

Q.97 कीट सूक्ष्मजीवों को ले जाते हैं जो भोजन और खाद्य संपर्क सेवाओं को __________ कर सकते हैं।

A. दूषित　　**B.** मौसम　　**C.** बढ़ाया　　**D.** स्वाद

Q.98 Direction: In the questions below, each passage consists of six sentences. The first and sixth sentence are given in the beginning. The middle four sentences in each have been removed and jumbled up. These are labelled as P, Q, R and S. Find out the proper order for the four sentences.

S₁: A force exists between everybody in the universe.

P: Normally it is very small but when one of the bodies is a planet, like earth, the force is considerable.

Q: It has been investigated by many scientists including Galileo and Newton.

R: Everything on or near the surface of the earth is attracted by the mass of the earth.

S: This gravitational force depends on the mass of the bodies involved.

S₆: The greater the mass, the greater is the earth's force of attraction on it. We can call this force of attraction gravity.

The Proper sequence should be:

A. RSQP　　**B.** PQRS　　**C.** QRSP　　**D.** QSPR

Ques (99-100):Directions: In the following passage, some of the words have been left out. Read the passage carefully and select the correct answer for the given blank out of the four alternatives.

In a strange ...., the production and the consumption of the event become a cause for concern. .... wonders whether newer forms of "non-caring" or violence are appearing. Somehow, silence, even ...., quietly suppresses a meditation on such events. .... a professor, I can recollect the number of occasions when my students have cried as we discussed such events in class. ...., society seems so indifferent.

Q.99 In a strange ....,

A. Step　　**B.** Form　　**C.** Way　　**D.** Method

Q.100 .... wonders whether newer forms of "non-caring" or violence are appearing.

A. Somebody　　　　**B.** Anyone

C. One　　　　**D.** Someone

// स्मार्ट उत्तर पुस्तिका //

सही उत्तर — उन छात्रों के प्रतिशत को इंगित करता है जिन्होंने प्रश्नों का सही उत्तर दिया था।

छोड़ दिया — उन छात्रों के प्रतिशत को इंगित करता है जिन्होंने प्रश्नों को छोड़ दिया था।

प्रश्न संख्या	उत्तर	सही उत्तर	छोड़ दिया	प्रश्न संख्या	उत्तर	सही उत्तर	छोड़ दिया	प्रश्न संख्या	उत्तर	सही उत्तर	छोड़ दिया	प्रश्न संख्या	उत्तर	सही उत्तर	छोड़ दिया	प्रश्न संख्या	उत्तर	सही उत्तर	छोड़ दिया
1	A	60.85 %	1.02 %	17	B	55.22 %	1.05 %	33	C	55.89 %	1.14 %	49	C	84.97 %	0.0 %	65	B	68.13 %	1.25 %
2	B	29.27 %	4.77 %	18	C	68.41 %	1.9 %	34	C	76.54 %	0.0 %	50	B	66.07 %	1.87 %	66	D	85.09 %	0.0 %
3	B	50.03 %	1.57 %	19	A	63.63 %	1.54 %	35	A	65.47 %	1.26 %	51	D	67.1 %	1.17 %	67	D	63.92 %	1.98 %
4	C	48.16 %	1.62 %	20	C	54.29 %	1.49 %	36	B	80.92 %	0.0 %	52	A	77.19 %	0.0 %	68	B	60.03 %	1.74 %
5	C	15.76 %	3.84 %	21	A	30.95 %	4.48 %	37	A	52.55 %	1.59 %	53	C	43.68 %	1.48 %	69	D	53.48 %	2.0 %
6	D	41.21 %	1.69 %	22	A	41.34 %	1.48 %	38	B	66.03 %	1.11 %	54	C	87.42 %	0.0 %	70	B	76.72 %	0.0 %
7	A	44.37 %	1.01 %	23	A	81.1 %	0.0 %	39	B	79.85 %	0.0 %	55	B	62.58 %	1.29 %	71	D	88.45 %	0.0 %
8	D	85.11 %	0.0 %	24	D	85.94 %	0.0 %	40	D	63.7 %	1.46 %	56	D	54.04 %	1.07 %	72	A	78.23 %	0.0 %
9	C	44.36 %	1.21 %	25	C	47.04 %	1.59 %	41	B	12.6 %	4.71 %	57	A	61.52 %	1.68 %	73	A	52.37 %	1.13 %
10	D	68.26 %	1.9 %	26	B	52.04 %	1.7 %	42	C	66.74 %	1.26 %	58	A	67.97 %	1.38 %	74	D	61.25 %	1.44 %
11	C	62.02 %	1.8 %	27	C	44.88 %	1.15 %	43	A	53.36 %	1.96 %	59	C	45.41 %	1.88 %	75	D	52.49 %	1.81 %
12	B	48.73 %	1.44 %	28	C	52.05 %	1.16 %	44	A	40.01 %	1.4 %	60	B	67.14 %	1.61 %	76	C	44.54 %	1.77 %
13	A	50.36 %	1.14 %	29	D	56.08 %	1.7 %	45	C	42.08 %	1.98 %	61	C	89.25 %	0.0 %	77	A	49.11 %	1.46 %
14	C	41.74 %	1.91 %	30	D	54.41 %	1.14 %	46	C	67.59 %	1.91 %	62	D	58.46 %	1.61 %	78	C	64.9 %	1.29 %
15	C	42.34 %	1.5 %	31	A	50.22 %	1.66 %	47	C	46.05 %	1.12 %	63	C	49.42 %	1.38 %	79	D	47.62 %	1.54 %
16	C	55.79 %	1.73 %	32	A	57.18 %	1.38 %	48	B	61.49 %	1.67 %	64	B	88.31 %	0.0 %	80	C	52.13 %	1.81 %

प्रश्न संख्या	उत्तर	सही उत्तर / छोड़ दिया
81	D	42.25 % / 1.46 %
82	D	49.34 % / 1.09 %
83	A	50.52 % / 1.79 %
84	C	66.39 % / 1.35 %

प्रश्न संख्या	उत्तर	सही उत्तर / छोड़ दिया
85	C	67.71 % / 1.12 %
86	B	56.63 % / 1.96 %
87	D	63.3 % / 1.31 %
88	A	43.63 % / 1.24 %

प्रश्न संख्या	उत्तर	सही उत्तर / छोड़ दिया
89	A	46.13 % / 1.52 %
90	A	65.69 % / 1.49 %
91	B	69.35 % / 1.06 %
92	C	80.88 % / 0.0 %

प्रश्न संख्या	उत्तर	सही उत्तर / छोड़ दिया
93	D	83.69 % / 0.0 %
94	B	53.38 % / 1.73 %
95	C	32.17 % / 3.58 %
96	D	10.73 % / 3.77 %

प्रश्न संख्या	उत्तर	सही उत्तर / छोड़ दिया
97	A	68.87 % / 1.67 %
98	D	20.79 % / 4.88 %
99	C	54.45 % / 1.79 %
100	C	59.45 % / 1.87 %

कार्य विश्लेषण

औसत अंक (%)	42.5%
टॉपर्स स्कोर (%)	68.75%
आपका स्कोर	

//संकेत और समाधान//

1. बेंगलुरु में इंडिया ग्लोबल फोरम (IGF) 7 और 8 मार्च 2022 को आयोजित किया किया गया था।IGF अंतर्राष्ट्रीय व्यापार और वैश्विक नेताओं के लिए एजेंडा-सेटिंग फोरम है।

इसमें कौशल विकास एवं उद्यमिता राज्य मंत्री श्री. राजीव चंद्रशेखर भाग लेंगे। यह बेंगलुरु में IGF का पहला संस्करण है। पिछले संस्करणों की मेजबानी दुबई और UK में की गई थी।

अतः विकल्प (A) सही है।

2. तुल्यकालिक मोटर का प्रवर्तन बल-आघूर्ण शून्य होता है। तुल्यकालिक मोटर या सिन्क्रोनस मोटर प्रत्यावर्ती धारा से चलने वाली विद्युत मोटर है। इसका नाम तुल्याकालिका मोटर या सिन्क्रोनस मोटर इस कारण है क्योंकि इसके रोटर की घूर्णन गति ठीक-ठीक उतनी ही होती है जितनी रटेटर में निर्मित घूर्णी चुम्बकीय क्षेत्र की गति होती है।

अतः विकल्प (B) सही है।

3. युनिवर्सल मोटर या सर्वविद्युत मोटर वह मोटर है जिसे एक-फेजी प्रत्यावर्ती धारा तथा दिष्ट धारा दोनों से चलाया जा सकता है। यह वास्तव में सिरीज मोटर होती है। यह मोटर कम चाल पर बहुत अधिक बलाघूर्ण पैदा करता है जबकि चाल बढ़ने पर इसके द्वारा उत्पन्न किया गया बलाघूर्ण क्रमशः कम होता जाता है।

अतः विकल्प (B) सही है।

4. हरियाणा, पंजाब और चंडीगढ़ के केंद्र शासित प्रदेश द्वारा उत्तर पश्चिम से एवं हिमाचल प्रदेश और उत्तराखंड राज्यों द्वारा उत्तर और उत्तर पूर्व से, उत्तर प्रदेश एवं दिल्ली के केंद्र शासित प्रदेश द्वारा पूर्व से घिरा हुआ है।

अतः विकल्प (C) सही है।

5. कलगुरली-बोल्डर, जिसे सिर्फ कलगुरली के रूप में जाना जाता है, पश्चिमी ऑस्ट्रेलिया के गोल्डफील्ड्स-ग्रैफिकेंस क्षेत्र में एक शहर है, जो ग्रेट ईस्टर्न हाइवे के अंत में पर्थ से 595 किमी (370 मील) पूर्व-उत्तर-पूर्व में स्थित है।

अतः विकल्प (C) सही है।

6. होम टैब के फ़ॉन्ट टैब पर, बॉर्डर्स बटन के बगल में स्थित तीर पर क्लिक करें और फिर नो बॉर्डर बटन पर क्लिक करें।

-या-

होम> बॉर्डर्स एरो> बॉर्डर को मिटाएँ पर क्लिक करें और फिर उन बॉर्डर वाले सेल को चुनें जिन्हें आप मिटाना चाहते हैं।

अतः विकल्प (D) सही है।

7. ग्लोबल वार्मिंग के कारण होने वाले जलवायु परिवर्तन के लिये सबसे अधिक जिम्मेदार ग्रीन हाउस गैस हैं। ग्रीन हाउस गैसें, वे गैसें होती हैं जो बाहर से मिल रही गर्मी या ऊष्मा को अपने अंदर सोख लेती हैं।

अतः विकल्प (A) सही है।

8. 15 से 85 के बीच 7 से

गुणज 21, 28, 35, 42, 49, 56, 63, 70, 77, 84 संख्याएं हैं।

∴ 15 से 85 के बीच 7 से विभाज्य कुल 10 संख्याएं हैं।

अतः विकल्प (D) सही है।

9. स्कैनर एक इनपुट डिवाइस है जो दस्तावेजों और तस्वीरों जैसे टेक्स्ट को स्कैन करता है। जब कोई दस्तावेज़ स्कैन किया जाता है, तो इसे एक डिजिटल प्रारूप में बदल दिया जाता है। यह दस्तावेज़ का एक इलेक्ट्रॉनिक संस्करण बनाता है जिसे कंप्यूटर पर देखा और संपादित किया जा सकता है।

10. एक केंद्रीय प्रसंस्करण इकाई (CPU), जिसे केंद्रीय प्रोसेसर भी कहा जाता है, मुख्य प्रोसेसर, या सिर्फ प्रोसेसर एक कंप्यूटर के भीतर इलेक्ट्रॉनिक सर्किटरी है जो निर्देशों को निष्पादित करता है जो कंप्यूटर प्रोग्राम बनाते हैं। सीपीयू बुनियादी अंकगणितीय संचालन, तार्किक, नियंत्रण और इनपुट / आउटपुट (I/O) कार्यक्रम में निर्देशों द्वारा निर्दिष्ट कार्य करता है। यह बाहरी घटकों जैसे कि मुख्य मेमोरी और I/O सर्किटरी, और विशेष प्रोसेसर जैसे ग्राफिक्स प्रोसेसिंग यूनिट (GPUs) के साथ विरोधाभास है।

अतः विकल्प (D) सही है।

11. गोस्पर्स पर्वत की आग ने अब सिंगापुर के आकार के सात गुना क्षेत्र को नष्ट कर दिया है - ब्लू पर्वत की पश्चिमी सीमा से लेकर सेंट्रल कोस्ट के भीतरी इलाकों तक, हंटर वैली के उत्तर में, और हॉकसबरी के दक्षिण में और बेल्स लाइन के पिछले हिस्से में 444,000 हेक्टेयर से अधिक क्षेत्र है। सड़क की। गॉस्पर्स पर्वत ऑस्ट्रेलिया में स्थित हैं। तीन सप्ताह पहले इसने कई आग के साथ मिलकर एक विशाल परिसर का निर्माण किया जिसे "मेगा-फायर" करार दिया गया। इसकी छाया में रहने वालों के लिए, इसे "राक्षस" के रूप में जाना जाता है।

अतः विकल्प (C) सही है।

12. अमीन भारत के हरियाणा के कुरुक्षेत्र जिले का एक गाँव है। गाँव लंबे समय से महाभारत युद्ध से जुड़ा है, क्योंकि यह स्थल कुख्यात चक्रव्यूह है। इसमें 10 मीटर ऊँचाई का एक प्राचीन टीला है, जिसे अभिमन्यु की टीला - अमीन के नाम से जाना जाता है।

अतः विकल्प (B) सही है।

13. डीसी शंट मोटर के मामले में, फ्लक्स व्यावहारिक रूप से स्थिर है क्योंकि फ़ील्ड आर्मेचर के समानांतर है। यदि लोड कम हो जाता है तो मोटर की गति लगभग स्थिर रहेगी क्योंकि क्षेत्र वर्तमान में लगभग स्थिर रहता है। डीसी शंट मोटर की कोई लोड नहीं है और पूर्ण भार पर पूर्ण गति है, गति थोड़ा कम है (जो व्यावहारिक रूप से नगण्य हो सकती है)।उपरोक्त चर्चा से, यह स्पष्ट है कि डीसी शंट मोटर द्वारा प्राप्य उच्चतम गति नो-लोड स्पीड के बराबर होती है।

अतः विकल्प (A) सही है।

14. प्रारंभिक लागत $= 75$

लागत में 20% वृद्धि के बाद,

$(75 + 20\%$ का $75) = 90$ रु

अब, लागत में 20% की कमी हुई है,

इसलिए लागत बन जाएगी,

$(90 - 20\%$ का $90) = 72$ रु

तो, वर्तमान लागत 72 रु है।

अतः विकल्प (C) सही है।

15. अपक्षय चट्टानों के विघटन की एक प्राकृतिक प्रक्रिया है। इससे कटाव के बजाय मिट्टी का निर्माण होता है।

मिट्टी के कटाव के एजेंट सभी प्रकार के कटाव के एजेंट के समान है: पानी, हवा, बर्फ, या गुरुत्वाकर्षण। बहता पानी मिट्टी के कटाव का प्रमुख कारण है क्योंकि पानी प्रचुर मात्रा में है और इसमें बहुत अधिक शक्ति है। हवा भी मिट्टी के कटाव का एक प्रमुख कारण है क्योंकि हवा मिट्टी को उठा सकती है और इसे दूर तक उड़ा सकती है।

अतः विकल्प (C) सही है।

16. SWF का पूरा संक्षिप्त नाम स्मॉल वेब प्रारूप है लेकिन कभी-कभी इसे शॉकवेव प्रारूप के रूप में जाना जाता है। यह फ़ाइल प्रारूप मैक्रोमीडिया

द्वारा बनाया गया था और अब इसका स्वामित्व Adobe के पास है। SWF फाइलें आमतौर पर वेब पर मल्टीमीडिया सामग्री के कुशल वितरण के लिए उपयोग की जाती हैं।

अतः विकल्प (C) सही है।

17. हरियाणा पशुपालन का एक महत्वपूर्ण व्यवसाय है। खेती करने वाले 80% लोग पशुपालन का काम भी करते हैं। राज्य के ज्यादातर किसान गाय और भैंस पालते हैं। हरियाणा में किसानों के साथ-साथ राज्य सरकार ने भी हरियाणा में एशिया का सबसे बड़ा पशु फार्म खोला है।

अतः विकल्प (B) सही है।

18. Presentation के लिए Slide notes बहुत उपयोगी उपकरण हो सकते हैं। ये नोट स्लाइड शो मोड में screen पर प्रदर्शित नहीं होते हैं, लेकिन प्रस्तुतकर्ता उन्हें देख सकते हैं ताकि वे slides प्रस्तुत करने के लिए अच्छी तरह से तैयार कर सकें। Notes एक प्रस्तुति के निचले पैनल पर उपलब्ध हैं।

अतः विकल्प (C) सही है।

19. भारत में एक से अधिक कारणों से कृषि के थोक मशीनीकरण की संभावनाएं बहुत उज्ज्वल नहीं हैं:

1. हमने ऊपर देखा है कि हमारे पास अधिशेष खेतिहर मजदूर हैं जो मौसमी बेरोजगार हैं और बेरोजगार हैं। मशीनीकरण के परिणामस्वरूप अधिक से अधिक बेरोजगारी होगी।

2. होल्डिंग बहुत छोटी हैं, जबकि मशीनों का उपयोग आर्थिक और प्रभावी रूप से बड़े खेतों पर किया जा सकता है।

3. चूंकि अभी तक हमारे ट्रैक्टरों का उत्पादन आवश्यकताओं को पूरा करने के लिए पर्याप्त नहीं है। इसके अलावा, हम पावर टिलर और टायर और ट्यूब से कम हैं।

4. भारतीय काश्तकार काफी हद तक अनभिज्ञ और अनपढ़ हैं और उन्होंने अभी तक इसके लिए ग्रहणशीलता की भावना विकसित नहीं की है।

5. मशीनों के मानकीकृत स्पेयर पार्ट्स और सर्विसिंग के लिए भी सुविधा की कमी है।

अतः विकल्प (A) सही है।

20. हरियाणा में वर्षा कम होती है। यहां वर्षा प्रमुख रूप से दो मौसमों में होती है। पहले मानसून अवधि में जून से सितंबर तक तथा दूसरी जाड़े की ऋतु में दिसंबर से फरवरी तक। मानसून की वर्षा जाड़े की ऋतु की वर्षा से अधिक होती है। मानसूनी वर्षा खरीफ की फसल के लिए आवश्यक है। जाड़े की ऋतु की वर्षा यद्यपि थोड़ी होती है। लेकिन रबी की फसल के लिए अधिक लाभकारी है। संपूर्ण प्रदेश में वर्षा का वार्षिक औसत 45 सेमी है।

अतः विकल्प (C) सही है।

21. पीयूष ग्रंथि एक छोटी मटर के आकार की ग्रंथि है जो हार्मोन का स्राव करने वाले समस्थिति का विनियमन करता है। इसे शरीर की 'मास्टर ग्रंथि' के रूप में जाना जाता है क्योंकि यह अधिकांश अन्य हार्मोन स्रावित करने वाली ग्रंथियों की गतिविधि को नियंत्रित करता है।

अतः विकल्प (A) सही है।

22. जैसा कि दिया गया है,

काम करने के लिए X द्वारा लिए गए दिन $= 24$ दिन

X द्वारा 1 दिन में किया गया काम $= \dfrac{1}{24}$

काम करने के लिए Y द्वारा लिए गए दिन $= 30$ दिन

Y द्वारा 1 दिन में किया गया काम $= \dfrac{1}{30}$

काम करने के लिए Z द्वारा लिए गए दिन $= 40$ दिन

Z द्वारा 1 दिन में किया गया काम $= \dfrac{1}{40}$

तीनों के द्वारा 1 दिन में साथ काम करते हुए किया गया काम $= \left(\dfrac{1}{24}\right) + \left(\dfrac{1}{30}\right) + \left(\dfrac{1}{40}\right)$

तीनों के द्वारा 1 दिन में साथ काम करते हुए किया गया काम $= \dfrac{(5+4+3)}{120}$

एक साथ काम करते हुए काम करने के लिए लिया गया समय $= \dfrac{120}{12} = 10$ दिन

अतः विकल्प (A) सही है।

23. भारतीय संविधान के प्रावधानों के अनुसार कर और शुल्क लगाने का अधिकार सरकार के तीनों स्तरों को प्रदान किया गया है। केंद्र सरकार करों और कर्तव्यों को लागू कर सकती है, जो मान्य है: आयकर (कृषि आय के अलावा जो राज्य सरकार लागू कर सकती है), सीमा शुल्क, केंद्रीय उत्पाद शुल्क, और बिक्री कर, और सेवा कर। व्यापार पर कर राज्यों द्वारा एकत्र किए जाते हैं।

अतः विकल्प (A) सही है।

24. एक टेप ड्राइव एक डेटा स्टोरेज डिवाइस है जो चुंबकीय टेप पर डेटा को पढ़ता है और लिखता है। इस उपकरण में डेटा संग्रहीत करने के बाद इसे बदला नहीं जा सकता है और इसे हटाया नहीं जा सकता है।

अतः विकल्प (D) सही है।

25. पाकिस्तान बनने की कड़ी में एक अहम पड़ाव 23 मार्च 1940 को आया. इस दिन मुस्लिम लीग ने लाहौर में एक प्रस्ताव रखा जिसे बाद में 'पाकिस्तान प्रस्ताव' के नाम से भी जाना गया।

अतः विकल्प (C) सही है।

26. चौरी चौरा कांड 4 फरवरी 1922 को ब्रिटिश भारत में संयुक्त राज्य के गोरखपुर जिले के चौरी चौरा में हुई थी, जब असहयोग आंदोलन में भाग लेने वाले प्रदर्शनकारियों का एक बड़ा समूह पुलिस के साथ भिड़ गया था। जवाबी कार्रवाई में प्रदर्शनकारियों ने हमला किया और एक पुलिस स्टेशन में आग लगा दी थी, जिससे उनके सभी कब्जेधारी मारे गए। इस घटना के कारण तीन नागरिकों और 22 पुलिसकर्मियों की मौत हुई थी। महात्मा गांधी, जो हिंसा के सख्त खिलाफ थे, ने इस घटना के प्रत्यक्ष परिणाम के रूप में 12 फरवरी 1922 को राष्ट्रीय स्तर पर असहयोग आंदोलन को रोक दिया था।

अतः विकल्प (B) सही है।

27. कूट भाषा को निम्न रूप के द्वारा आसानी से समझा जा सकता है:

'good' के लिए कूट 'po' है।

'health' के लिए कूट 'fo' है।

और 'is' के लिए कूट 'ko' है।

अतः विकल्प (C) सही है।

28. ग्रीन कंक्रीट सिस्टम को अधिक टिकाऊ बनाने के लिए कंक्रीट में पर्यावरण के अनुकूल सामग्री का उपयोग करने की अवधारणा है। इसे सीमेंट या ठीक या मोटे समुच्चय के लिए आंशिक या पूर्ण प्रतिस्थापन के रूप में सामग्री के साथ कंक्रीट के रूप में परिभाषित किया जा सकता है। प्रतिस्थापन सामग्री विनिर्माण प्रक्रिया में अपशिष्ट या अवशिष्ट उत्पाद की हो सकती है। प्रतिस्थापित सामग्री एक बेकार सामग्री हो सकती है जो अप्रयुक्त रहती है, जो हानिकारक हो सकती है (ऐसी सामग्री जिसमें रेडियोधर्मी तत्व होते हैं)। हरे कंक्रीट का उपयोग करके, पर्यावरण के अनुकूल निर्माण तकनीकों के प्रति वातावरण में सीओ 2 उत्सर्जन को कम करना संभव है। कई औद्योगिक अपशिष्ट उत्पाद हैं जो कंक्रीट में सीमेंट को बदलने की क्षमता रखते हैं; हालाँकि, फ्लाई ऐश औद्योगिक अपशिष्ट पदार्थ है जिसकी इस पत्र में गहराई से चर्चा की जाती है।

अतः विकल्प (C) सही है।

29. पुसरला वेंकट सिंधु, जिसे पीवी सिंधु के नाम से जाना जाता है, एक भारतीय पेशेवर बैडमिंटन खिलाड़ी एवं ओलंपिक रजत पदक जीतने वाली पहली भारतीय महिला हैं।

5 जुलाई, 1995 को हैदराबाद में जन्मी सिंधु ओलंपिक पदक जीतने वाली दो भारतीय बैडमिंटन खिलाड़ियों में से एक हैं, इसमें दूसरी साइना नेहवाल हैं।

सिंधु के करियर का सबसे बड़ा क्षण वर्ष 2016 में आया जब वह रियो ओलंपिक में रजत पदक जीतने वाली भारत की सबसे कम उम्र की एवं पहली महिला एथलीट बनीं, उन्हें भारत के चौथे सर्वोच्च नागरिक सम्मान पद्मश्री पुरस्कार से सम्मानित किया गया।

अतः विकल्प (D) सही है।

30. हरियाणा के मुस्लिम संतों में, शेख अब्दुल क़ादोस, सन्रत सदुल्लाह, शेख बहाउद्दीन चिश्ती, नूर मोहम्मद और जनकवि जिस्रो के नाम याद किए जा सकते हैं। इन संतों और कवियों ने अपने साहित्यिक कार्यों की मदद से हिंदी साहित्य को अधिकतम सीमा तक समृद्ध किया एवं ब्रज और हिंदी भाषा में लिखकर हिंदी साहित्य की दुनिया में महत्वपूर्ण योगदान दिया।

अतः विकल्प (D) सही है।

31. नियमित भाषाओं को उप-संपत्ति में बंद नहीं किया जाता है (a + b) * के रूप में स्वीकार किया जाता है लेकिन इस भाषा का उपसर्ग बंद नहीं किया जाता है और कुछ अनंत भाषाओं को नियमित भाषा यहां तक कि अनंत संघ द्वारा भी स्वीकार नहीं किया जाता है। उपसर्ग संपत्ति को स्वीकार किया जाता है जहां उपसर्ग प्रतीकों या परिमित लंबाई के एक सीमित संख्या से मिलकर बना हो सकता है।

अतः विकल्प (A) सही है।

32. जब एक ही फसल की खेती के लिए एक जैसे जमीन का उपयोग किया जाता है, तो मिश्रित फसल के रूप में जाना जाता है। उसी क्षेत्र को छोटे क्षेत्रों में विभाजित किया गया है। विभिन्न फसलों के बीज लगाए जाते हैं और विभिन्न फसलों की खेती एक ही भूमि में की जाती है।

अतः विकल्प (A) सही है।

33. केंद्रीय गृह मंत्री अमित शाह ने कहा है कि अनुच्छेद 371, जो पूर्वोत्तर राज्यों के लिए विशेष प्रावधान प्रदान करता है, से छेड़छाड़ नहीं की जाएगी।

गुवाहाटी में पूर्वोत्तर परिषद (NEC) की 68 वीं पूर्णिका को संबोधित करते हुए, श्री शाह ने अनुच्छेद 371 के बारे में उत्तर पूर्वी लोगों की आशंकाओं को व्यक्त किया।

अतः विकल्प (C) सही है।

34. हरियाणा के खिलाड़ियों ने 34 वें राष्ट्रीय खेलों के दौरान 42 स्वर्ण, 33 रजत तथा 40 कांस्य पदक सहित कुल 115 पदक जीते। यह प्रतियोगिता झारखंड में 12 फरवरी से 26 फरवरी 2011 तक आयोजित की गई थी और हरियाणा में अंतिम पदक तालिका में तीसरा स्थान प्राप्त किया। राज्य के खिलाड़ियों को प्रोत्साहित के लिए उन्हें उनकी उपलब्धियों के आधार पर 3000 रुपये से लेकर एक करोड़ रुपये तक का नकद पुरस्कार दिया गया है।

अतः विकल्प (C) सही है।

35. पूर्व प्रधानमंत्री अटल बिहारी वाजपेयी की राख को देश की नदियों में डुबोने के लिए आज राष्ट्रीय राजधानी से विभिन्न राज्यों में ले जाया गया, जो भाजपा की 'अस्ति कलश यात्रा' के हिस्से के रूप में है।

हरियाणा में, मुख्यमंत्री मनोहर लाल खट्टर ने कहा कि 23 अगस्त 2018 को कुरुक्षेत्र और हथनीकुंड यमुनानगर के पिहोवा में दो स्थानों पर राख को नदियों में विसर्जित किया जाएगा।

अतः विकल्प (A) सही है।

36. हाजी अली दरगाह एक मस्जिद और मकबरा है जो मुंबई के दक्षिणी भाग में वर्ली तट के एक टापू पर स्थित है। यह दरगाह मुंबई के सबसे पहचानने योग्य स्थलों में से एक है।

अतः विकल्प (B) सही है।

37.

- आंध्र प्रदेश के मुख्यमंत्री YS जगन मोहन रेड्डी के सुरक्षा कवच को बढ़ाने के लिए उनकी सुरक्षा में विशेष बल 'OCTOPUS' को शामिल किया गया है।

- आतंकवाद-रोधी अभियानों के लिए संगठन, जिसे 'OCTOPUS' भी कहा जाता है, आंध्र प्रदेश राज्य की एक विशेष और कुलीन आतंकवाद-रोधी इकाई है।

- पांच टीमों में विभाजित 32 सदस्यों की एक टीम सुरक्षा का हिस्सा होगी।

अतः विकल्प (A) सही है।

38. ट्रांसमिशन कंट्रोल प्रोटोकॉल / इंटरनेट प्रोटोकॉल। पूर्ण ट्रांसमिशन कंट्रोल प्रोटोकॉल / इंटरनेट प्रोटोकॉल में टी.सी.पी. / आई.पी., मानक इंटरनेट संचार प्रोटोकॉल जो डिजिटल कंप्यूटर को लंबी दूरी पर संचार करने की अनुमति देते हैं।

अतः विकल्प (B) सही है।

39. LTE का मतलब लॉन्ग टर्म एवोलुशन होता है और इसे कभी-कभी 4G LTE कहा जाता है। यह वायरलेस डेटा ट्रांसमिशन के लिए एक मानक है जो आपको अपने पसंदीदा संगीत, वेबसाइटों, और वीडियो को वास्तव में तेजी से डाउनलोड करने की अनुमति देता है-पिछली तकनीक, 3 जी के साथ जितना संभव हो उतना तेज़।

अतः विकल्प (B) सही है।

40. मोदी सरकार ने अगले पांच वर्षों में जल जीवन मिशन के लिए 3.60 लाख करोड़ रुपये के आवंटन को पहले ही मंजूरी दे दी है। मिशन का उद्देश्य 2020-24 तक सभी ग्रामीण परिवारों को पाइप जलापूर्ति प्रदान करना है।

अतः विकल्प (D) सही है।

41. एक ट्रैकबॉल एक इनपुट डिवाइस है जिसका उपयोग कंप्यूटर या अन्य इलेक्ट्रॉनिक उपकरणों में गति डेटा दर्ज करने के लिए किया जाता है। कंप्यूटर के लिए डिज़ाइन किए गए ट्रैकबॉल आमतौर पर माउस प्रतिस्थापन के रूप में काम करते हैं और अनिवार्य रूप से स्क्रीन पर कर्सर को स्थानांतरित करने के लिए उपयोग किए जाते हैं। प्रोसेसिंग के लिए कंप्यूटर सिस्टम को इनपुट डिवाइस फॉरवर्ड जानकारी देता है। इनपुट डिवाइस केवल कंप्यूटर पर डेटा के इनपुट के लिए अनुमति देते हैं।

अतः विकल्प (B) सही है।

42. ब्रिटिश प्रधान मंत्री बोरिस जॉनसन ने ऐतिहासिक UK जनरल चुनाव जीता है क्योंकि उनकी कंजरवेटिव पार्टी ने संसद में बहुमत के लिए आवश्यक 326 की जादुई संख्या को पार कर लिया है।

अतः विकल्प (C) सही है।

43. जीन एक खंड के रूप में डीएनए का हिस्सा हैं, जो विशिष्ट विशेषताओं की आनुवंशिकता निर्धारित करता है, जो माता-पिता से बच्चे में स्थानांतरित होता है। जीनस सभी जीवित जीवों की भौतिक और कार्यात्मक इकाई है। जीन वह है जो सभी वस्तुओं के भौतिक और कार्यात्मक रूप को परिभाषित करता है डीएनए-डी ऑक्सीराइबोन्यूक्लिक एसिड है, किसी भी जीवित कोशिका का मुख्य रूप, जिसमें आनुवंशिक जानकारी होती है, एकल डीएनए में जीनोम का ढेर होता है।

अतः विकल्प (A) सही है।

44. जैसा कि दिया गया है,

माना कि नायकी के जूते का विक्रय मूल्य $= x$ रूपये

21 नायकी के जूते का विक्रय मूल्य $= 21x$ रूपये

लाभ $= 5$ नायकी के जूते का विक्रय मूल्य $= 5x$

21 जूतों का क्रय मूल्य $=$ विक्रय मूल्य – लाभ $= 21x - 5x = 16x$

लाभ प्रतिशत $=$ (अर्जित लाभ/क्रय मूल्य) $\times 100$

लाभ प्रतिशत $= \left(\frac{5x}{16x}\right) \times 100 = \left(\frac{5}{16}\right) \times 100 = 31.25\%$

अतः विकल्प (A) सही है।

45. हरियाणा की मोरनी पहाड़ियाँ शिवालिक श्रेणी का हिस्सा हैं।

शिवालिक मुख्य रूप से बलुआ पत्थर और पथरीली मिट्टी से बने हैं, जो उच्च हिमालय से नदियों द्वारा घिरी पथरीली मिट्टी और बजरी के जमने से निर्मित हुए हैं।

अतः विकल्प (C) सही है।

46. लीड दृष्टि (लीड या मिश्र धातु-प्रकार और कभी-कभी एल्यूमीनियम) प्राथमिक नमी प्रवेश को रोकने में मदद करता है और भूमिगत अनुप्रयोगों में भी बीहड़ है। एक्सट्रूडेड लेड शीथ एक मेटलिक स्क्रीन के रूप में भी काम करता है। कॉपर टेप / कॉपर शीथ का भी उपयोग किया जा सकता है, लेकिन तांबा महंगा है और कम यांत्रिक बल वाले ओवरहेड कंडक्टर के रूप में उपयोग किया जाएगा।

अतः विकल्प (C) सही है।

47. पावरपॉइंट में मोशन पाथ स्लाइड पर आइटम को स्थानांतरित करने की एक विधि है। मोशन पाथ एनिमेशन मार्ग (पथ) और उस दिशा को निर्धारित करते हैं जिसमें स्लाइड पर या उसके आसपास एनिमेटेड स्लाइड ऑब्जेक्ट चलता है। उदाहरण के लिए, आप स्लाइड ऑब्जेक्ट को ऊपर, नीचे, दाएं या बाएं स्थानांतरित कर सकते हैं।

अतः विकल्प (C) सही है।

48. कुरुक्षेत्र विकास बोर्ड का गठन हरियाणा सरकार ने 1 अगस्त 1968 को श्री गुलजारी लाल नंदा की अध्यक्षता में किया था।इसका गठन 50 वर्षों के लिए किया गया है।

अतः विकल्प (B) सही है।

49. वर्णमाला श्रृंखला में,

O 15 वें स्थान पर है और P 16 वें स्थान पर है

इसी प्रकार,

E 5 वें स्थान पर है और Q 17 वें स्थान पर है।

$5:17$

इसलिये

$O \times P : 15 \times 16 :: E \times Q : 5 \times 17$ को दर्शाता है।

अतः विकल्प (C) सही है।

50. A growing dissent of voices was heard all over the country making civilians anxious.

It appears that the subject of the sentence is the plural noun 'voices', and that is why the plural verb 'was heard' has been used. However, the real subject is the abstract noun 'dissent' which is singular and hence the part (2) of the sentence should read 'was heard all over the country'.

Hence, the correct option is (B).

51. भोजन और पोषण एक ऐसा तरीका है जिससे हम ईंधन प्राप्त करते हैं, हमारे शरीर को ऊर्जा प्रदान करते हैं। हमें हर दिन एक नई आपूर्ति के साथ हमारे शरीर में पोषक तत्वों को बदलने की आवश्यकता है। पानी पोषण का एक महत्वपूर्ण घटक है। वसा, प्रोटीन और कार्बोहाइड्रेट सभी आवश्यक हैं।

अतः विकल्प (D) सही है।

52. माना संख्याएं हैं:

$3x$ और $4x$

संख्याओं का लघुत्तम समापवर्त्य $= 48$

$3x$ और $4x$ का लघुत्तम समापवर्त्य $= 12x$

$\Rightarrow 12x = 48$

$\Rightarrow x = 4$

संख्याओं का योग $= (3 \times 4) + (4 \times 4) = 12 + 16 = 28$

अतः विकल्प (A) सही है।

53. पैरेन्काइमा - यह ऊतक पौधों को सहायता प्रदान करते हैं और भोजन को भी संचित करते हैं। कुछ स्थितियों में, एक पैरेन्काइमा में क्लोरोफिल होता है और प्रकाश संश्लेषण करता है, इस स्थिति में इसे क्लोरेन्काइमा कहा जाता है। जलीय पौधों में, पानी पर तैरने के लिए उन्हें समर्थन देने के लिए पैरेन्काइमा में हवा के अधिक गुहा मौजूद होते हैं।

अतः विकल्प (C) सही है।

54. स्टील की बढ़ती आवश्यकता को पूरा करने के लिए चौथी पंचवर्षीय योजना के दौरान तीन और इस्पात संयंत्रों की योजना बनाई गई। ये संयंत्र तमिलनाडु के सेलम, आंध्र प्रदेश के विशाखापट्टनम और कर्नाटक के विजयनगर में स्थित हैं।

अतः विकल्प (C) सही है।

55. मिशन फ़िंगरलिंग - भारत में मत्स्य पालन क्षेत्र के समग्र विकास और प्रबंधन को सक्षम करने का एक कार्यक्रम, जिसमें कुल व्यय लगभग 52000 लाख रुपये है

अतः विकल्प (B) सही है।

56. शांत करने के बाद दुग्ध-उत्पादन की अवधि को स्तनपान अवधि के रूप में जाना जाता है। इष्टतम स्तनपान की अवधि 305 दिन है। यदि इस अवधि को छोटा कर दिया जाए तो दुग्ध उत्पादन डेयरी पशुओं का प्रजनन होगा और कृषि रिकॉर्ड कम होगा।

अतः विकल्प (D) सही है।

57. बम्बई में आयोजित अखिल भारतीय कांग्रेस कमेटी की बैठक में 8 अगस्त 1942 को 'भारत छोड़ो आंदोलन' प्रस्ताव पारित किया। गांधी जी ने इस अवसर पर 'करो या मरो' का आवाहन किया। अंग्रेज सरकार ने 'ऑपरेशन मिडनाइट' के अंतर्गत 9 अगस्त 1942 को कांग्रेस पार्टी पर प्रतिबंध लगा दिया और लगभग सभी प्रमुख नेताओं को बंदी बना दिया लेकिन देश में विशाल जन आंदोलन की प्रक्रिया शुरू हो गई।

अतः विकल्प (A) सही है।

58.

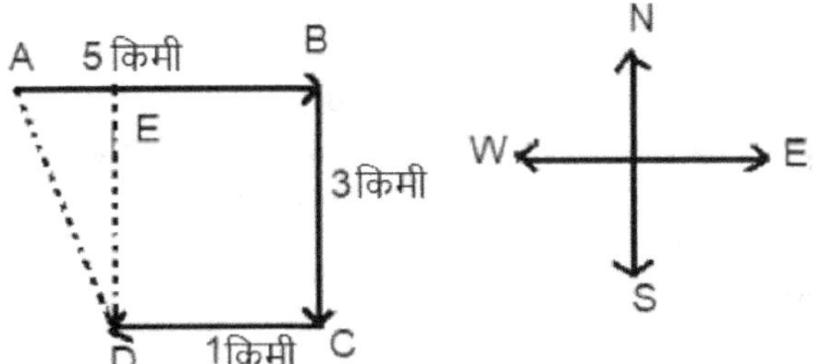

प्रश्नानुसार,

स्रोत बिंदु A है और गंतव्य बिंदु D है।

AD की दूरी हमें ज्ञात करनी है।

आकृति से हम याद कर सकते है,

$AE = AB - EB$

$EB = DC$ और $ED = BC$,

इसलिए त्रिकोण AED में,

$AD^2 = AE^2 + ED^2$

$AD^2 = 4^2 + 3^2$

$AD^2 = 16 + 9$

$AD^2 = 25$

$AD = 5$

इसलिए, राहुल शुरुआती बिंदु से 5 किमी दूर है।

अतः विकल्प (A) सही है।

59. महेंद्रगढ़ जिले की खेती बाड़ी को बढ़ाने के लिए सूखा राहत कार्यक्रम के अंतर्गत इस जिले में जे.एल.एन. उठान सिंचाई परियोजना का कार्य आरंभ किया गया। इस प्रणाली द्वारा 1976 में पहली बार पानी छोड़ा गया लेकिन इस परियोजना की आवश्यकता वास्तव में 1987 में पड़े अभूतपूर्व सूखे के दौरान महसूस हुई जिससे खरीफ की फसल को बचाया गया।

अतः विकल्प (C) सही है।

60. हरियाणा के जलवायु क्षेत्र थार्नथ्वेट के वर्गीकरण के आधार पर हरियाणा राज्य को मोटे तौर पर तीन जलवायु क्षेत्रों में विभाजित किया जा सकता है, जैसे कि शुष्क, अर्ध-शुष्क और शुष्क उप-आर्द्र। कृषि मानव गतिविधि का एक क्षेत्र है जो विशेष रूप से मौसम और जलवायु के प्रति संवेदनशील है।

अतः विकल्प (B) सही है।

61. कॉमनवेल्थ खेल के 2022 संस्करण से निशानेबाजी को हटा दिया गया है। इसी के साथ, "कॉमनवेल्थ गेम्स फेडरेशन" के पास क्रिकेट को वापिस शामिल

करने की मुहिम को नई गति मिली है। CGF ने डरबन के बाद बिर्मिंघम को मेजबान शहर घोषित किया। डरबन ने अपनी वित्तीय बाधाओं के कारण अपना नाम वापस ले लिया था।

अतः विकल्प (C) सही है।

62.

- ब्लू बर्ड झील, हिसार भारत के हरियाणा राज्य के हिसार जिले में हिसार शहर में एक निवासी और लुप्तप्राय प्रवासी पक्षी वेटलैंड निवास, झील और मनोरंजन क्षेत्र है।

- हिसार-सिरसा बाईपास (NH-9) पर ब्लू बर्ड 1992 में विकसित किया गया था - ब्लू बर्ड झील हरियाणा के पर्यटन विभाग के अधीन है।

अतः विकल्प (D) सही है।

63. एथिलीन गैस उपचार का उपयोग करके फसल के बाद फल की त्वचा से हरे रंग (क्लोरोफिल) को हटाने की प्रक्रिया को डी-ग्रीनिंग कहते हैं। डी-ग्रीनिंग के लिए केवल परिपक्व फल उपयुक्त हैं।

अतः विकल्प (C) सही है।

64. संख्याओं के बीच संबंध इस तरह है,

(B) $55 - 62 = (55 - 62) = 7$

(A) $34 - 43 = (34 - 43) = 9$

(C) $62 - 71 = (62 - 71) = 9$

(D) $83 - 92 = (83 - 92) = 9$

$55 - 62$ के अतिरिक्त, सभी जोड़ों की संख्याओं के बीच का अंतर 9 है।

$55 - 62$ के बीच का अंतर 7 है।

अतः विकल्प (B) सही है।

65. समतुल्य छूट $= A + B - \dfrac{AB}{100}$

जहां, $A =$ पहला डिस्काउंट, $B =$ दूसरा डिस्काउंट

15% और 20% के लिए एकल समकक्ष छूट

$= \left(15 + 20 - \dfrac{15 \times 20}{100}\right)\%$

$= (35 - 3)\% = 32\%$

32% और 25% के लिए एकल समकक्ष छूट

$= \left(32 + 25 - \dfrac{32 \times 25}{100}\right)\%$

$= (57 - 8) - 49\%$

अतः विकल्प (B) सही है।

66. गेहूं, धान, ज्वार, बाजरा, सरसों, और गन्ना मुख्य फसलें हैं। रोहतक और मेहम में 2 चीनी मिलें हैं। सब्जियों, बेर, मशरूम और स्ट्रॉबेरी की खेती छोटे क्षेत्रों में भी की जाती है।

अतः विकल्प (D) सही है।

67.

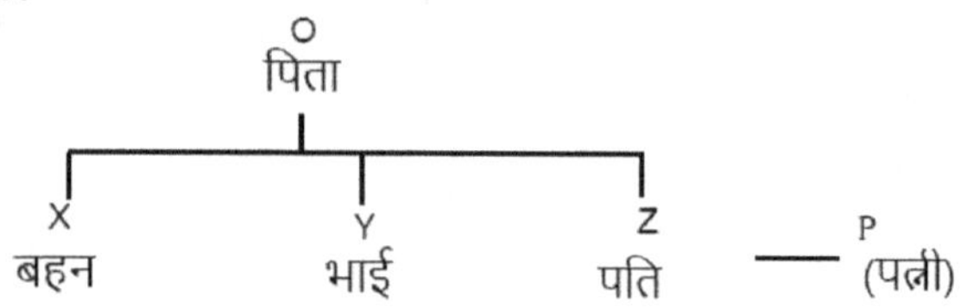

O, X Y Z का पिता है,

X, Y और Z की एकमात्र बहन है,

Z और P पति और पत्नी हैं,

तो, P, O की बेटी है।

अतः विकल्प (D) सही है।

68. एप्लीकेशन सॉफ्टवेयर कंप्यूटर प्रोग्राम का एक ऐसा समूह है जिसे यूजर को समन्वित कार्यों या गतिविधियों के समूह को निष्पादित करने के लिए निर्दिष्ट किया गया है। एप्लीकेशन सॉफ्टवेयर स्वंय संचालित नहीं हो सकता, यह एक्सिक्यूट होने के लिए सिस्टम सॉफ्टवेयर पर निर्भर रहता है। एप्लीकेशन सॉफ्टवेयर के उदाहरण में वर्ड प्रोसेसर, स्प्रेडशीट डिज़ाइन इत्यादि शामिल किए जाते हैं।

अतः विकल्प (B) सही है।

69. दिए गये कोड में,

R $= 18$ और RING $= 18 + 9 + 14 + 7 = 48$

इसी प्रकार,

WRONG $= 23 + 18 + 15 + 14 + 7 = 77$

अतः विकल्प (D) सही है।

70. दिया है,

$$a - b = 4$$

$$a^2 + b^2 = 24$$

हम वह जानते हैं,

$$(a - b)^2 = (a^2 + b^2 - 2ab)$$

$$a^2 + b^2 = (a - b)^2 + 2ab$$

मानों को रखने पर, हमें प्राप्त होता है,

$$\Rightarrow 24 = (4)^2 + 2ab$$

$$\Rightarrow 24 = 16 + 2ab$$

$$\Rightarrow 8 = 2ab$$

$$\therefore ab = 4$$

अतः विकल्प (B) सही है।

71. हरियाणा को प्रशासनिक सुविधा के लिए छः मण्डलों में बांटा गया है।

अम्बाला ,रोहतक, हिसार ,गुरुग्राम,फरीदाबाद, करनाल।

अतः विकल्प (D) सही है।

72. अगर हमारे पास, $96 * 6 * 8 * 2$ है

दिए गए समीकरण में विकल्प (A) के चिन्ह लगाने पर,

$$96 \div 6 = 8 \times 2$$

$$\Rightarrow 16 = 16$$

जैसा कि हम विकल्प (A) से ही देख सकते हैं $LHS = RHS$

तो, यह साबित हो जाता है कि यह सही विकल्प है।

अतः विकल्प (A) सही है।

73. हरियाणा राज्य का गठन 1 नवंबर 1966 को हुआ था। हरियाणा शब्द मूलतः एक वेदिक शब्द हरयाणा से बना है। मनुस्मृति में हरियाणा राज्य जो सरस्वती दृषद्वती नदियों के मध्य स्थित क्षेत्र को ब्रह्मावर्त कहा गया है।

अतः विकल्प (A) सही है।

74. मनुस्मृति में हरियाणा राज्य, सरस्वती व दृषद्वती नदियों के मध्य स्थित क्षेत्र था। हरियाणा राज्य का ऋग्वेद में उल्लिखित नाम- "रज हरयाने", बाणभट्ट रचित हर्षचरित में "श्रीकंठ जनपद" कथा पुष्पदंत रचित महापुराण में "हरियाणा" कहा गया है।

अतः विकल्प (D) सही है।

75. पौधे और पशु प्रजनन में चार चरण हैं:

1. विभिन्न तरीकों से आनुवंशिक भिन्नता का निर्माण

2. चयन

3. एक किस्म के रूप में मूल्यांकन और रिलीज

4. किसानों के बीच बीज गुणा और वितरण।

अतः विकल्प (D) सही है।

76. लैक्टोज असहिष्णुता में, शरीर दूध और दूध उत्पादों में पाए जाने वाले लैक्टोज (दूध शर्करा) को पचा नहीं सकता है। लैक्टोज असहिष्णुता के लक्षणों में सूजन, पेट दर्द और ऐंठन शामिल हो सकते हैं। दूध एलर्जी दूध प्रोटीन के लिए एक प्रतिरक्षा प्रणाली की प्रतिक्रिया है।

अतः विकल्प (C) सही है।

77. ईथेन गैस का स्वाद हल्का मीठा होता है। इसका उपयोग एथिलीन ग्लाइकॉल बनाने के लिए किया जाता है, बाद में जिसका प्रयोग पॉलिस्टर फाइबर के निर्माण में किया जाता है।

अतः विकल्प (A) सही है।

78. बस और ट्रेन एक दूसरे से अलग हैं लेकिन कुछ यात्री बस से यात्रा करते हैं और कुछ ट्रेन से यात्रा करते हैं।

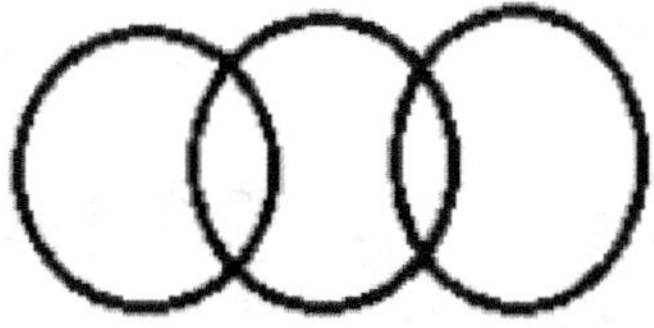

अतः विकल्प (C) सही है।

79. 1947 में आजादी के बाद हरियाणा पंजाब का हिस्सा बना रहा, लेकिन अलग-अलग राज्यों में हिंदुओं और सिखों द्वारा विभाजन की मांग का समर्थन जारी रहा। जिसके कारण यह 1966 में भाषा के आधार पर एक अलग राज्य बन गया।

अतः विकल्प (D) सही है।

80. वैज्ञानिकों द्वारा वर्णित एक नए अनुमान के अनुसार प्राकृतिक दुनिया में लगभग 8.7 मिलियन प्रजातियां हैं। लेकिन विशाल बहुमत की पहचान नहीं की

गई है - और उन सभी को सूचीबद्ध करने में 1,000 साल से अधिक लग सकते हैं।

अतः विकल्प (C) सही है।

81. चाय की खेती मुख्य रूप से उच्च भूमि वाले क्षेत्रों में की जाती है, अच्छी गहराई वाली अच्छी तरह से सूखा मिट्टी, 4.5 से 5.5 के स्तर का अम्लीय पीएच मान और 2% से अधिक कार्बनिक पदार्थों की उपलब्धता। लेटराइट मिट्टी में अम्लीय सामग्री की उच्च मात्रा इस मिट्टी को कॉफी, चाय और काजू की खेती के लिए उपयुक्त बनाती है। इसमें आयरन ऑक्साइड की अधिक मात्रा होती है लेकिन इसमें नाइट्रोजन की कमी होती है।

अतः विकल्प (D) सही है।

82. जाइलम संवहनी पौधों में परिवहन ऊतक के दो प्रकारों में से एक है, फ्लोएम दूसरा है। जाइलम का मूल कार्य जड़ों से उपजी और पत्तियों तक पानी पहुंचाना है, लेकिन यह पोषक तत्वों को भी स्थानांतरित करता है।

अतः विकल्प (D) सही है।

83. The meanings of the words are as follows:

Jaunt: a short excursion or journey made for pleasure.

Halt: stop.

Excursion: a short journey or trip, especially one taken as a leisure activity.

Stroll: a short leisurely walk.

Ramble: a walk taken for pleasure in the countryside.

So, only "Halt" is the opposite of the given word.

Hence, the correct option is (A).

84. First we RESEARCH then we get the MANUSCRIPT that goes through EDITING then we get the PRINT then DELIVERED.

2. Research

5. Manuscript

1. Editing

3. Printing

4. Delivery

Hence, the correct option is (C).

85. 1 नवंबर 2003, को राज्य में औषधि वृक्षों के रोपण हेतु वनस्पति वन योजना लागू की गई। राज्य के 3000 गांव में इस योजना के अंतर्गत गांव पंचायतों में वृक्ष मित्रों की नियुक्ति कर वृक्ष लगाने योजना शुरू की गई।

अतः विकल्प (C) सही है।

86. परिकल्पना एक धारणा है जो कुछ प्रमाणों के आधार पर बनाई गई है। यह किसी भी जांच का प्रारंभिक बिंदु है जो शोध प्रश्नों को एक भविष्यवाणी में तब्दील करता है। इरागें चर, जनसंख्या और चर के बीच संबंध जैसे घटक शामिल हैं। एक शोध परिकल्पना एक परिकल्पना है जिसका उपयोग दो या दो से अधिक चर के बीच संबंधों का परीक्षण करने के लिए किया जाता है।

अतः विकल्प (B) सही है।

87. हम हरियाणा में उगाई जाने वाली 10 मुख्य फसलों पर विचार करते हैं, जैसे चावल, ज्वार, बाजरा, मक्का, गेहूं, जौ, चना, सरसों (रेपसीड सहित), कपास (अमेरिकी और देसी दोनों), और गन्ना।

अतः विकल्प (D) सही है।

88.

- दृष्टिवैषम्य दोष को ठीक करने के लिए बेलनाकार लेंस का उपयोग किया जाता है।

- दृष्टिवैषम्य में, एक व्यक्ति क्षैतिज और ऊर्ध्वाधर दोनों लाइनों पर एक साथ ध्यान केंद्रित नहीं कर सकता है।

- यह दोष तब होता है जब आंख का कॉर्निया पूरी तरह से गोलाकार नहीं होता है।

अतः विकल्प (A) सही है।

89. लूना, 1959 और 1976 के बीच 24 मानव रहित सोवियत चंद्र जांचों की एक श्रृंखला शुरू की गई। लूना 9, चंद्रमा पर नरम-भूमि के लिए पहला अंतरिक्ष यान। इसे 31 जनवरी, 1966 को सोवियत संघ द्वारा लॉन्च किया गया था, और तीन दिनों के लिए चंद्र सतह की तस्वीरें लौटा दी थीं।

अतः विकल्प (A) सही है।

90. एक रिज लाइन एक रेखा है जो एक पर्वत रिज के उच्चतम बिंदुओं के साथ बनाई जाती है। सिंचाई नहरों को आम तौर पर रिज लाइन के साथ जोड़ा जाता है।

अतः विकल्प (A) सही है।

91. संतान पैदा करने की प्राकृतिक क्षमता प्रजनन क्षमता है। एक उपाय के रूप में, प्रजनन दर संभोग जोड़ी, व्यक्तिगत या आबादी के अनुसार पैदा होने वाली संतानों की संख्या है।

अतः विकल्प (B) सही है।

92. Adulation: excessive or slavish admiration or flattery enjoys the adulation of his fans.

Hence, the correct option is (C).

93. Safeguarding: a measure taken to protect someone or something or to prevent something undesirable.

Neglecting: fail to care for properly.

Ignoring: refuse to take notice of or acknowledge; disregard intentionally.

Nurturing: care for and protect (someone or something) while they are growing.

Fostering: encourage the development of (something, especially something desirable).

Synonym of Fostering is Nurturing.

Hence, the correct option is (D).

94. The one-word substitution is Atheist.

Atheist: A person who disbelieves or lacks belief in the existence of God or gods.

Theist: Belief in the existence of a god or gods, specifically of a creator who intervenes in the universe.

Heretic: A person believing in or practicing religious heresy.

Fanatic: A person filled with excessive and single-minded zeal.

Hence, the correct option is (B).

95. To make clean breast of means to confess without of reserve; to disclose something openly; to tell the truth about something.

Example: Julia finally made a clean breast of it and admitted that she had stolen the money.

Hence, the correct option is (C).

96. We had completed our task before sunset.

The given sentence is in the passive voice and it is in Past Perfect Tense.

To convert it into an active voice, we just remove been from the given sentence, and the object (our) will be changed into the subject (We).

Rule:

Subject + had + V^3 + Other agents.

Hence, the correct option is (D).

97. कीट सूक्ष्मजीवों को ले जाते हैं जो भोजन और खाद्य संपर्क सतहों को दूषित कर सकते हैं। कीट नियंत्रण केवल प्रबंधक की जिम्मेदारी है। कीट नियंत्रण में तंग सील, स्व-समापन बाहरी दरवाजे शामिल हैं। कृन्तकों, कीटों और पक्षियों को कीट माना जाता है।

अतः विकल्प (A) सही है।

98. The correct sentence should be:

A force exists between everybody in the universe. It has been investigated by many scientists including Galileo and Newton. This gravitational force depends on the mass of the bodies involved. Normally it is very small but when one of the bodies is a planet, like earth, the force is considerable. Everything on or near the surface of the earth is attracted by the mass of the earth. The greater the mass, the greater is the earth's force of attraction on it. We can call this force of attraction gravity.

Hence, the correct option is (D).

99. "Way" will be the correct option for the blank space.

In a strange _way,_ the production and the consumption of the event become a cause for concern.

Hence, the correct option is (C).

100. "One" will be the correct option for the given blank.

One wonders whether newer forms of "non-caring" or violence are appearing.

Hence, the correct option is (C).

Q.1 तमिलनाडु विधान सभा 2021 का चुनाव किस राजनीतिक दल ने जीता?

[UPSSSC Preliminary Eligibility Test, 2021]

A. डी.एम.के.
B. बी.जे.पी.
C. ए.आई.ए.डी.एम.के.
D. पी.एम.के

Q.2 मार्च 2022 में, किसने TEJAS (ट्रेनिंग फॉर एमिरेट्स जॉब्स एंड स्किल्स) कार्यक्रम शुरू किया है?

A. प्रेम कुमार धूमल
B. जय राम ठाकुर
C. ज्योतिरादित्य सिंधिया
D. अनुराग ठाकुर

Q.3 प्रधानमंत्री ने किस व्यक्तित्व को सम्मानित करने के लिए 100 रुपये का स्मारक सिक्का जारी किया?

A. विजया राजे सिंधिया
B. श्यामा प्रसाद मुखर्जी
C. दीनदयाल उपाध्याय
D. एम. एस. गोलवलकरी

Q.4 28 सितम्बर, 2021 को एक ग्रांड चैलेंज प्रोग्राम, "जनCARE" किसने शुरू किया?

[Haryana Police Constable Commando Wing, 2021]

A. डॉ. जीतेन्द्र सिंह
B. ज्योतिरादित्य सिंधिया
C. निर्मला सीतारमण
D. स्मृति ईरानी

Q.5 एल एंड टी ने ग्रीन हाइड्रोजन प्रौद्योगिकी विकसित करने के लिए _____ के साथ सहयोग किया।

A. आईआईटी बॉम्बे
B. आईआईटी दिल्ली
C. आईआईटी कानपुर
D. आईआईटी मद्रास

Q.6 निम्नलिखित में से किसे फरवरी 2022 में राष्ट्रीय शैक्षिक अनुसंधान और प्रशिक्षण परिषद (NCERT) के निदेशक के रूप में नियुक्त किया गया है?

A. दिनेश प्रसाद सकलानी
B. वी. अनंत नागेश्वरनी
C. डॉ शंकर आचार्य
D. जैतीर्थ राव

Q.7 किस राज्य में, भारत का पहला शुद्ध हरित हाइड्रोजन संयंत्र अप्रैल 2022 में चालू हुआ?

A. असम
B. कर्नाटक
C. गुजरात
D. पंजाब

Q.8 निम्नलिखित में से किसे जुलाई 2022 में भारत के 15वें राष्ट्रपति के रूप में चुना गया है?

A. निर्मला सीतारमण
B. स्वाति पीरामली
C. हिमा कोहली
D. द्रौपदी मुर्मू

Q.9 मार्च 2018 तक भारत का सबसे तेज सुपर कम्प्यूटर निम्नलिखित में से कौन-सा है?

[Super TET Paper - I, 2019]

A. समिट
B. सिएरा
C. मिहिर
D. प्रत्युष

Q.10 चार्टर्ड एकाउंटेंट दिवस का कौन सा संस्करण 1 जुलाई 2022 को मनाया गया?

A. 72वां
B. 72वां
C. 74वां
D. 76वां

Q.11 अगस्त 2022 में, प्रधानमंत्री नरेंद्र मोदी ने किस राज्य में स्थित दूसरी पीढ़ी (2G) के इथेनॉल संयंत्र को राष्ट्र को समर्पित किया?

A. पंजाब
B. हरियाणा
C. गुजरात
D. ओडिशा

Q.12 निम्नलिखित में से किस क्षेत्र में नोबेल पुरस्कार, 2018 की घोषणा नहीं की गई?

[Super TET Paper - I, 2019]

A. चिकित्सा
B. साहित्य
C. भौतिक विज्ञान
D. रसायन विज्ञान

Q.13 अंतर्राष्ट्रीय वित्तीय सेवा केंद्र प्राधिकरण (IFSCA) और _________ ने अप्रैल 2022 में एक समझौता ज्ञापन पर हस्ताक्षर किए हैं।

A. बजाज फाइनेंस लिमिटेड
B. आदित्य बिड़ला फाइनेंस लिमिटेड
C. मुथूट फाइनेंस लिमिटेड
D. GVFL लिमिटेड

Q.14 बलुआ पत्थर किस पदार्थ में रूपांतरित हो जाता है ?

A. शेलखड़ी
B. स्लेट
C. कार्ट्ज
D. मार्बल

Q.15 चित्तरंजन (पश्चिम बंगाल) किस लिए विख्यात है?

A. लोकोमोटिव उद्योग
B. जहाज निर्माण
C. तेल क्षेत्र
D. इस्पात संयंत्र

Q.16 जिला पंचकूला में H.M.T. फैक्ट्री कहाँ पर स्थित है ?

A. पिंजौर
B. कालका
C. नारायणगढ़
D. मोरनी

Q.17 यमुना नदी के साथ हरियाणा के निम्नलिखित में से किस जिले की सीमा नहीं लगती?

A. यमुनानगर
B. पानीपत
C. सोनीपत
D. रोहतक

Q.18 पानी की स्थायी कठोरता किसके द्वारा हटाई जा सकती है-

A. सोडियम कार्बोनेट
B. फिटकरी
C. पोटेशियम परमैंगनेट
D. चूना

Q.19 मोनाजाइट _____ का एक अयस्क है।

A. टाइटेनियम
B. ज़िरकोनियम
C. लोहे
D. थोरियम

Q.20 सर्पदमन, हरियाणा के किस प्राचीन नगर का नाम है?

A. सोनीपत
B. सोहना
C. सिरसा
D. सफीदों

Q.21 निर्देश: निम्नलिखित प्रश्न में, दिए गए विकल्पों में से संबंधित संख्या का चयन करें।

49 : 81 :: 64 : ?

A. 36
B. 100
C. 121
D. 144

Q.22 नीलम अपनी कुल आमदनी में से 20% घर के किराये पर और बचे हुए का 70% घरेलू व्यय पर खर्च करती है। यदि वह रु 3600 की बचत करती है, तो उसकी कुल आमदनी क्या है?

A. रु 15000
B. रु 10500
C. रु 10000
D. रु 12500

Q.23 एक कार एक समान गति से 840 किमी की दूरी तय करती है। यदि कार की गति 10 किमी प्रति घंटा है तो समान दूरी तय करने में दो घंटे कम समय लगता है। कार की मूल गति होगी:

A. 80 किमी/घंटे
B. 50 किमी/घंटे
C. 75 किमी/घंटे
D. 60 किमी/घंटे

Q.24 नगर निगम के गठन के लिए कितनी जनसंख्या आवश्यक है?

A. 2 लाख से अधिक   **B.** 3 लाख से अधिक

C. 5 लाख   **D.** 4 लाख

Q.25 दो रेलगाड़ियाँ एक ही दिशा मे 30 किमी तथा 58 किमी/घंटा कि चल से चल रही है। धीमी गति से चलने वाली गाड़ी मे बैठा एक व्यक्ति तीव्र गति वाली रेलगाड़ी को 18 सेकंड मे पार करता है। तीव्र गति वाली रेलगाड़ी कि लम्बाई (मीटर मे) है:

A. 70   **B.** 100   **C.** 128   **D.** 140

Q.26 निम्न में से कौन सा तीर्थ स्थल हरियाणा के जिला कुरुक्षेत्र में स्थित नही है ?

A. कालेश्वर तीर्थ   **B.** प्राची तीर्थ

C. ढोसी तीर्थ   **D.** कुबेर तीर्थ

Q.27 हरियाणा के पलवल जिले की स्थापना की तारीख है:

A. 15 अगस्त 2008   **B.** 4 अप्रैल 2005

C. 11 नवम्बर 1996   **D.** इनमे से कोई नही

Q.28 निम्नलिखित में से कौन एक टू फिश है?

A. फ्लाइंग फिश   **B.** कटल मछली

C. सिल्वर मछली   **D.** जेलिफ़िश

Q.29 कोई राशि 2 वर्षों में 8% प्रतिवर्ष चक्रवृद्ध ब्याज दर से रू 5,832 हो जाती है। राशि ज्ञात करें

A. रू 5,000   **B.** रू 5,200   **C.** रू 5,280   **D.** रू 5,400

Q.30 गांधीजी की न्यासी की अवधारणा

A. सम्पति के निजी स्वामित्व के अधिकार को स्वीकार करती है।

B. पूंजीवादी समाज को समतावादी समाज मे, रूपांतरित करती है।

C. धन कि स्वामित्व और उपयोग के विधायी विनियम को शामिल नही करती।

D. न्यूनतम तथा अधिकतम आय को नियत नही करती।

Q.31 दो अंकों की कितनी संख्याएं 11 से विभाजित हो सकती है?

A. 8   **B.** 9   **C.** 10   **D.** 1

Q.32 दो संख्याओं का गुणनफल 138 है और उनके वर्गों का योग 300 है। दो संख्याओं का योग है

A. 23   **B.** 24   **C.** 128   **D.** 126

Q.33 दिए गये विकल्पों में से तत्सम शब्द चुनिए ?

A. छेद   **B.** डंडा   **C.** विवाह   **D.** सिंग

Q.34 Directions: Transform the following exclamatory sentences into Assertive sentences.

Oh that, I were a bird!

A. I wish that I were a bird.

B. I wish I were a bird.

C. I wish I was a bird.

D. I wish I can a bird.

Q.35 दो संख्याओं का म. स. 15 है और उनका ल. स. 225 है। यदि उनमें से एक संख्या 75 है, तो दूसरी संख्या है -

A. 105   **B.** 90   **C.** 60   **D.** 45

Q.36 लड़को की एक पंक्ति में श्रीनाथ बाएं से 7 वां है तथा वेंकट दाएं से 12 वां है। यदि वे अपना स्थान बदल ले तो श्रीनाथ बाएं से 22 वे स्थान पर हो जाता है। पंक्ति में कुल कितने लड़के है ?

A. 19   **B.** 31   **C.** 33   **D.** 34

Q.37 हरियाणा के कितने मुख्य डाकघरों में इण्डिया पोस्ट पेमेंट बैंक की शुरूआत की गई है?

A. 10   **B.** 20   **C.** 30   **D.** 40

Q.38 कंप्यूटर में, सर्च में विषय से मेल खाने के लिए प्रयुक्त शब्द (या शब्द) को कहा जाता है:

A. आईडी नेम   **B.** संकेत (hint)

C. कीवर्ड   **D.** यूजर

Q.39 निम्नलिखित गणितीय क्रियाओं (चिन्हों) तथा संख्याओं में अदला-बदली करने के बाद सही समीकरण को चुनिए।

$\times$ और $+$; 12 और 16

A. $(60 \div 16) \times 14 = 70$

B. $(55 - 12) + 3 = 42$

C. $(40 \times 8) - 12 = 36$

D. $(36 + 10) \div 16 = 30$

Q.40 तीन संख्याओं में पहली और दूसरी का अनुपात 8 : 9 है तथा दूसरी और तीसरी का अनुपात 3 : 4 है। यदि पहली और तीसरी संख्याओं का गुणनफल 2400 है, तो दूसरी संख्या होगी।

A. 45   **B.** 40   **C.** 30   **D.** 55

Q.41 MS-WORD से क्या तात्पर्य है ?

A. यह एक गणना यंत्र है।

B. यह एक डॉक्यूमेंट टाइपिंग प्रोग्राम है।

C. यह एक चार्ट है।

D. यह एक नेटवर्किंग यंत्र है।

Q.42 "देवनाम प्रिया" शीर्षक दिया गया था

A. अशोक   **B.** चन्द्रगुप्त मौर्य

C. चन्द्रगुप्त द्वितीय   **D.** इनमें से कोई नहीं

Q.43 लाला लाजपत राय ने हरियाणा के किस स्थान को अपना राजनीतिक और सामाजिक कार्य क्षेत्र बनाया था?

A. हिसार   **B.** सोनीपत   **C.** गुरुग्राम   **D.** नूह

Q.44 एक्सेल में दूसरे फंक्शन में स्थित फंक्शन कहलाता है-

A. डबल फंक्शन   **B.** नेस्टेड फंक्शन

C. सम फंक्शन   **D.** राउंड फंक्शन

Q.45 इनमें से कौन भारत में उच्च न्यायालय की पहली महिला मुख्य न्यायाधीश थीं?

A. गीता मुखर्जी   **B.** लीला सेठ

C. सुजाता मनोहर   **D.** नजमा हेपतुल्ला

Q.46 18 वें एशियाई खेलों के समापन समारोह में किस खिलाड़ी ने भारतीय टीम का नेतृत्व किया?

A. विनेश फौगाट   **B.** साक्षी मलिक

C. रानी रामपाल   **D.** मीराबाई चानू

Q.47 यदि एक वस्तु के अंकित मूल्य पर 12% का कमीशन दिया जाता है, तो 32% लाभ होता है। यदि कमीशन को 20% तक बढ़ा दिया जाए, तो लाभ % क्या होगा?

A. $16\frac{2}{3}\%$ **B.** $18\frac{2}{3}\%$ **C.** $17\frac{2}{3}\%$ **D.** 20%

Q.48 कंप्यूटर में इनफार्मेशन और इंस्ट्रक्शन्स इंटर करने के लिए किस प्राइमरी इनपुट डिवाइस का प्रयोग किया जाता है?

A. स्कैनर   **B.** डिस्क-ड्राइव

C. प्रिंटर   **D.** की-बोर्ड

Q.49 जिला महेंद्रगढ़ किस चीज के उत्पादन में हरियाणा में प्रथम स्थान है?

A. चावल **B.** बर्तन **C.** सरसों **D.** साइकिल

Q.50 निम्नलिखित व्यंजक का मान ज्ञात कीजिये।

$$\sqrt{8 + \sqrt{57 + \sqrt{38 + \sqrt{108 + \sqrt{169}}}}}$$

A. 4 **B.** 6 **C.** 8 **D.** 10

Q.51 दिए गए विकल्पों में से थर्मोसेटिंग प्लास्टिक की पहचान करें।

A. पॉलिथीन **B.** बैकेलाइट
C. पॉलिविनाइल क्लोराइड **D.** कैसिन

Q.52 पशुओं में हीमोग्लोबिन के सदृश पोधों में कौन-सा अणु होता है?

A. सेलुलोस **B.** क्लोरोफिल
C. केरोटीन **D.** साइटोक्रोम

Q.53 हरियाणा के किस भाग में वर्षा कम होती है?

A. उत्तरी-पूर्वी भाग **B.** दक्षिणी-पूर्वी भाग
C. उत्तरी-पश्चिमी भाग **D.** दक्षिणी-पश्चिमी भाग

Q.54 एक परवलयिक दर्पण का उपयोग किया जाता है

A. कार की हेडलाइट में
B. ड्राइविंग दर्पणों में
C. दंत चिकित्सक के दर्पणों में
D. शेविंग दर्पण में

Q.55 दूरसंचार प्रणाली उपकरण का एक उदाहरण ______ है।

A. मोडेम **B.** प्रिन्टर **C.** कीबोर्ड **D.** स्कैनर

Q.56 दिए गये विकल्पों में से सम्बंधित वर्ण चुनिए:

ORLA: WZTI :: POTS:?

A. XUYB **B.** WXZA **C.** XWBA **D.** TUAD

Q.57 विश्व के कुल भौगोलिक क्षेत्र का कितना अंश भारत द्वारा अंतनिहित है?

A. 1.4% **B.** 2.4% **C.** 3.4% **D.** 4.4%

Q.58 आयोजन का विलोम शब्द है :

A. याजन **B.** विघटन **C.** वियोजन **D.** नियोजन

Q.59 जिस वाक्य से आश्चर्य का बोध हो उसे कहेंगे

A. विस्मयवाचक **B.** संदेहवाचक
C. इच्छावाचक **D.** प्रश्नवाचक

Q.60 सोनीपत जिले में स्थित किस प्राचीन एतिहासिक कस्बे में की गई खुदाई से महाभारत कालीन मिट्टी के बर्तन प्राप्त हुए हैं ?

A. राई **B.** खेडी गुज्जर
C. गन्नौर **D.** गोहाना

Q.61 यदि सुधा प्रिया के पिता के पिता के बेटे की पत्नी की पुत्री है, सुधा प्रिया से किस प्रकार से सम्बंधित है, यदि सुधा के दादा का कोई पौत्र नही है और उसका कोई और बेटा नहीं है?

A. बहन **B.** चचेरी बहन
C. भाभी **D.** माता

Q.62 1857 के विद्रोह के दौरान नाना साहिब के कमांडर इन चीफ कौन थे?

A. अजीमुल्लाह **B.** तात्या टोपे
C. बिरजिस कदीर **D.** कुंवर सिंह

Q.63 कान का परदा किस जीव में नही होता है?

A. सांप **B.** कछुआ
C. छिपकली **D.** इनमें से कोई नहीं

Q.64 जब संसद के दोनों सदनों की संयुक्त बैठक में कोई विधेयक निर्दिष्ट (रेफर) किया जाता है, तो इसे किसके द्वारा पारित किया जाना होता है?

A. उपस्थित तथा मत देने वाले सदस्यों का साधारण बहुमत
B. उपस्थित तथा मत देने वाले सदस्यों का तीन-चैथाई बहुमत
C. सदनों का दो-तिहाई बहुमत
D. सदनों का पूर्ण बहुमत

Q.65 निम्नलिखित मे से कौन सा वाक्य शुद्ध है?

A. आलोचना जगत के आप एक प्रतिष्ठित रचनाकार है।
B. आप प्रतिष्ठित रचनाकार है आलोचना जगत के।
C. आप प्रतिष्ठित रचनाकार है अलंत आलोचना जगत के।
D. आलोचना जगत के अत्यंत प्रतिष्ठित रचनाकार है आप।

Q.66 भारत में राष्ट्रीय आय का सबसे बड़ा घटक है:

A. सेवा क्षेत्र **B.** कृषि **C.** उद्योग क्षेत्र **D.** व्यापार क्षेत्र

Q.67 शुष्क बर्फ निम्नलिखित में से क्या होती है ?

A. ठोस अमोनिया
B. ठोस सल्फर डाइऑक्साइड
C. शुष्क कार्बन डाइऑक्साइड गैस
D. ठोस कार्बन डाइऑक्साइड

Q.68 दो पाइप एक टैंक को क्रमशः 4 घंटे और 5 घंटे में भर सकते हैं, जबकि तीसरा इसे 10 घंटे में खाली कर सकता है। अगर सभी पाइप एक साथ खोले जाएं, तो टैंक को भरने में कितना समय लगेगा?

A. $\frac{20}{7}$ घंटे **B.** $\frac{7}{20}$ घंटे **C.** $\frac{6}{7}$ घंटे **D.** $\frac{7}{10}$ घंटे

Q.69 कुरुक्षेत्र जिले में वह कौन सा धार्मिक स्थल है जहाँ पर बाबा लक्ष्मण गिरि महाराज द्वारा जीवित समाधि ली गई थी?

A. बाणगंगा **B.** प्राचीन तीर्थ
C. देवी का मठ **D.** वाल्मीकि आश्रम

Q.70 निम्न में से कौन-सा प्रोग्राम एक 'सर्च इंजन' नहीं है?

A. ओपेरा **B.** बिंग **C.** गूगल **D.** याहू

Q.71 असेम्बलर का क्या कार्य है?

A. मूल भाषा को मशीन भाषा में बदलना
B. हाइ लेवल भाषा को मशीन भाषा में बदलना
C. असेम्बली भाषा को मशीनी भाषा में बदलना
D. असेम्बली भाषा को हाइ लेवल भाषा में बदलना

Q.72 तीन भिन्न संख्याओं का लघुत्तम समापवर्त्य 120 है तो निम्न में से कौनसी संख्या उन संख्याओं की महत्तम समापवर्तक नहीं हो सकती ?

A. 24 **B.** 12 **C.** 15 **D.** 16

Q.73 इंट्रानेट या एक्ट्रानेट से जुड़े प्रत्येक कंप्यूटर का एक अलग ______ होना चाहिए।

A. फ़ायरवॉल **B.** ब्रांड नाम
C. प्रॉक्सी सर्वर **D.** डोमैन नेम

Q.74 किस दिन पृथ्वी सूरज से सर्वाधिक दूरी पर होती है ?

A. 21 जून **B.** 3 जनवरी
C. 4 जुलाई **D.** 23 सितंबर

Q.75 स्थिर आयतन पर विशिष्ट ताप ______ द्वारा दिया गया है।

A. $C_v = \frac{\gamma R}{\gamma + 1}$ **B.** $C_v = \frac{R}{\gamma + 1}$

C. $C_v = \frac{\gamma R}{\gamma - 1}$ **D.** $C_v = \frac{R}{\gamma - 1}$

Q.76 Find the antonym for :

SILENCE

A. Attune   **B.** Babble

C. Achromatic   **D.** Aurora

Q.77 राजस्थान किस राज्य के साथ सबसे लंबी सीमा साझा करता है?

A. उत्तर प्रदेश   **B.** मध्य प्रदेश

C. गुजरात   **D.** हरियाणा

Q.78 एंटीजन क्या होता है?

A. एंटीबॉडी के विपरीत

B. स्टीमुलस

C. एंटीबॉडी अवशेष

D. अभिभावकत्व का परिणाम

Q.79 सिरसा जिले में स्थित ऐतिहासिक शहर 'रनिया' का प्राचीन नाम क्या था?

A. राजबपुर   **B.** साजुपुर   **C.** राजिपुर   **D.** रतीपुर

Q.80 वीडियो आर्केड गेम में, _____ का बड़े पैमाने पर उपयोग किया जाता है, यह मुख्य रूप से घर के कंप्यूटर में नियंत्रक के रूप में उपयोग किया जाता था।

A. जॉयस्टिक्स   **B.** माउस

C. टच पैड   **D.** टच स्क्रीन

Q.81 अकबर और हेमचन्द्र के बीच पानीपत का प्रसिद्ध द्वितीय युद्ध कब लड़ा गया था?

A. 1550   **B.** 1552   **C.** 1554   **D.** 1556

Q.82 2 कारो की गति का अनुपात 5: 4 है। तदानुसार समान दूरी तक जाने में लगने वाले उनके समय का अनुपात कितना होगा ?

A. 5: 4   **B.** 6: 4   **C.** 6: 4   **D.** 4: 5

Q.83 CPU में "P" से तात्पर्य है ?

A. प्रोसेसर   **B.** प्रोसेस   **C.** प्रोसेसिंग   **D.** प्रोसेस्ड

Q.84 जिला हिसार व करनाल में निम्नलिखित में से कौन सा खनिज पदार्थ उपलब्ध होता है?

A. कच्चा लोहा   **B.** अभ्रक   **C.** शूरा   **D.** संगमरमर

Q.85 Select the synonym of the given word

Benevolent

A. Friendly   **B.** Lovely

C. Helpless   **D.** Charitable

Q.86 ऑटोमोबाइल में हाइड्रोलिक ब्रेक का कार्य निम्नलिखित में से किस सिद्धांत पर आधारित है ?

A. पॉस्कल नियम   **B.** थामसन नियम

C. न्यूटन नियम   **D.** बरनौली नियम

Q.87 Choose the most suitable preposition :

He dealt very politely......... me.

A. In   **B.** At   **C.** With   **D.** To

Q.88 निम्न में से कौन-सी स्थाई समिति भारत के नियंत्रक एवं महालेखा परीक्षक (CAG) की रिपोर्ट की जांच करती है?

A. कार्य समिति

B. लोकलेखा समिति

C. सार्वजनिक उपक्रम समिति

D. प्राक्कलन समिति

Q.89 निमनलिखित मे अशुद्ध भाग का चयन कीजिये ?

A. कोई भी उसके काम न आया

B. कोई उसके काम न आये

C. कोई उसके काम न आया

D. कोई भी उसके काम न आये

Q.90 यदि 'Summer is hot' का कूट 'de fe ba' है और 'Come Cold Summer' का कूट 'ja ha ba' है और 'Winter is Cold' का कूट 'pa ja de' है तब 'Come hot Winter' का कूट क्या होगा?

A. de ba ja   **B.** fe ba pa   **C.** ba pa ha   **D.** ha fe pa

Q.91 दिए गये विकल्पों में से सम्बंधित अक्षरों को चुनिए।

CEDH: HDEC:: PNRV:?

A. VRNP   **B.** RNPV   **C.** NRVP   **D.** VNRP

Q.92 एल्युमिनियम का सबसे महत्वपूर्ण अयस्क है-

A. गेलेना   **B.** कैलामाइन   **C.** केल्साइट   **D.** बॉक्साइट

Q.93 निरूपित प्रदेश के तहत निम्न क्षेत्रों में से कौन इसके अंतर्गत आएंगे:

A. नुह   **B.** नगीना

C. हथिन   **D.** उपरोक्त सभी

Q.94 भारत में पंचवर्षीय योजनाओं को मंजुरी देने वाला सर्वोच्च निकाय कौन है?

A. केन्द्रीय मंत्रिमंडल   **B.** राष्ट्रीय विकास परिषद्

C. योजना आयोग   **D.** अंतर्राज्यीय परिषद्

Q.95 भारत में, त्रि-स्तरीय पंचायत की परिकल्पना उन राज्यों के लिए की जाती है जिनकी जनसंख्या ऊपर है-

A. 15 लाख   **B.** 20 लाख   **C.** 25 लाख   **D.** 30 लाख

Q.96 Identify the wrong sentence among the following:

A. The next flight is at 7:00 tomorrow morning.

B. The match starts at 9:00.

C. I shall wait till you finish your lunch.

D. She is seeming sad.

Q.97 सामान्यतः जीव अपना स्थान बदल सकते हैं, किंतु निम्न में से कौन-सा जीव अपना स्थान नहीं बदल सकता?

A. हाइड्रा   **B.** लीच   **C.** स्टारफिश   **D.** स्पंज

Q.98 Find out which parts of the sentence have an error. If there is no mistake, the answer is 4.

The famous Dr. Chandra(1)/ is an only dentist (2)/in our village (3)/ No error (4).

A. 1   **B.** 2   **C.** 3   **D.** 4

Q.99 'कुच-कूच' शब्द युग्म का सही अर्थ है।

A. सेना-स्तन   **B.** उरोज-सेना

C. उरोज-प्रस्थान   **D.** स्तन-कली

Q.100 Directions: Select the base answer for the following question.

If you live in a corrupt society, you cannot easily rise .... the prevailing corruption.

A. Upon   **B.** Over   **C.** Beyond   **D.** Above

// स्मार्ट उत्तर पुस्तिका //

सही उत्तर — उन छात्रों के प्रतिशत को इंगित करता है जिन्होंने प्रश्नों का सही उत्तर दिया था।

छोड़ दिया — उन छात्रों के प्रतिशत को इंगित करता है जिन्होंने प्रश्नों को छोड़ दिया था।

प्रश्न संख्या	उत्तर	सही उत्तर / छोड़ दिया	प्रश्न संख्या	उत्तर	सही उत्तर / छोड़ दिया	प्रश्न संख्या	उत्तर	सही उत्तर / छोड़ दिया	प्रश्न संख्या	उत्तर	सही उत्तर / छोड़ दिया	प्रश्न संख्या	उत्तर	सही उत्तर / छोड़ दिया
1	A	25.46 % / 4.45 %	17	D	49.13 % / 1.81 %	33	C	85.14 % / 0.0 %	49	C	62.73 % / 1.33 %	65	A	89.67 % / 0.0 %
2	D	56.09 % / 1.56 %	18	A	84.51 % / 0.0 %	34	B	43.1 % / 1.7 %	50	A	64.73 % / 1.41 %	66	A	69.64 % / 1.97 %
3	A	66.0 % / 1.64 %	19	D	18.99 % / 4.25 %	35	D	46.62 % / 1.45 %	51	B	45.69 % / 1.21 %	67	D	54.75 % / 1.83 %
4	A	49.89 % / 1.63 %	20	D	64.86 % / 1.6 %	36	C	61.49 % / 1.41 %	52	B	45.53 % / 1.55 %	68	A	58.53 % / 1.57 %
5	A	44.36 % / 1.64 %	21	B	83.35 % / 0.0 %	37	B	51.97 % / 1.84 %	53	D	55.83 % / 1.46 %	69	D	67.33 % / 1.61 %
6	A	64.38 % / 1.39 %	22	A	17.67 % / 3.07 %	38	C	86.86 % / 0.0 %	54	A	63.27 % / 1.74 %	70	A	65.18 % / 1.06 %
7	A	50.86 % / 1.05 %	23	D	41.48 % / 1.55 %	39	D	47.66 % / 1.04 %	55	A	59.66 % / 1.8 %	71	C	85.61 % / 0.0 %
8	D	81.28 % / 0.0 %	24	B	76.57 % / 0.0 %	40	A	26.08 % / 3.61 %	56	C	42.04 % / 1.08 %	72	D	79.47 % / 0.0 %
9	D	47.27 % / 1.5 %	25	D	63.49 % / 1.04 %	41	B	81.76 % / 0.0 %	57	B	78.18 % / 0.0 %	73	C	11.36 % / 4.93 %
10	C	65.51 % / 1.14 %	26	C	16.48 % / 4.21 %	42	A	67.74 % / 1.12 %	58	C	88.43 % / 0.0 %	74	C	53.87 % / 1.58 %
11	B	59.59 % / 1.33 %	27	A	59.76 % / 1.38 %	43	A	41.76 % / 2.0 %	59	A	89.68 % / 0.0 %	75	D	46.0 % / 1.55 %
12	B	64.01 % / 1.3 %	28	A	16.28 % / 3.21 %	44	B	82.42 % / 0.0 %	60	B	64.68 % / 1.3 %	76	B	40.24 % / 1.5 %
13	D	54.39 % / 1.88 %	29	A	60.29 % / 1.94 %	45	B	44.17 % / 1.04 %	61	A	56.61 % / 1.93 %	77	B	58.92 % / 1.3 %
14	C	85.66 % / 0.0 %	30	B	60.61 % / 1.75 %	46	C	31.2 % / 4.4 %	62	B	49.11 % / 1.2 %	78	B	65.72 % / 1.74 %
15	A	55.59 % / 1.12 %	31	B	45.73 % / 1.53 %	47	D	19.22 % / 4.22 %	63	A	59.82 % / 1.77 %	79	A	54.64 % / 1.38 %
16	A	66.0 % / 1.98 %	32	B	20.24 % / 4.49 %	48	D	81.48 % / 0.0 %	64	A	55.57 % / 1.36 %	80	A	30.14 % / 4.65 %

प्रश्न संख्या	उत्तर	सही उत्तर / छोड़ दिया
81	D	89.96 %
		0.0 %
82	D	83.67 %
		0.0 %
83	C	87.43 %
		0.0 %
84	C	62.08 %
		1.33 %

प्रश्न संख्या	उत्तर	सही उत्तर / छोड़ दिया
85	D	15.79 %
		3.84 %
86	A	83.46 %
		0.0 %
87	C	89.42 %
		0.0 %
88	B	12.68 %
		3.75 %

प्रश्न संख्या	उत्तर	सही उत्तर / छोड़ दिया
89	D	57.09 %
		1.53 %
90	D	47.12 %
		1.97 %
91	A	86.33 %
		0.0 %
92	D	55.9 %
		1.92 %

प्रश्न संख्या	उत्तर	सही उत्तर / छोड़ दिया
93	D	55.35 %
		1.05 %
94	B	62.81 %
		1.51 %
95	B	55.83 %
		1.4 %
96	D	49.42 %
		1.59 %

प्रश्न संख्या	उत्तर	सही उत्तर / छोड़ दिया
97	D	46.43 %
		1.78 %
98	B	61.57 %
		1.13 %
99	C	19.99 %
		4.98 %
100	D	58.0 %
		1.96 %

कार्य विश्लेषण	
औसत अंक (%)	37.5%
टॉपर्स स्कोर (%)	58.75%
आपका स्कोर	

//संकेत और समाधान//

1. तमिलनाडु विधान सभा 2021 का चुनाव डी.एम.के. राजनीतिक दल ने जीता।

- अखिल भारतीय अन्ना द्रविड़ मुनेत्र कड़गम (ए.आई.ए.डी.एम.के.) के दशक के लंबे शासन को समाप्त करते हुए द्रविड़ मुनेत्र कड़गम (डी.एम.के.) ने चुनाव जीता।
- द्रमुक के नेता एम. के. स्टालिन 1956 के पुनर्गठन के बाद से तमिलनाडु के आठवें मुख्यमंत्री और 12वें मुख्यमंत्री बने।
- उन्होंने ए.आई.ए.डी.एम.के. के एडप्पादी के. पलानीस्वामी का स्थान लिया।
- राज्य के आधुनिक इतिहास में दो सबसे प्रमुख मुख्यमंत्रियों, ए.आई.ए.डी.एम.के. की महासचिव जे. जयललिता और डी.एम.के. के अध्यक्ष एम. करुणानिधि जिनकी मृत्यु क्रमशः 2016 और 2018 में हो गई थी, के बाद यह तमिलनाडु का पहला विधानसभा चुनाव था।

अतः विकल्प (A) सही है।

2. केंद्रीय मंत्री श्री अनुराग ठाकुर ने 27 मार्च'22 को TEJAS (ट्रेनिंग फॉर एमिरेट्स जॉब्स एंड स्किल्स) कार्यक्रम शुरू किया। यह प्रवासी भारतीयों को प्रशिक्षित करने के लिए एक स्किल इंडिया इंटरनेशनल परियोजना है।

इस परियोजना का उद्देश्य भारतीयों को कौशल, प्रमाणन और विदेशों में रोजगार देना है। तेजस का उद्देश्य भारतीय कार्यबल को UAE में कौशल और बाजार की आवश्यकताओं के लिए सक्षम बनाने के लिए मार्ग बनाना है।

अत: विकल्प (D) सही है।

3. भारतीय प्रधानमंत्री नरेंद्र मोदी ने विजया राजे सिंधिया के जन्म शताब्दी समारोह के अंत के हिस्से के रूप में 100 रुपये का स्मारक सिक्का जारी किया।

उन्हें ग्वालियर की राजमाता भी कहा जाता था और उनका जन्म वर्ष 1919 में हुआ था। विजया राजे सिंधिया ने अपने राजनीतिक जीवन की शुरुआत कांग्रेस से की और बाद में भाजपा की मूल पार्टी जनसंघ की सदस्य बनने से पहले स्वतंत्र पार्टी में शामिल हुई थी।

अतः विकल्प (A) सही है।

4. 28 सितम्बर, 2021 को एक ग्रांड चैलेंज प्रोग्राम, "जनCARE" डॉ. जीतेन्द्र सिंह ने शुरू किया।

आजादी का अमृत महोत्सव मनाते हुए, केंद्रीय राज्य मंत्री (स्वतंत्र प्रभार) विज्ञान और प्रौद्योगिकी, डॉ जितेंद्र सिंह ने **28 सितंबर 2021** को 'जनCARE' शीर्षक से 'अमृत ग्रैंड चैलेंज प्रोग्राम' लॉन्च किया। आजादी का अमृत महोत्सव की छत्रछाया में 'अमृत ग्रैंड चैलेंज प्रोग्राम' का शुभारंभ किया गया। नए बढ़ते स्टार्ट-अप उद्यमों और उद्यमियों के लिए भारत के सामने आने वाली स्वास्थ्य संबंधी चुनौतियों के लिए नवीन विचारों और समाधानों के साथ आना सबसे महत्वपूर्ण हो गया है। बायोटेक्नोलॉजी इंडस्ट्री रिसर्च असिस्टेंस काउंसिल (BIRAC), NASSCOM और NASSCOM Foundation ने संयुक्त रूप से 'अमृत ग्रैंड चैलेंज प्रोग्राम' लॉन्च किया। यह एक राष्ट्रव्यापी 'डिस्कवर - डिज़ाइन - स्केल' कार्यक्रम है और चुनौती **31 दिसंबर 2021** को समाप्त होगी।

अतः विकल्प (A) सही है।

5. लार्सन एंड टुब्रो (एलएंडटी) ने हरित हाइड्रोजन प्रौद्योगिकी के सह-शोध और विकास के लिए बॉम्बे, महाराष्ट्र में भारतीय प्रौद्योगिकी संस्थान के साथ एक समझौते पर हस्ताक्षर किए। इस साझेदारी के तहत, एलएंडटी अपनी इंजीनियरिंग विशेषज्ञता, उत्पाद स्केल-अप और व्यावसायीकरण की जानकारी का उपयोग करेगा, जबकि आईआईटी बॉम्बे स्वदेशी वैश्विक-प्रतिस्पर्धी प्रौद्योगिकियों को विकसित करने के लिए हाइड्रोजन प्रौद्योगिकियों और विश्व स्तरीय प्रौद्योगिकीविदों में अपने अत्याधुनिक अनुसंधान का उपयोग करेगा।

अतः विकल्प (A) सही है।

6. प्रोफेसर दिनेश प्रसाद सकलानी को राष्ट्रीय शैक्षिक अनुसंधान और प्रशिक्षण परिषद (एनसीईआरटी) का नया निदेशक नियुक्त किया गया है।

उन्हें पांच साल की अवधि के लिए या 65 वर्ष की आयु प्राप्त करने तक, जो भी पहले हो, के लिए नियुक्त किया गया है।

एनसीईआरटी एक स्वायत्त निकाय है, जो स्कूली शिक्षा में सुधार के लिए नीतियों पर सरकार की सहायता और सलाह देता है।

अत: विकल्प (A) सही है।

7. ऑयल इंडिया लिमिटेड ने 20 अप्रैल 2022 को असम में अपने जोरहाट पंप स्टेशन पर भारत का पहला 99.999% शुद्ध हरित हाइड्रोजन पायलट संयंत्र चालू किया। इसकी प्रति दिन 10 किलोग्राम की स्थापित क्षमता है और इसे 3 महीने के रिकॉर्ड समय में चालू किया गया था। संयंत्र मौजूदा 500kW सौर संयंत्र द्वारा 100 kW आयन एक्सचेंज मेम्ब्रेन (AEM) इलेक्ट्रोलाइज़र ऐरे का उपयोग करके उत्पन्न बिजली से हरित हाइड्रोजन का उत्पादन करता है।

भारत में पहली बार AEM तकनीक का इस्तेमाल किया जा रहा है। इस संयंत्र से भविष्य में हरित हाइड्रोजन का उत्पादन 10 किलो प्रति दिन से बढ़ाकर 30 किलो प्रतिदिन करने की उम्मीद है। कंपनी ने प्राकृतिक गैस के साथ हरित हाइड्रोजन के सम्मिश्रण और OIL के मौजूदा बुनियादी ढांचे पर इसके प्रभाव पर IIT गुवाहाटी के सहयोग से एक विस्तृत अध्ययन शुरू किया है। कंपनी मिश्रित ईंधन के वाणिज्यिक अनुप्रयोगों के लिए उपयोग के मामलों का अध्ययन करने की भी योजना बना रही है।

अतः विकल्प (A) सही है।

8. झारखंड के पूर्व राज्यपाल और राष्ट्रीय जनतांत्रिक गठबंधन की उम्मीदवार द्रौपदी मुर्मू को 21 जुलाई 2022 को भारत के 15वें राष्ट्रपति के रूप में चुना गया है।

वह इस पद के लिए चुनी जाने वाली पहली आदिवासी महिला हैं और सबसे कम उम्र की भी हैं।

उन्होंने निर्वाचक मंडल के वोटों का 64.03% जीतकर विपक्षी उम्मीदवार यशवंत सिन्हा को हराया।

अत: विकल्प (D) सही है।

9. मार्च 2018 तक भारत का सबसे तेज सुपर कम्प्यूटर प्रत्युष है।

प्रत्युष की स्थापना पुणे में भारतीय उष्णकटिबंधीय मौसम विज्ञान संस्थान (आईआईटीएम) में की गई है और इसका उपयोग मौसम और जलवायु पूर्वानुमान के लिए किया जाता है।

भारत के सबसे शक्तिशाली सुपरकंप्यूटर प्रत्युष, देश का पहला बहु-पेटाफ्लॉप उपकरण है, जिसका उपयोग मौसम और जलवायु भविष्यवाणियों को बेहतर बनाने के लिए किया जा रहा है, ने दुनिया के शीर्ष 500 सुपर कंप्यूटरों की सूची में 39वें स्थान पर जगह बनाई है।

- 4 पेटाफ्लॉप सुपरकंप्यूटर ने पहली बार उच्च 300s से लेकर 50 की सूची में भारत की रैंकिंग में सुधार किया है।
- एक पेटाफ्लॉप प्रति मिलियन मिलियन फ्लोटिंग पॉइंट ऑपरेशन है और यह एक सिस्टम की कंप्यूटिंग क्षमता का प्रतिबिंब है।
- प्रत्युष का उपयोग अधिक सटीक मौसम और जलवायु पूर्वानुमान करने के लिए किया जाएगा, जिसमें सभी महत्वपूर्ण मानसून पूर्वानुमान शामिल हैं।

अतः विकल्प (D) सही है।

10. 74वां चार्टर्ड एकाउंटेंट दिवस का संस्करण 1 जुलाई 2022 को मनाया गया।

यह दिन इंस्टीट्यूट ऑफ चार्टर्ड अकाउंटेंट्स ऑफ इंडिया (ICAI) द्वारा मनाया जाता है। ICAI की स्थापना भारत की संसद द्वारा 1949 में की गई थी। यह दुनिया भर में दूसरा सबसे बड़ा लेखा और वैधानिक निकाय है। भारत में, ICAI वित्तीय लेखा परीक्षा और लेखा पेशे के लिए एकमात्र लाइसेंसिंग और नियामक निकाय है।

अत: विकल्प (C) सही है।

11. प्रधानमंत्री नरेंद्र मोदी ने 10 अगस्त 2022 को हरियाणा के पानीपत में राष्ट्र को दूसरी पीढ़ी (2G) इथेनॉल संयत्र समर्पित किया। इसे इंडियन ऑयल कॉर्पोरेशन लिमिटेड द्वारा 900 करोड़ रुपये से अधिक की अनुमानित लागत से बनाया गया। यह प्रति वर्ष लगभग 3 करोड़ लीटर इथेनॉल का उत्पादन करेगा।

अत: विकल्प (B) सही है।

12. साहित्य क्षेत्र में नोबेल पुरस्कार, 2018 की घोषणा नहीं की गई।

स्वीडिश अकादमी ने कहा है कि #MeToo घोटाले के कारण 70 वर्षों में पहली बार 2018 में साहित्य के लिए कोई नोबेल पुरस्कार नहीं दिया जाएगा।

पोलिश उपन्यासकार ओल्गा टोकार्शुक और ऑस्ट्रियाई लेखक पीटर हैंडके, दो लेखक जिनके काम यूरोप की धार्मिक, जातीय और सामाजिक गलत रेखा में गहराई से जुड़े हुए हैं, ने क्रमशः साहित्य के लिए 2018 और 2019 के नोबेल पुरस्कार जीते।

अत: विकल्प (B) सही है।

13. अंतर्राष्ट्रीय वित्तीय सेवा केंद्र प्राधिकरण (IFSCA) और GVFL लिमिटेड ने गिफ्ट सिटी, गुजरात में IFSCA के कार्यालय में एक समझौता ज्ञापन पर हस्ताक्षर किए।

GIFT IFSC में फिनटेक पारितंत्र को समर्थन और सुविधा प्रदान करने के लिए सहयोग और सहभागिता के लिए इस पर हस्ताक्षर किए गए हैं। IFSCA एक एकीकृत नियामक है जो IFSC में वित्तीय उत्पादों, वित्तीय सेवाओं और संस्थानों के विकास और विनियमन के लिए जिम्मेदार है।

अत: विकल्प (D) सही है।

14. क्वार्टजाइट एक दानेदार कायांतरित शेल (रूपांतरित चट्टान) है जो बहुत उत्तम क्वालिटी के क्वार्टज से बनी होती है और इसके अंदर क्वार्टज के कण इस प्रकार से होते हैं कि अगर इस पर कोई भी भारी दाब लगाया जाये तो ये छोटे छोटे कणों में बिखर जाएगा। यह बलुआ पत्थर के पुन: क्रिस्टलीकरण के बाद उत्पन्न होता है।

अत: विकल्प (C) सही है।

15. चितरंजन भारत के पश्चिम बंगाल राज्य के बर्दवान जिले के आसनसोल उपखंड में एक जनगणना शहर है। यह भारत सरकार के रेलवे कारखाने चित्तरंजन लोकोमोटिव उद्योग के लिए प्रसिद्ध है।

अत: विकल्प (A) सही है।

16. पिंजौर को पिंजौर गार्डन, एशिया की सबसे अच्छी 17 वीं सदी के मुगल गार्डन और हिंदुस्तान मशीन टूल्स (H.M.T) के कारखाने के लिए जाना जाता है।

अत: विकल्प (A) सही है।

17. यमुना नदी के साथ हरियाणा के रोहतक जिले की सीमा नहीं लगती।

रोहतक जिला चारों तरफ से हरियाणा के ही पाँच जिलों से घिरा हुआ है। वे हैं: उत्तर में जींद, पूर्व में सोनीपत, पश्चिम में भिवानी, दक्षिण में झज्जर उत्तर-पश्चिम में हिसार और दक्षिण पश्चिम में बहादुरगढ़ है।

अत: विकल्प (D) सही है।

18. सोडियम कार्बोनेट का उपयोग करके पानी की स्थायी कठोरता को हटा दिया जाता है।

सोडियम कार्बोनेट एक अकार्बनिक यौगिक है जिसका रासायनिक सूत्र (Na_2CO_3) है। इसे धावन सोडा भी कहते हैं।

अत: विकल्प (A) सही है।

19. मोनाजाइट थोरियम, लैंटानम और सेरियम के लिए एक महत्वपूर्ण अयस्क है। यह अक्सर प्लेसर डिपॉजिट में पाया जाता है। मोनाजाइट थोरियम और सामान्यतः यूरेनियम की उपस्थिति के कारण रेडियोधर्मी है।

अत: विकल्प (D) सही है।

20. सर्पदमन, सफीदों का प्राचीन नाम था।

अपने पिता महाराज परीक्षित के तक्षक नाग द्वारा डसने से हुई मृत्यु से दु:खी होकर महाराज जन्मेजय ने इस भूमि पर एक सर्पदमन नामक यज्ञ रचाया था। इसके बाद इस जगह का नाम सर्पदमन पड़ गया, जोकि कालान्तर में सफीदों बन गया।

अत: विकल्प (D) सही है।

21. यहाँ पर निम्नलिखित पैटर्न का उपयोग किया गया है,

$7^2 = 49$

$9^2 = 81$

$8^2 = 64$

इसलिये,

$10^2 = 100$

अत: सही विकल्प (B) है।

22. माना कुल आमदनी X है।
दी गयी जानकारी से,
नीलम 20% घर के किराये पर खर्च करती है।

∴ घर के किराये पर खर्च कुल रकम $= X$ का $20\% = 0.2X$

∴ घर के किराये पर खर्च करने के बाद बची हुई आमदनी $= X - 0.2X = 0.8X$

चूँकि वह इस बचे हुए पैसे का 70% घरेलू व्यय पर खर्च करती है।

∴ घरेलू व्यय पर खर्च कुल रकम $= 0.8X$ का 70%

⇒ घरेलू व्यय पर उसके द्वारा खर्च कुल रकम $= \dfrac{70}{100} \times 0.8X$

$= 0.56X$

⇒ घरेलू व्यय और घर के किराये पर खर्च कुल रकम

$= 0.2X + 0.56X$

$= 0.76X$

नीलम बची हुई रकम की बचत करती है।

∴ बचत की रकम $= X - 0.76X = 0.24X$

⇒ $0.24X = 3600$

⇒ $X = \dfrac{3600}{0.24}$

⇒ $X = $ रु 15000

अत: विकल्प (A) सही है।

23. माना कि कार की मूल गति x किमी / घंटा है।

फिर, 840 किमी चलने में समय लगा $= \dfrac{840}{x}$ hr

यदि गति 10 किमी/घंटा अधिक हो रही है $= x + 10$

फिर, 840 किमी चलने में समय लगा $= \dfrac{840}{x+10}$ घंटा

$\therefore \dfrac{840}{x} - \dfrac{840}{x+10} = 2$

$\Rightarrow 840(x + 10) - 840x = 2x(x + 10)$

$\Rightarrow 2x^2 + 20x - 8400 = 0$

$\Rightarrow x^2 + 70x - 60x - 4200 = 0$

$\Rightarrow (x + 70)(x - 60) = 0$

$\Rightarrow x = 60$ or $x = -70$

यदि $x = -70$ सही नहीं है, क्योंकि गति निगेटिव नहीं होती है।

तो गति 60 किमी / घंटा है।

अतः विकल्प (D) सही है।

24. नगर निगम का गठन छोटे शहरी क्षेत्रों हेतु किया जाता है। जिनकी जनसंख्या 300000 से अधिक है। वर्तमान में राज्य में एक नगर निगम, फरीदाबाद में है। नगर निगम के अंतर्गत 25 वार्ड है।

अतः विकल्प (B) सही है।

25. इस प्रश्न में यह दिया गया है कि धीमी ट्रेन में बैठने वाला व्यक्ति तेज ट्रेन को पार करता है इसका मतलब है कि तेज ट्रेन 18 सेकंड में उस व्यक्ति को पार कर लेगी

एक ही दिशा में तेज ट्रेन और आदमी की गति $= 58 - 30 = 28$ किमी प्रति घंटे

इसलिए 18 सेकंड में तेज ट्रेन द्वारा तय की गई दूरी $= 28$ किमी प्रति घंटे $\times 18$ सेकंड.

$= \frac{28 \times 5}{18} \times 18 = 140$ मीटर

अतः विकल्प (D) सही है।

26. ढोसी तीर्थ स्थल हरियाणा के महेन्द्रगढ़ जिले में है। कालेश्वर, प्राची, कुबेर, हरियाणा के जिला कुरुक्षेत्र में आते है।

अतः विकल्प (C) सही है।

27. 15 अगस्त 2008 को बना पलवल जिला, उत्तर भारत में हरियाणा राज्य का 21 वां जिला है और पलवल शहर इस जिले का मुख्यालय है। यह ब्रज क्षेत्र का हिस्सा है।

अतः विकल्प (A) सही है।

28. एक्सोकेटस 'फ्लाइंग फिश' है और यह क्लास एक्टिनोप्रैस्टीजी की समुद्री मछलियों के परिवार में है। वे टू फिश हैं क्योंकि इनका शरीर सुव्यवस्थित खांचेनुमा होता हैं और ये गलफड़ों के माध्यम से श्वसन करते हैं।

कटल मछली सिपिडा के मोलस्क हैं, जो क्लास सेफलोपोडा से संबंधित है, जैसे- स्किड, ऑक्टोपोड्स।

सिल्वर मछली या लेपिसमा, थिसानुरा में एक छोटा, पंख रहित कीट है।

जेलिफिश प्रमुख गैर-पॉलीप रूप हैं जो कि फेलम सनीडारिया में होती हैं।

अतः विकल्प (A) सही है।

29. 2 साल के लिए C.I. $8\% = 16.64\%$

राशि $= 58.32 = 116.64\%$

मूल धन $= \dfrac{5832}{116.64} \times 100$

$= 5000$ रू

अतः विकल्प (A) सही है।

30. महात्मा गाँधी द्वारा प्रतिपादित न्यासिता का सिद्धांत एक सामाजिक-आर्थिक दर्शन है जिसके अनुसार समृद्ध/अमीर लोग सामान्य लोगो के कल्याण के प्रति संलग्न ट्रस्ट होंगे। इस सिद्धांत की समीक्षा करने पर यह दिखता है कि इस अवधारणा का मुख्य लक्ष्य पूंजीवादी समाज को समतावादी समाज मे रूपांतरित करना था। यह सम्पति के निजी स्वामित्व के अधिकार को अस्वीकार करता है।

अतः विकल्प (B) सही है।

31. 11 से विभाजित होने वाली पहली संख्या 11 ही है।

11 से विभाजित होने वाली अंतिम दो अंकों की संख्या = 99

हम जानते हैं कि,

$t_n = a + (n-1)d$

$99 = 11 + (n-1)\,11$

$\Rightarrow 99 = 11 + 11n - 11$

$\Rightarrow 99 = 11n$

$\Rightarrow n = 9$

अतः विकल्प (B) सही है।

32. मान लीजिये कि दो संख्याएँ a & b हैं।

दिया गया है कि, दो संख्याओं का गुणनफल 138 है

$\therefore a \times b = 138$

उनके वर्ग का योग है 300

$\therefore a^2 + b^2 = 300$

हम जानते हैं कि,

$(a + b)^2 = a^2 + b^2 + 2ab$

उपर्युक्त समीकरण में मूल्य रखने पर हमें मिला,

$\Rightarrow (a + b)^2 = 300 + 2 \times 138$

$\Rightarrow (a + b)^2 = 576$

$\Rightarrow (a + b)^2 = 24^2$

$\Rightarrow (a + b) = \mp 24$

मात्र धनात्मक मूल्य लेने पर हम कह सकते हैं कि, विकल्पों के अनुसार दो संख्याओं का योग 24 है।

अतः विकल्प (B) सही है।

33. तत्सम शब्द विवाह है। तत्सम शब्द तत्+सम से मिलकर बना है, जिसका अर्थ है – उराके रागान या ज्यों का त्यों।

अतः विकल्प (C) सही है।

34. Assertive sentences: I wish I were a bird.

Hence, the correct option is (B).

35. पहली संख्या $\times$ दूसरी संख्या

$=$ म. स. $\times$ ल. स.

$\Rightarrow 75 \times$ दूसरी संख्या

$$= 15 \times 225$$

$$= \frac{15 \times 225}{75} = 45$$

अतः विकल्प (D) सही है।

36. श्रीनाथ बाएं से 7 वे स्थान पर है।

वेंकट दाएं से 12 वे स्थान पर है।

स्थान बदलने के बाद, श्रीनाथ बाएं से 22 वे स्थान पर है। तब,

$$= 22 + 12 - 1 = 33$$

अतः विकल्प (C) सही है।

37. हरियाणा के 20 मुख्य डाकघरों व 80 उप-डाकघरों में इण्डिया पोस्ट पेमेंट बैंक की शुरूआत की गई है।

अतः विकल्प (B) सही है।

38. इनफार्मेशन सिस्टम में डॉक्यूमेंट को पुन: प्राप्त करने (रिट्रीव) के लिए कीवर्ड्स का प्रयोग किया जाता है, उदाहरण के लिए, कैटेलोग और सर्च इंजन। इनफार्मेशन रिट्रीवल में इन्हें इंडेक्स टर्म, सब्जेक्ट टर्म, सब्जेक्ट हेडिंग या डिस्क्रिप्टर के रूप में भी जाना जाता है।

अतः विकल्प (C) सही है।

39. (A) $(60 \div 16) \times 14 = 70$
$$\Rightarrow (60 \div 12) + 14 = 70$$
$$\Rightarrow 5 + 14 \neq 70$$
(B) $(55 - 12) + 3 = 42$
$$\Rightarrow (55 - 16) \times = 42$$
$$\Rightarrow 39 \times 3 \neq 42$$
(C) $(40 \times 8) - 12 = 36$
$$\Rightarrow (40 + 8) - 16 = 36$$
$$\Rightarrow 48 - 16 = 16$$
$$\Rightarrow 32 \neq 36$$
(D) $(36 + 10) \div 16 = 30$
$$\Rightarrow (36 \times 10) \div 12 = 30$$
$$\Rightarrow 360 \div 12 = 30$$

अतः विकल्प (D) सही है।

40. पहली: दूसरी $= 8 : 9$

दूसरी : तीसरी $= 3 : 4$

or,

पहली: दूसरी: तीसरी $= 8 : 9 : 12$

$$\therefore 8x \times 12x = 2400$$

$$\therefore x^2 = \frac{2400}{96} = 25$$

$$x = \sqrt{25} = 5$$

$$\Rightarrow 9x = 9 \times 5 = 45$$

अतः विकल्प (A) सही है।

41. माइक्रोसॉफ्ट द्वारा विकसित माइक्रोसॉफ्ट वर्ड एक वर्ड प्रोसेसर है। यह एक ग्राफिकल वर्ड प्रोसेसिंग प्रोग्राम है जिसमे यूजर टाइप भी कर सकते है। MS-WORD का उद्देश्य यूजर को डॉक्यूमेंट सेव करने की अनुमति प्रदान करना है। इसमें ऐसे टूल्स भी है जो डॉक्यूमेंट का निर्माण करने में भी सहायक है।

अतः विकल्प (B) सही है।

42. यह उल्लेखित है: अशोक (304-232 ई.पू.), मौर्य राजवंश के भारतीय सम्राट, जिन्होंने देवनाम प्रिया की उपाधि का उपयोग किया था।

अतः विकल्प (A) सही है।

43. पंजाब केसरी के नाम से प्रसिद्ध लाला लाजपत राय ने जहां एक ओर भारत के राष्ट्रीय आंदोलन में महत्वपूर्ण भूमिका निभाई वहीं दूसरी ओर आर्य समाज में सुधारवादी आंदोलन में प्रमुख भाग लिया। लाला जी का राजनीतिक जीवन हरियाणा से आरंभ हुआ था। उन्होंने हिसार को अपना राजनीतिक और सामाजिक कार्य क्षेत्र बनाया। सन 1888 में आयोजित कांग्रेस के चौथे अधिवेशन में जो इलाहाबाद में हुआ था, लाला लाजपत राय ने जिला हिसार के प्रतिनिधि के रूप में हिस्सा लिया था।

अतः विकल्प (A) सही है।

44. एक्सेल में दूसरे फंक्शन में स्थित फंक्शन नेस्टेड फंक्शन कहलाता है।

अतः विकल्प (B) सही है।

45. लीला सेठ दिल्ली उच्च न्यायालय की पहली न्यायाधीश और 5 अगस्त 1991 को राज्य उच्च न्यायालय की पहली मुख्य न्यायाधीश बनी।

अतः विकल्प (B) सही है।

46. महिला हॉकी टीम की कप्तान रानी रामपाल की नेतृत्व में भारतीय टीम ने 20 साल बाद फाइनल में प्रवेश किया।

- फाइनल में भारत ने जापान से 1-2 से हारकर रजत पदक अपने नाम किया।

- रानी रामपाल कुरुक्षेत्र जिले के शाहबाद की रहने वाली है।

अतः विकल्प (C) सही है।

47. माना कि वस्तु का क्रय मूल्य x रु है

हम जानते हैं कि,

अंकित मूल्य $=$ क्रय मूल्य $+$ लाभ $+$ कमीशन

$\Rightarrow$ वस्तु का अंकित मूल्य $= x + (\,x$ का $32) +$ (वस्तु के अंकित मूल्य का $12\%)$

$\Rightarrow 0.88$ (वस्तु का अंकित मूल्य) $= 1.32x$

$\Rightarrow$ वस्तु का अंकित मूल्य $= \dfrac{1.32x}{0.88} = \dfrac{3x}{2}$

यदि कमीशन 20% है तो,

लाभ $=$ विक्रय मूल्य $-$ क्रय मूल्य $-$ कमीशन $= (\dfrac{3x}{2}) - x - (\dfrac{3x}{2}$ का $20\%) = (\dfrac{3x}{2}) - (\dfrac{13x}{10}) = \dfrac{x}{5}$

लाभ $\% =$ लाभ/क्रय मूल्य $\times 100 = [\dfrac{\frac{x}{5}}{x}] \times 100 = 20\%$

अतः विकल्प (D) सही है।

48. कीबोर्ड एक इनपुट डिवाइस है इसमें 'की' होती है जिसका यूजर्स द्वारा कंप्यूटर में इंस्ट्रक्शन्स और डाटा एंटर करने के लिए किया जाता है। कीबोर्ड पर 'की' प्रेस करते हुए कंप्यूटर में डाटा कमांड्स और अन्य इनपुटों को एंटर किया जाता है। की-बोर्ड में विशेष 'की' भी होती है जो यूजर को कंप्यूटर में इंस्ट्रक्शन्स एंटर करने की अनुमति देती है।

अतः विकल्प (D) सही है।

49. जिला महेंद्रगढ़, सरसों के उत्पादन में हरियाणा में प्रथम स्थान पर है। यहां सरसों का उत्पादन लगभग एक लाख मीट्रिक टन प्रतिवर्ष होता है।

अतः विकल्प (C) सही है।

50. दिया गया व्यंजक है,

$$\sqrt{8 + \sqrt{57 + \sqrt{38 + \sqrt{108 + \sqrt{169}}}}}$$

$$= \sqrt{8 + \sqrt{57 + \sqrt{38 + \sqrt{108 + 13}}}}$$

$$= \sqrt{8 + \sqrt{57 + \sqrt{38 + \sqrt{121}}}}$$

$$= \sqrt{8 + \sqrt{57 + \sqrt{38 + 11}}}$$

$$= \sqrt{8 + \sqrt{57 + \sqrt{49}}}$$

$$= \sqrt{8 + \sqrt{57 + 7}}$$

$$= \sqrt{8 + \sqrt{64}}$$

$$= \sqrt{8 + 8}$$

$$= \sqrt{16}$$

$$= 4$$

अतः विकल्प (A) सही है।

51. बैकेलाइट या पॉलीऑक्सीबेंज़िलमेथिलीनग्लाइकोलनहाइड्राइड सिंथेटिक घटकों से बना पहला प्लास्टिक था। यह एक थर्मोसेटिंग फिनोल फॉर्मलडिहाइड रेजिन है, जो फॉर्मलडिहाइड के साथ फिनोल के संक्षेपण प्रतिक्रिया से बनता है।

अतः विकल्प (B) सही है।

52. हीमोग्लोबिन और क्लोरोफिल दोनों ही वर्णक हैं जो जानवरों और पौधों में क्रमशः महत्वपूर्ण भूमिका निभाते हैं।

हेमोग्लोबिन सभी कशेरुकीओं और अकशेरुकीओं के आरबीसी में पाया जाता है। यह फेफड़ों से ऑक्सीजन लेता है और इससे बंध जाता है। हीमोग्लोबिन का एक अणु ऑक्सीजन के चार अणुओं को बांधता है। ऑक्सीजन-हीगोग्लोबिन कॉम्प्लेक्स को तब शरीर के विभिन्न हिस्सों के ऊतकों में ले जाया जाता है।

क्लोरोफिल पौधों में हरे रंग का रंगद्रव्य प्रस्तुत होता है। क्लोरोफिल प्रकाश संश्लेषण करने के लिए जिम्मेदार है क्योंकि इसमें सूर्य के प्रकाश को अवशोषित करने की क्षमता होती है तथा इसका उपयोग वे भोजन के निर्माण के लिए करते हैं।

अतः विकल्प (B) सही है।

53. हरियाणा के दक्षिणी - पश्चिमी (महेंद्रगढ़, सिरसा) वाले क्षेत्र में सबसे कम वर्षा होती है।

अतः विकल्प (D) सही है।

54. दूर के स्रोत (उदाहरण के लिए ध्वनि तरंगों या आने वाले स्टार प्रकाश) से ऊर्जा एकत्र करने के लिए परवलयिक परावर्तकों का उपयोग किया जाता है।

परवलयिक दर्पण का प्रयोग कार की हेडलाइट में किया जाता है।

अतः विकल्प (A) सही है।

55. दूरसंचार प्रणाली उपकरण का एक उदाहरण मोडेम है।

एक मॉडेम एक संचार उपकरण है जो कंप्यूटर के डिजिटल सिग्नल को एनालॉग सिग्नल से परिवर्तित करता है, इससे पहले कि वे मानक टेलीफोन लाइनों पर संचारित हों।

अतः विकल्प (A) सही है।

56.
$$O \xrightarrow{+8} W$$
$$R \xrightarrow{+8} Z$$
$$L \xrightarrow{+8} T$$
$$A \xrightarrow{+8} I$$

उसी प्रकार,

$$P \xrightarrow{+8} X$$
$$O \xrightarrow{+8} W$$
$$T \xrightarrow{+8} B$$
$$S \xrightarrow{+8} A$$

अतः विकल्प (C) सही है।

57. भारत दुनिया के कुल भूमि क्षेत्र का 2.4 प्रतिशत हिस्सा है, लेकिन दुनिया की आबादी का 16.7 प्रतिशत का समर्थन करता है।

अतः विकल्प (B) सही है।

58. 'विलोम शब्द या विपरीतार्थक शब्द' शीर्षक के इस लेख में शब्द विलोम की विस्तृत सूची दी गई है। वे शब्द जो एक दूसरे के विपरीत अर्थ प्रदान करते हैं। आयोजन का विलोम शब्द वियोजन है ।

अतः विकल्प (C) सही है।

59. जिस वाक्य से विस्मय, हर्ष, शोक, घृणा आदि के भाव प्रकट किए गए हों, उसे विस्मयादिवाचक या विस्मयवाचक वाक्य कहते हैं; जैसे- अहा! कितना सुंदर दृश्य है।

अतः विकल्प (A) सही है।

60. खेड़ी गुज्जर एक पुराना ऐतिहासिक स्थल है जो सोनीपत के लगभग 25 किमी उत्तर पश्चिम में स्थित है यहां यमुना के किनारे पर स्थित है यमुना नदी अब इस गांव से 30 किमी दूर पूर्व में है स्थानीय लोगों का विश्वास है कि यह स्थान माया नो सतकुंभा तथा जलालाबाद आदि विभिन्न नामों से जाना जाता रहा है। स्थान पर की गई खुदाई से महाभारत काल के मिट्टी के बर्तन प्राप्त हुए हैं। मिट्टी के टीले में अनेक स्थानों पर बहुमंजिली इमारतों के अवशेष भी मौजूद हैं।

अतः विकल्प (B) सही है।

61. प्रिया के पिता का पिता का अर्थ हुआ, प्रिया के दादा जी। प्रिया के दादा जी के एकमात्र पुत्र की पत्नी की पुत्री सुधा है।

अर्थात् सुधा, प्रिया की बहन है।

अतः विकल्प (C) सही है।

62. तात्या टोपे, बिठूर के नाना साहेब के एक निजी समर्थक, 1857 के विद्रोह के उल्लेखनीय जनरलों और नेताओं में से एक थे। उनका वास्तविक नाम रामचंद्र पांडुरंग टोपे था। इन्हें 18 अप्रैल, 1859 को शिवपुरी में ब्रिटिश सरकार द्वारा मार दिया गया था।

अतः विकल्प (C) सही है।

63. सांप के कान नहीं होते। यह केवल कंपन महसूस करता है। वे बहुत संवेदनशील होते हैं। उनकी त्वचा धरती पर होने वाले हल्के से कंपन को भी महसूस करती है।

अतः विकल्प (A) सही है।

64. जब संसद के दोनों सदनों की संयुक्त बैठक में कोई विधेयक निर्दिष्ट (रेफर) किया जाता है, तो इसे उपस्थित तथा मत देने वाले सदस्यों का साधारण बहुमत के द्वारा पारित किया जाना होता है।

अतः विकल्प (A) सही है।

65. "आलोचना जगत के आप एक प्रतिष्ठित रचनाकार है।" वाक्य शुद्ध है।

अतः विकल्प (A) सही है।

66. भारतीय अर्थव्यवस्था को तीन क्षेत्रों में वर्गीकृत किया गया है- कृषि और संबद्ध, उद्योग और सेवाएं। कृषि क्षेत्र में कृषि (कृषि उचित और पशुधन), वन और लॉगिंग, मत्स्य पालन और संबंधित गतिविधियों शामिल हैं। उद्योग में 'खनन और उत्खनन', विनिर्माण (पंजीकृत और अपंजीकृत), बिजली, गैस, जल आपूर्ति, और निर्माण शामिल हैं। सेवा क्षेत्र में 'व्यापार, होटल, परिवहन, संचार और प्रसारण से संबंधित सेवाएं', 'वित्तीय, रियल एस्टेट और प्रोफेसर सेवा', 'लोक प्रशासन, रक्षा और अन्य सेवाएं' शामिल हैं।

सेवा क्षेत्र भारत का सबसे बड़ा क्षेत्र है 2016-17 में सेवा क्षेत्र के लिए मौजूदा कीमतों पर सकल मूल्य में वृद्धि (GVA) का अनुमान 73.79 लाख करोड़ रुपये है। सेवा क्षेत्र का कुल भारत के GVA का 53.66% हिस्सा 137.51 लाख करोड़ भारतीय रुपए का है। GVA के साथ रु 39.90 लाख करोड़, उद्योग क्षेत्र में 29.02% योगदान है।

जबकि कृषि और संबद्ध क्षेत्र के शेयरों में 17.32% और GVA लगभग 23.82 लाख करोड़ रुपये का है। 2011-12 की कीमतों में, कृषि और संबद्ध, उद्योग और सेवा क्षेत्र की संरचना क्रमशः 15.11%, 31.12% और 53.77% है।

अतः विकल्प (A) सही है।

67. शुष्क बर्फ (Dry Ice) ठोस रूप से कार्बन डाइऑक्साइड (CO_2) होती है और इसको ड्राई आइस इसीलिए कहा जाता है क्योंकि जब यह गैस ठोस होती हैं (solidify) तो बर्फ की तरह दिखाई देती हैं।

अतः विकल्प (D) सही है।

68. 1 घंटे में भरा हुआ टैंक का भाग $= \left(\frac{1}{4}\right) + \left(\frac{1}{5}\right) - \left(\frac{1}{10}\right) = \frac{7}{20}$

टैंक का $\frac{7}{20}$ भाग 1 घंटे में भर जाएगा।

∴ पूरा टैंक $\frac{20}{7}$ घंटे में भर जाएगा।

अतः विकल्प (A) सही है।

69. कुरुक्षेत्र जिले में धार्मिक स्थल जहाँ बाबा लक्ष्मण गिरि महाराज द्वारा जीवित समाधि ली गई थी, वाल्मीकि आश्रम में है। नदी के तट पर स्थित त्रिवेणी में वाल्मीकि मुनि का प्रसिद्ध आश्रम स्थित है। यह वह स्थान है जो ऋषि वाल्मीकि मुनि के लिए जाना जाता है जिन्होंने यहां के लोकप्रिय रामायण का निर्देशन किया था। यहाँ बाबा लक्ष्मण गिरि जी महाराज जी का मंदिर और महर्षि वाल्मीकि का मंदिर है।

अतः विकल्प (D) सही है।

70. ओपेरा एक लोकप्रिय, मुफ्त वेब ब्राउज़र है जो विंडोज, मैकओएस और लिनक्स कंप्यूटर के साथ-साथ मोबाइल उपकरणों के लिए भी उपलब्ध है। कई वेब ब्राउज़रों की तरह, ओपेरा एड्रेस बार से वेब खोजों का समर्थन करता है।

अतः विकल्प (A) सही है।

71. असेंबलर का मुख्य कार्य है कि यह असेंबली भाषा को इनपुट के रूप में लेता है और इसे संसाधित करता है। यह आउटपुट मशीन भाषा के रूप में देता है।

अतः विकल्प (C) सही है।

72. 120, 16 से भाज्य नहीं है, इसलिये 16 म.स. नहीं हो सकता।

अतः विकल्प (D) सही है।

73. इंट्रानेट या एक्सट्रानेट (एक कंप्यूटर नेटवर्क है जो संगठन के इंट्रानेट के बाहर से नियंत्रित पहुँच की अनुमति प्रदान करता है) में प्रोक्सी सर्वेस कर प्रयोग किया जाता है। आर्गेनाईजेशन में क्लाईंट कंप्यूटरों को प्रत्यक्षतः इन्टरनेट से कनेक्ट नहीं किया जाता। इन्हें प्रॉक्सी सर्वेस के माध्यम से इन्टरनेट से कनेक्ट किया जाता है। क्लाईंट्स प्रॉक्सी सर्वेस से रिक्वेस्ट करते है, प्रॉक्सी सर्वर क्लाईंट कंप्यूटरों की रिक्वेस्ट पर आधारित रिमोट सर्वर से कनेक्ट करता है। प्रॉक्सी सर्वर, जैसा की नाम से पता चलता है, सभी कंप्यूटरों को इंट्रानेट या एक्सट्रानेट से जोड़ने का कार्य करता है।

अतः विकल्प (C) सही है।

74. 4 जुलाई को पृथ्वी सूर्य के सर्वाधिक दूरी पर होती है। 3 जनवरी को पृथ्वी सूर्य से सबसे नजदीक होती है।

अतः विकल्प (C) सही है।

75. हम जानते हैं कि, $\quad C_p - C_v = R$ और $\dfrac{C_p}{C_v} = \gamma$

उपरोक्त संबंध से हम ज्ञात कर सकते हैं, कि $\quad C_v = \dfrac{R}{\gamma - 1}$

अतः विकल्प (D) सही है।

76. SILENCE - No noise

Babble - the sound of many voices,

So, babble is the opposite of silence.

Hence, the correct option is (B).

77. राजस्थान उपमहाद्वीप के उत्तर-पश्चिमी भाग में स्थित है। यह अपने पश्चिम और उत्तर-पश्चिम की सीमा पर पाकिस्तान से, उत्तर और उत्तर-पूर्व में पंजाब, हरियाणा और उत्तर प्रदेश राज्यों से, पूर्व और दक्षिण-पूर्व में उत्तर प्रदेश और मध्य प्रदेश राज्यों और दक्षिण-पश्चिम में गुजरात राज्य से सीमा साझा करता है। यह मध्य प्रदेश के साथ सबसे लंबी सीमा साझा करता है।

अतः विकल्प (B) सही है।

78. एंटीजन, पदार्थ जो प्रतिरक्षा प्रतिक्रिया को उत्तेजित करने में सक्षम है, विशेष रूप से लिम्फोसाइटों को सक्रिय करते हैं, जो शरीर के संक्रमण से सफेद रक्त कोशिकाओं से लड़ रहे हैं। सामान्य तौर पर, एंटीजन के दो मुख्य विभाजन हैं: विदेशी एंटीजन (या हेटेरोएंटीजन) और ऑटोजेनस (या ऑटो एंटीजन)। विदेशी एंटीजन शरीर के बाहर से उत्पन्न होते हैं।

अतः विकल्प (B) सही है।

79. रनिया कस्बा सिरसा- जीवन नगर मार्ग पर सिरसा के पश्चिम में 21 किमी की दूरी पर स्थित है। इसकी ऐतिहासिक पृष्ठभूमि के बारे में अधिक जानकारी नहीं है।लेकिन फिर भी है माना जाता है कि 14वीं शताब्दी में "रायबिरू" ने यह कस्बा बनाया था। इसका पुराना नाम "राजबपुर" है। राव अनूप सिंह राठौड़ की पत्नी ने यहां एक मिट्टी का किला बनवाया और इसका नाम राजबपुर से रनिया रख दिया।

अतः विकल्प (A) सही है।

80. कंप्यूटर में, एक जॉयस्टिक एक कर्सर नियंत्रण उपकरण है जिसका उपयोग कंप्यूटर गेम और सहायक तकनीक में किया जाता है। जॉयस्टिक, जिसे एक पायलट द्वारा इस्तेमाल की जाने वाली नियंत्रण छड़ी से अपना नाम मिला है और एक हवाई जहाज के एलेवेटर और हवाई जहाज़ के पीछे की ओर की पतवार को नियंत्रित करने के लिए, एक हाथ से पकड़े जाने वाला लीवर है जो एक छोर पर पिवोट करता है और अपने निर्देशांक को कंप्यूटर तक पहुंचाता है।

अतः विकल्प (A) सही है।

81. पानीपत की दूसरी लड़ाई सम्राट हेम चंद्र विक्रमादित्य की सेनाओं और अकबर की सेनाओं के बीच, 5 नवंबर, 1556 लड़ी गई थी। सम्राट हेम चंद्र विक्रमादित्य हिंदू राजा थे तथा उन्हें लोकप्रिय रूप से हेमू कहा जाता था। वे दिल्ली से उत्तर भारत पर शासन कर रहे थे।

अतः विकल्प (D) सही है।

82. समय और चाल व्युत्क्रमानुपाती है।

∴ अभीष्ट अनुपात = 4: 5

अतः विकल्प (D) सही है।

83. CPU में P का मतलब प्रोसेसिंग है। P का मतलब एक एकीकृत GPU के बिना एक (कोर 2) प्रोसेसर होता है। इसे बाद में एक प्रोसेसर के साथ धीमी एकीकृत GPU के साथ परिभाषित करने के लिए फिर से परिभाषित किया गया। P - एकीकृत ग्राफिक्स नियंत्रक के बिना प्रोसेसर।

अतः विकल्प (C) सही है।

84. कई खनिज हरियाणा क्षेत्र के विभिन्न क्षेत्रों में पाए जाते हैं। लेकिन आर्थिक दृष्टिकोण से देखें तो हरियाणा एक समृद्ध राज्य नहीं है। राज्य में पाए जाने वाले मुख्य खनिज चूना पत्थर, स्लेट शूरा, कार्ट्ज, चीनी मिट्टी, कांच बालू, बैरेट, अभ्रक, संगमरमर, तांबा, लौह अयस्क आदि में पाए जाते हैं। महेंद्रगढ़, गुड़गांव, हिसार, रेवाड़ी, भिवानी, रोहतक, फरीदाबाद खनिज संपदा के मामले में उल्लेखनीय है।

अतः विकल्प (C) सही है।

85. Benevolent (adjective) = kind helpful and generous.

Look at the sentence :

A human being should keep a benevolent attitude.

Hence, the correct option is (D).

86. हाइड्रोलिक ब्रेक पास्कल के नियम पर काम करते हैं जिसमें कहा गया है कि "किसी द्रव में एक बिंदु पर दबाव सभी क्षेत्रों में सभी दिशाओं में बराबर है।"

अतः विकल्प (A) सही है।

87. The suitable preposition here used is "with".

Hence, the correct option is (C).

88. लोक लेखा समिति का मुख्य कार्य भारत के नियंत्रक और महालेखा परीक्षक की रिपोर्ट की जांच करना है। लोक लेखा समिति में केवल लोकसभा के सदस्य शामिल होते हैं।

अतः विकल्प (B) सही है।

89. कोई भी उसके काम न आये - अशुद्ध वाक्य है ।

अतः विकल्प (D) सही है।

90. दी गयी जानकारी को निम्न प्रकार से दर्शाया जा सकता है,

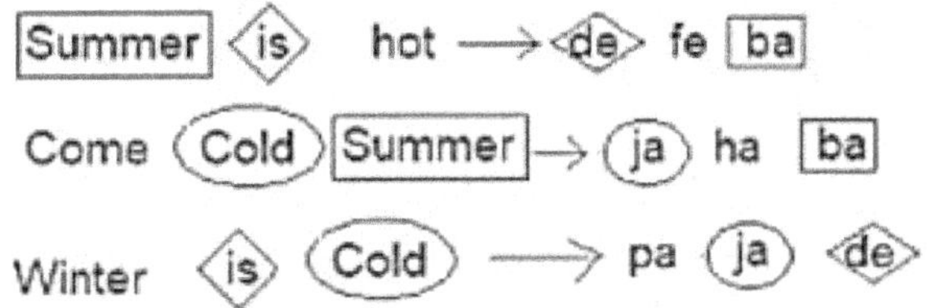

'Come hot Winter' का कूट 'ha fe pa' होगा।

अतः विकल्प (D) सही है।

91. अक्षरों को विपरीत क्रम में लिखा गया है ।

C E D H → H D E C

तब,

P N R V → V R N P

अतः विकल्प (A) सही है।

92. बॉक्साइट एल्यूमीनियम का सबसे महत्वपूर्ण अयस्क है जिसमें केवल 30-54% एल्यूमिना, Al_2O_3 होता है; बाकी सिलिका, विभिन्न लोहे के ऑक्साइड और टाइटेनियम डाइऑक्साइड का एक मिश्रण है, जिसमें जस्ता, फॉस्फोरस, निकल, वैनेडियम आदि की मात्रा का पता लगाया जाता है।

अतः विकल्प (D) सही है।

93. निरूपित प्रदेश के तहत इसके अंतर्गत आने वाले क्षेत्र ;

नुह, नगिना, हथिन

अतः विकल्प (D) सही है।

94. यह चार उद्देश्यों के साथ स्थापित किया गया है:

(A) योजना के निष्पादन में राज्यों के सहयोग को सुरक्षित करना।

(B) योजना के समर्थन में देश के प्रयासों और संसाधनों को मजबूत करना और जुटाना।

(C) सभी महत्वपूर्ण क्षेत्रों में आम आर्थिक नीतियों को बढ़ावा देना।

(D) देश के सभी भागों का संतुलित और तीव्र विकास सुनिश्चित करना।

अतः विकल्प (B) सही है।

95. भारत में, त्रिस्तरीय पंचायत की परिकल्पना उन राज्यों के लिए की गई है जिनकी जनसंख्या 20 लाख से ऊपर है।

अतः विकल्प (B) सही है।

96. Seem should not be used in progressive tenses.

Look at the sentence :

She seems sad.

Hence, the correct option is (D).

97. एक स्पंज औषधि पोरिफेरा का सदस्य है, यह कई कोशिकाओं के साथ एक सरल जानवर है, लेकिन कोई मुंह, मांसपेशियों, दिल या मस्तिष्क नहीं है। यह बेरहम है: यह जगह से दूसरे स्थान पर नहीं जा सकता है जिस तरह से अधिकांश अन्य जानवर कर सकते हैं। एक स्पंज एक जानवर है जो एक पौधे की तरह बढ़ता है जैसे अधिकांश पौधे बढ़ते हैं।

अतः विकल्प (D) सही है।

98. Here, "is the only doctor" should be used.

Hence, the correct option is (B).

99. 'कुच-कूच' शब्द युग्म का सही अर्थ 'उरोज-प्रस्थान' है। कुच का अर्थ स्तन होता है तथा स्तन के पर्यायवाची निम्न शब्द होते है- उरोज, थन, कुच, पयोधर, वक्षोज। जबकि कूच का अर्थ प्रस्थान होता है।

अतः विकल्प (C) सही है।

100. If you live in a corrupt society, you cannot easily rise **above** the prevailing corruption.

Hence, the correct option is (D).

Q.1 अबू धाबी में आयोजित अंतर्राष्ट्रीय भारतीय फिल्म अकादमी पुरस्कार 2022 में सर्वश्रेष्ठ पुरुष अभिनेता का पुरस्कार किसने जीता है?

A. सलमान खान
B. शाहरुख खान
C. विक्की कौशल
D. वरुण धवन

Q.2 निम्नलिखित में से किस राष्ट्रीय उद्यान में आठ अफ्रीकी चीतों को स्थानांतरित किया गया है?

[Delhi Forest Guard, 2020]

A. कुनो पालपुर नेशनल पार्क
B. जिम कॉर्बेट नेशनल पार्क
C. रणथंभौर नेशनल पार्क
D. काजीरंगा नेशनल पार्क

Q.3 सितंबर 2022 में इंडिगो के मुख्य कार्यकारी अधिकारी (CEO) के रूप में किसे नियुक्त किया गया?

A. संजय कुमार वर्मा
B. आदिल सुमरिवाला
C. पीटर एल्बर्स
D. अनुज पोद्दार

Q.4 जुलाई 2022 में, एक टेस्ट क्रिकेट मैच में एक ओवर में सबसे अधिक रन किसने बनाए?

A. मोहम्मद शमी
B. हार्दिक पांड्या
C. जसप्रीत बुमराह
D. भुवनेश्वर कुमार

Q.5 अगस्त 2022 में किस देश ने रूसी राज्य द्वारा संचालित परमाणु ऊर्जा कंपनी 'एएसई' के साथ 2.25 बिलियन डॉलर का समझौता किया है?

[RBI Assistant, 2020], [UPSSSC Rajasva Lekhpal, 2015]

A. भारत
B. चीन
C. जापान
D. दक्षिण कोरिया

Q.6 अप्रैल 2022 में, मझगांव डॉक शिपबिल्डर्स ने प्रोजेक्ट 75 के तहत छह पनडुब्बियों में से अंतिम ______ लॉन्च किया।

A. INS वेला
B. INS वाग्शीर
C. INS कलवरी
D. INS वागीर

Q.7 सितंबर 2022 में कर्मचारी राज्य बीमा निगम (ESIC) का महानिदेशक के रूप में किसे नियुक्त किया गया है?

A. उदय कांबले
B. राजेंद्र कुमार
C. प्रमोद चौधरी
D. रामब्रीच सिंह

Q.8 निम्नलिखित में से किसे वर्ष 2019 के लिए बिल और मेलिंडा गेट्स फाउंडेशन की ओर से 'चेंजमेकर पुरस्कार' से सम्मानित किया गया है?

[Rajasthan Police Constable, 2020]

A. पायल जांगिड़
B. सुमेधा कैलाश
C. कैलाश सत्यार्थी
D. अपूर्ति सिंह चंदेला

Q.9 हरियाणा का कौन सा जिला सबसे बाद में बना है?

A. पलवल
B. कैथल
C. चरखी दादरी
D. पंचकुला

Q.10 कुरुक्षेत्र का प्राचीन नाम क्या था?

A. पलवल
B. स्थानेश्वर
C. फरीदाबाद
D. रोहतासगढ़

Q.11 यदि $2x - 4 \leq 2 - \frac{x}{3}$ और $2(2x + 5) > 3x - 5,$ तो x निम्न में से कौन सा मान ले सकता है?

A. -14
B. 3
C. 4
D. 14

Q.12 एमएस वर्ड में टेक्स्ट को पेस्ट करने के लिए किस कुंजी संयोजन का उपयोग किया जाता है?

A. Ctrl+V
B. Ctrl+Z
C. Alt+R
D. Alt+F4

Q.13 कैप्स लॉक कुंजी को टॉगल कुंजी के रूप में क्यों कहा जाता है?

A. क्योंकि कुंजी को दबाने पर इसकी स्थिति बदल जाती है
B. क्योंकि इसका उपयोग संख्याओं को दर्ज करने के लिए नहीं किया जा सकता है
C. क्योंकि इसे सम्मिलित करने के लिए उपयोग किया जा सकता है
D. क्योंकि इसे सम्मिलित करने के लिए उपयोग नहीं किया जा सकता है

Q.14 किस देश ने अंतरिक्ष में अपना पहला ह्यूमनॉइड रोबोट लॉन्च किया?

A. चीन
B. अमेरीका
C. रूस
D. इंग्लैंड

Q.15 निम्न में से हरियाणा की कौन-सी नदी पर रेणुका किशाऊ और लखवार व्यासी बांध बनाए गए हैं?

A. झज्जर
B. यमुना
C. टांगरी
D. इनमें से कोई नहीं

Q.16 चरकुला नृत्य निम्नलिखित में से किस से संबंधित है?

A. बुंदेलखंड क्षेत्र
B. बाघेलखंड क्षेत्र
C. अवध क्षेत्र
D. ब्रज क्षेत्र

Q.17 मोहम्मद बिन तुगलक ने अपनी नई राजधानी का क्या नाम रखा था?

A. सीरी
B. तुग़लकाबाद
C. दौलताबाद
D. आगरा

Q.18 दिए गए चित्र में, त्रिभुज मैसूर जाने वाले लोगों को दर्शाता है, वृत्त मनाली जाने वाले लोगों को दर्शाया है, और जो लोग जम्मू और कश्मीर का दौरा करते हैं उनका प्रतिनिधित्व एक वर्ग द्वारा किया जाता है। कौन सा क्षेत्र मैसूर और जम्मू और कश्मीर दोनों में लोगों को दर्शाता है?

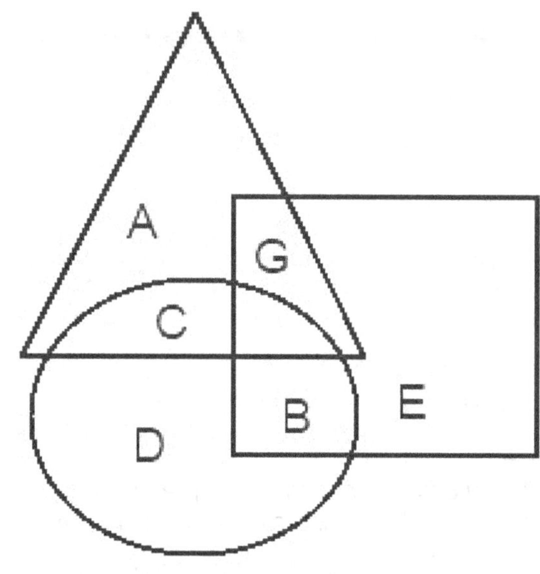

A. D   **B.** G   **C.** B   **D.** C

Q.19 निम्नलिखित में से कौन सी मृदा कपास के लिए सर्वोत्तम है?
A. रेगुर   **B.** जलोढ़
C. लाल   **D.** चिकनी मिट्टी

Q.20 _______ बिट्स एक बाइट के बराबर हैं।
A. 8   **B.** 2
C. 1,000   **D.** 1,000,000

Q.21 चार अंकों की वह महत्तम संख्या क्या है जो 25, 30, 35 तथा 40 से पूर्णतः विभाजित होती है?
A. 8400   **B.** 4800   **C.** 9600   **D.** 2400

Q.22 Direction: In the following question, a sentence has been given in Direct/Indirect Speech. Out of the four alternatives suggested, select the one which best expresses the same sentence in Indirect/Direct Speech.

Lisa told Robin, "According to language experts, English is one of the most difficult languages to learn."

A. Lisa told Robin that according to language experts, English will become one of the most difficult languages to learn.
B. Lisa told Robin that according to language experts, English is one of the most difficult languages to learn.
C. Lisa told Robin that according to language experts, English had been one of the most difficult languages to learn.
D. Lisa told Robin that according to language experts, English is one of the most difficult languages to learn.

Q.23 यदि $(A + B)$ का $10\% = (A - B)$ का 15%, तो B का कितना प्रतिशत, A के बराबर है?
A. 100%   **B.** 600%   **C.** 500%   **D.** 400%

Q.24 कौन सा एक सरल उपकरण है जिसका उपयोग खरपतवार को हटाने और मिट्टी को ढीला करने के लिए किया जाता है?
A. रबात   **B.** कुदाल   **C.** ढेकली   **D.** खाई

Q.25 किस सिख गुरु ने स्वयं को 'सच्चा बादशाह' कहा था?
A. गुरु गोविंद सिंह   **B.** गुरु हरगोविंद सिंह
C. गुरु तेग बहादुर   **D.** गुरु अर्जुन देव

Q.26 मोहनजोदड़ो की सिंधु घाटी सभ्यता स्थल किस देश में है?
A. उज्बेकिस्तान   **B.** पाकिस्तान
C. अफगानिस्तान   **D.** भारत

Q.27 निम्नलिखित में से कौन सा बायोडिग्रेडेबल है?
A. लौह कीलें   **B.** प्लास्टिक मग
C. चमड़े के बेल्ट   **D.** चाँदी का वर्क

Q.28 वी-रैम का उपयोग निम्नलिखित में से किसके लिए किया जाता है?
A. वीडियो और ग्राफिक्स   **B.** पाठ और चित्र
C. प्रोग्राम   **D.** इनमे से कोई भी नहीं

Q.29 निर्देश: नीचे दिए गए विकल्पों में से उस विकल्प का चयन करें, जिसमें दी गई संख्याओं का समूह प्रश्न में दिए गए संख्याओं के समूह के समान है।
(6, 36, 63)
A. (7, 56, 65)   **B.** (8, 64, 46)
C. (9, 81, 108)   **D.** (11, 55, 121)

Q.30 गिद्ध या जटायु संरक्षण प्रजनन केंद्र किस वन्यजीव अभयारण्य के भीतर स्थित है?
A. सरस्वती वन्यजीव अभयारण्य
B. बीर शिकारगाह अभयारण्य
C. नाहर वन्यजीव अभयारण्य
D. भिंडवास वन्यजीव अभयारण्य

Q.31 निम्नलिखित में से कौन सा पानी में घुलनशील है?
A. कपूर   **B.** सल्फर
C. साधारण नमक   **D.** चीनी

Q.32 निम्नलिखित में से कौन सा विकल्प गलत है?
A. केंद्रक, पौधे और पशु दोनों की कोशिकाओं में मौजूद होते हैं।
B. केंद्रक के अंदर गुणसूत्र पाए जाते हैं।
C. केंद्रक की खोज रॉबर्ट हुक द्वारा की गई थी।
D. केंद्रक को कोशिका का मस्तिष्क कहा जाता है।

Q.33 निम्नलिखित में से किस पदाधिकारी को संसद के सदस्य नहीं होने पर भी उसे संबोधित करने का अधिकार है?
A. भारत के मुख्य न्यायाधीश
B. भारत के महान्यायवादी
C. भारत के सॉलिसिटर जनरल
D. भारत के मुख्य चुनाव आयुक्त

Q.34 हरियाणा साहित्य अकादमी की पत्रिका है:
[Haryana Primary Teacher (PRT), 2019]
A. हरिगंधा   **B.** हरियाणा संवाद
C. हरियाणा सन्देश   **D.** पंचजन्य

Q.35 बाबर ने अपने अनुभवों का वर्णन निम्नलिखित में से किस में किया है?
A. तुज़क-ए-बाबरी   **B.** तुजुक-ए-सल्तनत
C. खारचा-ए-बाबरी   **D.** इनमें से कोई नहीं

Q.36 एक पार्टी में लड़कों की संख्या से लड़कियो की संख्या का अनुपात 5 : 9 है। यदि पार्टी में 99 लड़कियां हैं, पार्टी में व्यक्तियों की कुल संख्या हैं।
A. 99   **B.** 55   **C.** 132   **D.** 154

Q.37 वीपीएन का पूर्ण रूप क्या है?
A. वर्चुअल प्राइवेट नेटवर्क   **B.** वर्चुअल पब्लिक नेटवर्क
C. वैरी प्राइवेट नेटवर्क   **D.** इनमे से कोई भी नहीं

Q.38 यदि 6 अंकों की संख्या x35624 और 1257y4 क्रमशः 11 और 72 से विभाज्य हैं, तो (5x-2y) का मान क्या है?

A. 12   **B.** 10   **C.** 14   **D.** 13

Q.39 हरियाणा की भाषा में पहली फिल्म कौन सी थी?

A. धरती

B. हरफूल सिंह जाट जुलानी

C. बीर शेरा

D. बहु रानी

Q.40 Direction: Find out which part of the sentence has an error. If there is no mistake, the answer is (4).

This is not the (1)/ sense which (2) / concerns us here.(3) / No error (4)

A. 1   **B.** 2   **C.** 3   **D.** 4

Ques (41-42):Direction: Fill in the blank with an appropriate conjunction.

Q.41 I was taken _____ by her beauty.

A. with   **B.** back   **C.** in   **D.** off

Q.42 There _____ any sugar in her coffee.

A. was   **B.** wasn't   **C.** were   **D.** weren't

Q.43 मानसरोवर क्षेत्र से किस नदी का उद्गम हुआ है?

A. यमुना   **B.** गंगा   **C.** ब्रह्मपुत्र   **D.** नर्मदा

Q.44 भौतिक मात्रा "प्रतिबाधा" की इकाई क्या है?

A. न्यूटन सेकंड   **B.** स्टरडियन

C. पास्कल   **D.** जूल

Q.45 'गोदान' उपन्यास के लेखक कौन थे?

A. शरतचंद्र चट्टोपाध्याय   **B.** मुंशी प्रेमचंद

C. महादेवी वर्मा   **D.** रामधारी सिंह दिनकर

Q.46 एक निश्चित कोड भाषा में, "BAT" को "23" लिखा जाता है। उस कोड भाषा में "HEN" कैसे लिखा जाता है?

A. 23   **B.** 26   **C.** 24   **D.** 27

Q.47 हरियाणा का कौन सा नगर बुनकरों का शहर के नाम से प्रसिद्ध है?

A. फरीदाबाद   **B.** पानीपत   **C.** करनाल   **D.** सोनीपत

Q.48 सुपरकंडक्टर कौन से पदार्थ होते हैं?

A. विद्युत प्रवाह की धारा प्रवाह के लिए न्यूनतम प्रतिरोध प्रदान करते हैं।

B. कम तापमान पर बिजली का संचालन करते हैं।

C. उच्च तापमान पर बिजली का संचालन करते हैं।

D. विद्युत प्रवाह के धारा प्रवाह के लिए उच्च प्रतिरोध प्रदान करते हैं।

Q.49 सिंधु घाटी सभ्यता स्थल, बानवाली, हरियाणा के किस जिले में है?

A. सोनीपत जिला   **B.** झज्जर जिला

C. फतेहाबाद जिला   **D.** हिसार जिला

Q.50 निर्देश: दिए गए विकल्पों में से संबंधित शब्द चुनिए।

आशावादी प्रसन्न से संबंधित है उसी प्रकार निराशावादी किससे संबंधित है?

A. सहायक   **B.** महत्त्वहीन   **C.** उदास   **D.** मतलबी

Q.51 रॉय 2 किमी पूर्व की ओर चलता है, फिर उत्तर-पश्चिम की ओर घूमता है और 3 किमी चलता है। फिर वह दक्षिण की ओर घूमता है और 5 किमी चलता है। वह फिर पश्चिम की ओर घूमता है और 2 किमी चलता है। अन्ततः वह उत्तर की ओर घूमता है और 6 किमी चलता है। वह आरम्भिक स्थल से किस दिशा में है?

A. दक्षिण-पश्चिम   **B.** दक्षिण-पूर्व

C. उत्तर-पश्चिम   **D.** उत्तर-पूर्व

Q.52 _________ अपने ब्राउज़र में इसे सहेजकर किसी पसंदीदा वेबसाइट को तुरंत एक्सेस करने का एक तरीका है।

A. कुकी   **B.** कैश   **C.** ब्लॉग   **D.** बुकमार्क

Q.53 निम्नलिखित में से कौन भारत के पूर्वी तट पर स्थित मुख्य बंदरगाह है?

A. कांडला   **B.** विशाखापट्टनम

C. करी कल   **D.** पुडुचेरी

Q.54 निर्देश: निम्नलिखित प्रश्न में, दिए गए विकल्पों में से संबंधित संख्या युग्म का चयन करें:

8 : 9 : 56 : ?

A. 90   **B.** 73   **C.** 72   **D.** 89

Q.55 हरियाणा के पहले राज्यपाल कौन थे?

[HSSC Canal Patwari, 2019]

A. बीरेंद्र नारायण चक्रवर्ती   **B.** रणजीत सिंह नरूला

C. भागवत दयाल शर्मा   **D.** धर्म विरा

Q.56 सूर्य पूर्व में क्यों उगता है और पश्चिम में अस्त होता है?

A. पृथ्वी की आकृति

B. पृथ्वी का सूर्य के चारों ओर परिक्रमा

C. पृथ्वी का अपनी धुरी पर घूमना

D. सूर्य की गति

Q.57 एक व्यापारी अपनी सभी वस्तुओं पर 8% की छूट देता है और फिर भी वह 15% का लाभ कमाता है। यदि एक वस्तु का अंकित मूल्य 250 रु. है, तो इसका क्रय मूल्य क्या है?

A. 230 रु.   **B.** 187 रु.   **C.** 180 रु.   **D.** 200 रु.

Q.58 यदि DONE को YKKC लिखा जाता है, तो MILK को किस प्रकार लिखा जाएगा?

A. HEII   **B.** HEJI   **C.** GDIJ   **D.** IEJI

Q.59 भारत का पहला राष्ट्रीय उद्यान कौन सा है?

A. कान्हा राष्ट्रीय उद्यान

B. दुधवा राष्ट्रीय उद्यान

C. राजाजी राष्ट्रीय उद्यान

D. जिम कॉर्बेट राष्ट्रीय उद्यान

Q.60 निम्नलिखित में से किस तत्व का परमाणु क्रमांक मैग्नीशियम की तुलना में अधिक है?

A. नियॉन   **B.** फ्लोरिन

C. सोडियम   **D.** एल्युमीनियम

Q.61 जब माउस को घुमाया जाता है, तो हमारे कम्प्यूटर स्क्रीन पर जो चीज दिखाई देती है, वह क्या है?

A. मेन्यु   **B.** आइकन   **C.** पॉइंटर   **D.** टैब

Q.62 यदि + अर्थ '−', − अर्थ '×', ÷ अर्थ '+' और × अर्थ '÷' है, तो 15 × 5 ÷ 4 − 6 + 7 का मान क्या होगा?

A. 5   **B.** 20   **C.** 19   **D.** 18

Q.63 सरल कीजिए:

$$\sqrt{6+\sqrt{6+\sqrt{6+\sqrt{6+\cdots}}}}$$

A. 6   **B.** 5   **C.** 2   **D.** 3

Q.64 हरियाणा में कुल कितने प्रशासनिक मंडल हैं?

A. 6   **B.** 7   **C.** 4   **D.** 5

Q.65 Direction: Select the option that means the same as the given idiom.

Alive and kicking

A. To be dead inside   **B.** To excel

C. To participate   **D.** Lively and active

Q.66 घोतक का तद्भव रूप क्या है?

A. घोटा   **B.** घोटना   **C.** घोड़ा   **D.** घोटू

Q.67 निम्नलिखित में से किसे यारलुंग त्संगपो के नाम से भी जाना जाता है?

A. मारकंडा   **B.** सरस्वती   **C.** साहिबी   **D.** ब्रह्मपुत्र

Q.68 निम्न में से शुद्ध वर्तनी वाला शब्द है:

A. तुष्किरण   **B.** तुष्टीकरण   **C.** तुष्किर्ण   **D.** तुष्टीकर्ण

Q.69 मनुष्यों में त्वचा के रंग के लिए कौन सा वर्णक जिम्मेदार है?

A. ल्यूटिन   **B.** बिलीरुबिन

C. मेलानिन   **D.** उपरोक्त में से कोई नहीं

Q.70 निम्नलिखित में से क्या सोडा वाटर में होता है?

A. कार्बोनिक अम्ल   **B.** सल्फर अम्ल

C. कार्बन डाइऑक्साइड   **D.** नाइट्रस अम्ल

Q.71 निर्देश: निम्नलिखित शब्द के साथ चार विकल्प दिए गये हैं। इनमें से तीन पर्यायवाची है और एक शब्द पर्यायवाची नहीं है। जो पर्यायवाची नहीं है, उसका चयन कीजिए।

सूर्य

A. प्रभाकर   **B.** निशाकर   **C.** दिनकर   **D.** दिनेश

Q.72 निम्नलिखित में से कौन सा नृत्य बिरजू महाराज से संबंधित है?

A. कथक   **B.** मणिपुरी

C. सतरिया   **D.** मोहिनिअट्टम

Q.73 Direction: In the following question, out of the four alternatives, choose the word which is opposite in meaning to the given word.

Whirl

A. Swirl   **B.** Peace   **C.** Flurry   **D.** Surge

Q.74 एक एलेक्ट्रिक इस्त्री को 110 रु. और 50 रु. के अग्रिम भुगतान की देय राशि पर बेचा जाता है और एक महीने बाद किस्त की राशि 62 रु. हो जाती है। किस्त योजना के तहत लगाई गई ब्याज की दर ज्ञात कीजिए?

A. 20%   **B.** 40%

C. 50%   **D.** इनमें से कोई नहीं

Q.75 निम्नलिखित में से किस वाक्य में गलत विशेषण प्रयुक्त हुआ है?

A. कुछ लोग हमेशा झूठ बोलते है।

B. मेरी बहन पांचवी कक्षा में पढ़ती है।

C. आपके पिताजी कब लौट रहे है।

D. एक मदन अच्छा लड़का है।

Q.76 राष्ट्रपिता महात्मा गांधी के हत्यारे नाथू राम गोडसे को हरियाणा की सेंट्रल जेल में मौत की सजा सुनाई गई थी। यह कहां स्थित है?

A. सिरसा   **B.** हिसार   **C.** रोहतक   **D.** अंबाला

Q.77 चार बच्चे आकाश, बासू, पूजा और तुलसी एक सीढ़ी पर हैं। सीढ़ी पर आकाश बासू से ऊपर स्थान पर है। बासू, आकाश और पूजा के बीच में है।

अगर तुलसी आकाश से ऊपर स्थान पर है, तो नीचे की ओर से दूसरा व्यक्ति कौन है?

A. तुलसी   **B.** आकाश   **C.** पूजा   **D.** बासू

Q.78 'गमन' शब्द को विपरीतार्थक बनाने के लिए आप किस उपसर्ग का प्रयोग करेंगे?

A. 'अनु'   **B.** 'प्रती'   **C.** 'आ'   **D.** 'उप'

Q.79 सुभाष चंद्र बोस का जन्म कब हुआ था?

A. 1869 ईसवी   **B.** 1879 ईसवी

C. 1890 ईसवी   **D.** 1897 ईसवी

Q.80 निर्देश: निम्नलिखित प्रश्न में, उन विकल्पों का चयन कीजिए जो प्रश्न चिह्न (?) के स्थान पर आएंगे।

पृथ्वी : चंद्रमा :: सूर्य : ?

A. पृथ्वी   **B.** ग्रह   **C.** सौर मंडल   **D.** क्षुद्रग्रह

Q.81 जब एक ताजा अंडे को खारे पानी में रखा जाता है, तो,

A. वह डूब जाएगा

B. वह डूबेगा पर नीचे नहीं जाएगा

C. वह तैरेगा

D. वह फटेगा

Q.82 एक रेलगाड़ी 800 मीटर और 400 मीटर लम्बे दो पुलों को क्रमशः 100 सेकंड और 60 सेकंड में पार करती है। रेलगाड़ी की लंबाई क्या होगी?

A. 50   **B.** 100   **C.** 200   **D.** 400

Q.83 Direction: Choose the option that describes the meaning of the given idioms phrases.

A pipe dream

A. A bad dream

B. A pleasant dream

C. An impracticable dream

D. A foolish idea

Q.84 भारतीय संविधान में पहली बार कब संशोधन किया गया था?

A. 1953   **B.** 1952   **C.** 1949   **D.** 1951

Q.85 रामू, सोमू से 4 गुना अधिक तेजी से कार्य करता है। यदि सोमू अकेले एक कार्य को 20 दिनों में पूरा कर सकता है, तो रामू और सोमू साथ मिलकर उसी कार्य को कितने दिनों में पूरा कर सकते हैं?

A. 4 दिन   **B.** 6 दिन   **C.** 3 दिन   **D.** 5 दिन

Q.86 एक लड़की की ओर इशारा करते हुए एक लड़के ने कहा, "वह मेरे भाई के पिता की पुत्री है।" लड़की, लड़के से किस प्रकार संबंधित है?

A. बहन   **B.** पुत्री   **C.** मां   **D.** भतीजी

Q.87 यदि 35 संख्याओं का औसत 22 है, पहली 17 संख्याओं का औसत 19 है, और अंतिम 17 संख्याओं का औसत 20 है, तो 18वीं संख्या है:

A. 132   **B.** 108   **C.** 133   **D.** 107

Q.88 जींद का प्राचीन नाम क्या है?

A. कन्रोर   **B.** गुरुग्राम   **C.** जयंतपुरा   **D.** इरदार

Q.89 हरियाणा का मौसम ___ है।

A. सूखा से अर्ध-सूखा   **B.** शुष्क से अर्ध-शुष्क

C. अधिक ठंडा   **D.** नम

Q.90 किसी फार्म पर कार्य करने वाले कर्मचारियों की संख्या में 25% की वृद्धि कर दी जाती है तथा प्रति व्यक्ति मजदूरी में 25% की कमी कर दी जाती है। यदि इससे कुल मजदूरी में $x\%$ की कमी होती है, तो x का मान है?

A. 0 **B.** 25 **C.** 20 **D.** $\frac{25}{4}$

Q.91 ऑप्टिकल डिस्क में डाटा रिट्रीव करने और रिकॉर्ड करने के लिए प्रयोग की जाने वाली प्रकाश की किरण कहलाती है:

A. पोलराईजड लाइट
B. कलर्ड लाइट
C. अनपोलराईजड कान्सेन्ट्रिक लाइट
D. लेजर

Q.92 यूरिया का रसायनिक सूत्र क्या है?

A. $(NH_4)_2CO_2$ **B.** $(NH_2)CO$
C. $(NH_4)_2CO$ **D.** $(NH_2)_2CO$

Q.93 हरियाणा उर्दू अकादमी ने 32वीं वर्षगांठ स्थापना दिवस कब मनाई?

A. 16 सितम्बर **B.** 1 अप्रैल
C. 22 दिसंबर **D.** 16 अक्टूबर

Q.94 भारत में त्रिस्तरीय पंचायत राज प्रणाली का प्रस्ताव किसने किया था?

A. बलवंत राय मेहता समिति
B. अशोक महेता समिति
C. रॉयल कमीशन
D. उपयुक्त में से कोई नही

Q.95 बलवन्त सिंह निम्नलिखित में से किस खेल से संबंधित हैं?

A. कुश्ती **B.** तैराकी **C.** वॉलीबॉल **D.** शूटिंग

Q.96 परमाणु रिएक्टर में भारी पानी का उपयोग क्या है?

A. ईंधन **B.** संचालक (मॉडरेटर)
C. नियंत्रण उपकरण **D.** इनमें से कोई नहीं

Q.97 एक टंकी में दो पाइप लगे हुए है एक इसको 8 घंटे में भर सकता है और दूसरा इसको 5 घंटे में खाली कर सकता है। यदि टंकी का $\frac{5}{8}$ भाग पानी से भरा हुआ हो, तो टंकी कितने समय में खाली हो जाएगी?

A. $13\frac{1}{3}$ घंटे **B.** $8\frac{1}{3}$ घंटे **C.** $1\frac{12}{13}$ घंटे **D.** $3\frac{1}{3}$ घंटे

Q.98 दो सबसे सामान्य इनपुट डिवाइस कौन से हैं?

A. माइक्रोफोन, प्रिंटर
B. स्कैनर, मॉनिटर
C. डिजिटल कैमरा, स्पीकर
D. कीबोर्ड, माउस

Q.99 जब दो तरल पदार्थ एक दूसरे के साथ मिलकर एक घोल नहीं बनाते हैं, तो इसे क्या कहा जाता है?

A. अमिश्रणीय **B.** विलायक **C.** निस्तारण **D.** विलय

Q.100 ईंटरनेट से हम ______?

A. इलेक्ट्रॉनिक मेल भेज सकते है
B. वेब पेज देख सकते हैं
C. दुनिया भर के सभी सर्वर से जुड़ते हैं
D. ऊपर के सभी

// स्मार्ट उत्तर पुस्तिका //

सही उत्तर उन छात्रों के प्रतिशत को इंगित करता है जिन्होंने प्रश्नों का सही उत्तर दिया था।

छोड़ दिया उन छात्रों के प्रतिशत को इंगित करता है जिन्होंने प्रश्नों को छोड़ दिया था।

प्रश्न संख्या	उत्तर	सही उत्तर / छोड़ दिया	प्रश्न संख्या	उत्तर	सही उत्तर / छोड़ दिया	प्रश्न संख्या	उत्तर	सही उत्तर / छोड़ दिया	प्रश्न संख्या	उत्तर	सही उत्तर / छोड़ दिया	प्रश्न संख्या	उत्तर	सही उत्तर / छोड़ दिया
1	C	64.73 % / 1.45 %	17	C	87.51 % / 0.0 %	33	B	45.47 % / 1.59 %	49	C	88.0 % / 0.0 %	65	D	83.77 % / 0.0 %
2	A	89.17 % / 0.0 %	18	B	82.57 % / 0.0 %	34	A	77.22 % / 0.0 %	50	C	87.04 % / 0.0 %	66	C	88.33 % / 0.0 %
3	C	50.13 % / 1.39 %	19	A	77.33 % / 0.0 %	35	A	49.34 % / 1.72 %	51	C	80.76 % / 0.0 %	67	D	81.78 % / 0.0 %
4	C	49.58 % / 1.58 %	20	A	57.87 % / 1.09 %	36	D	76.51 % / 0.0 %	52	D	87.76 % / 0.0 %	68	A	84.43 % / 0.0 %
5	D	87.77 % / 0.0 %	21	A	58.18 % / 1.25 %	37	A	85.97 % / 0.0 %	53	B	80.9 % / 0.0 %	69	C	77.13 % / 0.0 %
6	B	57.04 % / 1.05 %	22	D	78.11 % / 0.0 %	38	C	32.83 % / 3.57 %	54	C	82.99 % / 0.0 %	70	C	85.55 % / 0.0 %
7	B	57.64 % / 1.5 %	23	C	83.86 % / 0.0 %	39	A	46.79 % / 1.5 %	55	D	81.73 % / 0.0 %	71	B	81.36 % / 0.0 %
8	A	57.24 % / 1.37 %	24	B	61.24 % / 1.99 %	40	D	87.03 % / 0.0 %	56	C	78.27 % / 0.0 %	72	A	79.44 % / 0.0 %
9	C	84.21 % / 0.0 %	25	B	77.73 % / 0.0 %	41	C	86.86 % / 0.0 %	57	D	87.19 % / 0.0 %	73	B	86.81 % / 0.0 %
10	B	85.01 % / 0.0 %	26	B	83.01 % / 0.0 %	42	B	83.15 % / 0.0 %	58	A	80.47 % / 0.0 %	74	B	78.76 % / 0.0 %
11	A	55.62 % / 1.79 %	27	C	88.35 % / 0.0 %	43	C	86.81 % / 0.0 %	59	D	89.86 % / 0.0 %	75	D	81.59 % / 0.0 %
12	A	76.24 % / 0.0 %	28	A	68.02 % / 1.83 %	44	C	79.52 % / 0.0 %	60	D	66.68 % / 1.42 %	76	D	84.14 % / 0.0 %
13	A	52.16 % / 1.09 %	29	B	65.49 % / 1.55 %	45	B	82.86 % / 0.0 %	61	C	77.87 % / 0.0 %	77	D	84.43 % / 0.0 %
14	C	42.94 % / 1.29 %	30	B	42.77 % / 1.42 %	46	D	76.41 % / 0.0 %	62	B	87.04 % / 0.0 %	78	C	56.71 % / 1.76 %
15	B	68.1 % / 1.3 %	31	D	85.17 % / 0.0 %	47	B	79.23 % / 0.0 %	63	D	87.21 % / 0.0 %	79	D	45.73 % / 1.59 %
16	D	65.56 % / 1.37 %	32	C	56.45 % / 1.25 %	48	A	84.07 % / 0.0 %	64	A	83.19 % / 0.0 %	80	A	85.18 % / 0.0 %

प्रश्न संख्या	उत्तर	सही उत्तर छोड़ दिया
81	C	79.69 %
		0.0 %
82	C	79.83 %
		0.0 %
83	C	88.57 %
		0.0 %
84	D	86.09 %
		0.0 %

प्रश्न संख्या	उत्तर	सही उत्तर छोड़ दिया
85	A	77.07 %
		0.0 %
86	A	77.08 %
		0.0 %
87	D	88.66 %
		0.0 %
88	C	60.32 %
		1.93 %

प्रश्न संख्या	उत्तर	सही उत्तर छोड़ दिया
89	B	54.63 %
		1.93 %
90	D	78.18 %
		0.0 %
91	D	89.86 %
		0.0 %
92	D	77.83 %
		0.0 %

प्रश्न संख्या	उत्तर	सही उत्तर छोड़ दिया
93	C	56.31 %
		1.01 %
94	A	89.09 %
		0.0 %
95	C	84.72 %
		0.0 %
96	B	51.29 %
		1.43 %

प्रश्न संख्या	उत्तर	सही उत्तर छोड़ दिया
97	B	84.1 %
		0.0 %
98	D	78.33 %
		0.0 %
99	A	87.19 %
		0.0 %
100	D	87.06 %
		0.0 %

कार्य विश्लेषण	
औसत अंक (%)	41.25%
टॉपर्स स्कोर (%)	63.75%
आपका स्कोर	

//संकेत और समाधान//

1. विक्की कौशल ने अबू धाबी में आयोजित अंतर्राष्ट्रीय भारतीय फिल्म अकादमी पुरस्कारों में सर्वश्रेष्ठ पुरुष अभिनेता का पुरस्कार जीता है। उन्हें अबू धाबी में आयोजित IIFA 2022 में एक प्रमुख भूमिका (पुरुष) के लिए सर्वश्रेष्ठ प्रदर्शन का पुरस्कार मिला है। उन्होंने शूजीत सरकार द्वारा निर्देशित फिल्म सरदार उधम के लिए पुरस्कार जीता।

अत: विकल्प (C) सही है।

2. दक्षिण अफ्रीका के नामीबिया के आठ अफ्रीकी चीतों को मध्य प्रदेश के कुनो पालपुर राष्ट्रीय उद्यान में स्थानांतरित किया गया है।

चीतों के राष्ट्रीय उद्यान में आने के बाद, वे बड़े बाड़ों में स्थानांतरित होने से पहले संगरोध चरण के दौरान छोटे बाड़ों में रहेंगे। 1952 के बाद से भारत में धीरे-धीरे चीते विलुप्त होने शुरू हो गए, उसके बाद तब 2009 में 'अफ्रीकी चीता इंट्रोडक्शन प्रोजेक्ट इन इंडिया' शुरू किया गया था।

अतः विकल्प (A) सही है।

3. सितंबर 2022 में इंडिगो के मुख्य कार्यकारी अधिकारी (CEO) के रूप में पीटर एल्बर्स को नियुक्त किया गया है।

पीटर एल्बर्स इंडिगो में मुख्य कार्यकारी अधिकारी (CEO) के रूप में शामिल हुए। एल्बर्स ने रोनोजॉय दत्ता का स्थान लिया जो 30 सितंबर 2022 को सेवानिवृत्त होने वाले हैं। एल्बर्स ने इससे पहले 2014 से KLM रॉयल डच एयरलाइंस के अध्यक्ष और मुख्य कार्यकारी अधिकारी के रूप में कार्य किया है और एयर फ्रांस-KLM ग्रुप की कार्यकारी समिति के सदस्य भी हैं।

अतः विकल्प (C) सही है।

4. जसप्रीत बुमराह ने 2 जुलाई 2022 को एक टेस्ट क्रिकेट मैच में एक ओवर में सबसे ज्यादा रन बनाए।

उन्होंने बर्मिंघम के एजबेस्टन में इंग्लैंड के खिलाफ पांचवें और अंतिम टेस्ट के दौरान यह रिकॉर्ड हासिल किया। इसी के साथ उन्होंने वेस्टइंडीज के दिग्गज बल्लेबाज ब्रायन लारा को पीछे छोड़ दिया है।

अत: विकल्प (C) सही है।

5. दक्षिण कोरिया ने अगस्त 2022 में एक रूसी राज्य द्वारा संचालित परमाणु ऊर्जा कंपनी 'एएसई' के साथ 2.25 अरब डॉलर के समझौते पर हस्ताक्षर किए हैं।

- मिस्र के पहले परमाणु ऊर्जा संयंत्र के लिए घटक प्रदान करने के लिए इस पर हस्ताक्षर किए गए हैं।
- एएसई एक सरकारी स्वामित्व वाले रूसी परमाणु समूह रोसाटॉम की सहायक कंपनी है।
- दक्षिण कोरिया ने संयुक्त अरब अमीरात में परमाणु ऊर्जा रिएक्टर बनाने के लिए 20 अरब डॉलर के अनुबंध पर भी हस्ताक्षर किए हैं।

अतः विकल्प (D) सही है।

6. 20 अप्रैल 2022 को मझगांव डॉक शिपबिल्डर्स ने प्रोजेक्ट 75 के तहत छह पनडुब्बियों में से अंतिम INS वाग्शीर को लॉन्च किया। पनडुब्बी को रक्षा सचिव अजय कुमार ने लॉन्च किया।

इसका नाम हिंद महासागर की एक घातक गहरे पानी की समुद्री शिकारी - सैंडफिश के नाम पर रखा गया है और पहली पनडुब्बी 'वाग्शीर' को भारतीय नौसेना में दिसंबर 1974 में कमीशन किया गया था। इसे भारतीय नौसेना में अप्रैल 1997 में सेवामुक्त किया गया था।

अत: विकल्प (B) सही है।

7. वरिष्ठ अधिकारी राजेंद्र कुमार को कर्मचारी राज्य बीमा निगम (ESIC) का महानिदेशक नियुक्त किया गया है।

- तमिलनाडु कैडर के 1992 बैच के IAS अधिकारी कुमार वर्तमान में इलेक्ट्रॉनिक्स और सूचना प्रौद्योगिकी मंत्रालय में एक अतिरिक्त सचिव हैं।
- ESIC श्रम और रोजगार मंत्रालय के स्वामित्व वाली वैधानिक सामाजिक सुरक्षा संस्था है।

अतः विकल्प (B) सही है।

8. पायल जांगिड़ को बिल और मेलिंडा गेट्स फाउंडेशन द्वारा वर्ष 2019 के लिए 'चेंजमेकर पुरस्कार' से सम्मानित किया गया है।

बिल गेट्स और उनकी पत्नी मेलिंडा गेट्स द्वारा स्थापित यह संगठन लोगों को स्वस्थ, उत्पादक जीवन जीने में मदद करता है। विकासशील देशों में, संगठन लोगों के स्वास्थ्य में सुधार लाने और उन्हें खुद को भुखमरी और अत्यधिक गरीबी से बाहर निकालने का मौका प्रदान करने पर ध्यान केंद्रित करता है। इसका मुख्यालय वाशिंगटन, अमेरिका में है।

पायल जांगिड़ को गोलकीपर ग्लोबल गोल्स अवार्ड्स 2019 में 'चेंजमेकर अवार्ड' से सम्मानित किया गया। उन्हें उनके गाँव में बाल विवाह के उन्मूलन के लिए उनके काम के लिए सम्मानित किया गया था। उनके गुरु नोबेल शांति पुरस्कार विजेता कैलाश सत्यार्थी और बाल अधिकार कार्यकर्ता सुमेधा कैलाश थे।

अतः विकल्प (A) सही है।

9. हरियाणा सरकार ने आधिकारिक रूप से चरखी दादरी को 16 नवंबर 2016 को हरियाणा के 22वें जिले के रूप में अधिसूचित किया। आबादी का बड़ा हिस्सा जाट लोगों द्वारा गठित किया गया है, जो विभिन्न पड़ोसी गांवों से आए हैं, साथ ही उनमें से कई शहर के राजपूत संस्थापकों के वंशज हैं। चरखी दादरी आस-पास के सभी गाँवों का मुख्य बाज़ार है और इसके अपने भोजन और अनाज के बाज़ार और एक एफसीआई गोदाम है।

अतः विकल्प (C) सही है।

10. कुरुक्षेत्र को पहले थानेसर या स्थानेश्वर कहा जाता था। थानेसर नाम संस्कृत के 'स्थानेश्वर' से लिया गया था, जिसका अनुवाद 'ईश्वर के स्थान' में किया जा सकता है। कुरुक्षेत्र धार्मिक महत्व का स्थान है और देश के सबसे पुराने शहरों में से एक है। यह वह भूमि है जहाँ कृष्ण ने महाभारत के महाकाव्य युद्ध के दौरान अर्जुन को भगवद गीता का उपदेश दिया था।

अतः विकल्प (B) सही है।

11. दिया है:

$$2x - 4 \leq 2 - \frac{x}{3} \text{ और } 2(2x + 5) > 3x - 5$$

$$2x - 4 \leq 2 - \frac{x}{3}$$

$$\Rightarrow 2x + \left(\frac{x}{3}\right) \leq 2 + 4$$

$$\Rightarrow 7x \leq 6 \times 3$$

$$\Rightarrow x \leq \frac{18}{7}$$

$$2(2x + 5) > 3x - 5$$

$$\Rightarrow 4x + 10 > 3x - 5$$

$$\Rightarrow x > -15$$

इसलिए, $-15 < x \leq \frac{18}{7}$

$\therefore$ आवश्यक मान $x = -14$

अतः विकल्प (A) सही है।

12. एमएस वर्ड में टेक्स्ट को पेस्ट करने के लिए Ctrl+V का उपयोग किया जाता है।

अन्य शॉर्टकट:

- Ctrl+Z का उपयोग किसी क्रिया को पूर्ववत करने के लिए किया जाता है।
- Alt+R का उपयोग केवल चयनित टेक्स्ट के सन्दर्भों को कॉपी करने के लिए किया जाता है।
- Alt+F4 का उपयोग कंप्यूटर को बंद करने के लिए किया जाता है।

अतः विकल्प (A) सही है।

13. कैप्स लॉक कुंजी को एक टॉगल कुंजी के रूप में जाना जाता है क्यूंकि इस कुंजी को दबाने पर यह अपनी स्थिति बदल लेती है।

एक टॉगल कुंजी दो अलग-अलग इनपुट मोड के बीच कीबोर्ड पर कुंजी के समूह से इनपुट टॉगल करती है। कैप्स लॉक लोअरकेस और अपरकेस मोड के बीच टॉगल करती है।

अतः विकल्प (A) सही है।

14. रूस ने मनुष्यों के लिए बहुत खतरनाक माने जाने वाले कार्यों को करने के लिए पहली बार एक हुमनोइड रोबोट अंतरिक्ष में लॉन्च किया है। इसका मुख्य उद्देश्य अंतरिक्ष में खतरनाक परिस्थितियों जैसे कि स्पेसवॉक के साथ रॉकेट की प्रणालियों का परीक्षण करने के लिए उपयोग की जाने वाली यात्रा के साथ लोगों को प्रतिस्थापित करना है।

अतः विकल्प (C) सही है।

15. हरियाणा में यमुना नदी पर रेणुका, किशाऊ और लखवार व्यासी बांध बनाए गए हैं।

हरियाणा के मुख्यमंत्री मनोहर लाल ने किशाऊ और रेणुका बांध के लिए समझौते पर हस्ताक्षर करने को मंजूरी दे दी है जो यमुना नदी की दो सहायक नदियों पर पानी की नई भंडारण क्षमता को जोड़ देगा।

अतः विकल्प (B) सही है।

16. चरकुला नृत्य उत्तर प्रदेश के ब्रज क्षेत्र से संबंधित है। यह होली के बाद तीसरे दिन विशेष रूप से किया जाता है। माना जाता है कि उस दिन राधा का जन्म हुआ था। उत्तर प्रदेश के ब्रज क्षेत्र की संस्कृति का हर पहलू भगवान कृष्ण से जुड़ा हुआ है।

अतः विकल्प (D) सही है।

17. पूरे भारतीय उप-महाद्वीप पर शासन करने के लिए मोहम्मद बिन तुगलक ने अपनी राजधानी दिल्ली से दौलताबाद स्थानांतरित कर दिया था उन्होंने दिल्ली की पूरी आबादी के साथ-साथ विद्वानों, कवियों, संगीतकारों सहित शाही परिवारों को नई राजधानी स्थानांतरित करने का आदेश दिया।

अतः विकल्प (C) सही है।

18. यहाँ, केवल 'G' त्रिभुज और वर्ग के प्रतिच्छेदन के अन्तर्गत आता है यानी मैसूर और जम्मू और कश्मीर का दौरा करने वाले लोगों का क्षेत्र।

अतः विकल्प (B) सही है।

19. रेगुर मिट्टी कपास की खेती के लिए उपयुक्त है। यह काले रंग की मिट्टी है, इसलिए इसे काली मिट्टी के नाम से भी जाना जाता है। इसे कपास की खेती के लिए सर्वोत्तम माना जाता है। यह आयरन की मात्रा से भरपूर होता है। रेगुर मिट्टी गुजरात और महाराष्ट्र में पाई जाती है।

अतः विकल्प (A) सही है।

20. एक बाइट में 8 बिट होते हैं, जिनमें से प्रत्येक में 0 या 1 निहित होता है। बाइट, कंप्यूटर भंडारण और प्रसंस्करण में जानकारी की बुनियादी इकाई। बाइट बनाने वाली बिट्स की स्ट्रिंग को कंप्यूटर द्वारा एक इकाई के रूप में संसाधित किया जाता है; बाइट्स कंप्यूटर प्रौद्योगिकी में भंडारण की सबसे छोटी संचालन इकाइयाँ हैं।

अतः विकल्प (A) सही है।

21. सबसे बड़ा चार अंकीय संख्या = 9999

25, 30, 35 और 40 का एलसीएम = 4200

जब 9999 को 4200 से विभाजित किया जाता है, तो शेषफल 1599 बचत है।

आवश्यक संख्या = 9999 - 1599 = 8400

अतः विकल्प (A) सही है।

22. Indirect speech: Lisa told Robin that according to language experts, English is one of the most difficult languages to learn.

The sentence is direct speech, it should be converted into indirect speech.

- Connector 'that' should be placed in the place of comma and semicolons.
- When the reported verb is in the past tense, the tense of the reported speech change.
- Generally, when direct speech is converted to indirect speech, there is a change of tense. Here, we notice that the speaker uses the present tense to state a general fact about languages. So, the simple present tense is used and the tense is not changed to past tense.

Hence, the correct option is (D).

23. दिया है:

$$(A + B) \text{ का } 10\% = (A - B) \text{ का } 15\%$$
$$\Rightarrow \frac{10}{100} \times (A + B) = \frac{15}{100} \times (A - B)$$
$$\Rightarrow 2(A + B) = 3(A - B)$$
$$\Rightarrow 5B = 2A$$
$$\Rightarrow \frac{A}{B} = \frac{5}{1}$$
$$\Rightarrow \left(\frac{A}{B}\right) \times 100 = 5 \times 100 = 500\%$$

अतः विकल्प (C) सही है।

24. खरपतवारों को हटाने और मिट्टी को ढीला करने के लिए उपयोग किया जाने वाला सरल उपकरण कुदाल कहलाता है। इसकी लकड़ी या लोहे से बनी एक लंबी छड़ होती है और इसके एक सिरे पर मजबूत, चौड़ा और घुमावदार ब्लेड लगा होता है। मिट्टी को ढीला करने और मोड़ने की प्रक्रिया को हल चलाना या जुताई कहा जाता है।

अतः विकल्प (B) सही है।

25. गुरु हरगोविंद सिंह ने खुद को 'सच्चा बादशाह' घोषित किया था। वह सिख समुदाय के छठे गुरु थे। इस नाम को उनके अनुयायियों ने स्वीकार किया क्योंकि वह न केवल बहादुर थे, बल्कि एक ही समय में शुद्ध और पवित्र भी थे।

अतः विकल्प (B) सही है।

26. पाकिस्तान मोहनजोदड़ो की सिंधु घाटी सभ्यता स्थल पाकिस्तान में स्थित है। मोहनजोदड़ो का निर्माण ईसा पूर्व 26वीं शताब्दी में हुआ था। यह प्राचीन सिंधु घाटी सभ्यता के सबसे बड़े शहरों में से एक था, जिसे हड़प्पा सभ्यता के नाम से भी जाना जाता है।

अतः विकल्प (B) सही है।

27. चमड़े की बेल्टें बायोडिग्रेडेबल अपशिष्ट हैं। इसमें कचरे में कोई भी कार्बनिक पदार्थ शामिल होता है जिसे सूक्ष्मजीवों और अन्य जीवित चीजों द्वारा कार्बन डाइऑक्साइड, पानी, मीथेन या सरल कार्बनिक अणुओं में विभाजित किया जा सकता है।

अतः विकल्प (C) सही है।

28. वी-रैम को वीडियो रैम के रूप में भी जाना जाता है। यह डायनेमिक रैम का ड्यूल-पोर्टेड वेरिएंट है। वी-रैम मूल रूप से ग्रैफिकल टेक्सचर्स, 3डी मॉडल को अस्थायी रूप से संग्रहीत करने के लिए उपयोग करने के लिए एक कार्ड में एकीकृत है। इसका उपयोग वीडियो एक्सेस और ग्राफिक्स के लिए किया जाता है।

वी-रैम का अर्थ "वीडियो रैंडम एसेस मेमोरी" है।

अतः विकल्प (A) सही है।

29. संख्या दिए गए स्वरूप का अनुसरण करते हैं:

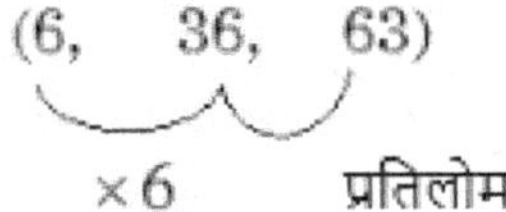

इसी तरह,

अतः विकल्प (B) सही है।

30. गिद्ध या जटायु संरक्षण प्रजनन केंद्र हरियाणा के पंचकूला जिले के पिंजौर में बीर शिकारा अभयारण्य के भीतर स्थित है। यह भारतीय गिद्धों के संरक्षण और प्रजनन के लिए दुनिया की सबसे बड़ी सुविधा है। यह वर्ष 2001 में स्थापित किया गया था और इसका नाम जटायु के नाम पर रखा गया है, जो रामायण के पौराणिक गिद्ध हैं।

अतः विकल्प (B) सही है।

31. इनमें पानी में चीनी की घुलनशीलता सबसे अधिक है।

चीनी पानी में सबसे अधिक घुलनशील होती है क्योंकि, इसमें छह हाइड्रॉक्सिल समूह होते हैं, जिसका अर्थ है कि यह पानी के साथ कई हाइड्रोजन बांड बना सकता है, इसकी उच्च घुलनशीलता में योगदान देता है।

अतः विकल्प (D) सही है।

32. केंद्रक, पौधे और पशु दोनों की कोशिकाओं में मौजूद होते हैं और केंद्रक को कोशिका का मस्तिष्क कहा जाता है। केंद्रक के अंदर गुणसूत्र पाए जाते हैं। केंद्रक की खोज स्कॉटिश जीवविज्ञानी रॉबर्ट ब्राउन ने 1831 में की थी।

अतः विकल्प (C) सही है।

33. महान्यायवादी को संसद की कार्यवाही में भाग लेने का अधिकार है, लेकिन भारत के सर्वोच्च न्यायालय में मतदान करने का नहीं। भारत के लिए महान्यायवादी भारत सरकार के मुख्य कानूनी सलाहकार हैं और भारत के सर्वोच्च न्यायालय में प्राथमिक वकील हैं। उन्हें सरकार की तरफ से अधिवक्ता कहा जा सकता है।

अतः विकल्प (B) सही है।

34. हरिगंधा एक हिंदी पत्रिका है, जो हरियाणा साहित्य अकादमी द्वारा प्रकाशित की जाती है। यह पंचकुला में प्रकाशित होती है।

अतः विकल्प (A) सही है।

35. तुज़क-ए-बाबरी (बाबरनुमा) भारत में मुग़ल साम्राज्य के संस्थापक ज़हीरुद्दीन मुहम्मद बाबर की आत्मकथा है। बाबर ने इसे तुर्की भाषा में लिखा था। बाबर ने जलवायु, जानवरों, पक्षियों, फूलों, फलों और लोगों के जीवन और उनके द्वारा देखी जाने वाली जगहों की भौतिक विशेषताओं का वर्णन किया है।

अतः विकल्प (A) सही है।

36. माना पार्टी में लड़को की संख्या 5x और लड़कियों की संख्या 9x है।

दिया है कि पार्टी में 99 लड़कियां हैं,

$\Rightarrow 9x = 99$

$\Rightarrow x = 11$

पार्टी में कुल व्यक्तियों की संख्या = लड़कों की संख्या + लड़कियों की संख्या

$\Rightarrow$ पार्टी में कुल व्यक्तियों की संख्या = 14x

$\Rightarrow$ पार्टी में कुल व्यक्तियों की संख्या = 14 × 11

$\Rightarrow$ पार्टी में कुल व्यक्तियों की संख्या = 154

अतः विकल्प (D) सही है।

37. वीपीएन का पूर्ण रूप वर्चुअल प्राइवेट नेटवर्क है।

- वीपीएन कम सुरक्षित इंटरनेट कनेक्शन में सुरक्षित और एन्क्रिप्टेड कनेक्शन बनाता है।

- एक वीपीएन एक पब्लिक नेटवर्क में एक प्राइवेट नेटवर्क का विस्तार करता है और उपयोगकर्ताओं को साझा या सार्वजनिक नेटवर्क पर डेटा भेजने और प्राप्त करने में सक्षम बनाता है जैसे कि उनके कंप्यूटिंग उपकरण सीधे प्राइवेट नेटवर्क से जुड़े हों।

अतः विकल्प (A) सही है।

38. 11 का विभाजन नियम: यदि संख्या के अंकों के वैकल्पिक योग का अंतर 11 का गुणक है (जैसे 2343, 11 से विभाज्य है, क्योंकि 2-3 + 4-3 = 0, जो कि 11 का गुणक है)

8 का विभाज्यता नियम: एक संख्या 8 से विभाज्य है यदि उसके अंतिम तीन अंकों से बनी संख्या 8 से विभाज्य है।

9 का विभाज्यता नियम: एक संख्या 9 से विभाज्य है यदि उसके अंकों का योग 9 से विभाज्य है।

6-अंकीय संख्या x35624, 11 से विभाज्य है, तब

$\Rightarrow x-3+5-6+2-4=0$

$\Rightarrow x+7-13=0$

$\Rightarrow x=6$

6-अंकीय संख्या 1257y4, 72 से विभाज्य है, इसलिए हम कह सकते हैं कि संख्या 8 और 9 से विभाज्य है, तब

$\Rightarrow 1+2+7+y+4$

$\Rightarrow 19+y$

यदि हम y=8 रखते हैं, तो संख्या 27 हो जाती है जो 9 से विभाज्य है।

(5x-2y) में

$\Rightarrow 5×6-2×8$

$\Rightarrow 30-16$

$\Rightarrow 14$

अतः विकल्प (C) सही है।

39. पहली हरियाणा फिल्म धरती थी जो 1968 में आई थी। लेकिन इस फिल्म ने बॉक्स ऑफिस पर अच्छा प्रदर्शन नहीं किया। हरियाणवी सिनेमा उत्तर भारत में हरियाणा राज्य में हरियाणवी भाषा फिल्म उद्योग को संदर्भित करता है।

अतः विकल्प (A) सही है।

40. The sentence is grammatically correct.

Hence, the correct option is (D).

41. The correct preposition here is 'in' as 'taken in' means completely enthralled. The other options do not fit here.

Correct sentence: I was taken in by her beauty.

Hence, the correct option is (C).

42. Sugar is an uncountable noun.

For any sugar, negative i.e wasn't should be used.

Correct sentence: There wasn't any sugar in her coffee.

Hence, the correct option is (B).

43. ब्रह्मपुत्र नदी की उत्पत्ति मानसरोवर क्षेत्र से हुई थी। मानसरोवर झील सतलज के स्रोत के पास है, जो सिंधु की सबसे बड़ी सहायक नदी है। निकटवर्ती ब्रह्मपुत्र नदी, सिंधु नदी और कर्णाली, गंगा की एक महत्वपूर्ण सहायक नदी के स्रोत हैं।

अतः विकल्प (C) सही है।

44. प्रतिबाधा को "सामग्री के प्रति इकाई क्षेत्र को बहाल करने वाले बल" के रूप में परिभाषित किया गया है। इसे 'σ' द्वारा निरूपित किया जाता है। इसे पास्कल के उपयोग से मापा जाता है। विकृत बल वस्तु का आकार या आयतन या आकार बदल सकता है।

अतः विकल्प (C) सही है।

45. मुंशी प्रेमचंद का गोदान भारतीय साहित्य के महानतम उपन्यासों में से एक है। यह मूल रूप से हिंदी में लिखा गया था और 1957 में इसका अनुवाद अंग्रेजी में किया गया था। कहानी ठेठ भारतीय समुदाय और जातिगत भेदभाव की विभिन्न समस्याओं को दर्शाती है।

अतः विकल्प (B) सही है।

46. अक्षरों की वर्णमाला की स्थिति के अनुसार,

B ⇒ 2, A ⇒ 1, T ⇒ 20

योग = 2+1+20 = 23

इसी प्रकार,

H ⇒ 8, E ⇒ 5, N ⇒14

योग = 8+5+14 = 27

अतः विकल्प (D) सही है।

47. पानीपत हरियाणा का एक ऐतिहासिक शहर है, जो भारत में "बुनकरों का शहर" और "कपड़ा शहर" के नाम से प्रसिद्ध है। "हथकरघा उत्पादन" के लिए पानीपत जिले का अंतर्राष्ट्रीय बाजार में महत्वपूर्ण स्थान है। दरी, कालीन चटाई, टेबल कवर, बेडशीट, बेड कवर, परदा, आदि कनाडा, जापान, जर्मनी और ऑस्ट्रेलिया को निर्यात होते हैं। हैंडलूम और पावर लूम के माध्यम से तैयार की गई कंबल सैनिकों को भेजे जाते हैं।

अतः विकल्प (B) सही है।

48. एक सुपरकंडक्टर एक ऐसा पदार्थ है जो बिना किसी "महत्वपूर्ण तापमान" के ठंडा होने पर प्रतिरोध के बिना बिजली का संचालन करता है। इस तापमान पर, इलेक्ट्रॉन सामग्री के माध्यम से स्वतंत्र रूप से आगे बढ़ सकते हैं। सुपर कंडक्टर सामान्य कंडक्टरों से अलग हैं, यहां तक कि उनसे बेहतर भी हैं।

अतः विकल्प (A) सही है।

49. बनवाली एक पुरातात्विक स्थल है जो हरियाणा के फतेहाबाद जिले में सिंधु घाटी सभ्यता के काल से संबंधित है। बनवाली को सरस्वती नदी की ऊपरी मध्य घाटी के ऊपर बनाया गया था।

अतः विकल्प (C) सही है।

50. एक आशावादी व्यक्ति वह होता है जिसका दृष्टिकोण प्रसन्न होता है।

इसी प्रकार,

एक निराशावादी वह व्यक्ति होता है जिसका दृष्टिकोण उदास होता है।

अतः विकल्प (C) सही है।

51. आरेख इस प्रकार है:

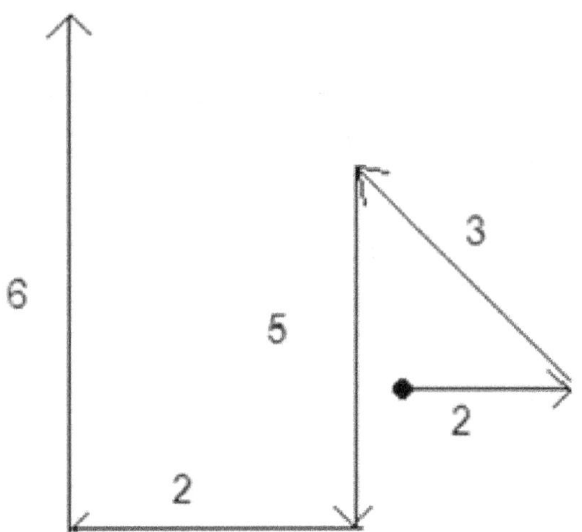

इस प्रकार, हम यह निष्कर्ष निकालते हैं कि वह अपने प्रारंभिक बिंदु से उत्तर-पश्चिम दिशा में है।

अतः विकल्प (C) सही है।

52. बुकमार्क आपके ब्राउज़र में सहेजकर किसी पसंदीदा वेबसाइट को तुरंत एक्सेस करने का एक तरीका है। किसी भी वेबसाइट को आसान और त्वरित पुनर्प्राप्ति के लिए उसे ब्राउज़र में बुकमार्क किया जा सकता है। बुकमार्क एक सहेजा गया शॉर्टकट है जो आपके ब्राउज़र को एक विशिष्ट वेबपेज पर निर्देशित करता है। यह शीर्षक, यूआरएल और संबंधित पृष्ठ का फ़ेविकॉन संग्रहीत करता है।

अतः विकल्प (D) सही है।

53. विशाखापट्टनम बंदरगाह भारत के 13 प्रमुख बंदरगाहों में से एक है और आंध्र प्रदेश का एकमात्र प्रमुख बंदरगाह है। यह भारत का तीसरा सबसे बड़ा राज्य-स्वामित्व बंदरगाह है, जो कार्गो की मात्रा और पूर्वी तट पर सबसे बड़ा है। यह चेन्नई और कोलकाता बंदरगाह के बीच में स्थित है।

अतः विकल्प (B) सही है।

54. दिया है:

8 : 9 : 56 : ?

स्वरूप निम्न का करता है =n(n-1),

⇒ 8(8-1) = 8×7 = 56

पहली संख्या तीसरे से संबंधित है,

उसी प्रकार, दूसरा चौथे से संबंधित है,

⇒ 9(9-1) = 9×8 = 72

अतः विकल्प (C) सही है।

55. धर्म विरा हरियाणा के पहले राज्यपाल थे। वह एक भारतीय राजनीतिज्ञ थे, जिन्होंने पंजाब, हरियाणा, पश्चिम बंगाल और कर्नाटक के राज्यपाल के रूप में कार्य किया। उन्होंने 1966-67 तक हरियाणा के राज्यपाल के रूप में कार्य किया।

हरियाणा के वर्तमान राज्यपाल सत्यदेव नारायण आर्य हैं।

अतः विकल्प (D) सही है।

56. अपनी धुरी पर पृथ्वी का घूमना सूर्य का पूर्व में उदय होने और पश्चिम में अस्त होने का कारण है। अपनी ही धुरी के चारों ओर पृथ्वी का घूमना दिन और रात का कारण होता है। पृथ्वी हर 24 घंटे में एक पूरा चक्कर लगाती है।

अतः विकल्प (C) सही है।

57. हम जानते हैं कि,

अंकित मूल्य /क्रय मूल्य $= 100 +$ लाभ %/$100 -$ छूट %

$$\Rightarrow 250/\text{क्रय मूल्य} = \frac{100+15}{100-8}$$

$$\Rightarrow \text{क्रय मूल्य} = 250 \times \frac{92}{115}$$

$$\Rightarrow \text{क्रय मूल्य} = 200 \text{ रु.}$$

अतः विकल्प (D) सही है।

58. शब्दों को निम्नानुसार कोडित किया गया है:

```
D ──── -5 ──── Y
O ──── -4 ──── K
N ──── -3 ──── K
E ──── -2 ──── C
```

इसी तरह,

```
M ──── -5 ──── H
I ──── -4 ──── E
L ──── -3 ──── I
K ──── -2 ──── I
```

अतः विकल्प (A) सही है।

59. जिम कॉर्बेट राष्ट्रीय उद्यान भारत का पहला राष्ट्रीय उद्यान है जो 1936 में लुप्तप्राय बंगाल बाघ की रक्षा के लिए हैली राष्ट्रीय उद्यान के रूप में स्थापित किया गया था। यह उत्तराखंड के नैनीताल जिले और पौड़ी गढ़वाल जिले में स्थित है, इसका नाम शिकारी और प्रकृतिवादी जिम कॉर्बेट के नाम पर रखा गया है। यह प्रोजेक्ट टाइगर पहल के तहत सबसे पहला शामिल किया गया राष्ट्रीय उद्यान है।

अतः विकल्प (D) सही है।

60. मैग्नीशियम का परमाणु क्रमांक 12 है और एल्यूमीनियम का 13 है।

परमाणु क्रमांक, जिसे पारंपरिक रूप से प्रतीक Z द्वारा निरूपित किया जाता है, एक परमाणु के नाभिक में मौजूद प्रोटॉन की संख्या को इंगित करता है, जो एक अपरिवर्तित परमाणु में इलेक्ट्रॉनों की संख्या के बराबर भी होता है।

नियॉन, फ्लोरीन और सोडियम की परमाणु क्रमांक क्रमशः 10, 9 और 11 होता है।

अतः विकल्प (D) सही है।

61. भौतिक रूप से माउस को चलाने से स्क्रीन पर ग्राफिक पॉइंटर (जिसे कर्सर भी कहा जाता है) चलता है। इसके वर्तमान व्यवहार को इंगित करने के लिए सूचक में विभिन्न प्रकार के आकार हैं। माउस उपकरणों में अक्सर एक प्राथमिक बटन, एक द्वितीयक बटन और दोनों के बीच एक माउस व्हील होता है।

अतः विकल्प (C) सही है।

62. दिया है:

⇒ 15×5÷4-6+7

प्रश्न के अनुसार संकेतों को बदलने पर,

⇒ 15÷5+4×6-7

⇒ 3+4×6-7

⇒ 27-7 = 20

अतः विकल्प (B) सही है।

63. मान लीजिये, $x = \sqrt{6 + \sqrt{6 + \sqrt{6 + \sqrt{6 + \cdots}}}}$

दोनों तरफ वर्ग करने पर

$$x^2 = 6 + \sqrt{6 + \sqrt{6 + \sqrt{6 + \cdots}}}$$

$$\Rightarrow x^2 = 6 + x$$

$$\Rightarrow x^2 - x - 6 = 0$$

$$\Rightarrow x^2 - 3x + 2x - 6 = 0$$

$$\Rightarrow x(x - 3) + 2(x - 3) = 0$$

$$\Rightarrow (x - 3)(x + 2) = 0$$

(ऋणात्मक मान की उपेक्षा)

$$\Rightarrow x - 3 = 0$$

$$\therefore x = 3$$

अतः विकल्प (D) सही है।

64. हरियाणा में 6 प्रशासनिक मंडल, 22 जिले, 73 उप-मंडल, 93 राजस्व तहसील, 50 उप-तहसील, 140 सामुदायिक विकास खंड, 154 शहर और कस्बे, 6,841 गांव और 6212 ग्राम पंचायतें हैं।

अतः विकल्प (A) सही है।

65. The idiom, 'Alive and kicking' means continue to live or exist and be full of energy.

For example, She hadn't met her younger sister after her marriage and was delighted to see her alive and kicking at a social event last weekend.

Hence, the correct option is (D).

66. घोतक का तद्भव रूप घोड़ा है |

अतः विकल्प (C) सही है।

67. ब्रह्मपुत्र नदी तिब्बती पठार से निकलने वाली अंतिम व्यापक रूप से स्वतंत्र बहने वाली नदियों में से एक है। यारलुंग त्संग्पो नदी के रूप में उत्पन्न होकर, यह हिमालय के माध्यम से दक्षिणी तिब्बत में बहती है और भारत और बांग्लादेश में गंगा में विलय होने से पहले और बंगाल की खाड़ी में बह जाती है।

अतः विकल्प (D) सही है।

68. तुष्टिकरण शुद्ध वर्तनी वाला शब्द है।

अतः विकल्प (A) सही है।

69. मेलानिन वर्णक है जो मानव त्वचा, बाल और आंखों को उनका रंग देता है। गहरे रंग के त्वचा वाले लोगों की त्वचा में मेलानिन अधिक मात्रा में होता है, और हल्के रंग वाले लोगों की त्वचा में काम होता है। मेलानिन का निर्माण मेलानोसाइट्स नामक कोशिकाओं द्वारा होता है।

अतः विकल्प (C) सही है।

70. सोडा वाटर एक प्रकार का कार्बोनेटेड पानी होता है। यह वह पानी है जिसमें दबाव से कार्बन डाइऑक्साइड गैस मिलाई जाती है। कार्बोनेटेड पानी को शीतल पेय और पेय पदार्थों के रूप में बड़े पैमाने पर पीने की बोतलों में विपणन किया जाता है।

अतः विकल्प (C) सही है।

71. प्रभाकर, दिनकर तथा दिनेश ये तीनों सूर्य के पर्यायवाची हैं जबकि निशाकर का अर्थ 'चंद्रमा' है।

अतः विकल्प (B) सही है।

72. बिरजू महाराज कथक से संबंधित हैं। वह लखनऊ घराने के एक भारतीय नर्तकी थे। उन्होंने अपने पिता अचन महाराज के साथ बचपन में ही नर्तकी शुरू की। वह 13 साल की उम्र में एक नृत्य शिक्षक बन गए, और जब वह 28 वर्ष के थे, उन्होंने संगीत नाटक अकादमी जीता।

अतः विकल्प (A) सही है।

73. The meanings of the words are:

Whirl ⇒ move or cause to move rapidly round and round.

Peace ⇒ calmness

Swirl ⇒ move in a twisting or spiraling pattern.

Flurry ⇒ swirl

Surge ⇒ increase

Hence, the correct option is (B).

74. एलेक्ट्रिक इस्त्री की नकद राशि $= 110$ रु.

⇒ किस्त योजना के अग्रिम भुगतान का राशि $= 50$ रु.

⇒ किस्त में भुगतान की जाने वाली कीमत का वर्तमान मूल्य $= 110 - 50 = 60$ रु.

⇒ किस्त $= 62$ रु.

माना किस्त योजना के तहत लगाई गई ब्याज की दर $r\%$ है

⇒ 60 रु. का राशि महीने के अंत में 62 रु. होगी

$$\Rightarrow 60 + \frac{(60 \times r \times 1)}{(100 \times 12)} = 62$$

$$\Rightarrow \frac{(60 \times r \times 1)}{(100 \times 12)} = 2$$

$$\Rightarrow r = 2 \times 20 = 40\%$$

$$\therefore दर = 40\%$$

अतः विकल्प (B) सही है।

75. प्रश्न में दिए गये विकल्पों में विकल्प (4) त्रुटिपूर्ण वाक्य है। 'एक मदन अच्छा लड़का है' वाक्य में शब्द क्रम दोष है।

सही वाक्य होगा- मदन एक अच्छा लड़का है।

अतः विकल्प (D) सही है।

76. नाथू राम गोडसे को 15 नवंबर, 1949 को अंबाला की सेंट्रल जेल में फांसी दी गई थी। वो महात्मा गांधी का हत्यारा था और 30 जनवरी 1948 को नई दिल्ली में गाँधीजी को छाती पर तीन बार गोली मारी। नाथू राम गोडसे को उसकी अंतिम इच्छा के अनुसार अंबाला की सेंट्रल जेल में एक पेड़ पर लटका दिया गया था।

अतः विकल्प (D) सही है।

77. प्रश्नानुसार:

सीढ़ी पर आकाश बासू से ऊपर है,

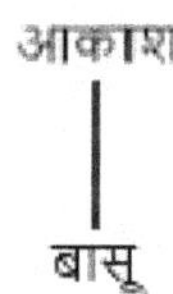

बासू, आकाश और पूजा के बीच में है,

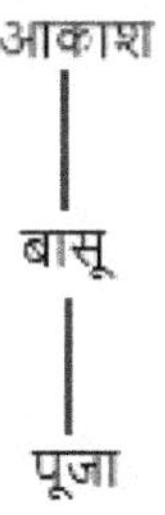

तुलसी आकाश से ऊपर है,

स्पष्ट रूप से, नीचे की ओर से दूसरा व्यक्ति बासू है।

अतः विकल्प (D) सही है।

78. 'गमन' का अर्थ 'जाना' होता है।

'आगमन' का अर्थ 'आना' होता है।

अतः विकल्प (C) सही है।

79. सुभाष चंद्र बोस का जन्म 23 जनवरी 1897 को कटक, उड़ीसा में हुआ था। नेताजी सुभाष चंद्र बोस भारत के सबसे प्रसिद्ध स्वतंत्रता सेनानियों में से एक हैं। 1942 में, उन्हे आजाद हिंद फौज के भारतीय सैनिकों द्वारा जर्मनी में 'नेताजी' के शीर्षक से सम्मानित किया गया था।

अतः विकल्प (D) सही है।

80. चंद्रमा पृथ्वी की परिक्रमा करता हैं।

इसी प्रकार, पृथ्वी सूर्य की परिक्रमा करती हैं।

अतः विकल्प (A) सही है।

81. जब एक ताजे अंडे को खारे पानी में रखा जाता है, तो यह तैरता है। इसके पीछे कारण यह है, कि अंडा पानी की तुलना में अधिक सघन होता है, जिससे यह डूब जाता है। जब हम पानी में नमक घोलना शुरू करते हैं, तो इससे घनत्व बढ़ जाता है। आखिरकार, पानी अंडे से अलग हो जाता है, जिसके कारण अंडा तैरता है।

अतः विकल्प (C) सही है।

82. माना रेलगाड़ी की लम्बाई $= l$ और चाल $= s$ है,

हम जानते हैं,

समय $=$ दूरी $/$चाल

प्रश्नानुसार,

$\frac{l+800}{s} = 100$ .....(i)

और,

$\frac{l+400}{s} = 60$ .....(ii)

समीकरण (i) और (ii) से,

$\frac{l+800}{100} = \frac{l+400}{60}$

$3l + 2400 = 5l + 2000$

$2l = 400$

$l = 200$ मीटर

अतः विकल्प (C) सही है।

83. A pipe dream means an unattainable or fanciful hope or scheme.

For example, His plans of becoming an astronaut are a pipe dream, he should be more realistic.

Hence, the correct option is (C).

84. भारत के संविधान का पहला संशोधन 1951 में लागू किया गया था। संविधान के मूलभूत अधिकारों के प्रावधानों में कई बदलाव किए गए थे। इसमें भाषण और अभिव्यक्ति की आजादी, देशदारी उन्मूलन कानूनों की वैधता, और समानता के अधिकार शामिल हैं।

अतः विकल्प (D) सही है।

85. दिया है:

रामू सोमू से 4 गुना अधिक तेजी से कार्य करता है।

सोमू एक कार्य को पूरा 20 दिनों में कर सकता है।

सूत्र:

कुल कार्य $=$ दक्षता $\times$ समय

गणना:

माना सोमू की दक्षता 1 इकाई/दिन है

रामू की दक्षता $= 4$ इकाई/दिन

कुल कार्य $= 1 \times 20 = 20$ इकाई

∴ रामू और सोमू द्वारा समान कार्य को पूरा करने के लिए लिया गया समय $= 20/(4 + 1) = 4$ दिन

अतः विकल्प (A) सही है।

86. संभावित परिवार ट्री आरेख होगा:

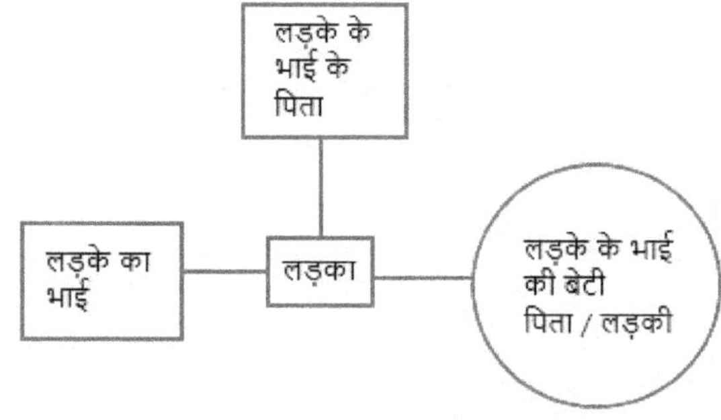

अतः विकल्प (A) सही है।

87. दिया है:

35 संख्याओं का औसत $= 22$

पहली 17 संख्याओं का औसत $= 19$

अंतिम 17 संख्याओं का औसत $= 20$

सूत्र:

औसत $=$ सभी प्रेक्षणों का योग /प्रक्षणों की कुल संख्या

गणना:

35 संख्याओं का औसत $= 22 \times 35 = 770$

पहली 17 संख्याओं का औसत $= 17 \times 19 = 323$

अंतिम 17 संख्याओं का औसत $= 17 \times 20 = 340$

$\therefore$ 18वीं संख्या $= 770 - (340 + 323) = 770 - 663 = 107$

अतः विकल्प (D) सही है।

88. जीत के स्वामी जयंत (इंद्र) के नाम पर जींद का नाम जयंतपुरा रखा गया, जिसे महाभारत युद्ध से पहले पांडवों ने पूजा किया था। मौखिक परंपरा के अनुसार, पांडवों ने जयंती देवी (जीत की देवी, इंद्र का एक स्त्री प्रतिनिधित्व) के सम्मान में जयंती देवी मंदिर का निर्माण किया।

अतः विकल्प (C) सही है।

89. हरियाणा का मौसम शुष्क से अर्द्ध शुष्क है। यह भारत के अन्य राज्यों के समान है जो उत्तरी मैदानों में स्थित है। यह सर्दियों में ठंडा होता है तापमान 1 डिग्री सेल्सियस से नीचे पहुँचता है और यह गर्मियों में 45-50 डिग्री सेल्सियस तक पहुँच जाता है। हरियाणा में औसत वर्षा 354.5 मिमी है।

अतः विकल्प (B) सही है।

90. माना एक फार्म पर काम करने वाले कर्मचारियों की संख्या $= 100$

प्रति व्यक्ति मजदूरी $= 100$

कुल मजदूरी $=$ कर्मचारियों की संख्या $\times$ प्रति व्यक्ति मजदूरी

कुल मजदूरी $= 10000$

कर्मचारियों की नई संख्या $= 125$

प्रति व्यक्ति नई मजदूरी $= 75$

कुल नई मजदूरी $125 \times 75 = 9375$

कमी $= 10000 - 9375 = 625$

कमी $\% = \frac{625}{10000} \times 100 = \frac{625}{100} = \frac{25}{4}$

अतः विकल्प (D) सही है।

91. ऑप्टिकल डिस्क पर डेटा को रिकॉर्ड करने और पुनः प्राप्त करने के लिए उपयोग की जाने वाली प्रकाश की किरण को लेजर के रूप में जाना जाता है।

ऑप्टिकल भंडारण, एक इलेक्ट्रॉनिक भंडारण माध्यम जो डिजिटल (बाइनरी) डेटा को रिकॉर्ड करने और पुनर्प्राप्त करने के लिए कम-शक्ति वाले लेजर बीम का उपयोग करता है। इस तकनीक का उपयोग कॉम्पैक्ट डिस्क में किया जाता है, जो सीडी-रोम में ध्वनि रिकॉर्ड करता है।

अतः विकल्प (D) सही है।

92. यूरिया, जिसे कार्बामाइड भी कहा जाता है, $(NH_2)_2CO$ रासायनिक सूत्र के साथ एक कार्बनिक अवयव है।

यूरिया का उपयोग शुष्क/खुरदरी त्वचा की स्थिति (जैसे, एक्जिमा) और कुछ नाखून समस्याओं के इलाज के लिए किया जाता है। यह घाव के उपचार में मदद करने के लिए कुछ घावों में मृत ऊतक को हटाने में मदद करने के लिए भी इस्तेमाल किया जा सकता है।

अतः विकल्प (D) सही है।

93. हरियाणा उर्दू अकादमी साहित्य के प्रचार और विकास के एकमात्र उद्देश्य के साथ 22 दिसंबर 1985 को हरियाणा में अस्तित्व में आई।

- इसके उद्देश्य:
- हरियाणा में लोक साहित्य का प्रचार।
- उर्दू लेखकों के साहित्यिक योगदान को प्रकाशित और परिचित करने के लिए।
- वृद्ध साहित्यकारों को वित्तीय सहायता प्रदान करना।
- हरियाणवी लेखकों की पुस्तकों के प्रकाशन के लिए वित्तीय सहायता प्रदान करना।

अतः विकल्प (C) सही है।

94. भारत में त्रिस्तरीय पंचायत राज प्रणाली 73वें संशोधन अधिनियम, 1992 के द्वारा बलवंत राय मेहता समिति की सिफारिश के आधार पर अस्तित्व में आई। 20 लाख से अधिक की आबादी वाले सभी राज्यों में पंचायती राज की त्रिस्तरीय व्यवस्था है। पंचायत राज व्यवस्था का मुख्य उद्देश्य स्थानीय समस्याओं को स्थानीय स्तर पर निपटाना और लोगों को राजनीतिक रूप से जागरूक करना है।

अतः विकल्प (A) सही है।

95. बलवन्त सिंह हरियाणा के एक भारतीय वॉलीबॉल खिलाड़ी थे।

वह भारतीय वॉलीबॉल टीम के कप्तान थे। 1972 में उन्हें अर्जुन पुरस्कार से सम्मानित किया गया।

अतः विकल्प (C) सही है।

96. परमाणु रिएक्टर में न्यूट्रॉन को विखंडन प्रतिक्रिया के दौरान उत्पन्न न्यूट्रॉन को धीमा करने के लिए मॉडरेटर की आवश्यकता होती है ताकि श्रृंखला प्रतिक्रिया को बनाए रखा जा सके। भारी पानी न्यूट्रॉन के लिए उच्च मध्यम अनुपात और कम अवशोषण क्रॉस-सेक्शन के कारण एक उत्कृष्ट मॉडरेटर है।

अतः विकल्प (B) सही है।

97. 1 घंटे में पहले पाइप द्वारा भरे गए टैंक का हिस्सा $= \frac{1}{8}$

1 घंटे में दूसरे पाइप द्वारा खाली किए गए टैंक का हिस्सा $= \frac{1}{5}$

$\therefore$ दोनों पाइप एक साथ खोले जाने पर टैंक का हिस्सा खाली हो जाता है $= \frac{1}{5} - \frac{1}{8} = \frac{3}{40}$

$\therefore$ टैंक का $\frac{3}{40}$ हिस्सा 1 घंटे में खाली हो जाता है

$\therefore$ टैंक के $\frac{5}{8}$वें हिस्से को $\left(\frac{40}{3} \times \frac{5}{8}\right)$ घंटे $= 8\frac{1}{3}$ घंटे में खाली किया जाएगा

अतः विकल्प (B) सही है।

90. कीबोर्ड, माउस दो सबसे सामान्य इनपुट डिवाइस हैं।

कीबोर्ड कंप्यूटर को डेटा इनपुट करने में मदद करता है। कीबोर्ड का लेआउट एक पारंपरिक टाइपराइटर की तरह है, हालांकि अतिरिक्त कार्य करने के लिए कुछ अतिरिक्त कुंजी प्रदान की गई हैं।

एक माउस एक बहुत प्रसिद्ध कर्सर-नियंत्रण उपकरण है, जिसके आधार पर एक गोल गेंद के साथ एक छोटा हथेली के आकार का बॉक्स होता है, जो माउस की गति को भांप लेता है और माउस के बटन दबाए जाने पर सीपीयू को संबंधित संकेत भेजता है।

अतः विकल्प (D) सही है।

99. दो तरल पदार्थ जो एक दूसरे में नहीं घुल सकते हैं या दो तरल पदार्थ जिनमें प्रसार नहीं हो सकता है, उन्हें अपरिपक तरल कहा जाता है। वे सजातीय मिश्रण नहीं बना सकते हैं। उदाहरण के लिए- पानी और तेल। जब दो तरल पदार्थों को सजातीय मिश्रण बनाने के लिए मिलाया जा सकता है तो उन्हें गलत तरल कहा जाता है उदाहरण के लिए- शराब और पानी।

अतः विकल्प (A) सही है।

100. इंटरनेट एक विशाल संचार सुविधा है जिसमें सूचना संचार करने के लिए तैनात कंप्यूटर नेटवर्क का विश्वव्यापी नेटवर्क है। यह हमें इंटरनेट नेटवर्क पर विभिन्न प्रणालियों से जोड़ता है और उपयोगकर्ताओं को एक ईमेल भेजने, वेबसाइट ब्राउज़ करने और सर्वर पर जानकारी साझा करने की अनुमति देता है।

अतः विकल्प (D) सही है।

Q.1 वर्तमान में, UNO का महासचिव कौन है?

[Haryana Police Constable Commando Wing, 2021]

A. एन्टोनिओ गुटरेस   **B.** पॉल आर. मिल्ग्रोम
C. रॉबर्ट बी. विल्सन   **D.** इनमें से कोई नहीं

Q.2 निम्नलिखित में से कौन सा रेल कॉरिडोर अदानी पोर्ट्स एंड स्पेशल इकोनॉमिक जोन (एपीएसईजेड) द्वारा अधिग्रहित किया गया है?

A. सरगुजा रेल कॉरिडोर
B. हावड़ा-हल्दिया रेल कॉरिडोर
C. ईस्टर्न डेडिकेटेड फ्रेट कॉरिडोर
D. उत्तर-दक्षिण समर्पित फ्रेट कॉरिडोर

Q.3 बैकअप बनाने का प्रमुख उद्देश्य क्या है?

A. अपने नेटवर्क में अधिक घटकों को जोड़ना
B. मूल स्रोत से अलग गंतव्य पर डेटा को कॉपी करके सुरक्षित करना
C. नए डेटा को पुराने डेटा से फिल्टर करना
D. टेप पर डेटा एक्सेस

Q.4 अपनी 12 वीं पारी में एक बल्लेबाज 120 का स्कोर बनाता है, और इस तरह उसका औसत 5 बढ़ जाता है। 12 वीं पारी के बाद का औसत स्कोर होगा:

A. 60   **B.** 55   **C.** 65   **D.** 70

Q.5 $\sqrt{5} + \sqrt{12 - 2\sqrt{35}}$ का मान क्या है?

A. $\sqrt{5}$ **B.** $\sqrt{3}$
C. $\sqrt{7}$ **D.** $\sqrt{7} + \sqrt{5}$

Q.6 भारी मात्रा में नमक का सेवन करने के बावजूद किस पशु को उच्च रक्तचाप नहीं होता है?

A. भेड़   **B.** भैंस   **C.** बाघ   **D.** ऊँट

Q.7 यदि स्थिर जल में एक नाव की चाल 10 किमी/घंटा है और धारा की चाल 2 किमी/घंटा है तब धारा के विपरीत और धारा के साथ नाव की चाल क्या होगी?

A. 12, 16   **B.** 6, 12   **C.** 8, 12   **D.** 6, 14

Q.8 एक निश्चित कूट भाषा में, "BOOK" को "2335", और "TAKE" को "4156" लिखा जाता है, तो उस कूट भाषा में "BOAT" कैसे लिखा जाएगा?

A. 3241   **B.** 1234   **C.** 4123   **D.** 2314

Q.9 एक विद्युत मोटर _____ ऊर्जा को यांत्रिक ऊर्जा में परिवर्तित करती है।

A. ध्वनि   **B.** ऊष्मीय
C. रासायनिक   **D.** विद्युत

Q.10 आयात' किस शब्द का विपरीतार्थ है?

A. निर्यात   **B.** आगमन   **C.** आयत   **D.** निगमन

Q.11 दिए गए विकल्पों में से संबंधित शब्द / अक्षर / संख्या का चयन करें:
उल्लू: हूट :: मुर्गी:?

A. चहचहाने की आवाज   **B.** कूड़कुड़ाने की आवाज
C. कोय की आवाज   **D.** कूं-कूं की आवाज

Q.12 हरियाणा में किनके लिए हैलमेट पहनना जरुरी कर दिया गया है?

A. दोपहिया वाहन चालकों
B. तीन पहिया वाहन चालकों
C. चार पहिया वाहन चालकों
D. इन सभी के लिए

Q.13 दिए गए विकल्पों में से संबंधित शब्द / अक्षर / संख्या का चयन करें:
AKU: :: CMW: DNX

A. BGL   **B.** BLQ   **C.** BGQ   **D.** BLV

Q.14 नीचे दिए गए आरेख का अध्ययन करें और प्रश्नों का उत्तर दें।

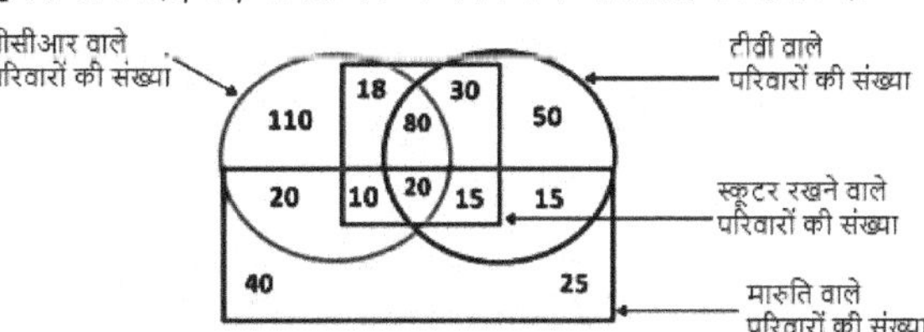

उन परिवारों की संख्या ज्ञात करें जिनके पास टीवी और स्कूटर दोनों हैं, लेकिन न तो वीसीआर है और न ही मारुति।

A. 30   **B.** 15   **C.** 50   **D.** 8

Q.15 दिए गए विकल्पों में से संबंधित शब्द / अक्षर / संख्या का चयन करें:
5: 100 :: 7:?

A. 49   **B.** 196   **C.** 91   **D.** 135

Q.16 निम्नलिखित प्रश्न में दिए गए विकल्पों में से संबंधित शब्द/ अक्षर/संख्या को चुनिए।
स्कर्वी: विटामिन C:: पेलेग्रा: ?

A. विटामिन B_2 **B.** विटामिन B_3
C. फोलिक अम्ल   **D.** विटामिन B_6

Q.17 अनुच्छेद 148 के तहत भारत के नियंत्रक और महालेखा परीक्षक की नियुक्ति कौन करता है?

A. भारत के उपराष्ट्रपति
B. भारत के राष्ट्रपति
C. भारत के प्रधानमंत्री
D. भारत के मुख्य न्यायाधीश

Q.18 800 रु. की राशि साधारण ब्याज पर 3 साल में 920 रु. हो जाती है, यदि ब्याज दर 3% बढ़ जाता है, तो यह राशि कितना होगा?

A. 1056 रु.   **B.** 1112 रु.
C. 1182 रु.   **D.** 992 रु.

Q.19 देशभक्ति' में समास है -

A. द्वंद्व   **B.** द्विगु
C. तत्पुरुष   **D.** अव्ययीभाव

Q.20 निम्नलिखित में से किसकी आवृत्ति (फ्रीकेंसी) सबसे कम है?

A. दृश्य प्रकाश   **B.** गामा किरण
C. एक्स - रे   **D.** पराबैंगनी किरण

Q.21 In the following question, four words are given out of which one word is incorrectly spelt. Select the incorrectly spelt word.

A. Malicious   **B.** Parody

C. Robust **D.** Ambiguos

Q.22 भारत का नेपोलियन किसे कहा जाता है?

A. समुद्रगुप्त **B.** चंद्रगुप्त **C.** हर्षवर्धन **D.** कुमारगुप्त

Q.23 भारत की प्रथम महिला शासक कौन थी?

A. चाँद बीबी **B.** नूरजहाँ
C. रजिया सुल्तान **D.** मुमताज़ महल

Q.24 पहली 100 प्राकृतिक संख्याओं का योग:

A. 5025 **B.** 5050 **C.** 5035 **D.** 5015

Q.25 ताश के एक वृताकार खेल में A,B एवं C के बीच में बैठता है। X,Y एवं Z के बीच में बैठता है। यदि B के ठीक दाई ओर Z हो, तो Y के ठीक दाई ओर कौन बैठता है ?

A. X **B.** C **C.** A **D.** B

Q.26 ".xlsx" एक्सटेंशन के लिए है:

A. एक्सेस **B.** एक्सेल
C. वर्ड **D.** पॉवर प्वाइंट

Q.27 यदि TAP को SZO के रूप में कोडित किया जाता है, तो FREEZE को कैसे कोडित करेंगे?

A. ATSSTS **B.** EQDDYD
C. ESDDYD **D.** EQDDZD

Q.28 यदि 12x16 = 188 और 14x18 = 248 है, तो 16x20 = का मान होगा:

A. 320 **B.** 360 **C.** 316 **D.** 318

Q.29 प्रकाश संश्लेषण के लिए क्या आवश्यक है?

A. सूर्य का प्रकाश **B.** जल
C. क्लोरोफिल **D.** उपरोक्त सभी

Q.30 स्वपरागण का परिणाम क्या होगा?

A. अंत:प्रजनन **B.** विरल प्रजनन
C. अति प्रजनन **D.** बहि:प्रजनन

Q.31 एकीकृत कृषि प्रणाली के लाभों में निम्नलिखित में से कौन शामिल है?

A. मृदा उर्वरता का घटना
B. कृषि निविष्ट आवश्यकताओं का घटना
C. उत्पादन लागत में वृद्धि
D. प्रदूषण में वृद्धि

Q.32
निम्नलिखित प्रश्न में लुप्त संख्या ज्ञात कीजिए:

7	22	5
5	9	11
9	11	15
38	77	?

A. 160 **B.** 120 **C.** 83 **D.** 55

Q.33 आशा और लता की वर्तमान आयु का अनुपात 5: 6 है। यदि उनकी आयु का अंतर 6 वर्ष है, तो लता की आयु 5 वर्ष के बाद क्या होगी?

A. 35 **B.** 41 **C.** 45 **D.** 50

Q.34 MS-पावर प्वाइंट में नई स्लाइड के इंसर्ट के लिए शॉर्टकट-की कौन-सी है?

A. Ctrl + Insert **B.** Ctrl + N
C. Ctrl + O **D.** Ctrl + M

Q.35 एक व्यक्ति क्रमशः 40 किमी और 70 किमी की दूरी को दो भागों में तय करके अपनी यात्रा को पूर्ण करता है। उसकी यात्रा की औसत गति 55 किमी/घंटा है। यदि वह अपनी यात्रा के पहले भाग को 45 मिनट में तय करता है, तो शेष यात्रा को वह कितने समय में पूर्ण करता है?

A. 45 मिनट **B.** 60 मिनट **C.** 75 मिनट **D.** 90 मिनट

Q.36 हरियाणा में कौन सी भाषा अधिकतर बोली जाती है?

A. बागड़ी **B.** खड़ी बोली **C.** बांगरू **D.** पंजाबी

Q.37 दिए गए आकृति में 10% छात्र और अभिभावक हैं, अन्य में 10% छात्र और शिक्षक हैं और 15% अभिभावक और शिक्षक हैं। 35% छात्र और शिक्षक हैं। केवल शिक्षक, अभिभावक और छात्र कितने प्रतिशत हैं?

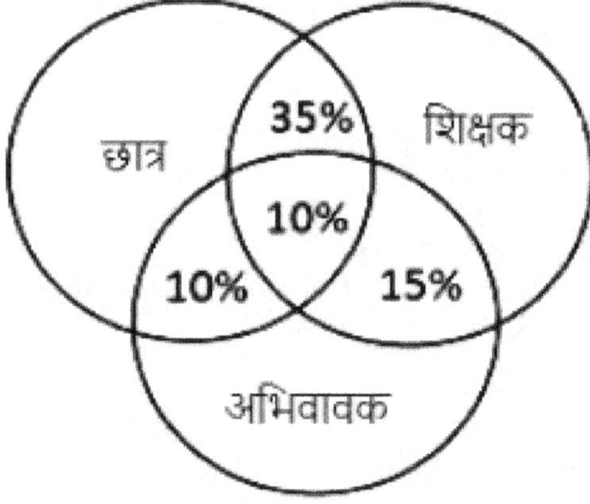

A. 45, 40, 65 **B.** 40, 45, 65
C. 40, 65, 45 **D.** 65, 40, 45

Q.38 सबसे बड़ा पशुधन फार्म हरियाणा के किस नगर में स्थित है?

A. करनाल **B.** पानीपत **C.** सोनीपत **D.** हिसार

Q.39 यदि $2 + x\sqrt{3} = \dfrac{1}{2+\sqrt{3}}$ तो x का सबसे सरल मान है:

A. -2 **B.** 2 **C.** -1 **D.** 1

Q.40 एक दुकानदार लागत मूल्य से ऊपर अपने माल 40% को अंकित करता है। वह अपने ग्राहकों को नकद भुगतान के लिए 5% की छूट देता है। छूट का भुगतान करने के बाद उसे 1064 प्राप्त होते है। उसका लाभ है:

A. 264 **B.** 164 **C.** 200 **D.** 800

Q.41 भारत का सबसे छोटा राज्य (सबसे छोटा भूमि क्षेत्र) कौन सा है?

A. केरल **B.** मध्य प्रदेश **C.** गोवा **D.** असम

Q.42 'पंजाब केसरी' के नाम से कौन प्रसिद्ध थे?

A. महात्मा गांधी **B.** बाल गंगाधर तिलक
C. लाला लाजपत राय **D.** चन्द्र शेखर आजाद

Q.43 आण्विक कक्षा का अभिन्यास किससे नियंत्रित होता है?

A. मुख्य क्वाण्टम संख्या
B. चुम्बकीय क्वाण्टम संख्या
C. प्रचक्रण क्वाण्टम संख्या
D. द्विगंशी क्वाण्टम संख्या

Q.44 In the following question, out of the four alternatives, select the one which best expresses the meaning of the given word.

Acquiesce

A. Resist **B.** Disagree **C.** Consent **D.** Dissent

Q.45 सुधीर ने 13600 रुपये में एक अलमीरा खरीदा और इसके परिवहन पर 400 रुपये खर्च किए। उन्होंने इसे 16800 रुपये में बेचा। लाभ प्रतिशत होगा:

A. 20%　　**B.** 30%　　**C.** 35%　　**D.** 15%

Q.46 निर्देश: यदि एक दर्पण को रेखा MN पर रखा जाता है, तो कौन सी आकृति दी गई आकृति की सही दर्पण छवि है?

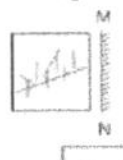

A.　　**B.**　　**C.**　　**D.**

Q.47 निम्नलिखित प्रश्न में दिए गए विकल्पों में से संबंधित शब्द/ अक्षर/संख्या को चुनिए।

ई-मेल : जीमेल आईडी :: ? : ?

A. कॉल : फोन　　**B.** यात्रा : बस
C. लेखन: रंग　　**D.** आंख : काजल

Q.48 यदि '+' का अर्थ है '÷', '-' का अर्थ है 'x', '÷' का अर्थ है '-' और 'x' का अर्थ '+', तो निम्नलिखित समीकरण का मान क्या होगा ?

312 + 8 - 4 x 102 ÷ 42

A. 242　　**B.** 216　　**C.** 320　　**D.** 332

Q.49 गणेश पूर्व की ओर 20 मीटर की दूरी पर चलता है। फिर, वह दक्षिण की ओर 3 मीटर की दूरी पर चलता है। वह एक मोड़ लेता है और पूर्व की ओर 4 मीटर की दूरी पर चलता है। अंत में, वह उत्तर की ओर 10 मीटर की दूरी पर चलता है और एक पड़ाव पर आता है। गणेश अपने प्रारंभिक बिंदु से कितने दूर हैं?

A. 20 मीटर　　**B.** 25 मीटर　　**C.** 15 मीटर　　**D.** 30 मीटर

Q.50 In the following question, choose the word opposite in meaning to the given word.

Glean

A. Disperse　　**B.** Accept　　**C.** Embrace　　**D.** Espouse

Q.51 जायद फसल का मौसम कब से कब तक होता है?

A. जून-सितम्बर　　**B.** मार्च-जून
C. अक्टूबर-जनवरी　　**D.** दिसंबर-मार्च

Q.52 वर्तमान में भारत के सर्वोच्च न्यायालय में, मुख्य न्यायाधीश समेत न्यायाधीशों की कुल संख्या कितनी हैं?

A. 20　　**B.** 21　　**C.** 30　　**D.** 34

Q.53 X और Y की मासिक आय क्रमशः 5 : 11 के अनुपात में है। उनके आय का अंतर 24000 रुपये है, तो Y की मासिक आय क्या होगी?

A. 44000　　**B.** 20000　　**C.** 22000　　**D.** 33000

Q.54 राज्यपाल के वेतन और भत्ते का शुल्क लिया जाता है

A. भारत का समेकित कोष
B. राज्य का सगोकित कोष
C. भारत की आकस्मिकता निधि
D. इनमें से कोई नहीं

Q.55 शेख चिल्ली का मकबरा हरियाणा के निम्न में से किस स्थान पर स्थित है?

A. पानीपत　　**B.** सोनीपत　　**C.** थानेसर　　**D.** हांसी

Q.56 'लिखावट' में प्रत्यय-

A. वट　　**B.** वाट　　**C.** अवट　　**D.** आवट

Q.57 गुलदाउदी से प्राप्त रसायन जिसमें कीटनाशक गुण होते हैं:

A. पाइरेथ्रम　　**B.** रोगजनक
C. परजीवी　　**D.** पाइरेथ्रोइड

Q.58 1981 में, विकसित किया गया पहला बायोहेर्बिसाइड पर आधारित था:

A. अज़दिराच्टा इंडिका　　**B.** बैसिलस थुरिंगिनेसिस
C. फाइटोफ्थोरा इन्फेस्टैन　　**D.** फाइटोफ्थोरा पामिवोरा

Q.59 निम्न में से कौन-सा ईमेल से संबंधित शब्द नहीं है?

A. पावर प्वाइंट　　**B.** इनबॉक्स
C. सेंडर　　**D.** रिसीवर

Q.60 In the following question, out of the four alternatives, select the alternative which will improve the underlined part of the sentence. In case no improvement is needed, select "No improvement".

Aakash is <u>addicted to gamble</u>, which drew him to the crisis in life.

A. Addicted of gambling
B. Addicted to gambling
C. Addiction of gambling
D. No improvement

Q.61 'कोई सज्जन आपको बुला रहा है", इस वाक्य में किस सर्वनाम का प्रयोग किया गया है?

A. निश्चयवाचक सार्वनामिक विशेषण
B. पुरुषवाचक सार्वनामिक विशेषण
C. अनिश्चयवाचक सार्वनामिक विशेषण
D. प्रश्नवाचक सार्वनामिक विशेषण

Q.62 किसी तत्व के रसायनिक गुण निमनलिखित मे से कोन तय करता है?

A. इलेक्ट्रानो की संख्या　　**B.** न्यूट्रानो की संख्या
C. प्रोटोनो की संख्या　　**D.** उपयुक्त सभी

Q.63 कंप्यूटर में रखी गई जानकारी को क्या कहा जाता है?

A. इनपुट　　**B.** डेटा　　**C.** फ़ाइल　　**D.** डायरेक्टरी

Q.64 भूमध्य रेखा के समानांतर खींची गई रेखाओं को क्या कहते हैं?

A. अक्षांश　　**B.** देशांतर
C. मध्ह　　**D.** इनमें से कोई नही

Q.65 L और M 5 दिनों में एक काम कर सकते हैं, जबकि M और N 10 दिनों में एक ही कर सकते हैं और N और L इसे 6 दिनों में कर सकते हैं। उन सभी को एक साथ काम करने के लिए कार्य को पूरा करने में लगने वाले दिनों की संख्या ज्ञात कीजिए।

A. $\frac{29}{7}$　　**B.** 4　　**C.** $4\frac{2}{7}$　　**D.** $\frac{4}{7}$

Q.66 हरियाणा की सबसे प्राचीन नहर कौन सी है?

A. गुरुग्राम नहर
B. भिवानी नहर
C. भाखड़ा नहर
D. पश्चिमी और पूर्वी यमुना नहर

Q.67 पादपों में मूल रोम की मूल भूमिका है:

A. मृदा से खनिज लवण और जल अवशोषित करना
B. पौधों को जड़ों तक मिट्टी के कणों को कसने के लिए जोड़ना
C. युवा मूल को सती मिट्टी के कणों द्वारा सुरक्षित करना
D. मृदा रोगाणुओं से मुल की रक्षा करना

Q.68 हरियाणा में सामंती (जमींदार) लीग की स्थापना किसने की?

A. नेकीराम   **B.** सर छोटूराम
C. पंडित सुशील शर्मा   **D.** इनमें से कोई नहीं

Q.69 किस नगर के मकबरे को 'हरियाणा का ताजमहल' कहा जाता है?

A. पानीपत   **B.** सोनीपत   **C.** थानेसर   **D.** हांसी

Q.70 प्रत्येक भुजा के दोगुने होने पर घन के सतह क्षेत्र में प्रतिशत वृद्धि होगी:

A. 150%   **B.** 50%   **C.** 200%   **D.** 300%

Q.71 एक बड़े वृत्त की त्रिज्या और एक छोटे वृत्त के बीच का अंतर है 14 सेमी और उनके क्षेत्रों के बीच का अंतर 1056 सेमी² है। छोटे वृत्त की त्रिज्या होगी:

A. 7 सेमी   **B.** 5 सेमी   **C.** 9 सेमी   **D.** 3 सेमी

Q.72 एक बेलनाकार कंटेनर जिसका व्यास 42 सेमी है, उसमें एक 22 सेमी $x14$ सेमी $x10.5$ सेमी आयाम के साथ लोहे के आयताकार ठोस को डुबाया जाता है। पानी के स्तर में होने वाली वृद्धि को ज्ञात कीजिए।

A. 3.26   **B.** 2.33   **C.** 5.96   **D.** 4.36

Q.73 वर्ड में, निम्न विकल्पों में से किस में रिप्लेस विकल्प उपलब्ध है?

A. फाइल मेन्यु   **B.** व्यू मेन्यु
C. एडिट मेन्यु   **D.** फॉर्मेट मेन्यु

Q.74 निम्न में से कौन-सा व्यू सबसे अच्छा होता है, जब आप अपनी स्लाइड्स को डिलीट कॉपी, पेस्ट या मूव करना चाहते हैं?

[Allahabad High Court Review Officer (RO), 2017]

A. स्लाइड सॉर्टर   **B.** नोट्स पेज
C. स्लाईड शो   **D.** सामान्य (नॉर्मल)

Q.75 'मुझे आज खाने का मन नहीं होती है।' उपर्युक्त वाक्य में अशुद्ध अंश स्पष्ट कीजिए।

A. मुझे   **B.** आज
C. खाने का   **D.** मन नहीं होती है

Q.76 रक्षा बल सर्वोच्च कमांड का अधिकार किसके पास है?

A. फील्ड मार्शल   **B.** कमांडर-इन-चीफ
C. प्रधानमंत्री   **D.** राष्ट्रपति

Q.77 निम्नलिखित में से किसे "कोशिका का शक्ति गृह" भी कहा जाता है?

A. लवक   **B.** माइटोकॉन्ड्रिया
C. गॉल्जी काय   **D.** कोशिका भित्ति

Q.78 In the following question, a sentence has been given in Active/Passive Voice. Out of the four alternatives suggested, select the one which best expresses the same sentence in Passive/Active Voice.

The practice of tailgating and cover-up has been pursued by the Secretary and his advisors.

A. The secretary and his advisors have pursued the practice of tailgating and cover-up

B. The secretary and his advisors were pursuing the practice of tailgating and cover-up

C. The secretary and his advisors pursued the practice of tailgating and cover-up

D. The secretary and his advisors pursue the practice of tailgating and cover-up

Q.79 निम्नलिखित में से कौन एक स्प्रेडशीट एप्लिकेशन प्रोग्राम है?

A. MS वर्ड   **B.** MS एक्सेल

C. MS एक्सेस   **D.** MS पावरप्वाइंट

Q.80 मॉनीटर (VDU) होता है:

A. आउटपुट डिवाइस   **B.** इनपुट डिवाइस
C. स्टोरेज डिवाइस   **D.** दोनों (a) और (b)

Q.81 नीचे दिए गए चित्र में त्रिभुजों की संख्या ज्ञात कीजिए:

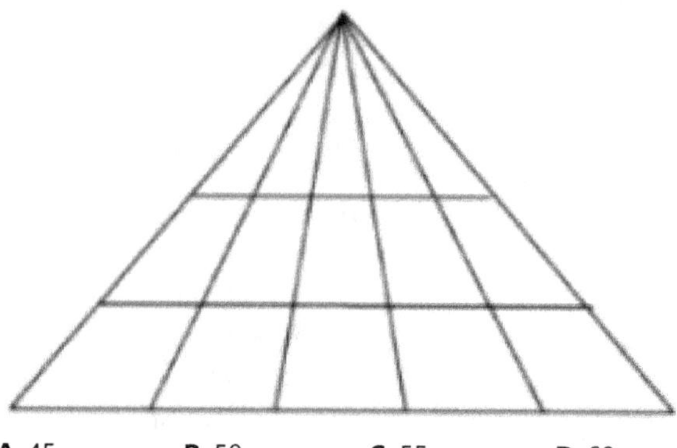

A. 45   **B.** 50   **C.** 55   **D.** 60

Q.82 एक सेव किये गये डॉक्यूमेंट को कहा जाता है ______.

A. फाइल   **B.** फोल्डर   **C.** प्रोजेक्ट   **D.** डाटा

Q.83 अंजलि घर से निकलती है और 5 किलोमीटर दक्षिण की ओर चलती है, दाएँ मुड़ती है और 2 किलोमीटर चलती है और दाएँ मुड़ती है और 5 किलोमीटर चलती है और बाएँ मुड़ती है और 5 किलोमीटर चलती है। सीधे अपने घर पहुँचने के लिए उसे कितने किलोमीटर चलना पड़ेगा?

A. 5   **B.** 7   **C.** 17   **D.** 15

Q.84 कंप्यूटर मेमोरी (RAM) और फ्लॉपी डिस्क सीडी रोम ड्राइव तथा हार्ड ड्राइव की स्टोरेज कैपेसिटी दोनों को मापने के लिए________का प्रयोग किया जाता है।

A. बाइट्स   **B.** बिट्सबिट्स
C. ऑक्टल नंबर   **D.** हेक्साडेसीमल नंबर

Q.85 सबसे तेज मेमोरी है:

A. रजिस्टर मेमोरी   **B.** कैश मेमोरी
C. मेन मेमोरी   **D.** फ्लैश मेमोरी

Q.86 निम्न में से कौन सा एक ऑपरेटिंग सिस्टम नहीं है?

A. विंडोज   **B.** माइक्रोसॉफ्ट एक्सेल
C. लिनक्स   **D.** इनमें से कोई नहीं

Q.87 दिए गए विकल्पों में वह शब्द छाँटिये जो कि दिए गए शब्द के वर्णों के उपयोग से बनाये जा सकते है।

AMPLIFICATION

A. ACTOR   **B.** MANOR
C. CHAMP   **D.** MANIA

Q.88 टाइपिंग के दौरान गलती हो जाने पर, निम्नलिखित में से किस कुंजी (keys) को दबाकर गलती को मिटाया जा सकता है?

A. एण्टर   **B.** बैक स्पेस   **C.** कंट्रोल   **D.** शिफ्ट

Q.89 उस विकल्प का चयन करें जो प्रश्नवाचक चिन्ह (?) के स्थान पर आएगा।

वसंत : ग्रीष्म : : ?

A. सोमवार : बुधवार   **B.** मंगलवार : शुक्रवार
C. रविवार : सोमवार   **D.** शुक्रवार : सोमवार

Q.90 मुद्रास्फीति की अवधि में सबसे अधिक फायदा किसका होता है?

A. उद्यमी
B. सरकारी कर्मचारी
C. कार्पोरेट कर्मचारी
D. लेनदार

Q.91 निर्देश: निम्नलिखित प्रश्न में प्रश्नवाचक चिन्ह (?) के स्थान पर क्या आएगा?

$$\frac{\sqrt{576}+(14\times8)}{\sqrt{289}} + \frac{3}{7} \times 168 = ?$$

A. 110   B. 80   C. 90   D. 116

Q.92 1 सेमी की त्रिज्या की कितनी गेंद को एक बड़ी गेंद को पिघलाकर बनाया जा सकता है जिसका व्यास 8 सेमी है?

A. 65   B. 66   C. 68   D. 64

Q.93 चैट क्या है?
A. एक इंटरनेट मानक जो उपयोगकर्ताओं को फाइल अपलोड और डाउनलोड करने की अनुमति देता है
B. एक टाइप की गई बातचीत जो कंप्यूटर पर होती है
C. एक ऑनलाइन क्षेत्र जिसमें उपयोगकर्ता एक विशेष विषय के बारे में लिखित चर्चा करते हैं
D. एक कंप्यूटर नेटवर्क के माध्यम से संदेशों और फ़ाइलों का प्रेषण

Q.94 एक विभाजन प्रश्न में विभाजक, भागफल का 10 गुना और शेषफल का 5 गुना है, यदि शेषफल 50 है, तो भाज्य क्या होना चाहिए?

A. 6300   B. 5008   C. 5808   D. 8508

Q.95 $AB = AC$ और ऊंचाई $AD = 3$ सेमी के साथ एक समद्विबाहु ABC का क्षेत्रफल 12 वर्ग सेमी है। इसकी परिधि क्या है?

A. 18 सेमी   B. 16 सेमी   C. 14 सेमी   D. 12 सेमी

Q.96 1651 में मुगलों द्वारा बंगाल में किस स्थान पर ईस्ट इंडिया कंपनी को व्यापार करने और फैक्टरी बनाने की अनुमति दी गई थी?

A. कलकत्ता
B. कासिम बाज़ार
C. सिंगुर
D. बर्धमान

Q.97 क्या कॉम्पैक्ट डिस्क एक प्रकार का _____ डेटा संग्रहक है?

A. चुम्बकीय
B. अनुक्रमीय
C. वैद्युत - यांत्रिक
D. ऑप्टिकल

Q.98 दूध का पोलेंसके मान किसके कारण होता है:
A. वसा
B. पानी में घुलनशील फैटी एसिड
C. जल में अघुलनशील फैटी एसिड
D. प्रोटीन

Q.99 निम्नलिखित में किस समूह में केवल इनपुट डिवाइस है-
A. माउस, की-बोर्ड, मॉनीटर
B. माउस, की-बोर्ड, प्रिंटर
C. माउस, प्रिंटर, मॉनीटर
D. माउस, की-बोर्ड, स्कैनर

Q.100 हाइड्रोजन सल्फाइड या हाइड्रोजन क्लोराइड की तुलना मे जल का उच्च कथनांक किसके कारण होता है?

A. द्विध्रुवी रोहन
B. वानडर वाल्स आकर्षण
C. ध्रुवीय सहसंयोजी आबंध
D. हाइड्रोजन आबंधन

// स्मार्ट उत्तर पुस्तिका //

सही उत्तर — उन छात्रों के प्रतिशत को इंगित करता है जिन्होंने प्रश्नों का सही उत्तर दिया था।

छोड़ दिया — उन छात्रों के प्रतिशत को इंगित करता है जिन्होंने प्रश्नों को छोड़ दिया था।

प्रश्न संख्या	उत्तर	सही उत्तर / छोड़ दिया	प्रश्न संख्या	उत्तर	सही उत्तर / छोड़ दिया	प्रश्न संख्या	उत्तर	सही उत्तर / छोड़ दिया	प्रश्न संख्या	उत्तर	सही उत्तर / छोड़ दिया	प्रश्न संख्या	उत्तर	सही उत्तर / छोड़ दिया
1	A	57.29 % / 1.69 %	17	B	81.32 % / 0.0 %	33	B	54.9 % / 1.69 %	49	B	64.96 % / 1.44 %	65	C	60.78 % / 1.04 %
2	A	12.81 % / 4.34 %	18	D	48.78 % / 1.34 %	34	D	47.87 % / 1.75 %	50	A	63.91 % / 1.85 %	66	D	40.64 % / 1.84 %
3	B	89.11 % / 0.0 %	19	C	81.29 % / 0.0 %	35	C	62.86 % / 1.5 %	51	B	24.66 % / 4.94 %	67	A	82.11 % / 0.0 %
4	C	52.5 % / 1.34 %	20	A	60.7 % / 1.07 %	36	C	68.35 % / 1.0 %	52	D	66.27 % / 1.67 %	68	B	57.67 % / 1.97 %
5	C	13.13 % / 4.53 %	21	D	86.42 % / 0.0 %	37	C	17.49 % / 3.22 %	53	A	57.79 % / 1.48 %	69	C	45.79 % / 1.06 %
6	D	61.09 % / 1.19 %	22	A	64.75 % / 1.4 %	38	D	65.01 % / 1.53 %	54	B	68.33 % / 1.51 %	70	D	40.42 % / 1.89 %
7	C	83.06 % / 0.0 %	23	C	61.51 % / 1.67 %	39	C	66.05 % / 1.43 %	55	C	47.86 % / 1.22 %	71	B	14.62 % / 3.21 %
8	D	61.29 % / 1.76 %	24	B	60.59 % / 1.88 %	40	A	66.36 % / 1.02 %	56	D	61.2 % / 1.26 %	72	B	67.75 % / 1.39 %
9	D	84.12 % / 0.0 %	25	B	82.99 % / 0.0 %	41	C	42.96 % / 1.44 %	57	A	23.68 % / 3.77 %	73	C	65.7 % / 1.22 %
10	A	44.8 % / 1.87 %	26	B	65.82 % / 1.81 %	42	C	69.17 % / 1.23 %	58	D	40.81 % / 1.73 %	74	A	50.47 % / 1.29 %
11	B	64.16 % / 1.85 %	27	B	52.12 % / 1.17 %	43	B	50.05 % / 1.87 %	59	A	55.11 % / 1.7 %	75	D	84.5 % / 0.0 %
12	A	45.92 % / 1.59 %	28	C	41.19 % / 1.63 %	44	C	10.13 % / 3.93 %	60	B	63.85 % / 1.92 %	76	D	77.98 % / 0.0 %
13	D	51.34 % / 1.1 %	29	D	80.53 % / 0.0 %	45	A	23.03 % / 3.31 %	61	C	11.19 % / 4.79 %	77	B	43.74 % / 1.19 %
14	A	21.12 % / 3.23 %	30	A	66.54 % / 1.09 %	46	C	67.31 % / 1.5 %	62	A	55.55 % / 1.18 %	78	A	11.89 % / 4.82 %
15	B	81.19 % / 0.0 %	31	B	64.76 % / 1.42 %	47	A	46.57 % / 1.75 %	63	B	65.38 % / 1.49 %	79	B	61.89 % / 1.63 %
16	B	45.57 % / 1.09 %	32	A	40.97 % / 1.19 %	48	B	67.72 % / 1.05 %	64	A	55.39 % / 1.54 %	80	A	67.26 % / 1.09 %

प्रश्न संख्या	उत्तर	सही उत्तर / छोड़ दिया
81	A	46.31 % / 1.19 %
82	A	82.88 % / 0.0 %
83	B	51.0 % / 1.33 %
84	A	55.84 % / 1.3 %

प्रश्न संख्या	उत्तर	सही उत्तर / छोड़ दिया
85	A	46.03 % / 1.31 %
86	B	44.48 % / 1.93 %
87	D	58.86 % / 1.2 %
88	B	40.77 % / 1.12 %

प्रश्न संख्या	उत्तर	सही उत्तर / छोड़ दिया
89	C	58.7 % / 1.1 %
90	A	84.12 % / 0.0 %
91	B	62.96 % / 1.48 %
92	D	46.64 % / 1.97 %

प्रश्न संख्या	उत्तर	सही उत्तर / छोड़ दिया
93	B	44.72 % / 1.08 %
94	A	86.51 % / 0.0 %
95	A	30.53 % / 4.97 %
96	B	53.56 % / 2.0 %

प्रश्न संख्या	उत्तर	सही उत्तर / छोड़ दिया
97	D	60.31 % / 1.66 %
98	C	62.87 % / 1.99 %
99	D	78.4 % / 0.0 %
100	D	26.32 % / 4.43 %

कार्य विश्लेषण

औसत अंक (%)	57.5%
टॉपर्स स्कोर (%)	60.0%
आपका स्कोर	

//संकेत और समाधान//

1. संयुक्त राष्ट्र के नौवें महासचिव एंटोनियो गुटेरेस ने 1 जनवरी 2017 को पदभार ग्रहण किया।

एंटोनियो मैनुअल डी ओलिवेरा गुटेरेस एक पुर्तगाली राजनीतिज्ञ और राजनयिक हैं। 2017 से, उन्होंने संयुक्त राष्ट्र के महासचिव के रूप में कार्य किया है, जो इस उपाधि को धारण करने वाले नौवें व्यक्ति हैं। पुर्तगाली सोशलिस्ट पार्टी के सदस्य, गुटेरेस ने 1995 से 2002 तक पुर्तगाल के प्रधान मंत्री के रूप में कार्य किया। गुटेरेस ने 1992 से 2002 तक सोशलिस्ट पार्टी के महासचिव के रूप में कार्य किया। वह 1995 में प्रधान मंत्री चुने गए और 2002 में उनकी पार्टी के बाद इस्तीफा दे दिया। 2001 के पुर्तगाली स्थानीय चुनावों में हार गए थे।

अतः विकल्प (A) सही है।

2. सरगुजा रेल कॉरिडोर प्राइवेट लिमिटेड (एसआरसीपीएल) के अधिग्रहण के लिए अदाणी पोर्ट्स एंड स्पेशल इकोनॉमिक जोन (एपीएसईजेड) की समग्र योजना को नेशनल कंपनी लॉ ट्रिब्यूनल (एनसीएलटी) ने मंजूरी दे दी है। यह 1 अप्रैल, 2021 की नियत तारीख से प्रभावी होगा। एक बार समेकित होने के बाद, एसआरसीपीएल 450 करोड़ रुपये या एपीएसईजेड के कुल एबिटा (ब्याज कर, मूल्यह्रास और परिशोधन से पहले की कमाई) का पांच प्रतिशत जोड़ देगा।

अतः विकल्प (A) सही है।

3. बैकअप बनाने का प्रमुख उद्देश्य, मूल स्रोत से एक अलग गंतव्य पर इसे कॉपी करके डेटा की सुरक्षा करना है। दरअसल जब कोई बैकअप किया जाता है, तो डेटा स्रोत से दूसरे गंतव्य पर कॉपी हो जाता है और यदि यह खो जाता है, तो उस स्थान से डेटा को पुनर्स्थापित किया जा सकता है।

अतः विकल्प (B) सही है।

4. माना, प्रारंभिक औसत $= x$

$\Rightarrow$ पहली 11 पारियों में रन बनाए $= 11x$

12 वीं पारी में स्कोर $= 120$

प्रश्न के अनुसार, नया औसत

$\Rightarrow \dfrac{11x+120}{12} = (x+5)$

$\Rightarrow 11x + 120 = 12x + 60$

$\Rightarrow 12x - 11x = 120 - 60$

$\Rightarrow x = 60$

$\therefore$ 12 वीं पारी के बाद औसत स्कोर $= 60 + 5 = 65$

अतः विकल्प (C) सही है।

5. दिया गया:

$$\sqrt{5} + \sqrt{12 - 2\sqrt{35}}$$

जैसा कि हम जानते है, $(a-b)^2 = a^2 + b^2 - 2ab$

तो, $\sqrt{5} + \sqrt{(\sqrt{7})^2 + (\sqrt{5})^2 - 2(\sqrt{7} \cdot \sqrt{5})}$

$= \sqrt{5} + \sqrt{(\sqrt{7} - \sqrt{5})^2}$

$= \sqrt{5} + \sqrt{7} - \sqrt{5} = \sqrt{7}$

इसलिए, दिए गए व्यंजक का मान $\sqrt{7}$ है।

अतः विकल्प (C) सही है।

6. ऊँट को भारी मात्रा में नमक का सेवन करने के बावजूद उच्च रक्तचाप नही होता हैं।

अतः विकल्प (D) सही है।

7. दिया है: स्थिर जल में नाव की गति u = 10 किमी/घंटा

धारा की गति v = 2 किमी/घंटा

धारा के विपरीत नाव की गति = u - v

= 10 - 2 = 8 किमी/घंटा

धारा के साथ नाव की गति = u+v

= 10+2 = 12 किमी/घंटा

अतः विकल्प (C) सही है।

8. दिया गया प्रश्न निम्नलिखित प्रतिरूप का अनुसरण करता है:

```
B   O   O   K
↓   ↓   ↓   ↓
2   3   3   0
T   A   K   E
↓   ↓   ↓   ↓
4   1   5   6
```
इसलिए,
```
B   O   A   T
↓   ↓   ↓   ↓
2   3   1   4
```

अतः विकल्प (D) सही है।

9. एक विद्युत मोटर विद्युत ऊर्जा को यांत्रिक ऊर्जा में परिवर्तित करता है। विद्युत मोटर का कार्य सिद्धांत मुख्य रूप से चुंबकीय और विद्युत क्षेत्रों के प्रेरण पर निर्भर करता है। विद्युत मोटर को मुख्य रूप से दो प्रकारों में वर्गीकृत किया गया है: प्रत्यावर्ती धारा मोटर और दिष्टधारा मोटर।

प्रत्यावर्ती धारा मोटर, इनपुट के रूप में प्रत्यावर्ती धारा लेता है, जबकि दिष्टधारा मोटर प्रत्यक्ष धारा लेता है।

अतः विकल्प (D) सही है।

10. आयात, 'निर्यात' का विपरीतार्थक शब्द है। 'आगमन' का विपरीतार्थक शब्द 'निगमन' होता है।

अतः विकल्प (A) सही है।

11. हूट एक उल्लू की आवाज है, इसी तरह, एक मुर्गी द्वारा निकाली गई आवाज को कूड़कुड़ाना कहा जाता है।

अतः विकल्प (B) सही है।

12. हरियाणा मोटर वाहन नियम, 1993 के प्रावधानों के तहत सरकार ने पंजाब एवं हरियाणा उच्च न्यायालय के निर्देशों की अनुपालना में यह फैसला लागू किया है।

हरियाणा में दोपहिया वाहन चालक व सवार महिलाओं के लिए भी हैलमेट पहनना अनिवार्य किया गया है।

अतः विकल्प (A) सही है।

13. दिया है: AKU:? :: CMW: DNX

यह प्रश्न निम्नलिखित प्रतिरूप का अनुसरण करता है:

C (+10 अक्षर) = M (+10 अक्षर) = W

D (+10 अक्षर) = N (+10 अक्षर) = X

A (+10 अक्षर) = K (+10 अक्षर) = U

इसी तरह, B (+10 अक्षर) = L (+10 अक्षर) = V

अतः विकल्प (D) सही है।

14. केवल 30 ही परिवार है जिनके पास टीवी और स्कूटर दोनों हैं, लेकिन न तो वीसीआर है और न ही मारुति।

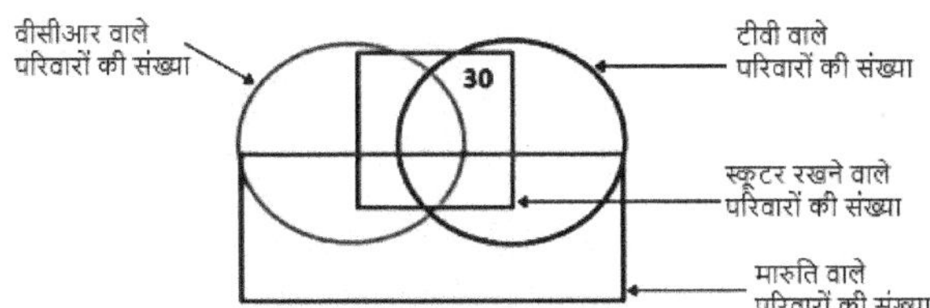

अतः विकल्प (A) सही है।

15. दिया है; 5: 100 :: 7:?

यह प्रश्न n: (2n)² प्रतिरूप का अनुसरण करता है।

जैसे- 5 : (2 × 5)² = 5 : 100

इसी तरह, (2 × 7)² = (14)² = 196

अतः विकल्प (B) सही है।

16. जिस प्रकार स्कर्वी विटामिन C की कमी के कारण होता है, उसी प्रकार पेलेग्रा भी एक रोग है जो विटामिन - B_3 की कमी से होता है।

अतः विकल्प (B) सही है।

17. भारत के नियंत्रक और महालेखा परीक्षक (CAG) को भारत के राष्ट्रपति द्वारा संविधान के अनुच्छेद 148 के तहत नियुक्त किया जाता है। CAG संघ और राज्य सरकार की सभी प्राप्तियों और व्यय का लेखा-जोखा करता है। CAG सरकार के स्वामित्व वाली कंपनियों के लिए बाहरी लेखा परीक्षक के रूप में भी कार्य करता है।

अतः विकल्प (B) सही है।

18. दिया है: मूलधन $= 800$ रु.

$$S.I. = (920 - 800) = रु. 120$$

और समय $= 3$ वर्ष

$$\therefore \text{मूल दर} = \frac{(100 \times SI)}{(P \times T)} = \frac{(100 \times 120)}{(800 \times 3)} = 5\%$$

नई दर $= 8\%$

अब, $S.I. = \frac{(800 \times 8 \times 3)}{100} = 192$ रु.

राशि $= (800 + 192)$

$= 992$ रु.

अतः विकल्प (D) सही है।

19. 'देशभक्ति'- देश भक्ति' में तत्पुरुष समास है। इस समास में बाद का पद या उत्तर पद प्रधान होता है तथा दोनों पदों के बीच का कारक-चिह्न लुप्त होता है। जैसे-

डाकगाड़ी - डाक के लिए गाड़ी

शोकग्रस्त - शोक से ग्रस्त

पथभ्रष्ट - पथ से भ्रष्ट

अतः विकल्प (C) सही है।

20. तरंग दैर्ध्य की इस श्रेणी में विद्युत चुम्बकीय विकिरण को दृश्य प्रकाश कहा जाता है। एक विशिष्ट मानव आंख लगभग 380 से 740 नैनोमीटर तक तरंग दैर्ध्य पर प्रतिक्रिया करेगी। आवृत्ति के संदर्भ में, यह 430-770 THz के आसपास के क्षेत्र में एक बैंड के अनुरूप है।

अतः विकल्प (A) सही है।

21. The incorrect spelling among the above-given options is 'ambiguos'. Its correct spelling is ambiguous.

Let's find out the meanings of the given words:-

Malicious: characterized by malice; intending or intended to do harm.

Parody: an imitation of the style of a particular writer, artist, or genre with deliberate exaggeration for comic effect

Robust: strong and healthy; vigorous.

Ambiguous; open to more than one interpretation; not having one obvious meaning.

Hence, the correct option is (D).

22. गुप्त वंश का समुद्रगुप्त (335-375 ई) भारत के नेपोलियन के रूप में जाना जाता है। समुद्रगुप्त गुप्त वंश का दूसरा शासक है, जिसने भारत में स्वर्ण युग की शुरुआत की। वह एक उदार शासक, एक महान योद्धा और कला का संरक्षक था। चंद्रगुप्त का पुत्र समुद्रगुप्त, गुप्त वंश का शायद सबसे बड़ा राजा था।

अतः विकल्प (A) सही है।

23. रजिया सुल्तान दिल्ली के सुल्तान इल्तुतमिश की पुत्री थी। रजिया सुल्तान भारत की प्रथम महिला शासक थी। वह 1236 से 1240 तक दिल्ली सुल्तान रही। वह दिल्ली सल्तनत और मुगल काल की एकमात्र महिला शासक थी। यद्यपि अन्य महिला शासकों ने पर्दे के पीछे से शासन किया था।

अतः विकल्प (C) सही है।

24. दिया है: पहली 100 प्राकृतिक संख्या का योग $= 1 + 2 + 3 + 4 + \ldots\ldots 100$

यहां $n = 100$, $a = 1$ तथा $d = 2 - 1 = 1$

सूत्र: $S_{100} = \frac{n}{2}[2a + (n-1)d]$ से

मानों को प्रतिस्थापित करने पर:

$$S_{100} = \frac{100}{2}[2 \times 1 + (100 - 1) \times 1]$$
$$S_{100} = 50[2 + 99]$$
$$S_{100} = 50 \times 101$$
$$S_{100} = 5050$$

$\therefore$ पहले 100 प्राकृतिक संख्याओं का योग 5050 है।

अतः विकल्प (B) सही है।

25. हम निम्नलिखित तरीके से व्यक्तियों की बैठने की व्यवस्था कर सकते हैं।

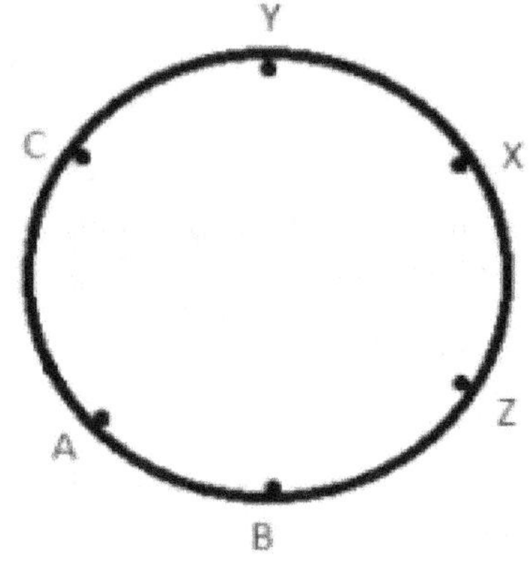

उपरोक्त आकृति से, C, Y के दाईं ओर बैठा है।
अतः विकल्प (B) सही है।

26. ".xlsx" एक फाइल एक्सटेंशन है जो XML को ओपेन करता है। यह एमएस एक्सेल में उपयोग होता है।

अतः विकल्प (B) सही है।

27. दी गई श्रृंखला निम्नलिखित प्रतिरूप का अनुसरण करती है:

T - 1 = S

A - 1 = Z

P - 1 = O

इस प्रकार , FREEZE लिखा जायेगा:

F - 1 = E

R - 1 = Q

E - 1 = D

E - 1 = D

Z - 1 = Y

E - 1 = D

अतः विकल्प (B) सही है।

28. दिये गये प्रश्न में, प्रत्येक संख्याओं के गुणक में से 4 घटाया गया है।

जैसे: (12×16) - 4 = 192-4 = 188

और (14×18) – 4 = 252 – 4 = 248

इसी तरह, (16×20) – 4 = 320 – 4 = 316

अतः विकल्प (C) सही है।

29. प्रकाश संश्लेषण होने के लिए, पौधों को सूर्य के प्रकाश, पानी, कार्बन डाइऑक्साइड और क्लोरोफिल की आवश्यकता होती है। प्रकाश संश्लेषण की प्रक्रिया के माध्यम से पौधे प्रकाश ऊर्जा को रासायनिक ऊर्जा में परिवर्तित करते हैं।

अतः विकल्प (D) सही है।

30. स्वपरागण के कारण अंतःप्रजनन होता है जिससे प्रजनन अवसाद उत्पन्न होता है। संबंधित प्रजातियों के प्रजनन से इनके स्वास्थ्य और वृद्धि में कमी आती है।

अतः विकल्प (A) सही है।

31. एकीकृत कृषि पद्धति आर्थिक और निरंतर कृषि उत्पादन हासिल करने के लिए एक संसाधन प्रबंधन रणनीति है जिसका उद्देश्य पर्यावरण की गुणवत्ता को बनाए रखना और खेती के समानों की कई आवश्यकताओं को पूरा करना है।

एकीकृत कृषि पद्धति के कुछ लाभ इस प्रकार हैं: एकीकृत कृषि पद्धति मिट्टी की उर्वरता और स्वास्थ्य में सुधार लाता है, उत्पादन लागत में कमी करता है, खेत की निविष्ट आवश्यकताओं को कम करता है, रासायनिक उर्वरक के उपयोग को कम करता है, रोजगार और प्रदूषण मुक्त वातावरण को बढ़ावा देता है।

अतः विकल्प (B) सही है।

32. पहले कॉलम में, (9 × 5) -7 = 38

दूसरे कॉलम में, (11 × 9) - 22 = 77

इसलिए, लुप्त संख्या = (11 × 15) - 5 = 160

अतः विकल्प (A) सही है।

33. आशा और लता के वर्तमान युग का अनुपात 5: 6 है।

माना कि आशा और लता की उम्र क्रमशः 5x और 6x है।

उनकी उम्र के बीच का अंतर = 6 वर्ष

6x - 5x = 6

⇒x = 6

5 साल बाद लता की उम्र = 6x + 5 = 6 × 6 + 5 = 41 वर्ष

अतः विकल्प (B) सही है।

34. MS-पावर प्वाइंट में नई स्लाइड के इंसर्ट के लिए "Ctrl + M" शॉर्टकट-की का उपयोग किया जाता है।

Ctrl + O = फाइल खोलना

Ctrl +N = नई प्रजेन्टेशन तैयार करना

अतः विकल्प (D) सही है।

35. जैसा कि हम जानते हैं, औसत गति = तय की गयी कुल दूरी / लिया गया कुल समय

$$\Rightarrow \text{लिया गया कुल समय} = \frac{(40+70)}{55} = \frac{110}{55}$$

$$= 2 \text{ घंटा} = 2 \times 60 = 120 \text{ मिनट}$$

पहले भाग को तय करने में लगा समय = 45 मिनट

∴ शेष यात्रा को तय करने में लगा समय = 120 − 45 = 75 मिनट

अतः विकल्प (C) सही है।

36. हरियाणा की सबसे बड़ी खासियत इसकी भाषा है; या यों कहें कि, जिस तरीके से यह बोला जाता है। हरियाणा में अधिकतर हरियाणवी (जिसे बांगरू या जटु के नाम से भी जाना जाता है) बोली जाती है। हिंदी बोलने वालों के लिए हरियाणवी बोलने की कोशिश काफी सरल हो सकती है।

अतः विकल्प (C) सही है।

37. प्रत्येक उपसमुच्चय को 100% के रूप में लिया जाता है।

केवल शिक्षकों का प्रतिशत = 100% - (35% + 10% + 15%) = 40%

इसी तरह, केवल अभिभावकों का प्रतिशत = 100% - (10% + 10% + 15%) = 65%

केवल छात्रों का प्रतिशत = 100% - (35% + 10% + 10%) = 45%

अतः विकल्प (C) सही है।

38. भारत का सबसे बड़ा पशुधन हरियाणा के हिसार जिले में है। वर्तमान में राज्य में कुल पशुधन की संख्या 90.50 लाख है, जिसमें से 15.53 लाख मवेशी तथा 59.30 लाख भैंस है। राज्य में औसतन प्रत्येक 3 गांव पर एक पशु चिकित्सा केंद्र की व्यवस्था की गई है। 2015-2016 में प्रतिदिन प्रति व्यक्ति दूध उपलब्धता 870 ग्राम रही जो देश में दूसरा सर्वाधिक है। स्थानीय प्रजातियों तथा भैंसों की मुर्रा प्रजाति तथा गायों की हरियाणा व साहिवाल प्रजातियों के संरक्षण हेतु विशेष ध्यान दिया जा रहा है। भिवानी जिले में सघन पशु विकास परियोजना 1972 में आरंभ की गई थी। प्रति पशु उत्पादकता में वृद्धि हेतु पशुधन कार्यक्रम प्रारंभ किया गया है।

अतः विकल्प (D) सही है।

39. दिया है: $2 + x\sqrt{3} = \dfrac{1}{2+\sqrt{3}}$

$\Rightarrow 4 + 2x\sqrt{3} + 2\sqrt{3} + 3x = 1$

$\Rightarrow (2\sqrt{3} + 3)x = -3 - 2\sqrt{3}$

$\Rightarrow x = \dfrac{-3 - 2\sqrt{3}}{2\sqrt{3} + 3}$

$\Rightarrow x = -1$

अतः विकल्प (C) सही है।

40. माना, लागत मूल्य $= 100x$

लागत मूल्य का $40\% = \dfrac{40}{100} \times 100x = 40x$

$\Rightarrow$ अंकित मूल्य $= 100x + 40x = 140x$

छूट धनराशि $= \dfrac{5}{100} \times 140x = 7x$

$\Rightarrow$ SP $= 140x - 7x = 1064$

$\Rightarrow x = \dfrac{1064}{133} = 8$

अब, लागत मूल्य $= 8 \times 100 = 800$

और बिक्री मूल्य $= 1064$ [दिया है]

$\Rightarrow$ लाभ $= 1064 - 800 = 264$

अतः विकल्प (A) सही है।

41. गोवा क्षेत्रफल के हिसाब से भारत का सबसे छोटा और जनसंख्या के हिसाब से चौथा सबसे छोटा राज्य है। गोवा में प्रति व्यक्ति जीडीपी सबसे अधिक है, जो देश के दूसरे राज्यों की तुलना में ढाई गुना अधिक है।

गोवा का भूमि क्षेत्र 1,429 वर्ग मील (3,702 वर्ग किमी) है।

अतः विकल्प (C) सही है।

42. लाला लाजपत राय 'पंजाब केसरी' के नाम से लोकप्रिय है। वह एक भारतीय स्वतंत्रता सेनानी और ब्रिटिश भारत में होम रूल आन्दोलन के संस्थापक थे। उन्होंने भारत के स्वतंत्रता संग्राम में एक महत्वपूर्ण भूमिका निभाई थी और साइमन आयोग के विरुद्ध प्रदर्शन के दौरान उनकी मृत्यु हो गई थी।

अतः विकल्प (C) सही है।

43. चुंबकीय क्वांटम संख्या आणविक कक्षा को नियंत्रित करती है। क्वांटम संख्या चार प्रकार की होती है। एक आणविक कक्षीय आरेख एक गुणात्मक वर्णात्मक उपकरण है जो सामान्य रूप से आणविक कक्षीय सिद्धांत के संदर्भ में अणुओं में रासायनिक संबंध और विशेष रूप से परमाणु कक्षा विधि के रैखिक संयोजन को समझाता है।

अतः विकल्प (B) सही है।

44. Acquiesce means accept something reluctantly but without protest.

Resist means withstand the action or effect of

Disagree refers to have or express a different opinion.

Consent means to give assent or approval

Dissent means the holding or expression of opinions at variance with those commonly or officially held.

Hence, the correct option is (C).

45. एक अलमीरा की लागत मूल्य $= 13600$ रुपये

परिवहन लागत $= 400$ रुपये

कुल लागत मूल्य $= (13600 + 400) = 14000$ रुपये

बिक्री मूल्य $= 16800$ रुपये

अब, $SP > CP$

लाभ $= SP - CP = (16800 - 14000) = 2800$ रुपये

लाभ $\% = ($लाभ$/ CP \times 100)\,\%$

$= \left(\dfrac{2800}{14000} \times 100\right)\%$

$= \dfrac{2800}{140}\%$

$= 20\%$

अतः विकल्प (A) सही है।

46. जब किसी दर्पण को MN रेखा पर रखा जाता है तो आकृति का सबसे दाहिना भाग सबसे बाईं ओर आता है। इस प्रकार, आकृति (C) दी गई प्रश्न आकृति की सही दर्पण छवि है।

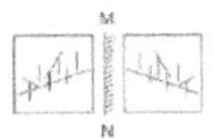

अतः विकल्प (C) सही है।

47. जिस प्रकार ईमेल के लिए जीमेल आईडी आवश्यक है उसी प्रकार, कॉल के लिए फोन आवश्यक है।

अतः विकल्प (A) सही है।

48. दिया है : 312 + 8 - 4 x 102 ÷ 42

प्रतीकों को उनके वास्तविक अर्थ के साथ बदलने पर

312 ÷ 8 x 4 + 102 - 42

$\Rightarrow$ 39 x 4 + 102 - 42

$\Rightarrow$ 156 + 60 = 216

अतः विकल्प (B) सही है।

49. दी गई जानकारी को आकृतियों के रूप में निम्नानुसार व्यक्त किया जा सकता है:

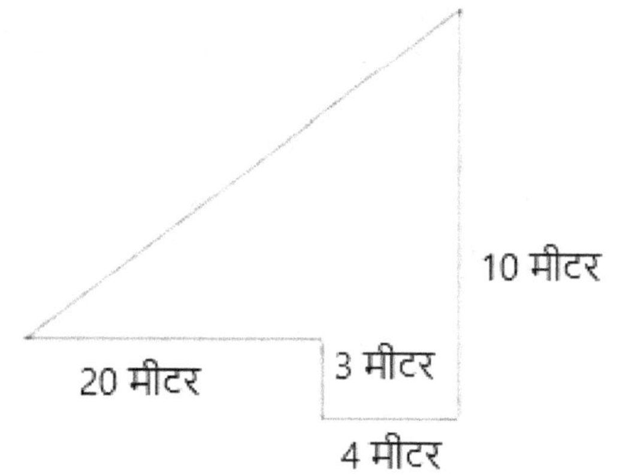

पूर्व दिशा की ओर की गई यात्रा $= 20 + 4 = 24$ मीटर

उत्तर दिशा की ओर की गई यात्रा $= -3 + 10 = 7$ मीटर

प्रारंभिक बिंदु से दूरी पाइथागोरस प्रमेय का उपयोग कर पाई जा सकती है।

प्रारंभिक बिंदु से दुरी $= \sqrt{24^2 + 7^2}$
$= \sqrt{576 + 49}$
$= \sqrt{625}$
$= 25$ मीटर

अतः विकल्प (B) सही है।

50. 'Glean' means to obtain (information) from various sources, often with difficulty.

'Disperse' means distribute or spread over a wide area.

'Accept' means consent to receive or undertake (something offered).

'Embrace' means to hold (someone) closely in one's arms, especially as a sign of affection.

'Espouse' means to adopt or support (a cause, belief, or way of life).

Hence, the correct option is (A).

51. जायद की फसलें ग्रीष्म ऋतु की फसलें हैं। वे मुख्य रूप से मार्च से जून तक लंबी अवधि में बढ़ते हैं। इन फसलों को मुख्य रूप से गर्मियों के मौसम में उगाया जाता है जिसे "जायद फसल का मौसम" कहा जाता है।

अतः विकल्प (B) सही है।

52. वर्तमान में भारत के सर्वोच्च न्यायालय में, मुख्य न्यायाधीश समेत न्यायाधीशों की कुल संख्या 34 हैं।

- जैसे जैसे न्यायालय के कार्य में वृद्धि हुई और लंबित मामले बढ़ने लगे, भारतीय संसद द्वारा न्यायाधीशों की मूल संख्या को आठ से बढ़ाकर 1956 में ग्यारह, 1960 में चौदह, 1978 में अठारह, 1986 में छब्बीस, 2008 में इकत्तीस और 2019 में चौंतीस तक कर दिया गया।

- न्यायमूर्ति श्री एच जे कनिया भारत के पहले मुख्य न्यायाधीश थे तथा वर्तमान मुख्य न्यायाधीश न्यायमूर्ति श्री एन. वी. रमण हैं।

- भारत के एक संप्रभु लोकतांत्रिक गणराज्य बनने के दो दिन बाद अर्थत 28 जनवरी 1950 के दिन भारत का उच्चतम न्यायालय अस्तित्व में आया था।

अतः विकल्प (D) सही है।

53. माना कि, X की मासिक आय $= 5m$

Y की मासिक आय $= 11m$

उनके आय का अंतर 24000 रुपये है।

$\therefore 11m - 5m = 24000$

$\Rightarrow 6m = 24000$

$\Rightarrow m = 4000$

$\therefore$ Y की मासिक आय $= 11 \times 4000 = 44000$

अतः विकल्प (A) सही है।

54. भारत के संविधान के अनुच्छेद 266 (1) के तहत, एक समेकित राज्य कोष का गठन किया जाता है। भारतीय राज्य के राज्यपाल के वेतन और भत्ते राज्यों के समेकित कोष से वसूले जाते हैं।

अतः विकल्प (B) सही है।

55. थानेसर नगर के उत्तर पश्चिम कोण पर संगमरमर से बना हुआ एक मकबरा है। यह मकबरा सूफी संत शेख चिल्ली का है जो मुगल सम्राट शाहजहां के शासनकाल में ईरान से चलकर भारत में हजरत कुतुब जलालुद्दीन से मिलने थानेसर आए थे।

अतः विकल्प (C) सही है।

56. 'लिखावट' में 'आवट' प्रत्यय है। वे शब्दांश जो शब्दों के अंत में जुड़कर उनके अर्थ में कुछ विशेषता लाते हैं, प्रत्यय कहलाते हैं। 'आवट' प्रत्यय से बनने वाले अन्य शब्द- कसावट, बुनावट, बनावट, सजावट, अमावट आदि।

अतः विकल्प (D) सही है।

57. पाइरेथ्रम एक प्राकृतिक कीटनाशक का नाम भी है, जो गुलदाउदी के सूखे फूलों के सिर से बना है। इसका सक्रिय संघटक पाइरेथ्रिन है।

अतः विकल्प (A) सही है।

58. 1981 में पहला बायोहेरबिसाइड विकसित किया गया था। यह एक कवकनाशी है, जो कवक, फाइटोफ्थोरा पामिवोरा पर आधारित है। जो कि खट्टे बागों में मिल्कवेड वाइन की वृद्धि को नियंत्रित करता है।

अतः विकल्प (D) सही है।

59. पावर प्वाइंट ईमेल से संबंधित नहीं है। माइक्रोसॉफ्ट पावरप्वाइंट एक प्रस्तुति प्रोग्राम है, जिसे रॉबर्ट गैस्किंस और डेनिस ऑस्टिन द्वारा एक सॉफ्टवेयर कंपनी में बनाया गया है, जिसका नाम फोरथॉट है। यह 20 अप्रैल, 1987 को शुरू में केवल मैकिंटोश सिस्टम ऑपरेटिंग सिस्टम आधारित कंप्यूटरों के लिए जारी किया गया था।

अतः विकल्प (A) सही है।

60. A correct answer is an option (B) i.e. addicted to gambling.

In the underlined part to V1 is used which is incorrect because preposition always comes with noun or pronoun. here gambling acts as nouns (in the form of action).

So, the correct sentence will be- "Aakash is addicted to gambling, which drew him to the crisis in life."

Hence, the correct option is (B).

61. इस वाक्य में अनिश्चयवाचक सार्वनामिक विशेषण का प्रयोग हुआ है। अनिश्चयवाचक सार्वनामिक विशेषण में कोई, कुछ निश्चयवाचक सार्वनामिक विशेषण में यह, वह और प्रश्नवाचक सार्वनामिक विशेषण में - कौन, क्या आता है।

अतः विकल्प (C) सही है।

62. इलेक्ट्रानो की संख्या किसी तत्व के रसायनिक गुण तय करता है।

एक उदासीन परमाणु में इलेक्ट्रॉनों की संख्या प्रोटॉन की संख्या के बराबर है। परमाणु की द्रव्यमान संख्या नाभिक में प्रोटॉन और न्यूट्रॉन की संख्या के योग के बराबर है। न्यूट्रॉन की संख्या परमाणु के द्रव्यमान संख्या और परमाणु संख्या के अंतर के बराबर है।

अतः विकल्प (A) सही है।

63. डेटा को फैक्ट्स या डेटा या सूचनाओं के रूप में परिभाषित किया जाता है जो कि किसी कंप्यूटर द्वारा संग्रहीत या उपयोग की जाती है।

अतः विकल्प (B) सही है।

64. भूमध्य रेखा के समानांतर खींची गई रेखाओं को अक्षांश कहते हैं।

अक्षांश वह रेखाएँ हैं जो भूमध्य रेखा के साथ पूर्व से पश्चिम तक फैलती हुई पृथ्वी के चारों ओर घूमती हैं और देशांतर उत्तर से दक्षिण या दक्षिण से उत्तर तक फैली हुई रेखाएँ हैं।

अतः विकल्प (A) सही है।

65. माना, कुल कार्य $= 5, 10$ और 6 का ल.स.प. $= 30$ इकाई

L और M की क्षमता $= \dfrac{30}{5} = 6$

M और N की क्षमता $= \dfrac{30}{10} = 3$

L और M की क्षमता $= \dfrac{30}{6} = 5$

L, M और N की क्षमता $= \dfrac{(6+5+3)}{(2)} = 7$

L, M और N एक साथ काम पूरा कर सकते हैं $= \dfrac{30}{7} = 4\dfrac{2}{7}$

अतः विकल्प (C) सही है।

66. पश्चिमी और पूर्वी यमुना नहर हरियाणा राज्य की सबसे पुरानी नहर है जो ताजेवाला बैराज से निकलती है। इसकी शाखाएँ, करनाल, पानीपत, सोनीपत, जींद और रोहतक जिलों के भूमि क्षेत्रों को सिंचाई के लिए पानी देती हैं। गुड़गांव नहर को यमुना से ओखला बैराज पर खींचा गया है।

अतः विकल्प (D) सही है।

67. पादपों में मूल रोमों की मूल भूमिका मृदा से खनिज लवण और जल अवशोषित करना है।

अतः विकल्प (A) सही है।

68. हरियाणा में सामंती (जमींदार) लीग की स्थापना सर छोटूराम ने की। छोटू राम का जन्म पंजाब प्रांत के रोहतक जिले के गढ़ी सांपला गाँव में एक जाट परिवार में राम रिछपाल के रूप में हुआ था।

अतः विकल्प (B) सही है।

69. उन्होंने यहां जलालुद्दीन भेंट की दुर्भाग्य से शेखचिल्ली की मृत्यु होने पर थानेसर में हो गई। और उन्हें यहाँ दफना दिया। गया इसी कारण शेखचिल्ली के मकबरे को हरियाणा का ताजमहल भी कहा जाता है।

अतः विकल्प (C) सही है।

70. माना, एक घन का प्रत्येक भुजा $= 1$ सेमी

इसलिए, कुल सतह क्षेत्र $= 6 \times$ भुजा$^2 = 6 \times 1^2 = 6$ सेमी^{2}

अब, नया भुजा $= 1 \times 2 = 2$ सेमी^{2}

नई सतह का कुल क्षेत्रफल $= 6 \times (2)^2 = 6 \times 4 = 24$ सेमी^{2}

$\therefore$ प्रतिशत वृद्धि $= \dfrac{24 - 6}{6} \times 100$

$= 18 \times 100 = 300\%$

अतः विकल्प (D) सही है।

71. बड़े वृत की त्रिज्या $= R$ सेमी

छोटे वृत्त की त्रिज्या $= r$ सेमी

$\therefore R - r = 14$ सेमी

और $\pi(R^2 - r^2) = 1056$

$\Rightarrow R^2 - r^2 = \dfrac{1056}{\pi} = \dfrac{1056 \times 7}{22}$

$\Rightarrow R^2 - r^2 = 336$

$\Rightarrow (R - r)(R + r) = 336$

$\Rightarrow (R + r) \times 14 = 336$

$\Rightarrow (R + r) = \dfrac{336}{14} = 24$ सेमी

$\therefore (R + r) - (R - r) = 24 - 14$

$\Rightarrow 2r = 10$

$\Rightarrow r = 5$ सेमी

अतः विकल्प (B) सही है।

72. बेलनाकार कंटेनर का व्यास $= 42$ सेमी

इसलिए, त्रिज्या $(r) = 21$ सेमी

आयताकार ठोस का आयाम $= 22$ सेमी $\times 14$ सेमी $\times 10.5$ सेमी

ठोस का आयतन $= 22 \times 14 \times 10.5$ सेमी^{3} ....(i)

माना पानी की ऊंचाई $= h$

इसलिए, कंटेनर में पानी की मात्रा $= \pi r^2 h$

$= \dfrac{22}{7} \times 21 \times 21 \times h$ सेमी^{3}

$= 22 \times 63h$ सेमी^{3} ....(ii)

समीकरण (i) और (ii) से

$22 \times 63h = 22 \times 14 \times 10.5$

$\Rightarrow h = \dfrac{22 \times 14 \times 10.5}{22 \times 63}$

$\Rightarrow h = \dfrac{7}{3}$

$\Rightarrow h = 2\dfrac{1}{3}$ या 2.33 सेमी

अतः विकल्प (B) सही है।

73. वर्ड में, रिप्लेस विकल्प एडिट मेन्यु पर उपलब्ध है जोकि होम टैब पर है। रिप्लेस विकल्प का शॉर्टकट CTRL+H है।

अतः विकल्प (C) सही है।

74. स्लाइड सॉर्टर व्यू के अन्तर्गत जब कोई भी प्रजेन्टेशन पूरी तरह से कम्प्लीट हो जाता है तब यह सम्पूर्ण झलक एक बार में दिखाता है जिसमें हम एडिटिंग, डिलीटिंग आदि कर सकते हैं।

अतः विकल्प (A) सही है।

75. दिये गये वाक्य में अशुद्ध अश के रूप में 'मन नहाँ होता है' को चिन्हित किया गया है, जिसका शुद्ध वाक्य रूप- 'मुझे आज खाने का मन नहीं है' होगा।

अतः विकल्प (D) सही है।

76. भारतीय सशस्त्र बलों की सर्वोच्च कमान भारत के राष्ट्रपति में निहित है, हालांकि प्रभावी रक्षा शक्ति और राष्ट्रीय रक्षा के लिए जिम्मेदारी प्रधानमंत्री की अध्यक्षता में भारत के मंत्रिमंडल के साथ रहती है।

अतः विकल्प (D) सही है।

77. माइटोकॉण्ड्रिया को "कोशिका का शक्ति गृह" कहा जाता है, जहां ग्लूकोज का अवशोषण होता है और रासायनिक ऊर्जा का उत्पादन होता है। यह ऊर्जा

हमारे शरीर की गतिविधियों को संचालित करती है और हमें शारीरिक बल प्रदान करती है। माइटोकॉन्ड्रिया में उत्पन्न ऊर्जा को ATP अणुओं के रूप में संग्रहीत किया जाता है।

अतः विकल्प (B) सही है।

78. The given sentence is in Passive form with Present Perfect tense, which follows -

Active-S+ has/have + V3 + O

Passive Voice O + has/have + been + V3 + by + S

As per the grammar rules,

Hence, the correct option is (A).

79. MS-एक्सेल, स्प्रेडशीट एप्लिकेशन प्रोग्राम है। MS-एक्सेल एक इलेक्ट्रानिक स्प्रेडशीट है। जिन लोगों को संख्याओं का विश्लेषण, रिकार्ड तथा व्यवस्थित करने की आवश्यकता होती है वे स्प्रेडशीट का प्रयोग करते है।

अतः विकल्प (B) सही है।

80. मॉनीटर एक आउटपुट डिवाइस है। इसको विजुअल डिस्प्ले यूनिट भी कहा जाता है। यह आउटपुट को अपनी स्क्रीन पर सॉफ्ट कापी के रूप में प्रदशित करता है। रंगों के आधार पर यह तीन तरह की होती है-

1. ग्रे-स्केल,
2. रंगीन मॉनीटर,3 मोनोक्रोम

अतः विकल्प (A) सही है।

81. आधार में संख्या लिखकर हम प्राप्त करते हैं:

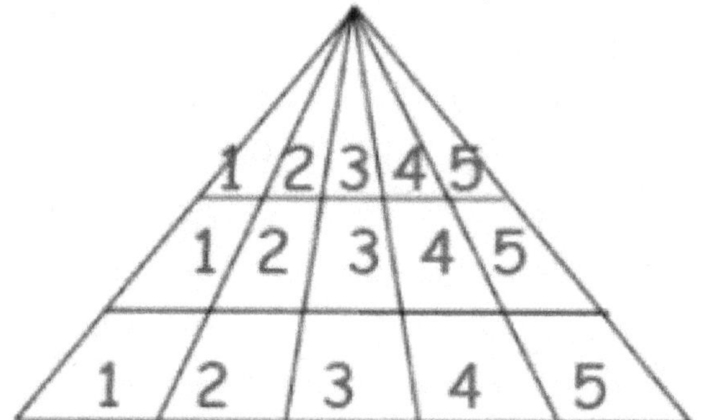

पंक्तियों की संख्या = 3

प्रत्येक पंक्ति में त्रिभुजों की संख्या का योग = 1 + 2 + 3 + 4 + 5= 15

चित्र में त्रिभुजों की संख्या = 3 (15) = 45

इस प्रकार ,ऊपर दी गई चित्र में त्रिभुजों की कुल संख्या 45 है।

अतः विकल्प (A) सही है।

82. एक सेव किये गये डॉक्यूमेंट को फाइल जाता है। कंप्यूटर स्टोरेज डिवाइस में डेटा रिकॉर्ड करने के लिए कंप्यूटर फाइल एक कंप्यूटर संसाधन है। जैसे शब्दों को कागज पर लिखा जा सकता है, वैसे ही जानकारी को कंप्यूटर फ़ाइल में लिखा जा सकता है। फ़ाइलों को उस विशेष कंप्यूटर सिस्टम पर इंटरनेट के माध्यम से संपादित और स्थानांतरित किया जा सकता है।

अतः विकल्प (A) सही है।

83.

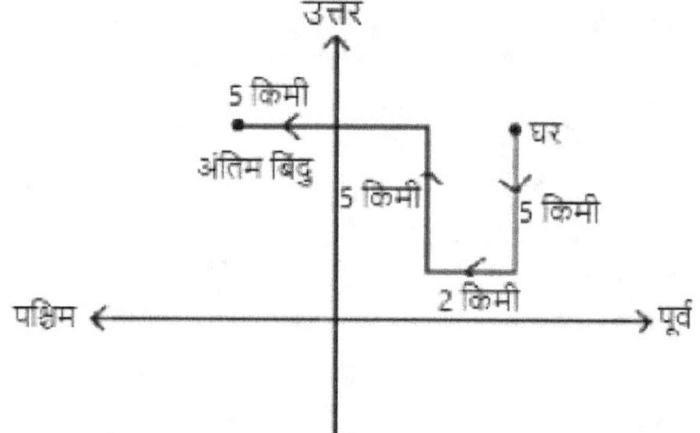

हम चित्र में, स्पष्ट रूप से देख सकते हैं कि अंजलि के घर से अंतिम बिंदु 7 किलोमीटर दूर है।

अतः विकल्प (B) सही है।

84. फ्लॉपी डिस्क सीडी- रोम ड्राइव और हार्ड ड्राइव की स्टोरेज कैपेसिटी और कंप्यूटर मेमोरी (रेम) दोनों को मापने के लिए बाइटस का प्रयोग किया जाता है। बाइट डिजिटल इंफॉर्मेशन की एक यूनिट है जिसमें सामान्यत: आठ बिट्स होते हैं। वर्नर बुझोल्ज़ द्वारा जुलाई 1956 में बाइट नामक शब्द को विकसित किया गया था।

अतः विकल्प (A) सही है।

85. रजिस्टर मेमोरी, कम्प्यूटर में सबसे छोटी और सबसे तेज मेमोरी होती है जिसमें तत्पश्चात् कैश मेमोरी का नंबर आता है। रजिस्टर मेमोरी आकार में बहुत छोटी तथा सीपीयू द्वारा बार-बार इस्तेमाल होने वाले डेटा निर्देशों और मेमोरी के पतों को अस्थायी रूप से स्टोर रखता है।

अतः विकल्प (A) सही है।

86. माइक्रोसॉफ्ट एक्सेल एक ऑपरेटिंग सिस्टम नहीं है। माइक्रोसॉफ्ट एक्सेल एक स्प्रेडशीट है जिसे माइक्रोसॉफ्ट द्वारा विंडोज, मैकओएस, एंड्रॉइड और आईओएस के लिए विकसित किया गया है।

अतः विकल्प (B) सही है।

87. दिए गए शब्द AMPLIFICATION से, हम केवल MANIA शब्द बना सकते हैं।

ACTOR शब्द AMPLIFICATION से नहीं बनाया जा सकता है, क्योंकि शब्द AMPLIFICATION में R वर्ण नहीं है।

इसी प्रकार, शब्द MANOR और CHAMP, शब्द AMPLIFICATION से नहीं बनाये जा सकते हैं क्योंकि शब्द AMPLIFICATION में वर्ण R और H उपस्थित नहीं हैं।

इसीलिए केवल MANIA शब्द ही बनाया जा सकता है।

अतः विकल्प (D) सही है।

88. टाइपिंग के दौरान गलती हो जाने पर कर्सर के बायीं ओर के शब्द को मिटाने के लिए बैक स्पेस कुंजी का तथा दायीं ओर के शब्द को मिटाने के लिए डीलिट कुंजी का प्रयोग होता है।

अतः विकल्प (B) सही है।

89. जिस प्रकार ग्रीष्म, वसंत के बाद आता है उसी प्रकार सोमवार, रविवार के बाद आता है।

अतः विकल्प (C) सही है।

90. मुद्रास्फीति आय के पुन: वितरण को प्रभावित करती है क्योंकि सभी व्यक्तियों की आय एक समान अनुपात में कम नही होती है। निशिचत आय समूह या मजदूरी करने वालों ली तुलना में उद्यम मालिको को अधिक आय प्राप्त होती है इसी प्रकार जमाखोरों , सट्टेबाजों, कला बजारी करने वालों तथा स्मगलरों को अंधाधुंध लाभ प्राप्त होता है।

अतः विकल्प (A) सही है।

91. दिया है:

$$\frac{\sqrt{576}+(14\times8)}{\sqrt{289}}+\frac{3}{7}\times168=?$$

$$\Rightarrow\frac{24+112}{17}+3\times24=?$$

$$\Rightarrow 8+72=?$$

$$\Rightarrow ?=80$$

अतः विकल्प (B) सही है।

92. दिया है:

बड़ी गेंद का व्यास $=8$ सेमी

इसलिए, बड़ी गेंद की त्रिज्या $=4$ सेमी

$$\therefore \text{आयतन}=\frac{4}{3}\pi r^3$$

$$=\frac{4}{3}\pi\times4\times4\times4=\frac{256\pi}{3}\text{ सेमी}^3$$

छोटी गेंद की त्रिज्या $=1$ सेमी

$$\therefore \text{आयतन}=\frac{4}{3}\pi r^3$$

$$=\frac{4}{3}\pi\times1\times1\times1=\frac{4\pi}{3}\text{ सेमी}^3$$

$$\text{गेंदों की संख्या}=\frac{\frac{256x}{3}}{\frac{4\pi}{3}}$$

$$=\frac{256\pi}{3}\times\frac{3}{4\pi}$$

$$=64$$

अतः विकल्प (D) सही है।

93. ऑनलाइन चैट, इंटरनेट पर किसी भी प्रकार की बातचीत से संबंधित है जो प्रेषक से प्राप्तकर्ता तक टेक्स्ट संदेश का रियल टाइम आदान -प्रदान करता है।

अतः विकल्प (B) सही है।

94. हम जानते हैं कि,

विभाजक $\times$ भागफल $+$ शेषफल $=$ भाज्य

शेषफल $=50$

विभाजक $=50\times5=250$

भागफल $=\frac{250}{10}=25$

भाज्य $=250\times25+50=6300$

अतः विकल्प (A) सही है।

95.

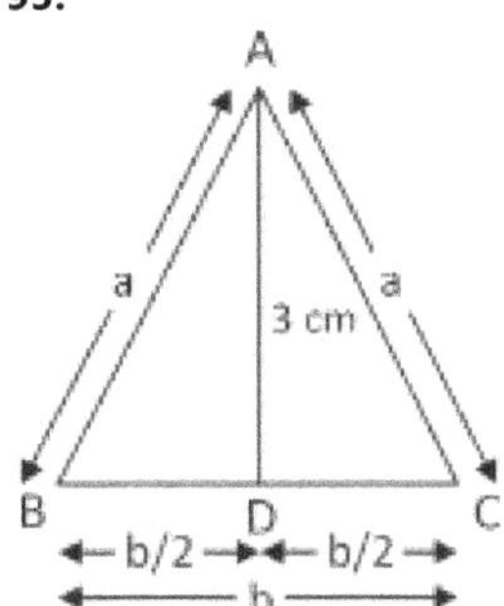

दिया गया, त्रिभुज ABC का क्षेत्रफल $=12$ सेमी²

$$\therefore \frac{1}{2}\times h\times b=12$$

$$\Rightarrow \frac{1}{2}\times3\times b=12$$

$$\Rightarrow b=8\text{ सेमी}$$

यहाँ, $BD=CD=\frac{b}{2}=\frac{8}{2}=4$ सेमी

पाइथागोरस प्रमेय द्वारा, समकोण ΔABD में,

$$AB=\sqrt{AD^2+BD^2}$$

$$a=\sqrt{3^2+4^2}=\sqrt{25}=5\text{ सेमी}$$

अब, समद्विबाहु त्रिभुज की परिधि $=2a+b=2\times58=18$ सेमी

अतः विकल्प (A) सही है।

96. ईस्ट इंडिया कंपनी ने मुगलों से अनुमति मिलने के बाद 1651 में हुगली में कारखाना लगाया। इसके बाद पटना, ढाका, कासिम बाज़ार में अनेक कारखाने लगाए गए।

अतः विकल्प (B) सही है।

97. कॉम्पैक्ट डिस्क (सीडी) एक डिजिटल ऑप्टिकल डिस्क डेटा स्टोरेज प्रारूप है जो डिजिटल ऑडियो रिकॉर्डिंग को स्टोर करने के लिए फिलिप्स और सोनी द्वारा सह-विकसित किया गया था। यह 1982 में डिजिटल ऑडियो कॉम्पैक्ट डिस्क के रूप में ब्रांडेड जारी किया गया था।

अतः विकल्प (D) सही है।

98. पोलेंसके मान (जिसे पोलेंसके संख्या के रूप में भी जाना जाता है) वसा की जांच करते समय निर्धारित किया गया मान होता है। पोलेंसके मान इस बात का सूचक है कि साबुनीकरण के माध्यम से वसा से कितना वाष्पशील फैटी एसिड निकाला जा सकता है।

अतः विकल्प (C) सही है।

99. माउस, की-बोर्ड, जॉयस्टिक, ट्रैकबॉल तथा स्केनर क्रमशः इनपुट डिवाइस के अन्तर्गत आते है जबकि मॉनिटर, प्रिंटर आउटपुट डिवाइस के अन्तर्गत आते है।

अतः विकल्प (D) सही है।

100. हाइड्रोजन सल्फाइड या हाइड्रोजन क्लोराइड की तुलना मे जल का उच्च क्थनांक आबंधन के कारण होता है। एक हाइड्रोजन आबंधन एक

अन्तराआण्विक बल है जो एक विशेष प्रकार के द्विध्रुवीय आकर्षण का निर्माण करता है, जब एक हाइड्रोजन परमाणु एक दृढ़ता से विद्युत चुम्बकीय परमाणु से जुड़ा होता है जो इलेक्ट्रॉन के एक जोड़े के साथ और इलेक्ट्रोनगेटिव परमाणु के आसपास के क्षेत्र में मौजूद होता है।

अतः विकल्प (D) सही है।

Q.1 निम्नलिखित हिंद महासागर द्वीप राष्ट्रों में से किस एक ने हाल ही में एक जमीनी जहाज से तेल रिसाव के कारण पर्यावरण आपातकाल की स्थिति की घोषणा की है?

[Indian Military Academy (IMA), 2020], [Officers Training Academy (OTA), 2020]

A. मालदीव **B.** मॉरिशस
C. मेडागास्कर **D.** श्रीलंका

Q.2 निम्नलिखित में से किसे मई 2022 में रॉयल एनफील्ड का नया सीईओ नियुक्त किया गया है?

A. बी. गोविंदराजन **B.** किरण अय्यर
C. मोहित गोयल **D.** निशांत जैन

Q.3 निम्नलिखित में से किस देश ने "फ्रैक्टल ज्यामिति पर आधारित खाद्य कंटेनर" नवाचार से संबंधित एक 'कृत्रिम बुद्धिमत्ता प्रणाली' को पेटेंट प्रदान किया है?

A. कनाडा **B.** दक्षिण अफ्रीका
C. ऑस्ट्रेलिया **D.** रूस

Q.4 2023 में G-20 की अध्यक्षता के दौरान भारत किस देश को अतिथि देश के रूप में आमंत्रित करेगा?

A. बांग्लादेश **B.** थाईलैंड **C.** म्यांमार **D.** नेपाल

Q.5 अगस्त 2022 में राष्ट्रपति द्रौपदी मुर्मू के सचिव के रूप में किसे नियुक्त किया गया है?

A. अवनीश मिश्रा **B.** जयराम पाई
C. सौम्यपदा मोहंती **D.** राजेश वर्मा

Q.6 निम्नलिखित में से किसको फिक्शन श्रेणी में पुलित्जर पुरस्कार 2022 मिला?

A. नेतन्याहूस **B.** बुक ऑफ नंबर्स
C. पीपल लव्ड डेड जियूज **D.** फ्रेंच ब्रेड

Q.7 विश्व पैरा एथलेटिक्स ग्रां प्री 2022 में देवेंद्र झाझरिया ने कौन सा पदक जीता?

A. स्वर्ण **B.** रजत
C. कांस्य **D.** इनमें से कोई नहीं

Q.8 होयसलेश्वर मंदिर विश्व विरासत स्थल की संभावित सूची में शामिल है, निम्नलिखित में से किस राज्य में स्थित है?

A. हिमाचल प्रदेश **B.** कर्नाटक
C. उड़ीसा **D.** महाराष्ट्र

Q.9 महिला विश्व मुक्केबाजी चैंपियनशिप 2022 में 52 किग्रा वर्ग में स्वर्ण पदक किसने जीता है?

A. एमसी मैरी कॉम **B.** पिंकी जांगड़ा
C. सरजुबाला देपी **D.** निकहत जरीन

Q.10 इंटरनेशनल गर्ल्स इन आईसीटी डे 2022 का विषय क्या था जो हर साल अप्रैल में चौथे गुरुवार को मनाया जाता है?

A. पहुंच और सुरक्षा
B. अगली पीढ़ी को प्रेरणा
C. केस फॉर चेंज, कनेक्टेड वीमेन, IoT और टेक 4 गर्ल्स
D. शक्ति परिवर्तन: नवाचार और रचनात्मकता में महिलाएं

Q.11 श्रम मंत्रालय के आयोग का प्रमुख कौन है, जिसने बुनियादी जीवनयापन वेतन की सिफारिश की थी?

A. संतोष कुमार गंगवार **B.** सी वी आनंद बोस
C. अपूर्व चंद्र **D.** आलोक कुमार माथु

Q.12 जून 2022 में सशस्त्र सीमा बल के नए महानिदेशक के रूप में किसे नियुक्त किया गया है?

A. सुजॉय लाल थाओसेन **B.** संजय अरोड़ा
C. संजीव शर्मा **D.** रंजीत सिंह राणा

Q.13 भारतीय रेलने ने जुलाई 2022 में निम्नलिखित में से किस देश के निर्माता से एलएचबी कोचों के लिए 39,000 पहियों की खरीद का आदेश दिया है?

A. यूक्रेन **B.** चीन **C.** रूस **D.** जर्मनी

Q.14 अगस्त 2022 में, भारतीय रिजर्व बैंक (RBI) की मौद्रिक नीति समिति ने रेपो दर, बैंकों को दिया जाने वाला मुख्य उधार दर, में _______ आधार अंकों की वृद्धि करने का निर्णय लिया है।

A. 25 **B.** 40 **C.** 50 **D.** 65

Q.15 इनमें से क्या समूह से संबंधित नहीं है?

A. स्याही **B.** कलम **C.** पेंसिल **D.** ब्रश

Q.16 निर्देश: लुप्त संख्या का पता लगाएं।

15 : 226 : : 20 : ?

A. 400 **B.** 401 **C.** 200 **D.** 201

Q.17 निर्देश: लुप्त शब्द का पता लगाएं।

ACEG : DFHJ : : QSUW : ?

A. *TVNZ* **B.** *TVZX* **C.** *TVXZ* **D.** *XVTZ*

Q.18 निम्नलिखित प्रश्न में उस विकल्प का पता लगाएं जो प्रश्न चिह्न की जगह लेगा।

पंजा : बिल्ली :: खुर : ?

A. मेमना **B.** हाथी **C.** शेर **D.** घोड़ा

Q.19 निर्देश: लुप्त शब्द का पता लगाएं।

वीडियो : कैसेट : : कंप्यूटर : ?

A. रील **B.** रिकार्डिंग **C.** फाइल **D.** फ्लॉपी

Q.20 'LOATHSOMENESS' शब्द के अंदर कितने अक्षरों की स्थिति यथावत रहेगी जब दिए गए शब्द के अक्षरों को वर्णानुक्रम में व्यवस्थित किया जाए?

A. एक **B.** दो **C.** तीन **D.** कोई नहीं

Q.21 यदि '+' का तात्पर्य '×' है, '-' का तात्पर्य '÷' है '×' का तात्पर्य '÷' है तथा '÷' का तात्पर्य '-' है तो इस सूचना के आधार पर निम्नलिखित प्रश्न का उत्तर दें।

6 + 7 × 3 − 8 ÷ 20 = ?

A. -3 **B.** 7 **C.** 2 **D.** 1

Q.22 कौन-सा अंक निम्न तालिका में प्रश्न चिन्ह की जगह होगा?

6	6	6	258
7	7	7	399
8	8	8	584

9	9	9	?

A. 758   **B.** 729   **C.** 856   **D.** 819

Q.23 अपने आगे बैठी महिला को देखकर रमन कहता है, "वह मेरी पत्नी के पति की बहन है।" महिला रमन से कैसे संबंधित है?

A. बेटी   **B.** बहन   **C.** पत्नी   **D.** भतीजी

Q.24 17 जून, 1998 को कौन सा दिन था?

A. सोमवार   **B.** मंगलवार
C. बुधवार   **D.** बृहस्पतिवार

Q.25 दिये गए शब्दों को एक तार्किक क्रम में व्यवस्थित करें तथा नीचे दिये गए विकल्पों में से उचित अनुक्रम का चयन करें।

1. फेंफड़ा 2. नासिका
3. सांस की नली 4. रक्त

A. 1, 2, 3, 4   **B.** 2, 3, 1, 4   **C.** 1, 3, 4, 2   **D.** 4, 3, 2, 1

Q.26 दिये गए विकल्पों में से विषम का चयन करें।

A. ACE   **B.** FHJ   **C.** KLM   **D.** SUW

Q.27 यदि A=2, M=26, Z=52, तो CAB में अक्षरों का योग होगा-

A. 624   **B.** 12   **C.** 312   **D.** 325

Q.28 प्रश्न चिन्ह के स्थान पर क्या आएगा?

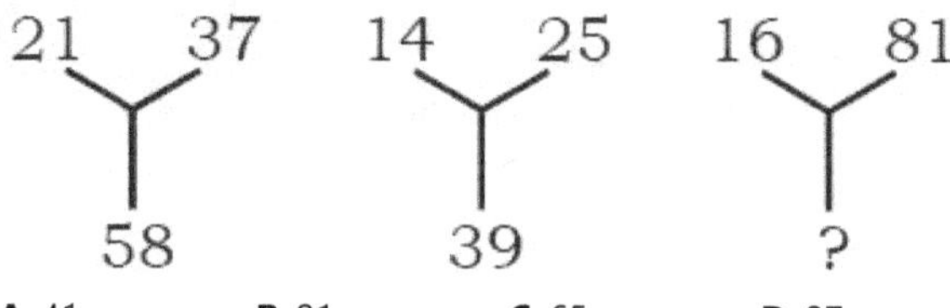

A. 41   **B.** 91   **C.** 65   **D.** 97

Q.29 किसी निश्चित कोड भाषा में, ROBUST को QNATRS में कोडित करते हैं। उसी भाषा में ZXCMP को कैसे कोडित करेंगे?

A. YWBLO   **B.** YYBNO   **C.** AYDNQ   **D.** AWDLQ

Q.30 एक व्यक्ति 16 किमी/घंटा की चाल से धारा के प्रतिकूल तथा 22 किमी/घंटा की चाल से धारा के अनुकूल जाता है। शांत जल में व्यक्ति की चाल ज्ञात करें।

A. 19 किमी/घंटा   **B.** 14 किमी/घंटा
C. 17 किमी/घंटा   **D.** 18 किमी/घंटा

Q.31 प्रीती अपनी आय का 30% किराने के सामान पर खर्च करती है तथा शेष का 40% यात्रा पर खर्च करती है। उसके बाद वह 25% शिक्षा पर खर्च करती है। यदि उसकी वार्षिक आय ₹ 2,00,000 है। उसकी वार्षिक बचत ज्ञात करें।

A. ₹ 63,000   **B.** ₹ 36,000
C. ₹ 63,500   **D.** ₹ 60,000

Q.32 ₹ 1200 पर 3 वर्ष के लिए तथा ₹ 800 पर 4 वर्ष के लिए किसी वार्षिक दर पर साधारण ब्याज का अंतर ₹ 20 है। प्रति वर्ष दर प्रतिशत है-

A. 2.5%   **B.** 5%   **C.** 8%   **D.** 10%

Q.33 निम्न में से कौन-सा क्रमागत छूट सबसे बड़ा है?

A. 20%, 5%, 10%   **B.** 5%, 10%, 20%
C. 10%, 20%, 5%   **D.** सभी बराबर

Q.34 ₹ 8000 पर 8% वार्षिक दर से दो वर्षों का चक्रवृद्धि ब्याज क्या होगा यदि ब्याज छमाही संयोजित हो?

A. ₹ 1358   **B.** ₹ 1358.86

C. ₹ 1369.65   **D.** ₹ 1465.32

Q.35 15 संख्याओं का माध्य 25 है। यदि प्रत्येक संख्या से 4 घटाया जाए तो, नया माध्य क्या होगा?

A. 29   **B.** 11   **C.** 21   **D.** 19

Q.36 A, B से 40% अधिक है तथा B, C से 20% कम है, तो $A : C$ है-

A. 28 : 25   **B.** 26 : 25   **C.** 3 : 2   **D.** 3 : 1

Q.37 $\dfrac{8.73 \times 8.73 \times 8.73 + 4.27 \times 4.27 \times 4.27}{8.73 \times 8.73 - 8.73 \times 4.27 + 4.27 \times 4.27}$ का मान ज्ञात करें।

A. 11   **B.** 13   **C.** $\dfrac{11}{7}$ **D.** 12

Q.38 तीन संख्याओं का औसत 28 है। पहली संख्या दूसरे का आधा है तथा तीसरी संख्या दूसरे का दोगुना है। तीसरी संख्या है-

A. 18   **B.** 12   **C.** 36   **D.** 48

Q.39 8 व्यक्ति तथा 12 बच्चे किसी काम को 9 दिनों में करते हैं। एक बच्चा काम करने में एक व्यक्ति से दोगुना समय लेता है। कितने दिनों में 12 व्यक्ति उस काम को पूरा कर सकते हैं?

A. $10\frac{1}{2}$ दिन   **B.** 14 दिन   **C.** 18 दिन   **D.** $13\frac{1}{2}$ दिन

Q.40 $(\sqrt{8})^{\frac{1}{3}}$ का मान ज्ञात कीजिए।

A. 2   **B.** 4   **C.** $\sqrt{2}$ **D.** $2\sqrt{2}$

Q.41 20 पैसे तथा 25 पैसे के 324 सिक्कें मिलकर ₹ 71 बनाते हैं। 25 पैसों के सिक्कों की संख्या है-

A. 120   **B.** 144   **C.** 124   **D.** 200

Q.42 $\dfrac{2403}{4}$ दशमलव के रूप में लिखा जाता है-

A. 612.25   **B.** 600.75   **C.** 800.25   **D.** 650.75

Q.43 एक शहर की जनसंख्या का 55% पुरुष हैं। यदि कुल जनसंख्या 64100 है, तो महिलाओं की जनसंख्या है-

A. 35255   **B.** 28845   **C.** 30295   **D.** 29835

Q.44 एक रेलगाडी 90 किमी/घंटे की चाल से चल रही है। यदि वह 10 सेकेण्ड मे एक सिग्नल को पार कर जाती है, तो रेलगाड़ी की लंबाई मीटर मे है-

A. 150 मी   **B.** 324 मी   **C.** 900 मी   **D.** 250 मी

Q.45 स्वदेशी आंदोलन में किसने भाग नहीं लिया था?

A. किसानों ने
B. महिलाओं ने
C. छात्रों ने
D. इसमें से सभी ने भाग लिया था

Q.46 वास्कोडिगामा दूसरी बार भारत कब आया था?

A. 1501   **B.** 1502   **C.** 1503   **D.** 1504

Q.47 स्पैम संबंधित है-

A. कला से   **B.** संगीत से   **C.** खेल से   **D.** कंप्यूटर से

Q.48 किसके कारण एक छड़ी आंशिक रूप से पानी में डूबकर मुड़ा हुआ प्रतीत होता है?

A. परावर्तन   **B.** ध्रुवीकरण   **C.** बिखराव   **D.** अपवर्तन

Q.49 नोबेल पुरस्कार जीतने वाले पहले भारतीय कौन थे?

A. सीवी रमन B. रवीन्द्रनाथ टैगोर
C. हरगोविन्द खुराना D. प्रो. अमर्त्य सेन

Q.50 खनिजों के तरल घोल पर बढ़ते पौधो की विधि को किस रूप में जाना जाता हैं?
A. हाइड्रोपोनिक्स B. हाइड्रोट्रोपिज़्म
C. सहजीवन D. सरीसृपविज्ञान

Q.51 निम्नलिखित में से कौन-सा भारत के प्रथम परमाणु रिएक्टर संद्भिर्भत है?
A. रोहिणी B. उर्वशी C. अप्सरा D. कामिनी

Q.52 किस गवर्नर ने भारत में पहली बार सिविल सेवाएँ शुरू की थीं?
A. लॉर्ड कॉर्नवालिस B. लॉर्ड डलहौजी
C. लॉर्ड वेलेजी D. लॉर्ड हेस्टिंगस

Q.53 आग बुझाने में कौन-सा गैस प्रयोग किया जाता है?
A. कार्बन मोनोऑक्साइड B. कार्बन डाईऑक्साइड
C. सलफर डाईआक्साइड D. नाइट्रोजन

Q.54 चण्डीगढ़ का 'रॉक गार्डेन' किसका बनाया हुआ है?
A. किशनचन्द B. नेकचन्द
C. ज्ञानचन्द D. मूलचन्द

Q.55 किसकी न्यूनतम मात्रा के बिना व्यक्ति जीवित नही रह सकता?
A. खनिज B. वसा
C. प्रोटीन D. कार्बोहाइड्रेट

Q.56 'दिलवाड़ा' का जैन मन्दिर निम्न में से कहाँ पर स्थित है?
A. श्रवणबेलगोला B. पारसनाथ पर्वत
C. इंदौर D. माउंट आबू

Q.57 राष्ट्रीय कृषि अनुसंधान परियोजना की स्थापना कब की गई थी?
A. 2001 B. 1999 C. 1995 D. 1979

Q.58 कौन-सी कृषि पद्धति 21वीं सदी की कृषि हेतु आवश्यक मानी जा रही है?
A. बहु-पार्श्व कृषि पद्धति
B. यन्त्रीकरण कृषि पद्धति
C. पारिस्थितिकीय कृषि पद्धति
D. सहकारी कृषि पद्धति

Q.59 अशोक के किस शिलालेख से हमें कलिंग युद्ध की जानकारी प्राप्त होती है?
A. 13वां B. 12वां C. 11वां D. 4वें

Q.60 विजयनगर साम्राज्य की राजधानी इनमें से कौन नहीं थी-
A. अनेगोंदी B. चन्द्रगिरि C. पेनुकोंडा D. काँची

Q.61 किस शासक ने अबुल फ़ज़ल के हत्यारे को पुरस्कृत किया था?
A. अकबर B. औरंगजेब C. जहाँगीर D. शाहजहाँ

Q.62 निम्नलिखित में से क्या चूहे मारने की दवा बनाने के लिए प्रयोग किया जाता है?
A. सोडियम फॉस्फाइड B. नाइट्रोजन फॉस्फाइड
C. पोटेशियम परमैंगनेट D. कैल्शियम सल्फेट

Q.63 टायफॉयड से शरीर का कौन-सा भाग प्रभावित होता है?
A. फेफड़े B. आंत C. यकृत D. प्लीहा

Q.64 पूर्वी घाट निम्नलिखित में से किस राज्य से होकर गुजरता है?
A. उड़ीसा B. उत्तर प्रदेश
C. बिहार D. पंजाब

Q.65 दाँतों के अध्ययन को कहा जाता है-
A. गैस्ट्रोएंटरोलॉजी B. आयोंपिडिक्स
C. नेफ्रोलॉजी D. ओडॉंटोलोजी

Q.66 कौन-सा विटामिन बचपन से ही हमारे शरीर में मौजूद होता है?
A. विटामिन B12 B. विटामिन B6
C. विटामिन A D. विटामिन C

Q.67 हरियाणा का अक्षांशीय विस्तार है
A. 28°39' से 30°50' B. 27°39' से 30°35'
C. 27°40' से 30°51' D. 30°39' से 27°55'

Q.68 दुनिया का सबसे उच्चतम साक्षरता पुरस्कार कौन-सा है?
A. नोबेल पुरस्कार B. बुकर पुरस्कार
C. पुलित्जर पुरस्कार D. मैग्सेसे पुरस्कार

Q.69 इसरो की वाणिज्यिक और विपणन शाखा है:
A. एंट्रिक्स कॉर्पोरेशन लिमिटेड
B. इसरो सैटेलाइट कॉर्पोरेशन
C. इसरो मार्केटिंग कॉर्पोरेशन लिमिटेड
D. अंतरिक्ष अनुप्रयोग केंद्र

Q.70 हरियाणा राज्य का क्षेत्रफल कितना है?
A. 41211 वर्ग किमी B. 44212 वर्ग किमी
C. 41222 वर्ग किमी D. 44121 वर्ग किमी

Q.71 भारत में महंगाई दर को कैसे मापा जाता है?
A. उपभोक्ता मूल्य सूचकांक (CPI) और थोक मूल्य सूचकांक (WPI)
B. शहरी अनियमित श्रमिकों के लिए उपभोक्ता मूल्य स्पकांक
C. राष्ट्रीय आय अपस्फीतिकारक
D. कृषि श्रमिकों के लिए उपभोक्ता मूल्य सूचकांक

Q.72 हरियाणा का मैदानी भाग समुद्र तल से कितनी ऊँचाई पर स्थित है?
A. 700 से 900 फीट B. 800 से 1000 फीट
C. 750 से 880 फीट D. 900 से 1100 फीट

Q.73 निम्न में से कौन-सा प्रदेश हरियाणा के उत्तर-पूर्व में अवस्थित है?
A. उत्तर प्रदेश B. पंजाब
C. हिमाचल प्रदेश D. राजस्थान

Q.74 भारत में सबसे प्राचीन तेल रिफाइनरी कहाँ हैं?
A. डिगबोई, असम B. हल्दिया, कलकत्ता
C. कोयाली, बड़ौदा D. नूनमती, असम

Q.75 भारत और म्यांमार के बीच जल विभाजन किसके द्वारा बनाया गया है?
A. नागा पहाड़ियाँ B. गारो पहाड़ियाँ
C. खारी पहाड़ियाँ D. जयंतिया पहाड़ियाँ

Q.76 मोरनी पहाड़ियों की औसत ऊँचाई है
A. 1214 मी B. 1314 मी C. 1414 मी D. 1514 मी

Q.77 निम्नलिखित में से कौन-से अनुच्छेद में, समता का अधिकार प्रावधान है?
A. अनुच्छेद-14 B. अनुच्छेद-19
C. अनुच्छेद-20 D. अनुच्छेद-21

Q.78 हरियाणा के किस भाग में शिवालिक पर्वत श्रेणियाँ स्थित हैं?
A. उत्तर-पश्चिम B. उत्तर-पूर्व

C. दक्षिण-पश्चिम   **D.** दक्षिण-पूर्व

Q.79 ऑपरेशन फ्लड कार्यक्रम (1970) को किसने शुरू किया था?
A. कृषि और ग्रामीण विकास मंत्रालय
B. विश्व खाद्य संगठन
C. राष्ट्रीय डेयरी विकास बोर्ड
D. हरियाणा सरकार

Q.80 उत्तर-भारत का मेनचेस्टर कहा जाता है
A. गाजियाबाद को   **B.** मोदीनगर को
C. मुरादाबाद को   **D.** कानपुर को

Q.81 'नए भारत का पैगंबर' किसे कहा जाता है?
A. दयानंद सरस्वती   **B.** श्री रामकृष्ण
C. राजा राममोहन राय   **D.** स्वामी विवेकानंद

Q.82 विधान परिषद के सदस्य के लिए न्यूनतम आयु .... है।
A. 25 वर्ष   **B.** 21 वर्ष   **C.** 30 वर्ष   **D.** 35 वर्ष

Q.83 भारतीय संविधान में न्यायिक पुनरीक्षण आधारित है-
A. विधि सम्मत शासन पर
B. विधि की सम्यक प्रक्रिया पर
C. विधि द्वारा स्थापित प्रक्रिया पर
D. पूर्व निर्णयों तथा परिपाटियों पर

Q.84 18 कैरेट सोने में शुद्ध स्वर्ण का अनुपात होता है-
A. 100%   **B.** 80%   **C.** 75%   **D.** 60%

Q.85 नादिरशाह के आक्रमण के समय दिल्ली का शासक कौन था?
A. मुहम्मदशाह   **B.** बहादुर शाह
C. आलमगीर द्वितीय   **D.** शाह आलम द्वितीय

Q.86 यदि एक कंप्यूटर, अन्य के उपयोग के लिए, संसाधनों को साझा करता है, तो उसे _______ कहा जाता है।
A. सर्वर   **B.** क्लाइंट
C. मेनफ्रेम   **D.** इनमें से कोई नहीं

Q.87 किस मेनू में आपको स्लाइड डिज़ाइन, स्लाइड लेआउट आदि जैसी सुविधाएँ मिल सकती हैं?
A. इंसर्ट मेनू   **B.** फॉर्मेट मेनू
C. टूल्स मेनू   **D.** स्लाइड शो मेनू

Q.88 माइक्रोसॉफ्ट एक्सेस टेबल में कॉलम को क्या कहा जाता है?
A. पंक्ति   **B.** फ़ील्ड्स   **C.** रिकार्ड्स   **D.** कॉलम

Q.89 निम्न में से कौन सी मेमोरी बिजली चले जाने पर डेटा खो देती है?
A. मेग्नेटिक टेप
B. स्टैटिक रैंडम एक्सेस मेमोरी
C. मेग्नेटिक डिस्क
D. सीडी रोम

Q.90 मॉडेम शब्द _______ से बना है।
A. मॉडुलेटर, डेमोडुलेटर
B. मॉडुलेशन, रफ मॉडुलेशन
C. मॉडुलेशन, डेफिनेशन
D. इनमें से कोई भी नहीं

Q.91 'तिरस्कारसूचक' अव्यय है
A. आह !   **B.** अरे !   **C.** छि !   **D.** उफ !

Q.92 'अंधा तब पतियाए जब दो आँखें पाए' लोकोक्ति का अर्थ है

A. श्रेष्ठ कर्मों का फल मीठा होता है
B. परमार्थ कई गुना वापस आकर मिलता है
C. अंधा व्यक्ति संतुष्ट तभी होता है जब उसे दो आँखें मिल जाएं
D. दूसरों का हित चाहने वालों का अधिक हित होता है

Q.93 वह किधर गया ? वाक्य में 'किधर' शब्द है
A. गुणवाचक विशेषण
B. स्थानवाचक क्रियाविशेषण
C. प्रश्नवाचक सर्वनाम
D. इनमें से कोई नहीं

Q.94 "बढ़त-बढ़त सम्पत्ति सलिल मन-सरोज बढ़ जाए। घटत-घटत फिर ना घटै करु सामूल कुम्हिलाय।।", में कौन-सा अलंकार है?
A. यमक   **B.** विरोधाभास
C. श्लेष   **D.** रूपक

Q.95 "तापस बाला-सी गंगा कूल" में कौन-सा अलंकार है?
A. श्लेष   **B.** उत्प्रेक्षा   **C.** रूपक   **D.** उपमा

Ques (96-97):Direction: Select the one which best expresses the same sentence in Indirect speech.

Q.96 Pawan said to me, "If I hear any news, I'll phone you."
A. Pawan told me that if he heard any news, he will
B. Pawan told me that if he will hear any news, he will phone me
C. Pawan told me that if he had heard any news, he would phone me
D. Pawan told me that if he heard any news, he would

Q.97 The teacher said to Mahesh, "Congratulations! Wish you success in life."
A. The teacher congratulated Mahesh and said wish you success in life
B. The teacher wished congratulations and success in life to Mahesh
C. The teacher said congratulations to Mahesh and wished him success in life
D. The teacher congratulated Mahesh and wished him success in life

Ques (98-99):Direction: Choose the most suitable answer for the following question.

Q.98 My window looks .... the garden.
A. up on   **B.** out into   **C.** in   **D.** at

Q.99 Vinay does not play cricket and .... does Yashwant.
A. so   **B.** also   **C.** either   **D.** neither

Q.100 Antonym of susceptible is
A. Incredible   **B.** Immune
C. Predictable   **D.** Unpredictable

// स्मार्ट उत्तर पुस्तिका //

सही उत्तर — उन छात्रों के प्रतिशत को इंगित करता है जिन्होंने प्रश्नों का सही उत्तर दिया था।

छोड़ दिया — उन छात्रों के प्रतिशत को इंगित करता है जिन्होंने प्रश्नों को छोड़ दिया था।

प्रश्न संख्या	उत्तर	सही उत्तर / छोड़ दिया	प्रश्न संख्या	उत्तर	सही उत्तर / छोड़ दिया	प्रश्न संख्या	उत्तर	सही उत्तर / छोड़ दिया	प्रश्न संख्या	उत्तर	सही उत्तर / छोड़ दिया	प्रश्न संख्या	उत्तर	सही उत्तर / छोड़ दिया
1	B	58.09 % / 1.46 %	17	C	57.75 % / 1.27 %	33	D	20.43 % / 4.04 %	49	B	54.52 % / 1.76 %	65	D	49.51 % / 1.53 %
2	A	42.42 % / 1.13 %	18	D	69.41 % / 1.93 %	34	B	41.58 % / 1.14 %	50	A	48.72 % / 1.14 %	66	A	57.29 % / 1.73 %
3	B	65.25 % / 1.51 %	19	D	40.07 % / 1.38 %	35	C	51.49 % / 1.76 %	51	C	42.97 % / 1.55 %	67	B	20.91 % / 4.88 %
4	A	43.3 % / 1.29 %	20	A	63.81 % / 1.5 %	36	A	58.96 % / 1.37 %	52	A	56.18 % / 1.15 %	68	B	64.54 % / 1.33 %
5	D	63.4 % / 1.22 %	21	C	49.43 % / 1.27 %	37	B	25.56 % / 4.7 %	53	B	57.64 % / 1.81 %	69	A	60.89 % / 1.51 %
6	A	67.02 % / 1.63 %	22	D	66.73 % / 1.86 %	38	D	60.26 % / 1.47 %	54	B	53.74 % / 1.99 %	70	B	14.2 % / 3.19 %
7	B	85.52 % / 0.0 %	23	B	66.89 % / 1.43 %	39	A	53.88 % / 1.6 %	55	C	19.38 % / 4.12 %	71	A	69.61 % / 1.43 %
8	B	49.11 % / 1.95 %	24	C	67.68 % / 1.88 %	40	C	42.52 % / 1.13 %	56	D	47.38 % / 1.35 %	72	A	47.26 % / 1.65 %
9	D	58.89 % / 1.88 %	25	B	65.6 % / 1.5 %	41	C	57.85 % / 1.59 %	57	D	68.77 % / 1.04 %	73	C	64.06 % / 1.05 %
10	A	88.5 % / 0.0 %	26	C	64.0 % / 1.37 %	42	B	51.91 % / 1.9 %	58	C	49.57 % / 1.52 %	74	A	50.69 % / 1.64 %
11	B	26.31 % / 3.44 %	27	B	47.37 % / 1.62 %	43	B	69.5 % / 1.16 %	59	A	30.85 % / 4.69 %	75	A	64.2 % / 1.46 %
12	A	83.99 % / 0.0 %	28	D	54.14 % / 1.91 %	44	D	48.46 % / 1.19 %	60	D	43.41 % / 1.63 %	76	D	64.76 % / 1.61 %
13	B	66.55 % / 1.37 %	29	A	48.98 % / 1.02 %	45	A	67.97 % / 1.14 %	61	C	30.98 % / 3.11 %	77	A	55.2 % / 1.09 %
14	C	23.41 % / 4.97 %	30	A	60.22 % / 1.47 %	46	B	42.08 % / 1.32 %	62	A	54.23 % / 1.97 %	78	B	58.65 % / 1.92 %
15	A	51.83 % / 1.98 %	31	A	24.44 % / 3.69 %	47	D	84.62 % / 0.0 %	63	B	61.45 % / 1.37 %	79	C	51.01 % / 1.91 %
16	B	69.5 % / 1.05 %	32	B	67.73 % / 1.53 %	48	D	53.82 % / 1.51 %	64	A	47.6 % / 1.78 %	80	D	87.69 % / 0.0 %

प्रश्न संख्या	उत्तर	सही उत्तर / छोड़ दिया
81	B	60.61 % / 1.03 %
82	C	48.18 % / 1.29 %
83	C	48.88 % / 1.01 %
84	C	24.89 % / 3.56 %

प्रश्न संख्या	उत्तर	सही उत्तर / छोड़ दिया
85	A	45.47 % / 1.8 %
86	A	67.24 % / 1.02 %
87	B	84.45 % / 0.0 %
88	B	82.62 % / 0.0 %

प्रश्न संख्या	उत्तर	सही उत्तर / छोड़ दिया
89	B	61.03 % / 1.38 %
90	A	48.69 % / 1.99 %
91	C	82.3 % / 0.0 %
92	C	58.63 % / 1.39 %

प्रश्न संख्या	उत्तर	सही उत्तर / छोड़ दिया
93	B	61.27 % / 1.07 %
94	D	55.89 % / 1.09 %
95	D	43.9 % / 1.63 %
96	D	49.22 % / 1.57 %

प्रश्न संख्या	उत्तर	सही उत्तर / छोड़ दिया
97	D	51.2 % / 1.77 %
98	B	68.29 % / 1.71 %
99	D	66.33 % / 1.11 %
100	B	68.05 % / 1.43 %

कार्य विश्लेषण

औसत अंक (%)	58.75%
टॉपर्स स्कोर (%)	70.0%
आपका स्कोर	

//संकेत और समाधान//

1. हिंद महासागर द्वीप राष्ट्रों में से मॉरिशस ने हाल ही में एक जमीनी जहाज से तेल रिसाव के कारण पर्यावरण आपातकाल की स्थिति की घोषणा की है।

प्रभाव:

- तेल रिसाव से मॉरीशस के समुद्र तट की पारिस्थितिकी और हिंद महासागर में समुद्री जीवन को खतरा है।
- यह पहले से ही लुप्तप्राय प्रवाल भित्तियों, उथले पानी में समुद्री घास, मैंग्रोव, मछलियों और अन्य जलीय जीवों को खतरे में डालता है।

अतः विकल्प (B) सही है।

2. रॉयल एनफील्ड की मूल कंपनी आयशर मोटर्स ने बी गोविंदराजन को मोटरसाइकिल ब्रांड का मुख्य कार्यकारी अधिकारी नियुक्त करने की घोषणा की है। रॉयल एनफील्ड के सीईओ होने के अलावा, गोविंदराजन आयशर मोटर्स लिमिटेड (ईएमएल) के बोर्ड में पूर्णकालिक निदेशक के रूप में भी काम करेंगे। गोविंदराजन ने रॉयल एनफील्ड में कई मॉडलों के विकास और लॉन्च का नेतृत्व किया है।

अतः विकल्प (A) सही है।

3. दक्षिण अफ्रीका ने, दुनिया में पहली बार, "भग्न ज्यामिति पर आधारित खाद्य कंटेनर" नवाचार से संबंधित एक 'कृत्रिम बुद्धिमत्ता प्रणाली' को पेटेंट प्रदान किया है।

इनोवेशन में इंटरलॉकिंग फूड कंटेनर शामिल हैं जो रोबोट को समझने और स्टैक करने में आसान होते हैं।

अतः विकल्प (B) सही है।

4. अतिथि देशों को आमंत्रित करने की G-20 परंपरा के अनुसार, भारत ने बांग्लादेश को अपनी अध्यक्षता के दौरान G-20 बैठक में भाग लेने के लिए अतिथि देश के रूप में आमंत्रित करने का निर्णय लिया है। बांग्लादेश के अलावा, भारत मिस्र, मॉरिशस, नीदरलैंड, नाइजीरिया, ओमान, सिंगापुर, स्पेन और यूएई को भी अतिथि देशों के रूप में आमंत्रित करेगा। भारत दिसंबर 2022 से नवंबर 2023 तक एक वर्ष के लिए G-20 की अध्यक्षता ग्रहण करेगा।

अत: विकल्प (A) सही है।

5. ओडिशा कैडर के आईएएस अधिकारी राजेश वर्मा को अगस्त 2022 में राष्ट्रपति द्रौपदी मुर्मू का सचिव नियुक्त किया गया है।

- वह 1980 बैच के आईएएस अधिकारी कपिल देव त्रिपाठी की जगह लेंगे।
- वह वर्तमान में कॉर्पोरेट मामलों के मंत्रालय के सचिव के रूप में कार्यरत हैं और उन्होंने ओडिशा के सीएम नवीन पटनायक के प्रमुख सचिव के रूप में भी काम किया है।

अतः विकल्प (D) सही है।

6. नेतन्याहूस ने फिक्शन श्रेणी में पुलित्जर पुरस्कार 2022 जीता।

मई 2022 में पुलित्जर पुरस्कार 2022 के विजेताओं की घोषणा की गई। जोशुआ कोहेन के नेतन्याहूस ने फिक्शन श्रेणी में जीत हासिल की।

डायने सीस के फ्रैंक: सॉनेट्स ने कविता वर्ग में जीत हासिल की। पहली बार 1917 में प्रदान किया गया, पुलित्जर पुरस्कार पत्रकारिता, साहित्य और संगीत रचना में उत्कृष्टता को मान्यता देता है।

अतः विकल्प (A) सही है।

7. भारतीय भाला फेंक खिलाड़ी, देवेंद्र झझरिया ने मोरक्को में विश्व पैरा एथलेटिक्स ग्रां प्री 2022 में रजत पदक जीता है।

पैरालिंपिक के स्वर्ण पदक विजेता देवेंद्र झझरिया ने रजत पर कब्जा करने के लिए 60.97 मीटर की दूरी तक भाला फेंका। वह तीन बार के पैरालिंपिक पदक विजेता हैं।

अतः विकल्प (B) सही है।

8. होयसलेश्वर मंदिर विश्व विरासत स्थल की संभावित सूची में शामिल है, कर्नाटक राज्य में स्थित है।

- स्मारकों और स्थलों पर अंतर्राष्ट्रीय आयोग (ICOMOS) के एक विशेषज्ञ टियोंग कियान बूम ने 14 सितंबर, 2022 को कर्नाटक के हैलेबिडु में होयसलेश्वर मंदिर का दौरा किया।
- होयसल संरचना संयुक्त राष्ट्र शैक्षिक, वैज्ञानिक और सांस्कृतिक संगठन (यूनेस्को) की संभावित सूची में शामिल हैं।
- यह भगवान शिव को समर्पित 12वीं शताब्दी का हिंदू मंदिर है।

अतः विकल्प (B) सही है।

9. भारत की निकहत जरीन ने महिला विश्व मुक्केबाजी चैंपियनशिप में 52 किग्रा वर्ग में स्वर्ण पदक जीता है। उन्होंने 19 मई को तुर्की के इस्तांबुल में फ्लाई-वेट फाइनल में थाईलैंड की जितपोंग जुतामास को हराया। इस जीत के साथ, निकहत विश्व चैंपियनशिप में स्वर्ण जीतने वाली मैरी कॉम, सरिता देवी, जेनी आरएल और लेखा केसी के बाद पांचवीं भारतीय महिला मुक्केबाज बन गईं।

अतः विकल्प (D) सही है।

10. इंटरनेशनल गर्ल्स इन आईसीटी डे 2022 का विषय पहुंच और सुरक्षा था। यह हर साल अप्रैल में चौथे गुरुवार को मनाया जाता है। इंटरनेशनल गर्ल्स इन आईसीटी डे का उद्देश्य प्रौद्योगिकी में लड़कियों और महिलाओं के प्रतिनिधित्व को बढ़ाने के लिए एक वैश्विक आंदोलन को प्रेरित करना है।

अतः विकल्प (A) सही है।

11. कोविड-19 महामारी के दौरान अतिथि और ठेका श्रमिकों के कल्याण और विकास के लिए एक कार्य योजना तैयार करने के लिए श्रम मंत्रालय के केंद्रीय सलाहकार अनुबंध श्रम बोर्ड (CACLB) के तहत एक सदस्यीय आयोग बनाया गया था।

वयोवृद्ध आईएएस अधिकारी सी वी आनंद बोस, जो आयोग के प्रभारी थे, ने रोजगार के नुकसान की स्थिति में मूल जीवन यापन वेतन के भुगतान की सिफारिश की है। उन्होंने भारतीय श्रम प्राधिकरण को एक नोडल निकाय के रूप में स्थापित करने की भी मांग की थी।

अतः विकल्प (B) सही है।

12. सुजॉय लाल थाओसेन को हाल ही में सशस्त्र सीमा बल का नया महानिदेशक नियुक्त किया गया है।

नई दिल्ली, जून 2022 (PTI) IPS अधिकारी सुजॉय लाल थाओसेन को सशस्त्र सीमा बल (SSB) के नए महानिदेशक (DG) के रूप में कार्यभार संभाला, जो नेपाल और भूटान के साथ भारतीय सीमाओं की रक्षा करता है। मध्य प्रदेश कैडर के एक 1988-बैच भारतीय पुलिस सेवा (IPS) अधिकारी थाओसेन को आर के पुरम में बल के मुख्यालय में DG और ITBP प्रमुख संजय अरोड़ा को कार्यवाहक रौपकर बैटन सौंपा गया था।

अत: विकल्प (A) सही है।

13. भारतीय रेलवे ने वैश्विक निविदा के खिलाफ चीनी निर्माता ताइयुआन से एलएचबी कोच के लिए 39,000 पहियों के लिए खरीद का आदेश दिया है।" रूस और यूक्रेन के बीच चल रहे युद्ध के कारण, रूस और यूक्रेन की फर्मों के साथ चल रहे अनुबंधों के खिलाफ आपूर्ति की गई है। अनुबंध की दर एक यूक्रेनी फर्म के पहले के स्वीकृति पत्र (एलओए) में दी गई प्रति पहिया दर से अधिक है।

अतः विकल्प (B) सही है।

14. भारतीय रिजर्व बैंक (RBI) की मौद्रिक नीति समिति ने तत्काल प्रभाव से रेपो दर, बैंकों को दिया जाने वाला मुख्य उधार दर, को 50 आधार अंकों से बढ़ाकर 5.4% करने का निर्णय लिया।

तदनुसार स्थायी जमा सुविधा दर और सीमांत स्थायी सुविधा दर को समान मात्रा से बढ़ाकर क्रमश: 5.15% और 5.65% कर दिया गया।RBI ने GDP वृद्धि का अनुमान 7.2 फीसदी पर बरकरार रखा।

अत: विकल्प (C) सही है।

15. स्याही का उपयोग सीधे हाथ में लेकर नहीं किया जाता है, जबकि पेन, पेंसिल और बाकी का उपयोग सीधे हाथ में लेकर किया जाता है।

इसलिए, स्याही समूह से संबंधित नहीं है।

अतः विकल्प (A) सही है।

16. दिया है:

15 : 226

226 नीचे दिखाए गए अनुसार प्राप्त किया जा सकता है:

$15^2 + 1 = 226$

इसी तरह, 20 से

$20^2 + 1 = 401$

अत: विकल्प (B) सही है।

17. दिया है:

ACEG : DFHJ

$A \xrightarrow{+2} D$

$C \xrightarrow{+2} F$

$E \xrightarrow{+2} H$

$G \xrightarrow{+2} J$

इसी तरह, *QSUW* के लिए

$Q \xrightarrow{+2} T$

$S \xrightarrow{+2} V$

$U \xrightarrow{+2} X$

$W \xrightarrow{+2} Z$

अतः विकल्प (C) सही है।

18. जैसे बिल्ली के पंजा होता है वैसे ही घोड़े के खुर होता है।

अतः विकल्प (D) सही है।

19. जैसे कि 'कैसेट' का इस्तेमाल 'वीडियो' चलाने के लिए किया जाता है, वैसे ही 'फ्लॉपी' का इस्तेमाल 'कंप्यूटर' पर वीडियो चलाने के लिए किया जाता था।

अतः विकल्प (D) सही है।

20. दिया है:

LOATHSOMENESS

पुनर्व्यवस्था के बाद

AEEHLMNOOSSST

- LOATHSOMENE**S**S
- AEEHLMNOOSS**S**T

वर्णमाला के अनुसार शब्द के पुनर्व्यवस्था के बाद केवल दूसरी अंतिम शब्द स्थिति नहीं बदली जाती है।

अतः विकल्प (A) सही है।

21. दिया है:

- '+' का तात्पर्य '×' है
- '-' का तात्पर्य '+' है
- '×' का तात्पर्य '÷' है
- '÷' का तात्पर्य '-' है

इसलिए, 6 + 7 × 3 - 8 ÷ 20 नीचे दिखाए अनुसार लिखा जाएगा:

6 × 7 ÷ 3 + 8 - 20 = 14 + 8 - 20 = 2

अतः विकल्प (C) सही है।

22. दिया है:

पंक्ति 1 से:

$6^3 + 6^2 + 6 = 258$

216 + 36 + 6 = 258

इसी तरह, पंक्ति 2, 3 और 4 में

पंक्ति 4 में:

$9^3 + 9^2 + 9$

729 + 81 + 9 = 819

अतः विकल्प (D) सही है।

23. दिया है:

रमन ने कहा, "वह मेरी **पत्नी** के **पति** की **बहन** है"।

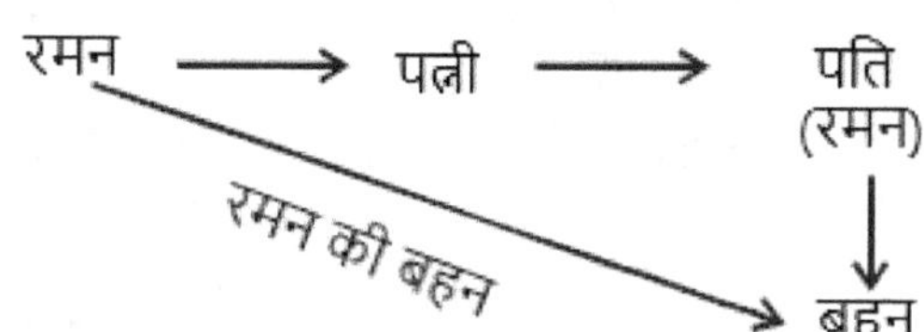

∴ महिला रमन की बहन है।

अतः विकल्प (B) सही है।

24. दिया है:

17 जून 1998

17 जून, 1998 = (1997 वर्ष + 1.1.1998 से 17.6.1998 तक)

1600 वर्षों में विषम दिन = 0

300 वर्षों में विषम दिन = 1

97 वर्ष में 24 अधिवर्ष + 73 साधारण वर्ष हैं।

97 वर्षों में विषम दिनों की संख्या (24 × 2 + 73) = 121 = 2 विषम दिन।

जनवरी, फ़रवरी, मार्च, अप्रैल, मई, जून

(31 + 28 + 31 + 30 + 31 + 17) = 168 दिन

168 दिन = 24 सप्ताह = 0 विषम दिन

विषम दिनों की कुल संख्या = (0 + 1 + 2 + 0) = 3

दिया गया दिन बुधवार है।

अतः विकल्प (C) सही है।

25. दिए गए शब्द नीचे दिए गए तार्किक अनुक्रम का अनुसरण करते हैं:

2. नासिका

3. सांस की नली

1. फेंफड़ा

4. रक्त

दिए गए शब्दों का उपयोग मनुष्यों में श्वसन की प्रक्रिया को पूरा करने में किया जाता है।

अतः विकल्प (B) सही है।

26. दिए गए कोड निम्न तर्क का पालन करते हैं:

$$A \xrightarrow{+2} C \xrightarrow{+2} E$$

$$F \xrightarrow{+2} H \xrightarrow{+2} J$$

$$K \xrightarrow{+1} L \xrightarrow{+1} M$$

$$S \xrightarrow{+2} U \xrightarrow{+2} W$$

अतः विकल्प (C) सही है।

27. दिए गए कोडों से नीचे का तर्क निकलता है:

A=2 ⇒ स्थिति संख्या (1)×2

M=26 ⇒ स्थिति संख्या (13)×2

Z=52 ⇒ स्थिति संख्या (26)×2

इसलिए,

C=6 ⇒ स्थिति संख्या (3)×2

A=2 ⇒ स्थिति संख्या (1)×2

B=4 ⇒ स्थिति संख्या (2)×2

आवश्यक उत्तर

= 6+2+4

= 12

अतः विकल्प (B) सही है।

28. दिया है:

पहली आकृति के लिए

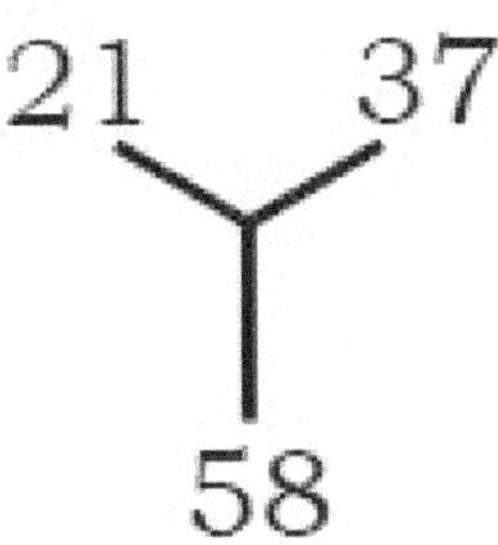

⇒ 21 + 37 = 58

दूसरे आकृति के लिए

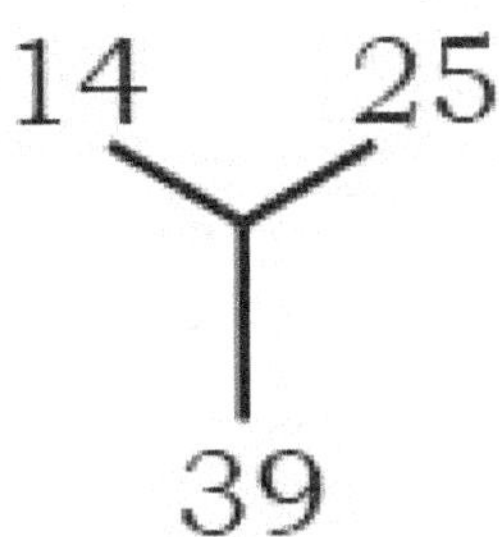

⇒ 14 + 25 = 39

इसी तरह, तीसरे आकृति के लिए

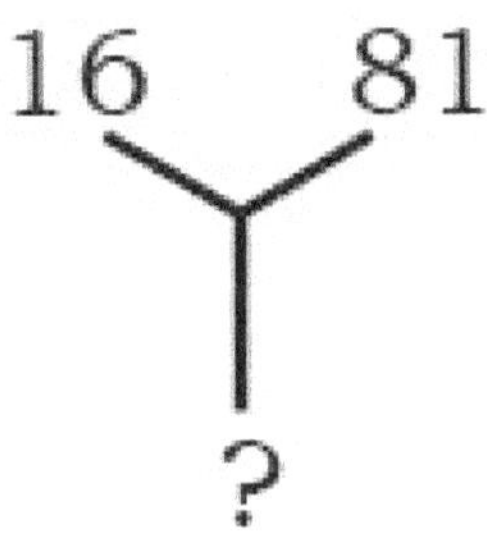

⇒ 16 + 81 = 97

अतः विकल्प (D) सही है।

29. दिए गए कोड को नीचे दिखाए गए रूप में डिकोड किया जा सकता है:

$$R \xrightarrow{-1} Q$$
$$O \xrightarrow{-1} N$$
$$B \xrightarrow{-1} A$$
$$U \xrightarrow{-1} T$$
$$S \xrightarrow{-1} R$$
$$T \xrightarrow{-1} S$$

इसी तरह,

$$Z \xrightarrow{-1} Y$$
$$X \xrightarrow{-1} W$$
$$C \xrightarrow{-1} B$$
$$M \xrightarrow{-1} L$$
$$P \xrightarrow{-1} O$$

इसलिए, उत्तर YWBLO है।
अतः विकल्प (A) सही है।

30. माना शांत जल में नाव की गति x किमी/घंटा और नदी की धारा की गति = y किमी/घंटा

प्रश्नानुसार,

x + y = 22   .....(i)

x - y = 16   .....(ii)

समीकरण (i) और (ii) दोनों को जोड़ने पर

2x = 38

⇒ x = 19 किमी/घंटा

अतः विकल्प (A) सही है।

31. दिया है:

किराने के सामान पर खर्च पैसा

= ₹ 2,00,000 का 30%

= 60,000

यात्रा पर खर्च पैसा

= ₹ 2,00,000 के 70% का 40%

= 56,000

किराने के सामान पर और यात्रा पर खर्च पैसा

= 60,000+56,000

= 1,16,000

पैसा शेष

= 2,00,000-1,16,000

= 84,000

प्रश्नानुसार,

शिक्षा पर खर्च पैसा

= 84,000 का 25%

= 21,000

इसलिए, वार्षिक बचत

= 84,000-21,000

= 63,000

अतः विकल्प (A) सही है।

32. दिया है:

साधारण ब्याज का अंतर (S.I.) = ₹ 20

मूलधन (P_1) = ₹ 1200

समय (T_1) = 3 वर्ष

मूलधन (P_2) = ₹ 800

समय (T_2) = 4 वर्ष

माना दर को $R\%$ है

$$\text{साधारण ब्याज} = \frac{P \times R \times T}{100}$$

प्रश्नानुसार,

$$\frac{P_1 \times R \times T_1}{100} - \frac{P_2 \times R \times T_2}{100} = 20$$

$$\frac{1200 \times R \times 3}{100} - \frac{800 \times R \times 4}{100} = 20$$

$$36R - 32R = 204R = 20R = 5\%$$

अतः विकल्प (B) सही है।

33. यदि लगातार 3 छूट $a\%$, $b\%$, और $c\%$ तो एकल छूट

$$= a + b + c - \left(\frac{ab}{100} + \frac{bc}{100} + \frac{ca}{100} - \frac{abc}{10000} \right)$$

विकल्प (A) के लिए: 20%, 5%, 10%

$$= 20 + 5 + 10 - \left(\frac{100}{100} + \frac{50}{100} + \frac{200}{100} - \frac{1000}{10000} \right)$$

$$= 35 - (1 + 0.50 + 2 - 0.1)$$

$$= 35 - 3.4$$

$$= 31.6$$

विकल्प (B) के लिए: 5%, 10%, 20%

$= 5 + 10 + 20 - \left(\frac{50}{100} + \frac{200}{100} + \frac{100}{100} - \frac{1000}{10000}\right)$

$= 35 - (0.50 + 2 + 1 - 0.1)$

$= 35 - (3.4)$

$= 31.6$

इसी तरह विकल्प (C) के लिए

इसलिए, छूट के अनुक्रम को बदलकर समग्र छूट नहीं बदलती है।

अतः विकल्प (D) सही है।

34. अर्धवार्षिक $= 4\%$ अर्धवार्षिक

और $n = 2 \times 2$ आधा वर्ष $= 4$ आधा वर्ष

$\therefore C.I. = P\left[\left(1 + \frac{r}{100}\right)^n - 1\right] = 8000\left[\left(\frac{104}{100}\right)^4 - 1\right]$

$= 8000\left[\left(\frac{26}{25}\right)^4 - 1\right] = 8000\left[\left(\frac{456976}{390625} - 1\right)\right]$

$= 8000 \times \frac{66351}{390625} = ₹\ 1358.86$

अतः विकल्प (B) सही है।

35. दिया है:

15 संख्या का माध्य $= 25$

15 संख्या का योग $= 25 \times 15 = 375$

नया योग

$= 375 - 15 \times 4$

$= 375 - 60 = 315$

$\therefore$ नया माध्य $= \frac{315}{15} = 21$

अतः विकल्प (C) सही है।

36. दिया है:

$A = B$ का 140%

$\Rightarrow A = \frac{140B}{100}$

$\therefore \frac{A}{B} = \frac{7}{5}$ ……(i)

$B = C$ का 80%

$\Rightarrow B = \frac{80C}{100}$

$\therefore \frac{B}{C} = \frac{4}{5}$ …..(ii)

समीकरण (i) और (ii) का गुणा करने पर

$\therefore \frac{A}{B} \times \frac{B}{C} = \frac{7}{5} \times \frac{4}{5}$

$\Rightarrow \frac{A}{C} = \frac{28}{25}$

$\therefore A:C = 28:25$

अतः विकल्प (A) सही है।

37. दिया है:

$\frac{8.73 \times 8.73 \times 8.73 + 4.27 \times 4.27 \times 4.27}{8.73 \times 8.73 - 8.73 \times 4.27 + 4.27 \times 4.27}$

माना $a = 8.73, b = 4.27$

समीकरण (i) में a और b रखने पर

$\frac{a \times a \times a + b \times b \times b}{a \times a - a \times b + b \times b}$

$= \frac{a^3 + b^3}{a^2 - ab + b^2}$

$= \frac{(a+b)(a^2 - ab + b^2)}{(a^2 - ab + b^2)}$

$= a + b$

$= 8.73 + 4.27$

$= 13$

अतः विकल्प (B) सही है।

38. तीन संख्या का औसत $= 28$

माना संख्यायें x_1, x_2, x_3 है

$x_1 = \frac{x_2}{2}$

$\therefore x_2 = 2x_1$ …..(i)

$x_3 = 2x_2$ …..(ii)

समीकरण (i) से

$x_3 = 2(2x_1) = 4x_1$

$\frac{x_1 + x_2 + x_3}{3} = 28$

$x_1 + x_2 + x_3 = 28 \times 3$

समीकरण (i) और (ii) से

$x_1 + 2x_1 + 4x_1 = 84$

$7x_1 = 84$

$x_1 = 12$

$\therefore x_3 = 4(12) = 48$

अतः विकल्प (D) सही है।

39. दिया है:

8 पुरुष और 12 बच्चे 9 दिनों में एक काम कर सकते हैं।

प्रश्नानुसार,

1 व्यक्ति $= 2$ बच्चे

$\therefore 6$ व्यक्ति $= 12$ बच्चे

∴ 8 व्यक्ति +12 बच्चे

= 8 व्यक्ति +6 व्यक्ति = 14 व्यक्ति

∴ 14 आदमी 9 दिनों में एक काम पूरा करते हैं।

∴ 1 आदमी 14 × 9 दिनों में एक काम पूरा करता है

∴ 12 आदमी $\frac{14 \times 9}{12}$ दिनों में एक काम पूरा करते हैं

$= \frac{21}{2} = 10\frac{1}{2}$ दिन

अतः विकल्प (A) सही है।

40. दिया है:

$$\left(\sqrt{8}\right)^{\frac{1}{3}}$$

$$\left(\sqrt{8}\right)^{\frac{1}{3}} = \left(\sqrt{2^3}\right)^{\frac{1}{3}}$$

$$= \left(2^{\frac{3}{2}}\right)^{\frac{1}{3}}$$

$$= 2^{\frac{1}{2}}$$

$$= \sqrt{2}$$

अतः विकल्प (C) सही है।

41. दिया है:

20 पैसे और 25 पैसे के कुल 324 सिक्के।

माना क्रमशः 20 पैसे और 25 पैसे के सिक्के x और y हैं।

∴ x+y = 324   .....(i)

प्रश्नानुसार,

0.20x + 0.25y = 71

20x+25y = 7100   ....(ii)

समीकरण (i) से,

x = 324-y

समीकरण (ii) में रखने पर

20(324-y)+25y = 7100

6480-20y+25y = 7100

5y = 620

y = 124

इसलिये,

x = 324-124

x = 200

इसलिए, 20 पैसे के सिक्कों की संख्या = 200 और 25 पैसे के सिक्कों की संख्या = 124

अतः विकल्प (C) सही है।

42. दिया है:

प्राप्त किया गया दशमलव रूप नीचे दिखाया गया है:

```
4)2403(600.75
   24
   ───
   030
    28
   ───
    20
    20
   ───
     ×
```

अतः विकल्प (B) सही है।

43. दिया है:

कुल जनसंख्या $= 64100$

पुरुष जनसंख्या का प्रतिशत $= 55$

इसलिये,

महिलाओं की संख्या

$= 64100$ का $(100 - 55)\%$

$= 64100 \times \frac{45}{100} = 28845$

अतः विकल्प (B) सही है।

44. दिया है:

ट्रेन चलने की गति $= 90$ किमी/घंटा

संकेत पार करने का समय $= 10$ सेकंड

एक ट्रेन संकेत एक बिंदु (नगण्य लंबाई के साथ) है, इसलिए ट्रेन की लंबाई बहुत अधिक सटीकता के साथ प्राप्त की जा सकती है

ट्रेन की लंबाई $=$ गति $\times$ संकेत पार करने में लगने वाला समय

$= 90 \times \frac{5}{18} \times 10$

$= 5 \times 5 \times 10$

$= 250$ मी

अतः विकल्प (D) सही है।

45.

- 'स्वदेशी आंदोलन' में किसानों ने भाग नहीं लिया था।

- स्वदेशी आंदोलन को किसानों का समर्थन हासिल नहीं हो पा रहा था क्योंकि फूट डालो और राज करो की सरकारी नीति ने उन्हें अलग रखा।

- वे बहिष्कार या निष्क्रिय प्रतिरोध जैसे संघर्षों के रूप में सक्रिय रूप से शामिल नहीं हुए क्योंकि उनकी मांगों पर विचार नहीं किया गया।

- उस दौरान किसानों की हालत सबसे खराब थी, उन्हें लगा कि आंदोलन में शामिल होने से उनकी स्थिति में सुधार नहीं होगा क्योंकि इसका नेतृत्व उच्च वर्ग और अमीर लोग कर रहे थे।

अतः विकल्प (A) सही है।

46.

- वास्कोडिगामा 1502 में दूसरी बार भारत आए थे।
- पुर्तगाली एक्सप्लोरर वास्कोडिगामा अटलांटिक महासागर के रास्ते भारत पहुंचने वाले पहले यूरोपीय बने।
- वह मालाबार तट पर कैलीकट में पहुंचे थे।
- 1502 में, वह वहां पुर्तगाली खोजकर्ता के नरसंहार का बदला लेने के लिए कैलीकट के लिए जहाजों की एक स्काड्रन का नेतृत्व किया और निवासियों को वश में करने में सफल रहा।
- 1524 में उन्हें वायसराय के रूप में भारत भेजा गया, लेकिन कोचीन में उनकी मौत हो गई।

अतः विकल्प (B) सही है।

47.

- 'स्पैम' कंप्यूटर से संबंधित है।
- स्पैम डिजिटल जंक मेल है।
- यह इंटरनेट पर या किसी भी इलेक्ट्रॉनिक मैसेजिंग सिस्टम के माध्यम से थोक में भेजा गया अवांछित संचार है।

अतः विकल्प (D) सही है।

48. आंशिक रूप से पानी में डूबी एक छड़ी अपवर्तन के कारण झुकी हुई दिखाई देती है।

घटना नीचे दिखाई गयी है:

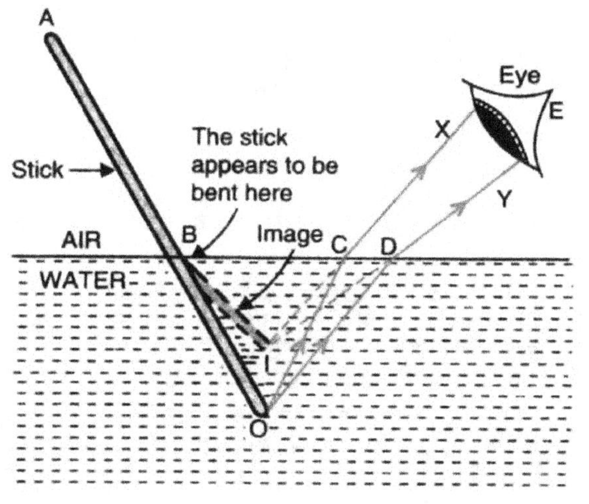

- O से आने वाला प्रकाश OC की किरण पानी से हवा में गुजरती है और लम्बवत् (CX के साथ) से दूर हो जाती है।
- DY के साथ एक और किरण OD अपवर्तित हो जाती है। दो अपवर्तित किरणें CX और DY, जब पीछे की ओर उत्पन्न होती हैं तो वे एक बिंदु. पर मिलती हैं।
- I छड़ी के अंत O की आभासी छवि है। इसलिए, छड़ी ऊपर दिखाए गए अनुसार मुड़ी हुई प्रतीत होती है।

अतः विकल्प (D) सही है।

49.

- रवींद्रनाथ टैगोर भारतीय मूल के पहले व्यक्ति थे और नोबेल पुरस्कार से सम्मानित होने वाले पहले एशियाई भी थे।
- उन्हें 1913 में साहित्य का पुरस्कार मिला था।

अतः विकल्प (B) सही है।

50.

- खनिजों के तरल घोल पर बढ़ते पौधों की विधि को हाइड्रोपोनिक्स के रूप में जाना जाता है।
- हाइड्रोपोनिक्स एक प्रकार की बागवानी और हाइड्रोकल्चर का भाग है।
- यह एक जलीय विलायक में खनिज पोषक तत्वों के समाधान का उपयोग करके, आमतौर पर फसलों, मिट्टी के बिना पौधों को उगाने की एक विधि है।

अतः विकल्प (A) सही है।

51.

- अप्सरा को भारत के पहले परमाणु रिएक्टर के रूप में जाना जाता है।
- रिएक्टर को $100 \times 50 \times 70$ को ठोस इमारत में रखा गया था।
- भारत और एशिया के पहले परमाणु रिएक्टर का उद्घाटन 20 जनवरी 1957 को प्रधान मंत्री नेहरू द्वारा किया गया था।
- कोयला, गैस, पनबिजली और पवन ऊर्जा के बाद भारत में परमाणु ऊर्जा का पांचवा सबसे बड़ा स्रोत है।

अतः विकल्प (C) सही है।

52.

- लॉर्ड कॉर्नवालिस ने सबसे पहले भारत में सिविल सर्विसेज की शुरुआत की थी।
- ब्रिटिश शासन के दौरान लॉर्ड वॉरेन हेस्टिंग्स ने सिविल सर्विसेज की नींव रखी थी।
- लॉर्ड कॉर्नवालिस ने सिविल सेवाओं में सुधार, आधुनिकीकरण और युक्तिसंगत बनाया। इसलिए, लॉर्ड कॉर्नवालिस को 'भारत में सिविल सेवा का जनक' के रूप में जाना जाता है।

अतः विकल्प (A) सही है।

53.

- आग बुझाने में इस्तेमाल होने वाली गैस कार्बन डाइऑक्साइड है।
- ऐसा इसलिए है क्योंकि कार्बन-डाइऑक्साइड दहन का समर्थन नहीं करती है।
- जब कार्बन डाइऑक्साइड को जलती हुई वस्तु पर छिड़का जाता है तो यह ऑक्सीजन की आपूर्ति बंद कर देती है और आग बुझा देती है।

अतः विकल्प (B) सही है।

54.

- नेक चंद ने चंडीगढ़ का द रॉक गार्डन बनाया है।
- रॉक गार्डन चंडीगढ़ का एक मूर्तिकला उद्यान है।
- यह एक संस्थापक अधिकारी नेक चंद के नेक चंद के रॉक गार्डन के रूप में भी जाना जाता है, एक सरकारी अधिकारी जिसने 1957 में अपने खाली समय में गुप्त रूप से उद्यान शुरू किया था।
- उद्यान चालीस एकड़ (160,000 वर्गमीटर) के क्षेत्र में फैला हुआ है।

- उद्यान पूरी तरह से औद्योगिक और घर के कचरे और परित्यक्त वस्तुओं से बना है।
- मूर्तियां बोतलों, कांच, चूड़ियों, टाइल्स, सिरेमिक पॉट्स, सिंक और इलेक्ट्रिकल कचरे का उपयोग करके बनाई जाती हैं। मूर्तियों के अलावा, इस उद्यान में मानव निर्मित इंटरलिंक झरने भी हैं।

अतः विकल्प (B) सही है।

55.

- प्रोटीन की न्यूनतम मात्रा लिए बिना मनुष्य जीवित नहीं रह सकता।
- मनुष्य सभी नौ आवश्यक अमीनो एसिड के बिना जीवित नहीं रह सकता हैं।
- प्रोटीन हड्डियों के निर्माण के लिए आवश्यक है, और शरीर के ऊतकों, जैसे मांसपेशियों, का निर्माण करता है।
- प्रोटीन एक कोशिका की व्यावहारिक रूप से हर प्रक्रिया में भाग लेता है।
- यह चयापचय प्रतिक्रियाओं, प्रतिरक्षा प्रतिक्रिया में एक भूमिका निभाता है, प्रोटीन ऊर्जा का एक स्रोत प्रदान करता है, सेलुलर मरम्मत में सहायता करता है, रक्त कोशिकाओं का निर्माण करता है।

अतः विकल्प (C) सही है।

56.

- दिलवाड़ा का जैन मंदिर राजस्थान राज्य के माउंट आबू में स्थित है।
- ये प्रसिद्ध जैन मंदिर हैं जो 11वीं और 13वीं शताब्दी ईस्वी के बीच, वास्तुपाल-तेजपाल, जैन आम लोगों द्वारा बनाए गए थे।
- ये मंदिर संगमरमर के पत्थर से बने हैं।

अतः विकल्प (D) सही है।

57.

- राष्ट्रीय कृषि अनुसंधान परियोजना 1979 में स्थापित की गई थी।
- भारतीय कृषि अनुसंधान परिषद (ICAR) ने 1979 में राष्ट्रीय कृषि अनुसंधान परियोजना (NARP) को शुरू करके भारत में कृषि अनुसंधान में एक नया आयाम जोड़ा था।
- यह राज्य कृषि विश्वविद्यालयों (एसएयू) की अनुसंधान क्षमताओं को मजबूत करने के लिए किया गया था ताकि आवश्यकता आधारित, स्थान-विशिष्ट और उत्पादन उन्मुख अनुसंधान का संचालन किया जा सके।

अतः विकल्प (D) सही है।

58.

- 21वीं सदी के कृषि के लिए पारिस्थितिक कृषि प्रणाली को आवश्यक माना जाता है।
- पिछले चार दशकों ने कई कृषि-पारिस्थितिक प्रथाओं के विकास को देखा है जो 'सरलीकरण के बिना गहनता' प्राप्त करते हैं, जो प्राकृतिक प्रणालियों के साथ काम करते हैं।
- लंबी अवधि की उत्पादकता में सुधार करते हुए न केवल ये नई प्रणालियाँ पारिस्थितिक तंत्र प्रक्रियाओं का संरक्षण कर सकती हैं, बल्कि वे ग्रीनहाउस गैसों के शुद्ध सिंक से कृषि परिदृश्य को स्थानांतरित करने में भी मदद कर सकती हैं।

अतः विकल्प (C) सही है।

59.

- कलिंग युद्ध अशोक के 13वें शिलालेख में पाया गया था।

- 261 ईसा पूर्व में अशोक (268-233) द्वारा भारत के पूर्वी तट पर कलिंग की विजय भारत और विश्व इतिहास के लिए सबसे बड़ा ऐतिहासिक महत्व की घटना थी।
- यह प्रथम अखिल भारतीय राज्य के रूप में मौर्य साम्राज्य के उदय को पूरा करने के लिए लाया गया था।
- लेकिन कलिंग के लोगों पर हुए अत्याचारों ने उन्हें बौद्ध धर्म और अहिंसा के उपदेश को अपनाने के लिए प्रेरित किया।
- अशोक के शाही संरक्षण और "[बौद्ध] धर्म के विजय" के लिए उनकी खोज (धम्म-विजया) ने बौद्ध धर्म के विश्व धर्म के रूप में उदय के लिए आधारशिला रखी।

अतः विकल्प (A) सही है।

60.

- कांची विजयनगर राजवंश की राजधानी नहीं थी।
- हम्पी में स्थानांतरित होने से पहले ही अनेगोंदी विजयनगर क्षेत्र की राजधानी थी।
- चंद्रगिरी आंध्र प्रदेश के चित्तूर जिले में स्थित है, जो विजयनगर किंग्स की अंतिम राजधानी थी।
- विजयनगर साम्राज्य की दूसरी राजधानी और ग्रीष्मकालीन राजधानी पेनुकोंडा थी।

अतः विकल्प (D) सही है।

61.

- जहाँगीर ने अबुल फ़ज़ल के हत्यारे को पुरस्कृत किया था।
- 12 अगस्त 1602 को बादशाह अकबर के बादशाह अकबर के बेटे, प्रिंस सलीम (जो बाद में उनके शाही नाम, जहाँगीर के नाम से जाने जाते थे) की ज़िम्मेदारी के चलते अबू फ़ज़ल की हत्या कर दी गई।
- अबुल फ़ज़ल, जिन्हें शेख अबू अल-फ़ज़ल इब्न मुबारक के नाम से भी जाना जाता है, अकबर के दरबार में एक उच्च पदस्थ राजनीतिक सलाहकार और मंत्री थे।

अतः विकल्प (C) सही है।

62.

- सोडियम फॉस्फाइड का उपयोग चूहा जहर बनाने के लिए किया जाता है।
- धातु के फॉस्फाइड को कृन्तकों को मारने के साधन के रूप में इस्तेमाल किया गया है और उन्हें एकल-खुराक फास्ट-एक्टिंग कृंतकाइड्स माना जाता है (मृत्यु आमतौर पर एकल चारा अंतर्ग्रहण के बाद 1-3 दिनों के भीतर होती है)।
- भोजन से युक्त एक चारा और एक फॉस्फाइड (आमतौर पर जस्ता फॉस्फाइड) छोड़ दिया जाता है जहां कृन्तक इसे खा सके।

अतः विकल्प (A) सही है।

63.

- शरीर का आंत का हिस्सा टाइफाइड से प्रभावित होता है।
- टाइफाइड बुखार एक जीवाणु संक्रमण है जो पूरे शरीर में फैल सकता है, कई अंगों को प्रभावित कर सकता है। शीघ्र उपचार के बिना, यह गंभीर जटिलताओं का कारण बन सकता है और घातक हो सकता है।
- यह साल्मोनेला टाइफी नामक एक जीवाणु के कारण होता है, जो उन बैक्टीरिया से संबंधित है जो साल्मोनेला भोजन विषाक्तता का कारण बनता है।

- टाइफाइड बुखार अत्यधिक संक्रामक है। एक संक्रमित व्यक्ति अपने मल (मल) में अपने शरीर से बैक्टीरिया को पारित कर सकता है, या कम सामान्यतः, अपने मूत्र में।
- यदि कोई अन्य भोजन करता है या पानी पीता है जो संक्रमित मल या मूत्र की एक छोटी संख्या से दूषित हो गया है, तो वे बैक्टीरिया से संक्रमित हो सकते हैं और टाइफाइड बुखार विकसित कर सकते हैं।

अतः विकल्प (B) सही है।

64. पश्चिम बंगाल से शुरू होकर पूर्वी घाट उड़ीसा, आंध्र प्रदेश, तेलंगाना और तमिलनाडु जैसे राज्यों से होकर गुजरता है और दक्षिण में कर्नाटक के कुछ हिस्सों से होकर गुजरता है।

पूर्वी घाट या पुरवा, जिसे दक्षिण में महेंद्र पर्वत के नाम से भी जाना जाता है, भारत के पूर्वी तट के साथ पहाड़ों की एक अलग श्रेणी है। गोदावरी, महानदी, कृष्णा, और कावेरी के नाम से जानी जाने वाली प्रायद्वीपीय भारत की चार प्रमुख नदियों द्वारा इनका क्षय और कटाव होता है। पूर्वी घाट की सबसे ऊँची चोटी जिंदगडा चोटी (1690 मीटर) है।

अतः विकल्प (A) सही है।

65.

- दांतों के अध्ययन को ओडोन्टोलॉजी के नाम से जाना जाता है।
- यह दवा की एक शाखा है जिसमें मौखिक म्यूकोसा सहित मौखिक गुहा के साथ रोगों, विकारों और दंत चिकित्सा की स्थितियों और उपचार और मैक्सिलोफेशियल ज़ोन के आसन्न और संबंधित संरचनाओं और ऊतकों को शामिल किया गया है।

अतः विकल्प (D) सही है।

66.

- विटामिन B12 बचपन से ही हमारे शरीर में मौजूद होता है।
- विटामिन B12 एक पोषक तत्व है जो शरीर की तंत्रिका और रक्त कोशिकाओं को स्वस्थ रखने में मदद करता है डीएनए, और सभी कोशिकाओं में आनुवंशिक सामग्री बनाने में मदद करता है।
- विटामिन B12 एक प्रकार की एनीमिया को रोकने में भी मदद करता है जिसे मेगालोब्लास्टिक एनीमिया कहा जाता है जो लोगों को थकाता और कमजोर बनाता है।

अतः विकल्प (A) सही है।

67.

- हरियाणा का अक्षांशीय विस्तार 27°39' से 30°55' तक है।
- हरियाणा गर्मियों में बेहद गर्म होता है और वहां का तापमान 45 °C तक पहुँच जाता है। हालांकि, सर्दियां हल्की होती हैं।
- यह एक शुष्क या अर्ध-शुष्क क्षेत्र है और औसतन लगभग 350 मिमी बारिश होती है।
- यमुना भी इसी राज्य से होकर गुजरती है। यह राज्य वनस्पतियों और जीवों में समृद्ध है और इसमें दो राष्ट्रीय उद्यान और आठ वन्यजीव अभयारण्य हैं।

अतः विकल्प (B) सही है।

68.

- बुकर पुरस्कार दुनिया में सर्वोच्च साक्षरता पुरस्कार है।
- अंग्रेजी भाषी दुनिया में अग्रणी साहित्यिक पुरस्कार, जिसने 50 से अधिक वर्षों से उत्कृष्ट कथा के लिए मान्यता, इनाम और पाठकों को लाया है।
- अंग्रेजी में लिखे गए और यूके या आयरलैंड प्रकाशित वर्ष के सर्वश्रेष्ठ उपन्यासों को सालाना सम्मानित किया जाता है।

अतः विकल्प (B) सही है।

69. इसरो की वाणिज्यिक और विपणन शाखा एंट्रिक्स कॉर्पोरेशन लिमिटेड है।

एंट्रिक्स कॉर्पोरेशन लिमिटेड (ACL), बेंगलुरु अंतरिक्ष विभाग के प्रशासनिक अधिकार क्षेत्र के तहत भारत की पूर्ण स्वामित्व वाली सरकारी कंपनी है। एंट्रिक्स कॉर्पोरेशन लिमिटेड की स्थापना सितंबर 1992 में भारत सरकार के स्वामित्व वाली एक निजी लिमिटेड कंपनी के रूप में हुई थी , जो इसरो द्वारा स्थापित अंतरिक्ष के सामानों, तकनीकी परामर्श सेवाओं और प्रौद्योगिकी हस्तांतरण के प्रचार और व्यावसायीकरण के लिए इसरो की मार्केटिंग शाखा के रूप में थी।

अतः विकल्प (A) सही है।

70. हरियाणा के बारे में मुख्य तथ्य-

- राज्य की राजधानी: चंडीगढ़
- भूमि क्षेत्र: 44,212 वर्ग किमी
- जनसंख्या: 25.4 मिलियन (2011)
- सरकार के मुखिया: मनोहर लाल खट्टर (मुख्यमंत्री)
- राज्य भाषाएँ: हिंदी, पंजाबी और अंग्रेजी
- GSDP (सकल राज्य घरेलू उत्पाद) (2016-17): US $ 81.28 बिलियन
- प्रति व्यक्ति जीएसडीपी (2016-17): यूएस $ 2,975
- प्रमुख जिले: गुड़गांव, फरीदाबाद, कमल, पानीपत, और कुरुक्षेत्र

अतः विकल्प (B) सही है।

71.

- भारत में, उपभोक्ता मूल्य सूचकांक (CPI) और थोक मूल्य सूचकांक (WPI) द्वारा मापी गई मुद्रास्फीति।
- अर्थव्यवस्था में लंबी अवधि के लिए वस्तुओं और सेवाओं की औसत कीमतों में गणना की गई वृद्धि को मुद्रास्फीति कहा जाता है।
- यह एक वृहद अवधारणा है, जिसमें वस्तुओं की एक बड़ी टोकरी पर मुद्रास्फीति का प्रभाव देखा जाता है।
- मुद्रास्फीति का कुल प्रभाव दर्ज किया जाता है क्योंकि धन का मूल्य कम हो जाता है यानी मुद्रा की क्रय शक्ति कम हो जाती है।

अतः विकल्प (A) सही है।

72.

- समुद्र तल से 700 से 900 फीट ऊंचा हरियाणा का मैदान है।
- यह पूर्व में उत्तर प्रदेश और उत्तराखंड से घिरा हुआ है, दक्षिण-पूर्व में दिल्ली, पश्चिम में पंजाब, उत्तर में चंडीगढ़ और हिमाचल प्रदेश, और दक्षिण में राजस्थान का महान विस्तार है।
- भौगोलिक और प्राकृतिक सीमाएँ उत्तर में शिवालिक पहाड़ियों, पूर्व में यमुना नदी, दक्षिण-पश्चिम में अरावली पहाड़ियों और पश्चिम में घग्गर नदी से मिलती हैं, जो राज्य के अद्वितीय आकर्षण को जोड़ती हैं।

अतः विकल्प (A) सही है।

73.

- हरियाणा उत्तर-मध्य भारत का एक राज्य है।
- यह पंजाब के राज्य और चंडीगढ़ के केंद्र शासित प्रदेश के उत्तर-पश्चिम में स्थित है।
- यह **हिमाचल प्रदेश** और उत्तराखंड राज्यों द्वारा **उत्तर और उत्तर-पूर्व** में घिरा हुआ है।

- यह पूर्व में उत्तर प्रदेश राज्य और दिल्ली के केंद्र शासित प्रदेश से घिरा हुआ है।
- यह राजस्थान राज्य द्वारा दक्षिण और दक्षिण पश्चिम में घिरा हुआ है।
- चंडीगढ़ शहर, चंडीगढ़ केंद्र शासित प्रदेश के भीतर, न केवल उस क्षेत्र की बल्कि हरियाणा और पंजाब राज्यों की भी राजधानी है।

अतः विकल्प (C) सही है।

74.

- भारत में सबसे पुरानी तेल रिफाइनरी डिगबोई, असम में है।
- देश के सुदूर पूर्वोत्तर कोने में डिगबोई का छोटा सा शहर भारत में तेल उद्योग का जन्मस्थान है।
- 11 दिसंबर 1901 को शुरू की गई डिगबोई रिफाइनरी भारत की सबसे पुरानी ऑपरेटिंग रिफाइनरी है और दुनिया की सबसे पुरानी ऑपरेटिंग रिफाइनरियों में से एक है।

अतः विकल्प (A) सही है।

75.

- भारत और म्यांमार के बीच जल विभाजन नागा पहाडियाँ द्वारा बनाया गया है।
- पहाड़ समुद्र तल से 12,459 फीट की ऊंचाई तक जाते हैं।
- नागालैंड और बर्मीज़ नागा स्व-प्रशासित क्षेत्र में एक जटिल पर्वत श्रृंखला का हिस्सा हैं।
- नागा पहाड़ियों की सबसे ऊंची चोटी माउंट सारामति पर्वत है। पर्वत सारामति की मूल श्रेणी पूर्वांचल श्रेणी है।
- नागा पहाड़ियां पहले असम का एक हिस्सा थीं और विभाजन के बाद, यह नागालैंड का एक हिस्सा बन गईं, जो नवनिर्मित थी। नागा पहाड़ियों की जटिल संरचना दोनों देशों के बीच एक प्राकृतिक बाधा प्रदान करती है।

अतः विकल्प (A) सही है।

76.

- 1514 मीटर मोरनी पहाड़ों की औसत ऊंचाई है।
- मोरनी पर्वत शिवालिक रेंज के निचले इलाकों में स्थित हैं।
- मोरनी अपनी ठंडी जलवायु, सुंदर प्राकृतिक खाका, और ट्रेकिंग, रॉक-क्लाइम्बिंग और अन्य साहसिक खेलों के लिए असंख्य अवसरों के साथ छुट्टी के लिए आदर्श है।

अतः विकल्प (D) सही है।

77. अनुच्छेद-14 में "समानता का अधिकार" प्रावधान है।

- इस प्रावधान में कहा गया है कि सभी नागरिकों के साथ कानून के सामने समान व्यवहार किया जाएगा।
- देश का कानून सभी की समान रूप से रक्षा करता है।
- एक परिस्थिति में कानून लोगों के साथ एक जैसा व्यवहार करेगा।

अतः विकल्प (A) सही है।

78.

- हरियाणा राज्य के उत्तर-पूर्व भाग में शिवालिक पर्वत स्थित है।
- शिवालिक पहाड़ी श्रृंखला उप-हिमालयी पर्वत प्रणाली का एक हिस्सा है जो पश्चिम में जम्मू और कश्मीर से लेकर पूर्व में उत्तरांचल तक फैली हुई है, जो हिमाचल प्रदेश, और पंजाब और हरियाणा के कुछ हिस्सों को कवर करती है।

- शिवालिक का एक बड़ा हिस्सा हिमाचल प्रदेश में स्थित है, जो हरियाणा के शिवालिक क्षेत्र का ऊपरी जलग्रहण है।
- हरियाणा में शिवालिक क्षेत्र 3,514 वर्ग किलोमीटर ज़िला अंबाला, पंचकुला और यमुनानगर के कुछ हिस्सों में फैला हुआ है।

अतः विकल्प (B) सही है।

79.

- नेशनल डेयरी डेवलपमेंट बोर्ड ने ऑपरेशन बाढ़ (1970) शुरू किया था।
- भारत में श्वेत क्रांति, जिसे ऑपरेशन फ्लड के नाम से भी जाना जाता है, 1970 के दशक में भारत को दुग्ध उत्पादन पर आत्मनिर्भर बनाने के लिए शुरू किया गया था।
- डॉ. वर्गीज कुरियन को भारत में श्वेत क्रांति के जनक के रूप में जाना जाता है।

ऑपरेशन बाढ़ के उद्देश्य:

1. दूध उत्पादन बढ़ाएं ('दूध की बाढ़')
2. ग्रामीण आय में वृद्धि
3. उपभोक्ताओं के लिए उचित मूल्य

अतः विकल्प (C) सही है।

80.

- उत्तर भारत का मैनचेस्टर कानपुर है।
- यह शहर एक औद्योगिक केंद्र के रूप में विकसित हुआ है और कपास वस्त्र उद्योग के लिए प्रसिद्ध है।
- शहर में सत्राह बड़ी सूती कपड़ा मिलें हैं।

अतः विकल्प (D) सही है।

81.

- श्री रामकृष्ण नए भारत के पैगंबर हैं।
- श्री रामकृष्ण (1836-86) को ज्यादातर **रामकृष्ण परमहंस** के रूप में जाना जाता था, जो वर्तमान समय के उत्कृष्ट संत के रूप में भारत और विदेशों में सम्मानित आध्यात्मिक प्रतिभा थे।
- उनका जीवन और विचार आधुनिक हिंदू दर्शन और अभ्यास के उच्चतम और सर्वश्रेष्ठ का प्रतिनिधित्व करता हैं।

अतः विकल्प (B) सही है।

82.

- विधान परिषद के सदस्यों के लिए न्यूनतम आयु 30 वर्ष है।
- विधान परिषद के सदस्य छह वर्ष की अवधि के लिए चुने जाते हैं।
- कुछ सदस्यों को राज्यपाल द्वारा मनोनीत किया जाता है। अन्य का चुनाव विधान सभा, स्थानीय निकायों, पंजीकृत स्नातकों और शिक्षकों के सदस्यों द्वारा किया जाता है।

अतः विकल्प (C) सही है।

83.

- संविधान की न्यायिक समीक्षा कानून द्वारा स्थापित प्रक्रिया पर आधारित है।
- भारतीय संविधान में न्यायिक समीक्षा के सिद्धांत को अमेरिका के संविधान से अपनाया गया है।
- भारत में, सर्वोच्च न्यायालय विधायिका की किसी भी कार्रवाई या कार्य को अवैध घोषित कर सकता है यदि वह संविधान के विरुद्ध

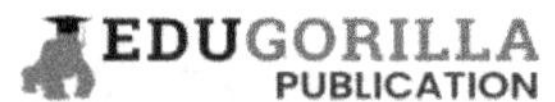

है। सर्वोच्च न्यायालय यह जाँच नहीं करता है कि संसद द्वारा बनाए गए कानून निष्पक्ष हैं, न्यायसंगत हैं या नहीं।

अतः विकल्प (C) सही है।

84.

- 18-कैरेट सोने में 75% शुद्ध सोने का प्रतिशत है।
- 'कैरेटेज' अन्य धातुओं के साथ सोने की मिश्रधातु की शुद्धता का माप है।
- 24 कैरेट शुद्ध सोना है जिसमें कोई अन्य धातु नहीं है।
- निचले कैरेटेज में कम सोना होता है, 18 कैरेट सोने में 75% सोना और 25% अन्य धातुएं होती हैं, अक्सर तांबा या चांदी।

अतः विकल्प (C) सही है।

85.

- दिल्ली पर आक्रमण करने वाले नादिर शाह के समय में मुहमदशाह शासक था।
- औरंगज़ेब की मृत्यु ने मुगल साम्राज्य में एक शून्य पैदा कर दिया था जिसे उसके उत्तराधिकारी भरने में सक्षम नहीं थे।
- नादिर शाह, जो डकैतों के प्रमुख होने से फारस का राजा बन गया था, ने कमजोर साम्राज्य को एक अवसर के रूप में देखा।
- 1738 में, नादिर शाह भारत पर आक्रमण करने के लिए आगे बढ़ा।
- उन्होंने 1739 में गजनी, काबुल और लाहौर पर कब्जा करने वाले मुगल साम्राज्य के पश्चिमी मोर्चे को उखाड़ फेंका।

अतः विकल्प (A) सही है।

86. एक सर्वर, एक कंप्यूटर प्रोग्राम या एक डिवाइस है जो अन्य प्रोग्राम या डिवाइस के लिए कार्यक्षमता प्रदान करता है, जिसे "क्लाइंट" कहा जाता है। इस आर्किटेक्चर को क्लाइंट-सर्वर मॉडल कहा जाता है, और इसमें एकल समग्र संगणना कई प्रक्रियाओं या उपकरणों में बांटी जाती है।

अतः विकल्प (A) सही है।

87. 'फॉर्मेट मेनू' में हम पावरपॉइंट 2003 और पिछले संस्करणों में स्लाइड डिज़ाइन, स्लाइड लेआउट आदि जैसी सुविधाएँ पा सकते हैं।

अतः विकल्प (B) सही है।

88.

- माइक्रोसॉफ्ट एक्सेस टेबल में कॉलम को फील्ड्स कहा जाता है।
- एक क्षेत्र प्रकार के द्वारा जानकारी के आयोजन का एक तरीका है।
- एक रिकॉर्ड जानकारी की एक इकाई है। किसी दिए गए पंक्ति पर हर कोशिका उस पंक्ति के रिकॉर्ड का हिस्सा है

अतः विकल्प (B) सही है।

89. कंप्यूटर की मुख्य मेमोरी डायनेमिक रैम या स्टैटिक रैम चिप से बनी होती है।

स्टैटिक रैंडम एक्सेस मेमोरी (स्टैटिक रैम) रैंडम एक्सेस मेमोरी (RAM) है जो अपनी मेमोरी में डेटा बिट्स को बनाए रखता है जब तक कि बिजली की आपूर्ति की जाती है। डायनेमिक रैम (DRAM), जो संधारित्र और ट्रांजिस्टर से युक्त मेमोरी में बिट्स को स्टोर करता है। स्टैटिक रैंडम एक्सेस मेमोरी समय-समय पर रिफ्रेश नहीं किया जा सकता है।

अतः विकल्प (B) सही है।

90. मॉडेम, "मॉडुलेटर-डेमोडुलेटर" का संक्षिप्त रूप है जो कंप्यूटर या अन्य डिवाइस, जैसे राउटर या स्विच, को इंटरनेट से कनेक्ट करने करता है। यह एक टेलीफोन या केबल तार से एक एनालॉग सिग्नल को एक डिजिटल सिग्नल में परिवर्तित या "मॉडुलेट" करता है जिसे कंप्यूटर पहचान सकता है। इसी प्रकार, यह आउटगोइंग डिजिटल डेटा को कंप्यूटर या अन्य डिवाइस से एनालॉग सिग्नल में परिवर्तित करता है।

अतः विकल्प (A) सही है।

91. जिस अव्यय शब्दों में घृणा का बोध हो, वह तिरस्कार सूचक होता है

छि ! तिरस्कार सूचक है

अतः विकल्प (C) सही है।

92. अंधा व्यक्ति किसी बात पर तभी पूरी तरह विश्वास कर सकता है जब वह स्वयं उसे देख ले, अर्थात वह संतुष्ट तभी होगा जब उसे दो आँखें मिल जाएं।

अतः विकल्प (C) सही है।

93. वाक्य में 'किधर' शब्द स्थानवाचक क्रियाविशेषण है।

स्थानवाचक क्रियाविशेषण वे शब्द होते है जो क्रिया के होने वाली जगह का बोध कराते है। यानी जहां क्रिया हो रही है उस जगह का बोध कराने वाले शब्द ही स्थानवाचक क्रियाविशेषण कहलाते हैं।

जैसे: यहाँ, वहाँ, कहाँ, जहाँ, तहाँ, सामने, नीचे, ऊपर, आगे, भीतर, बाहर, दूर, पास, अंदर, किधर, इस ओर, उस ओर, इधर, उधर, जिधर, दाएँ, बाएँ, दाहिने आदि सभी शब्द स्थानवाचक क्रियाविशेषण शब्द है।

अतः विकल्प (B) सही है।

94. "बढ़त-बढ़त सम्पत्ति सलिल मन-सरोज बढ़ जाए। घटत-घटत फिर ना घटै करु सामूल कुम्हिलाय।।", में रूपक अलंकार है। इसमें उपमेय (सम्पति एवं मन) का उपमान (सलिल एवं सरोज) के रूप में दिखाने/कहने के कारण यहाँ रूपक का प्रयोग हुआ है।

अतः विकल्प (D) सही है।

95. "तापस बाला-सी गंगा कूल" में उपमा अलंकार है। यहाँ गंगा उपमेय है, तापस बाला उपमान है, कल (सौंदर्य) सामान्य गुण धर्म है।

अतः विकल्प (D) सही है।

96. Pawan told me that if he heard any news, he would phone me.

The sentence converted into indirect speech is as shown below:

Pawan said to me,"If I hear any news, I'll phone you." → (D.S.)

Rep.V.   Pro. Verb   Pro. H.V. Verb Pro.
(Pawan) (S. Pr.)   (Pawan) (will) (S. Pr.) (Pawan)

Pawan told me that if he heard any news, he would phone me. → (I.S.)

Rep.V.   Conj. Pro. Verb   Pro. Verb Pro.
(I) (S.Past)   (I)   (you)

Hence, the correct option is (D).

97. The teacher congratulated Mahesh and wished him success in life.

The sentence converted into indirect speech is as shown below:

The teacher said to Mahesh, "Congratulations! Wish you success in life." → (D.S.)

Rep.V.   Pro (Mahesh)

The teacher congratulated Mahesh and wished him success in life. → (I.S.)

Rep.V.   Conj. Rep.V. Pro.
(you)

Hence, the correct option is (D).

98. My window looks out into the garden.

Here, out into is the right usage.

Hence, the correct option is (B).

99. Vinay does not play cricket and neither does Yashwant.

Neither used for showing that a negative statement is also true of somebody/something else

Here, neither is the right usage

Hence, the correct option is (D).

100. Susceptible defines as being in a situation where one is likely to meet easily with influenced, damaged, or affected by somebody/something.

Antonym of susceptible is immune

Hence, the correct option is (B).

Q.1 अगस्त 2020 की स्थिति अनुसार भारत सरकार के मुख्य आर्थिक सलाहकार कौन थे?

[SSC MTS, 2021]

A. कृष्णमूर्ति सुब्रमण्यन   **B.** अजय भूषण पांडेय
C. अतनु चक्रवर्ती   **D.** राजीव कुमार

Q.2 उस्ताद अली अहमद हुसैन खान, जिनका हाल ही में निधन हो गया था, एक प्रसिद्ध _____________ थे।

[RRB (NTPC), 2017]

A. संतूर वादक   **B.** तबला वादक
C. सरोद वादक   **D.** शहनाई वादक

Q.3 किस संगठन ने छोटे और सीमांत किसानों का समर्थन करने के लिए AI, IoT, ब्लॉकचेन और ड्रोन का उपयोग करने के लिए नीति आयोग के साथ भागीदारी की है?

A. विश्व बैंक   **B.** डब्ल्यूईएफ
C. आईएमएफ   **D.** एडीबी

Q.4 जनवरी 2020 तक विश्व बैंक समूह के अध्यक्ष कौन थे?

[SSC CGL, 2020]

A. पॉल वोल्फ़ोविज़   **B.** डेविड मालपास
C. जिम योंग किम   **D.** रॉबर्ट ज़ोलिक

Q.5 निम्नलिखित में से किसने भारतीय संसद में 1950 में "निवारक निरोध बिल" पेश किया?

A. बलदेव सिंह   **B.** नराहर विष्णु गाडगिल
C. सरदार पटेल   **D.** जवाहर लाल नेहरू

Q.6 2021-22 के केंद्रीय बजट के अनुसार, वायरोलॉजी (विषाणु विज्ञान) के कितने क्षेत्रीय राष्ट्रीय संस्थान स्थापित किए जाएंगे?

[SSC CGL, 2021]

A. चार   **B.** दो   **C.** तीन   **D.** छह

Q.7 रक्षा मंत्रालय द्वारा किस जहाज निर्माण कंपनी को ग्रीन चैनल प्रमाणन से सम्मानित किया गया है?

A. गोवा शिपयार्ड
B. कोचीन शिपयार्ड
C. गार्डन रीच शिपबिल्डर्स एंड इंजीनियर्स
D. मझगांव डॉक शिपबिल्डर्स

Q.8 जून 2022 में किस देश के संगठन ने भारतीय वायु सेना (IAF) हेलीकॉप्टरों के लिए एयरबोर्न डिफेंस सूट की आपूर्ति के लिए भारत इलेक्ट्रॉनिक्स लिमिटेड (BEL) के साथ एक सहमति ज्ञापन पर हस्ताक्षर किए है?

A. जापान   **B.** संयुक्त राज्य अमेरिका
C. बेलारूस   **D.** फ्रांस

Q.9 किस बैंक ने शहरी सहकारी बैंकों को एक वर्ष के भीतर मानद पदों को समाप्त करने का निर्देश दिया?

A. बैंक ऑफ बड़ौदा   **B.** पंजाब नेशनल बैंक
C. स्टेट बैंक ऑफ इंडिया   **D.** भारतीय रिजर्व बैंक

Q.10 किस देश ने 2 अगस्त 2022 को बर्मिंघम में राष्ट्रमंडल खेलों में पुरुषों की टेबल टेनिस स्पर्धा में स्वर्ण पदक जीता है?

A. मलेशिया   **B.** कनाडा
C. भारत   **D.** दक्षिण अफ्रीका

Q.11 पत्तों वाली सब्जियाँ पर्याप्त मात्रा में देती हैं

A. वसा (फैट)   **B.** आयरन
C. प्रोटीन   **D.** कार्बोहाइड्रेट

Q.12 एक धनराशि पर 2.8% प्रति वर्ष की दर से 4 वर्षों के लिए साधारण ब्याज उसी धनराशि पर 3 वर्षों के लिए 4.4% की दर वाले ब्याज से 112 अधिक है। धनराशि ज्ञात कीजिए।

A. 5400   **B.** 5500   **C.** 5600   **D.** 5700

Q.13 लिनक्स क्या है?

A. इनपुट डिवाइस   **B.** ऑपरेटिंग सिस्टम
C. प्रोसेसर   **D.** स्टोरेज डिवाइस

Q.14 अघारकर रिसर्च इंस्टीट्यूट के शोधकर्ताओं द्वारा किए गए एक अध्ययन में पाया गया है कि मीथेन हाइड्रेट किस नदी के बेसिन में स्थित हैं, जो कि बायोजेनिक उत्पत्ति के कारण हैं।

A. कावेरी   **B.** ब्रह्मपुत्र
C. कृष्णा-गोदावरी   **D.** गंगा-यमुना

Q.15 एक व्यक्ति 800 किमी की कुछ यात्रा रेल के द्वारा और कुछ यात्रा नाव द्वारा तय करता है। वह नाव पर 7 घंटे अधिक व्यतीत करता है। यदि नाव की गति 20 किमी/घंटा है और रेल की गति 55 किमी/घंटा है, तब उसने नाव द्वारा कितनी दूरी तय की है?

A. 316 किमी   **B.** 379 किमी
C. 474 किमी   **D.** 569 किमी

Q.16 पृष्ठ तनाव का क्या कारण है?

A. अणुओं के बीच आसंजक बल
B. अणुओं के बीच ससंजक बल
C. अणुओं के बीच गुरुत्व बल
D. अणुओं के बीच विद्युत बल

Q.17 हरियाणा से राज्यसभा में कितने सदस्य मनोनीत किए जाते हैं?

A. 2   **B.** 4   **C.** 5   **D.** 7

Q.18 पंडित जसराज किस तरह की शिक्षा के लिए प्रसिद्ध हैं?

A. शास्त्रीय संगीत   **B.** लोक गीत
C. लोक नृत्य   **D.** कवित्व

Q.19 निम्न में से कौन-सा प्राकृतिक रूप से विद्यमान पारिस्थितिक तंत्र नहीं है?

A. सदाबहार वन (मैंग्रोव)   **B.** राष्ट्रीय पार्क
C. समुद्री पार्क   **D.** वृक्षारोपण

Q.20 अधिक ऊंचाई पर पानी के क्वथनांक में कमी का कारण है:

A. उच्च तापमान   **B.** कम तापमान
C. उच्च वायुमंडलीय दबाव   **D.** कम वायुमंडलीय दबाव

Q.21 यदि a= $(2^2 \times 3^2 \times 5^4)$ और b= $(2^3 \times 3^2 \times 5^3)$, है, तो (a, b) का म.स. क्या होगा?

A. 4500   **B.** 4550   **C.** 4600   **D.** 4670

Q.22 शुष्क बर्फ (Dry Ice) है

A. ठोस सल्फर डाइ-ऑक्साइड
B. ठोस नाइट्रोजन डाइ-ऑक्साइड
C. ठोस अमोनियम क्लोराइड
D. ठोस कार्बन डाइ-ऑक्साइड

Q.23 जलियांवाला बाग नरसंहार निम्नलिखित में से किसके कारण हुआ था?
A. द आर्म्स एक्ट
B. रौलट एक्ट
C. सार्वजनिक सुरक्षा अधिनियम
D. वर्नक्यूलर प्रेस एक्ट

Q.24 गीज़र फट जाते हैं
A. द्रवस्थैतिक दाब के कारण
B. भूतापीय ऊर्जा के कारण
C. चट्टानों के टूटने के कारण
D. वर्षा के जल के रिसने के कारण

Q.25 साक्षरता दर के आधार पर हरियाणा का देश में क्रम क्या है?
A. 21
B. 23
C. 22
D. 20

Q.26 'क्यूबिक जिरकोनिया' का सामान्य नाम है
A. कार्बोरेंडम
B. अमेरिकन डायमंड
C. सिरेमिक
D. प्लास्टर ऑफ़ पेरिस

Q.27 फा - हिएन किसके शासनकाल के दौरान भारत आया था?
A. चंद्रगुप्त द्वितीय
B. समुद्रगुप्त
C. रामगुप्त
D. कुमारगुप्त

Q.28 सौर मंडल के 4 सबसे बड़े ग्रह अवरोही क्रम में हैं
A. बृहस्पति, बुध, शनि और यूरेनस
B. बुध, बृहस्पति, शनि और नेप्च्यून
C. बृहस्पति, शनि, यूरेनस और नेपच्यून
D. बृहस्पति ,बुध, शनि और नेप्च्यून

Q.29 सड़े हुए अण्डे जैसी गंध वाली गैस है
A. सल्फर डाइ-ऑक्साइड
B. नाइट्रोजन ऑक्साइड
C. हाइड्रोजन सल्फाइड
D. अमोनिया

Q.30 हरियाणा राज्य की पहली जनगणना एक अलग राज्य के रूप में कब की गई थी?
A. 1961
B. 1951
C. 1981
D. 1971

Q.31 बीजिंग ओलंपिक, 2008 में मुक्केबाजी में किस खिलाड़ी को कांस्य पदक मिला था?
A. पिंकी जांगड़ा
B. दिनेश कुमार
C. विजेंदर सिंह
D. गगन नारंग

Q.32 निम्नलिखित में से कौन सा शब्द अरबी, फारसी या अंग्रेजी मुलक नहीं है?
A. कलम
B. दाग
C. किला
D. जल

Q.33 निर्देश: निम्न श्रृंखला में विलुप्त पद ज्ञात कीजिये।
E @ 53, S $ 82, F% 106,?, A # 2012
A. # # 111
B. WW12
C. B & 164
D. A & 165

Q.34 एक लीप वर्ष में .... दिन होते हैं।
A. 364
B. 365
C. 366
D. 367

Q.35 निर्देश: दिए गए वाक्यों में कुछ में त्रुटि है, उसे छाँटिए। यदि कोई त्रुटि न हो तो उत्तर (D) दीजिए।
A. आज के आधुनिक युग में आतंकवाद ने

B. मनुष्य के जीवन से
C. सुख-चैन को समाप्त कर दिया है
D. कोई त्रुटि नहीं

Q.36 दो घनात्मक पूर्णांक के वर्गों का योग 164 है और उनके वर्ग का अंतर 36 है। संख्याओं का योग क्या है?
A. 17
B. 18
C. 19
D. 15

Q.37 कपास की खेती के लिए निम्नलिखित में से कौन सी मिट्टी सबसे उत्तम है?
A. चूना प्रधान मिट्टी
B. काली मिट्टी
C. चिकनी मिट्टी
D. दोमट मिट्टी

Q.38 हरियाणा में कितने जिलों को NCR क्षेत्र में माना जाता है?
A. 8
B. 10
C. 13
D. 14

Q.39 कंप्यूटर पर उपलब्ध ऑप्शन्स और फंक्शन्स को स्क्रीन पर डिस्प्ले करने वाली सूची कहलाती है:
A. डॉक्यूमेंट
B. मेन्यु
C. टूल
D. इनमें से कोई नहीं

Q.40 चीनी यात्री ह्वेन-त्सांग द्वारा लिखित पुस्तक में हरियाणा के किस शहर की महिमा और शक्ति पर चर्चा की गई थी?
A. थानेश्वर
B. पानीपत
C. रोहतक
D. अम्बाला

Q.41 एक व्यक्ति एक वस्तु रु 960 में बेचता है और 4% हानि सहता है। तदानुसार उसका क्रय मूल्य कितना था ?
A. रु 1000
B. रु 784
C. रु 498.4
D. रु 300

Q.42 Direction: In the following question, out of the four alternatives choose the one which can be substituted for the given words/sentence.
A building in which aircraft are housed.
A. Dockyard
B. Hangar
C. Granary
D. Garage

Q.43 क्षोभमंडल वायुमंडल का सबसे तप्त भाग है क्योंकि-
A. यह सूर्य के निकटतम है
B. इसमें आवेशित कण है
C. यह पृथ्वी की सतह से गर्म होता है
D. इसमें ऊष्मा पैदा होती है

Q.44 नारनौल के समीप नसीबपुर नामक गाँव में लड़े गए (स्वाधीनता-संग्राम) युद्ध में अंग्रेजों ने किन तीन शक्तियों को नष्ट किया था?
A. रेवाड़ी, झज्जर और जोधपुर
B. पानीपत, झज्जर और तावडू
C. गुड़गांव, रेवाड़ी और जोधपुर
D. जींद, जगाधरी और पेहवा

Q.45 'अध्यापक' का स्त्रीलिंग बताये?
A. अध्यापिकायें
B. अध्यापिका
C. अध्यापिकों
D. उपर्युक्त में से कोई नहीं

Q.46 सोवियत संघ में भारत के प्रथम राजदूत के रूप में किसने काम किया था?
A. के. एम. पणिक्कर
B. प्रोफेसर महालनोबिस
C. वी. के. कृष्णा मेनन
D. विजयलक्ष्मी पंडित

Q.47 दिल्ली में संपन्न हुई पांचवी नेशनल ओपन पैदल चाल प्रतियोगिता में 20 किलोमीटर पैदल चाल में हरियाणा के किन दो खिलाड़ियों ने कांस्य पदक जीता है?

A. हिसार की परमजीत कौर व झज्जर के नीरज ने
B. पंचकूला की परमजीत कौर व हिसार के नीरज ने
C. पंचकूला की परमजीत कौर व झज्जर के नीरज ने
D. पंचकूला की परमजीत कौर व रोहतक के नीरज ने

Q.48 भिवानी बॉक्सिंग क्लब की स्थापना किसने की थी?
A. हवा सिंह   **B.** मनोज कुमार
C. जसजीत कौर   **D.** विजेंद्र सिंह

Q.49 100 मी. की एक दौड़ में अजय 4 किमी/घण्टे की गति से दौड़ता है। अजय, बृजेश को 4 मी. की बढ़त देता है और फिर भी उसे 15 सेकण्ड से हरा देता है। बृजेश की चाल ज्ञात कीजिए?
A. 2.78 किमी/घण्टे   **B.** 5.31 किमी/घण्टे
C. 3.29 किमी/घण्टे   **D.** इनमे से कोई नहीं

Q.50 रॉबर्ट वाड्रा लेंड डील की जाँच आयोग के अध्यक्ष कौन हैं?
A. जस्टिस एस.एन. धींगरा
B. जस्टिस दीपक मिश्रा
C. जस्टिस जोली मिश्रा
D. जस्टिस ध्यानचंद

Q.51 दिए गए विकल्पों में से विषम शब्द को चुनिए।
A. माउथ आर्गन   **B.** इलेक्ट्रिक गिटार
C. की-बोर्ड   **D.** सोनाटा

Q.52 पूर्ण प्रतिस्पर्धी बाजार के तहत फर्म अक्सर होते हैं-
A. कीमत बनने वाली
B. कीमत देने वाली
C. कीमत लेने वाली
D. कीमत नियत करने वाली

Q.53 तालाब के पानी की निचली सतह ठण्डी होती है
A. संवहन के कारण   **B.** विकिरण के कारण
C. चालन के कारण   **D.** इनमें से कोई नहीं

Q.54 1798 ई में हरियाणा पर शासन करने वाले प्रसिद्ध आयरिश जॉर्ज का आवास कहाँ था?
A. गूजरी महल   **B.** जहाज कोठी
C. शीश महल   **D.** लट मस्जिद

Q.55 न्यूनतम संख्या जिसे 6809 में जोड़ा जाना चाहिए ताकि वह 9 से पूर्ण रूप से भाज्य हो सके, वह संख्या क्या होगी?
A. 5   **B.** 4   **C.** 7   **D.** 2

Q.56 भारत में हीरे कहाँ पाए जाते हैं?
A. कोल्लूर   **B.** पन्ना   **C.** जादूगोड़ा   **D.** खेतड़ी

Q.57 एक बैग में 1 रूपये, 50 पैसे तथा 25 पैसे के सिक्के $8:9:11$ के अनुपात में है। यदि बैग में कुल धनराशि 366 रूपये हो, तो 25 पैसे के सिक्कों की संख्या ज्ञात कीजिए।
A. 264   **B.** 364   **C.** 241   **D.** 245

Q.58 In the following question, identify the sentence with subordinating conjunction :
A. She must weep or she will die.
B. Either she is mad or she feigns Madness.
C. I was annoyed, still I kept quiet.
D. I would die before I lied.

Q.59 निम्नलिखित प्रश्न में प्रश्न चिह्न (?) के स्थान पर क्या आएगा?

(1200 का 14%)का 32% =? का 64%
A. 114   **B.** 84   **C.** 72   **D.** 64

Q.60 वायरस, वोर्मस इत्यादि का वर्णन करने के लिए किस एक शब्द का प्रयोग किया जाता है?
A. हार्मवियर   **B.** वायरस   **C.** फिश   **D.** मैलवेयर

Q.61 एक स्वस्थ मनुष्य के शरीर का तापमान होता है
A. 36.9°C   **B.** 35.9°F   **C.** 98.4°C   **D.** 104°C

Q.62 राष्ट्रीय राजधानी क्षेत्र में कौन सा नगर शामिल नहीं है?
A. सोनीपत   **B.** गुरुग्राम   **C.** हिसार   **D.** फरीदाबाद

Q.63 निर्देश: निम्न शब्दों को कोश के अनुसार व्यवस्थित करे :
(A) Grasp (B) Granite (C) Grass (D) Graph (E) Grape
A. E, A, B, C, D   **B.** E, A, C, B, D
C. B, E, D, A, C   **D.** B, E, A, D, C

Q.64 भारत ओलम्पिक में प्रथम बार कब शामिल हुआ-
A. 1900 में   **B.** 1956 में   **C.** 1960 में   **D.** 1964 में

Q.65 Direction: Choose the word opposite in meaning to the given word.
Revealed
A. Denied   **B.** Concealed
C. Ignored   **D.** Overlooked

Q.66 कंप्यूटर का कौन सा भाग गणना और तुलना के लिए उपयोग किया जाता है?
A. ए.एल.यू   **B.** कंट्रोल यूनिट
C. डिस्क यूनिट   **D.** मॉडेम

Q.67 पहले कंप्यूटरों को _______ का उपयोग करके प्रोग्राम किया जाता था।
A. असेम्बलिंग लैंग्वेज   **B.** मशीन लैंग्वेज
C. सोर्स कोड   **D.** ऑब्जेक्ट कोड

Q.68 संगणनक में जी.यू.आई. शब्दावली का अर्थ है _______
A. ग्राफिकल यूटिलिटी इंटरफेस
B. ग्राफिकल यूजर इनपुट
C. ग्राफिकल यूजर इंटरफेस
D. ग्राफिकल यूजर इन्टेक

Q.69 निर्देश: दिए गए समीकरण को सही करने के लिए गणितीय चिह्नों का सही संयोजन चुनिए जो ∗ चिन्ह को बदल दे।
25 ∗ 7 ∗ 350 ∗ 2
A. = ÷ ×   **B.** × ÷ =   **C.** ÷ × =   **D.** × = ÷

Q.70 सबसे बड़ा एकल-कोशिका वाला जीव है-
A. खमीर   **B.** एसीटेबुलेरिया
C. एसीटोबैक्टर   **D.** कौलर्पा टैक्सीफोलिया

Q.71 Direction: In the following question identify the correct sentences.
(i) "I just read in a news magazine that TV comprises 67% of the India Entertainment industry".
(ii) Films and other things comprise the other 23%.
(iii) Finally, TV is at par with the film industry.
(iv) A TV actor is a bonafide star now and TV is not a poor cousin of Bollywood anymore.

A. I and II   **B.** II only
C. I, II and III   **D.** I and IV

Q.72 In the following question, out of the four alternatives, select the alternative which will improve the underlined part of the sentence. In case no improvement is needed, select "No improvement".

Nitin is feeling sorry for his actions and trying to <u>make emend</u> with his friend.

A. make amends   **B.** make emends
C. amend   **D.** No improvement

Q.73 निम्नलिखित में से किसका गलत जोड़ा बनाया गया है?

लोक नृत्य   राज्य

(A) केरल   - करगम
(B) गुजरात   - गरबा
(C) उत्तर प्रदेश   - नौटंकी
(D) पश्चिम बंगाल   - जतना

A. (A)   **B.** (B)   **C.** (C)   **D.** (D)

Q.74 निम्न में से कौन-सा सदा उस वस्तु की छोटी छवि बनाएगा जो उसके सामने रखी जाए?

A. समतल दर्पण   **B.** उत्तल दर्पण
C. अवतल दर्पण   **D.** इनमे से कोई नहीं

Q.75 डॉक्यूमेंट प्रिंट करने के लिए किस शॉर्टकट की का उपयोग किया जाता है?

A. SHIFT+P   **B.** CTRL+P
C. ALT+P   **D.** ESC+P

Q.76 आंसू गैस में कौन सी गैस पाई जाती है?

A. फ्लोरोएसिटोक्यूनोन   **B.** क्लोरोएसिटिफिनोन
C. फ्लोरोएसिटिफिनोन   **D.** क्लोरोएसिटोक्यूनोन

Q.77 $\dfrac{137\times137+137\times133+133\times133}{137\times137\times137-133\times133\times133}$ का मान है:

A. 4   **B.** 270   **C.** $\frac{1}{4}$ **D.** $\frac{1}{270}$

Q.78 सूरजकुंड अंतर्राष्ट्रीय शिल्प मेला 2016 का थीम राज्य कौन सा है?

A. हरियाणा   **B.** तेलंगाना   **C.** गुजरात   **D.** पंजाब

Q.79 .... डाटा कि सबसे छोटी इकाई है जिसे कंप्यूटर प्रोसेस कर सकता है।

A. बूट   **B.** चिप   **C.** बग   **D.** बिट

Q.80 भारत ने अंतर्राष्ट्रीय निशानेबाजी में कितने मेडल जीते?

A. 8 पदक   **B.** 9 पदक   **C.** 10 पदक   **D.** 11 पदक

Q.81 प्राक्कलन समिति में कहाँ के सदस्य सम्मिलित किए जाते हैं?

A. केंद्र शासित प्रदेश   **B.** राज्यसभा
C. लोकसभा   **D.** राज्य विधानसभाएं

Q.82 अल्जाइमर रोग से मानव शरीर का कौन सा अंग प्रभावित होता है?

A. दिल   **B.** किडनी
C. प्रतिरक्षा प्रणाली   **D.** मस्तिष्क

Q.83 निम्नलिखित में विषम पद चुनें:

A. पेट्रोलियम   **B.** कोयला
C. ईंधन की लकड़ी   **D.** विद्युत्

Q.84 बारहवीं शताब्दी में चौहान शासक अर्नोरिजा (1131-51) ने हरियाणा प्रदेश में किसको पराजित किया था?

A. मराठों को   **B.** गुलामों को   **C.** मुग़लों को   **D.** तोमरों को

Q.85 ऋग्वेद में वर्णित "सप्त सिन्धु या सात नदी" किस नदी से संबंधित नहीं है?

A. झेलम   **B.** सरस्वती   **C.** चिनाब   **D.** मारकंडा

Q.86 निम्नलिखित में से कौन ऑपरेटिंग सिस्टम नहीं है?

A. MS-DOS   **B.** विंडोज 98
C. विंडोज 2000   **D.** मोज़िला

Q.87 हरियाणा के किस साइकिल चालक के रूप में, देश का पहला और सबसे कठिन 1400 किमी इंडो-नेपाल ट्रांस बॉर्डर एक निर्धारित समय में सीमा को सफलतापूर्वक पार कर गया।

A. 110 घंटे   **B.** 109 घंटे   **C.** 101 घंटे   **D.** 108 घंटे

Q.88 हरियाणा में असहयोग आंदोलन किस नाम से प्रसिद्ध हुआ?

A. हरियाणा का तूफान   **B.** आंदोलन
C. गांधी का तूफान   **D.** उपर्युक्त में से कोई नहीं

Q.89 A और B एक काम को क्रमश 40 दिनों और 24 दिनों में कर सकते हैं। A ने अकेले काम करना प्रारंभ किया और फिर 8 दिनों के बाद A ने काम छोड़ दिया। B ने काम के पूरा होने तक काम किया। तो B ने कितने समय तक अकेले काम किया?

A. 16 दिन   **B.** $19\left(\frac{1}{5}\right)$ दिन
C. 18 दिन   **D.** $18\left(\frac{1}{2}\right)$ दिन

Q.90 छह लेन का बठिंडा-अजमेर ग्रीन फील्ड एक्सप्रेस-वे हरियाणा के किस जिले से होकर गुजरेगा ?

A. हिसार   **B.** सिरसा   **C.** कैथल   **D.** सोनीपत

Q.91 घूमर लोक नृत्य किस राज्य से संबंधित है?

A. राजस्थान   **B.** हरियाणा   **C.** गुजरात   **D.** महाराष्ट्र

Q.92 एक प्रिंटर _______ प्रकार की डिवाइस है।

A. इनपुट   **B.** आउटपुट   **C.** प्रोसेसर   **D.** सॉफ्टवेयर

Q.93 कंप्यूटर इंस्ट्रक्शन को प्रोग्रामिंग लैंग्वेज में लिखने की प्रक्रिया कहलाती है ?

A. टेस्टिंग   **B.** फोल्डर   **C.** फाइल   **D.** कोडिंग

Q.94 भारत में राष्ट्रपति की मृत्यु के मामले में कौन पदभार ग्रहण करता है?

A. प्रधानमंत्री   **B.** उप प्रधानमंत्री
C. उपराष्ट्रपति   **D.** इनमे से कोई भी नहीं

Q.95 गोहाना स्थित ऐतिहासिक स्थान किस जिले में है?

A. पानीपत   **B.** सोनीपत   **C.** रेवाड़ी   **D.** सिरसा

Q.96 'वीर रस' का स्थायी भाव कौन-सा है ?

A. क्रोध   **B.** भय   **C.** शोक   **D.** उत्साह

Q.97 सरकारों को एकात्मक और संघीय रूप में वर्गीकृत करने का आधार क्या है?

A. सरकार के विधायिका, कार्यपालिका और न्यायपालिका पक्षों के बीच सम्बन्ध
B. केन्द्र और राज्यों के बीच सम्बन्ध
C. विधायिका और कार्यपालिका के बीच सम्बन्ध
D. कार्यपालिका और न्यायपालिका के बीच सम्बन्ध

Q.98 ठंडे संवेदनशील पौधों के झिल्लीदार लिपिड में क्या होता है?

A. कम अनुपात में संतृप्त वसा अम्ल
B. कम अनुपात में असंतृप्त वसा अम्ल
C. समानुपात में संतृप्त एवं असंतृप्त वसा अम्ल
D. उच्च अनुपात में असंतृप्त वसा अम्ल

Q.99 कंप्यूटर फ़ाइल नाम में निहित एन्कोडेड फ़ाइल प्रारूप सामग्री या उपयोग को दिखाते हुए, आमतौर पर ______ को एक डॉट या स्पेस फ़ाइल नाम से अलग किया जाता है।

A. फाइल एक्सटेंशन
B. फाइल कोड
C. फाइल लॉग
D. फाइल वर्जन

Q.100 निर्देश: निम्नलिखित सामासिक पद के लिए सही समास छाँटिए।

आशातीत

A. अव्ययीभाव
B. तत्पुरुष
C. कर्मधारय
D. द्विगु

// स्मार्ट उत्तर पुस्तिका //

सही उत्तर उन छात्रों के प्रतिशत को इंगित करता है जिन्होंने प्रश्नों का सही उत्तर दिया था।

छोड़ दिया उन छात्रों के प्रतिशत को इंगित करता है जिन्होंने प्रश्नों को छोड़ दिया था।

प्रश्न संख्या	उत्तर	सही उत्तर / छोड़ दिया	प्रश्न संख्या	उत्तर	सही उत्तर / छोड़ दिया	प्रश्न संख्या	उत्तर	सही उत्तर / छोड़ दिया	प्रश्न संख्या	उत्तर	सही उत्तर / छोड़ दिया	प्रश्न संख्या	उत्तर	सही उत्तर / छोड़ दिया
1	A	30.05 % / 4.52 %	17	C	76.26 % / 0.0 %	33	C	65.78 % / 1.59 %	49	C	61.37 % / 1.66 %	65	B	80.01 % / 0.0 %
2	D	20.71 % / 4.66 %	18	A	40.11 % / 1.72 %	34	C	86.42 % / 0.0 %	50	A	54.28 % / 1.25 %	66	A	61.94 % / 1.32 %
3	B	65.23 % / 1.72 %	19	D	56.66 % / 1.37 %	35	A	50.35 % / 1.21 %	51	D	62.13 % / 1.28 %	67	B	63.12 % / 1.51 %
4	B	29.31 % / 4.74 %	20	D	64.36 % / 1.21 %	36	B	58.81 % / 1.34 %	52	C	69.1 % / 1.47 %	68	C	87.76 % / 0.0 %
5	C	47.87 % / 1.88 %	21	A	51.63 % / 1.63 %	37	B	64.11 % / 1.52 %	53	A	44.39 % / 1.3 %	69	D	22.35 % / 4.16 %
6	A	43.47 % / 1.13 %	22	D	81.96 % / 0.0 %	38	D	87.19 % / 0.0 %	54	B	11.15 % / 4.46 %	70	D	27.14 % / 3.81 %
7	C	67.34 % / 1.11 %	23	B	69.43 % / 1.41 %	39	B	84.25 % / 0.0 %	55	B	41.15 % / 1.07 %	71	B	31.34 % / 4.35 %
8	C	67.27 % / 1.94 %	24	B	64.02 % / 1.86 %	40	A	43.52 % / 1.64 %	56	A	64.24 % / 1.6 %	72	A	78.2 % / 0.0 %
9	D	55.07 % / 1.62 %	25	C	47.55 % / 1.08 %	41	A	57.26 % / 1.8 %	57	A	32.2 % / 4.45 %	73	D	26.89 % / 4.79 %
10	C	82.19 % / 0.0 %	26	B	58.41 % / 1.21 %	42	B	65.21 % / 1.08 %	58	D	64.99 % / 1.92 %	74	B	81.39 % / 0.0 %
11	B	48.35 % / 1.81 %	27	A	44.35 % / 1.59 %	43	C	46.69 % / 1.53 %	59	B	56.94 % / 1.47 %	75	B	64.04 % / 1.33 %
12	C	50.87 % / 1.34 %	28	C	88.28 % / 0.0 %	44	A	51.39 % / 1.08 %	60	D	82.17 % / 0.0 %	76	B	87.93 % / 0.0 %
13	B	78.45 % / 0.0 %	29	C	61.98 % / 1.94 %	45	B	88.44 % / 0.0 %	61	A	86.99 % / 0.0 %	77	C	19.93 % / 4.16 %
14	C	43.02 % / 1.25 %	30	D	44.54 % / 1.67 %	46	D	62.01 % / 1.3 %	62	C	24.4 % / 4.41 %	78	B	52.07 % / 1.99 %
15	A	41.51 % / 1.95 %	31	C	49.89 % / 1.43 %	47	C	59.76 % / 1.16 %	63	C	88.85 % / 0.0 %	79	D	50.13 % / 1.19 %
16	B	40.86 % / 1.2 %	32	D	83.96 % / 0.0 %	48	A	60.73 % / 1.88 %	64	A	64.76 % / 1.94 %	80	B	45.51 % / 1.45 %

प्रश्न संख्या	उत्तर	सही उत्तर / छोड़ दिया
81	C	56.0 %
		1.54 %
82	D	65.99 %
		1.83 %
83	D	66.72 %
		1.75 %
84	D	23.95 %
		3.53 %

प्रश्न संख्या	उत्तर	सही उत्तर / छोड़ दिया
85	D	40.51 %
		1.32 %
86	D	89.1 %
		0.0 %
87	D	45.52 %
		1.99 %
88	C	25.76 %
		4.16 %

प्रश्न संख्या	उत्तर	सही उत्तर / छोड़ दिया
89	B	53.81 %
		1.19 %
90	B	56.04 %
		1.49 %
91	A	88.2 %
		0.0 %
92	B	80.05 %
		0.0 %

प्रश्न संख्या	उत्तर	सही उत्तर / छोड़ दिया
93	D	63.63 %
		1.74 %
94	C	48.5 %
		1.79 %
95	B	47.19 %
		1.77 %
96	D	50.9 %
		1.73 %

प्रश्न संख्या	उत्तर	सही उत्तर / छोड़ दिया
97	B	51.45 %
		1.4 %
98	D	81.15 %
		0.0 %
99	A	40.88 %
		1.94 %
100	B	78.4 %
		0.0 %

कार्य विश्लेषण	
औसत अंक (%)	35.0%
टॉपर्स स्कोर (%)	56.25%
आपका स्कोर	

//संकेत और समाधान//

1. अगस्त 2020 की स्थिति अनुसार भारत सरकार के मुख्य आर्थिक सलाहकार कृष्णमूर्ति सुब्रमण्यन थे।

भारत सरकार ने 7 दिसंबर 2018 को कृष्णमूर्ति सुब्रमण्यम को मुख्य आर्थिक सलाहकार (CEA) नियुक्त किया। वह भारत सरकार के 17वें मुख्य आर्थिक सलाहकार हैं। उनका कार्यकाल तीन साल का होगा। वह वर्तमान में इंडियन स्कूल ऑफ बिजनेस (ISB), हैदराबाद में एसोसिएट प्रोफेसर के रूप में कार्यरत हैं। वह बंधन बैंक, नेशनल इंस्टीट्यूट ऑफ बैंक मैनेजमेंट और RBI अकादमी के बोर्ड में भी कार्य करते है।

अतः विकल्प (A) सही है।

2. उस्ताद अली अहमद हुसैन खान, जिनका हाल ही में निधन हो गया था, एक प्रसिद्ध शहनाई वादक थे।

प्रसिद्ध शहनाई प्रतिपादक उस्ताद अली अहमद हुसैन खान (77) का 16 मार्च 2016 को पश्चिम बंगाल के कोलकाता में निधन हो गया। वह अपनी अभिनव शैली और शास्त्रीय की महारत, अर्ध-शास्त्रीय और लोक संगीत प्रदर्शनों के लिए जाने जाते थे।

अतः विकल्प (D) सही है।

3. विश्व आर्थिक मंच (डब्ल्यूईएफ) ने छोटे और सीमांत किसानों का समर्थन करने के लिए कृत्रिम बुद्धिमत्ता (AI), इंटरनेट ऑफ थिंग्स (IoT), ब्लॉकचेन और ड्रोन जैसी उभरती तकनीकों का उपयोग करने के लिए सरकार के थिंक-टैंक नीति आयोग के साथ भागीदारी की है।

WEF ने देश भर में विभिन्न नवीन परियोजनाओं को लागू करने के लिए भारत में 'चौथी औद्योगिक क्रांति केंद्र' की स्थापना की थी।

अतः विकल्प (B) सही है।

4. डेविड मालपास जनवरी 2020 तक विश्व बैंक समूह के अध्यक्ष थे।

डेविड आर. मालपास को 5 अप्रैल 2019 को वर्ल्ड बैंक समूह के कार्यकारी निदेशक मंडल द्वारा 13वें अध्यक्ष के रूप में चुना गया था। उनका पांच वर्ष का कार्यकाल 9 अप्रैल से शुरू हुआ था। श्री मालपास ने पहले संयुक्त राष्ट्र अमेरिका के लिए अंतरराष्ट्रीय मामलों के लिए ट्रेजरी के अवर सचिव के रूप में कार्य किया।

विश्व बैंक: विश्व बैंक एक विशिष्ट संस्था है इसकी स्थापना 1944 में हुई थी। इसका मुख्य उद्देश्य सदस्य राष्ट्रों को पुनर्निमाण और विकास के कार्यों में आर्थिक सहायता देना है। विश्व बैंक समूह पांच अन्तर राष्ट्रीय संगठनों का एक ऐसा समूह है जो सदस्य देशों को वित्त और वित्तीय सलाह देता है। इसका मुख्यालय वॉशिंगटन, डी॰ सी॰ में है।

अतः विकल्प (B) सही है।

5. स्वतंत्र भारत का पहला "निवारक निरोध बिल" 1950 में सरदार पटेल द्वारा पेश किया गया था। पटेल ने कहा था कि विधेयक पेश करना जरूरी है या नहीं, यह तय करने से पहले उनकी कई रातों की नींद उड़ी हुई थी। नतीजतन, निवारक निरोध अधिनियम, 1950 को संसद द्वारा 26 फरवरी 1950 को अधिनियमित किया गया था।

अतः विकल्प (C) सही है।

6. 2021-22 के केंद्रीय बजट के अनुसार, केंद्र सरकार ने वायरोलॉजी के चार क्षेत्रीय संस्थान स्थापित करने की घोषणा की है।

2021-22 का केंद्रीय बजट पहला डिजिटल केंद्रीय बजट था। इसे केंद्रीय वित्त मंत्री निर्मला सीतारमण ने पेश किया। राष्ट्रीय विषाणु विज्ञान संस्थान भविष्य में वायरल महामारी/महामारी के खतरों का प्रभावी ढंग से मुकाबला करने में मदद करेंगे। नए विषाणुविज्ञानी संस्थानों के अलावा बजट प्रस्तावों में डब्ल्यूएचओ दक्षिण-पूर्व एशिया क्षेत्र के लिए एक क्षेत्रीय अनुसंधान मंच की स्थापना भी शामिल है। इसने 'वन हेल्थ' में शोध के लिए नागपुर में नेशनल इंस्टीट्यूट ऑफ वन हेल्थ (एनआईओ) की भी स्थापना की। केंद्रीय बजट 2021 ने आगामी वित्तीय वर्ष 2021-22 के लिए स्वास्थ्य अनुसंधान के लिए 2,663 करोड़ रुपए आवंटित किए।

अतः विकल्प (A) सही है।

7. गार्डन रीच शिपबिल्डर्स एंड इंजीनियर्स लिमिटेड (जीआरएसई) को रक्षा मंत्रालय द्वारा प्रतिष्ठित ग्रीन चैनल प्रमाणन से सम्मानित किया गया है।

यह प्रमुख सार्वजनिक क्षेत्र के उपक्रमों और मिनी रत्न श्रेणी 1 शिपयार्ड में से एक है। भारतीय सेना को विभिन्न विन्यासों के पोर्टेबल स्टील ब्रिज (बेली टाइप) की आपूर्ति के लिए प्रमाणीकरण प्रदान किया गया था।

अतः विकल्प (C) सही है।

8. भारत इलेक्ट्रॉनिक्स लिमिटेड (BEL), भारत सरकार के रक्षा मंत्रालय (MoD) के तहत एक रक्षा सार्वजनिक क्षेत्र की इकाई (PSU) ने रक्षा पहल (डीआई), बेलारूस और रक्षा पहल एयरो प्राइवेट लिमिटेड इंडिया के साथ एक समझौता ज्ञापन पर हस्ताक्षर किए हैं। डीआई बेलारूस की सहायक कंपनी। MoU तीन कंपनियों को भारतीय वायु सेना (IAF) हेलीकॉप्टरों के लिए एयरबोर्न डिफेंस सूट (ADS) की आपूर्ति पर सहयोग करने का आह्वान करता है। हेलीकॉप्टरों को सुरक्षा प्रदान करने के लिए ADS का उपयोग किया जाता है।

अतः विकल्प (C) सही है।

9. रिजर्व बैंक ने शहरी सहकारी बैंकों (यूसीबी) को बोर्ड स्तर पर मानद पद या पद जैसे चेयरमैन एमेरिटस और ग्रुप चेयरमैन का सृजन नहीं करने को कहा क्योंकि इससे एक छाया प्राधिकरण का निर्माण होता है।

अतः विकल्प (D) सही है।

10. भारतीय पुरुष टेबल टेनिस टीम ने 2022 बर्मिंघम में 2 अगस्त 2022 राष्ट्रमंडल खेलों में स्वर्ण पदक जीता।

- भारत ने फाइनल में सिंगापुर को 3-1 से हराया।
- पुरुषों की टीम स्पर्धा में राष्ट्रमंडल खेलों में भारत का यह तीसरा स्वर्ण पदक है, जो इससे पहले 2010 और 2018 में जीता था।
- 2 अगस्त 2022 को, भारतीय महिला लॉन बॉल टीम ने भी राष्ट्रमंडल खेलों में अपना पहला स्वर्ण पदक जीता।

अतः विकल्प (C) सही है।

11. गहरे हरे रंग की पत्तेदार सब्जियां कई विटामिन (जैसे विटामिन ए, सी, और के और फोलेट) और खनिज (जैसे लोहा और कैल्शियम) के अच्छे स्रोत हैं। वे फाइबर के महान स्रोत भी हैं। पत्तेदार सब्जियां पर्याप्त मात्रा में आयरन देती हैं।

अतः विकल्प (B) सही है।

12. माना धनराशि P है

$$\text{साधारण ब्याज} = \frac{PRT}{100}$$

पहली स्थिति के लिए,

$$\Rightarrow \frac{P \times 2.8 \times 4}{100} = \frac{11.2P}{100}$$

दूसरी स्थिति के लिए,

$$\Rightarrow \frac{P \times 4.4 \times 3}{100} = \frac{13.2P}{100}$$

प्रश्न के अनुसार,

$$\Rightarrow \frac{13.2P}{100} - \frac{11.2P}{100} = 112$$

$$\Rightarrow 2P = 11200$$

$\Rightarrow P = 5600$

∴ मूलधन राशि 5600 रुपये है।

अतः विकल्प (C) सही है।

13. लिनक्स एक ऑपरेटिंग सिस्टम या कर्नेल है जो एक ओपन-सोर्स लाइसेंस के तहत वितरित किया जाता है। इसकी कार्यक्षमता सूची काफी कुछ यूनिक्स की तरह है। कर्नेल, लिनक्स ऑपरेटिंग सिस्टम में एक प्रोग्राम है जो मूलभूत चीजों का ध्यान रखता है जैसे हार्डवेयर को सॉफ्टवेयर के साथ संवाद करने देता है।

अतः विकल्प (B) सही है।

14.

- अघारकर रिसर्च इंस्टीट्यूट के शोधकर्ताओं द्वारा किए गए एक अध्ययन में पाया गया है कि कृष्णा-गोदावरी (केजी) बेसिन में स्थित मीथेन हाइड्रेट बायोजेनिक उत्पत्ति के कारण हैं।

- मीथेन हाइड्रेट एक समृद्ध स्रोत है जो मीथेन की पर्याप्त आपूर्ति सुनिश्चित करेगा।

- हाइड्रोजन-बंधित पानी और मीथेन गैस के उच्च दबाव और कम गति के संपर्क में आने पर मीथेन हाइड्रेट बनता है।

अतः विकल्प (C) सही है।

15. माना रेल पर व्यतीत किया गया समय t है।

हम जानते हैं,

दूरी = गति × समय

प्रश्न के अनुसार,

$t \times 55 + (t + 7) \times 20 = 800$

$\Rightarrow 75t = 800 - 140$

$\Rightarrow 75t = 660$

$\Rightarrow t = 8.8$ घंटे

∴ नाव द्वारा तय की गई दूरी = $(8.8 + 7) \times 20 = 316$ किमी

अतः विकल्प (A) सही है।

16. अणुओं के बीच चिपकने वाली ताकतों के कारण तरल की सतह सबसे छोटी संभव सतह क्षेत्र के लिए अनुबंधित होती है। इस सामान्य प्रभाव को पृष्ठ तनाव कहा जाता है। सतह पर अणु को चिपकने वाली शक्तियों द्वारा अंदर की ओर खींचा जाता है, जिससे सतह क्षेत्र कम हो जाता है।

अतः विकल्प (B) सही है।

17. हरियाणा से राज्यसभा में मनोनीत सदस्यों की संख्या 5 है। हरियाणा से लोकसभा के लिए 10 सदस्य और राज्यसभा के लिए 5 सदस्य मनोनीत किए जाते हैं।

अतः विकल्प (C) सही है।

18. पंडित जसराज (28 जनवरी 1930 - 17 अगस्त 2020) एक भारतीय शास्त्रीय गायक थे, जो मेवाती घराना (संगीत शिक्षु वंश) से संबंधित थे। उनके संगीत करियर ने 75 साल पूरे किए, जिसके परिणामस्वरूप राष्ट्रीय और अंतर्राष्ट्रीय ख्याति, सम्मान और कई प्रमुख पुरस्कार और प्रशंसा मिली।

अतः विकल्प (A) सही है।

19. वृक्षारोपण प्राकृतिक रूप से विद्यमान पारिस्थितिकी तंत्र नहीं है। वृक्षारोपण का अर्थ एक ऐसी संपत्ति है जिस पर कॉफी, चीनी और तम्बाकू जैसी फसलें उगाई जाती हैं।

अतः विकल्प (D) सही है।

20. अधिक ऊंचाई पर पानी के क्वथनांक में कमी के पीछे का कारण कम वायुमंडलीय दबाव है। जब वायुमंडलीय दबाव कम होता है, जैसे कि अधिक ऊंचाई पर, तो पानी को क्वथनांक पर लाने के लिए कम ऊर्जा लगती है। कम ऊर्जा का मतलब कम गर्मी है, जिसका मतलब है कि पानी कम तापमान पर अधिक ऊंचाई पर उबलता है।

अतः विकल्प (D) सही है।

21. दी गयी संख्याएं हैं

$a = (2^2 \times 3^2 \times 5^4)$

$b = (2^3 \times 3^2 \times 5^3)$

a और b का म.स. : यह सबसे बड़ा धनात्मक पूर्णांक है जो a और b दोनों को विभाजित करता है।

म.स. $= (2^2 \times 3^2 \times 5^3)$

म.स. $= 4 \times 9 \times 125$

म.स. $= 4500$

अतः विकल्प (A) सही है।

22. ठोस कार्बन डाइऑक्साइड: शुष्क बर्फ ठोस कार्बन डाइऑक्साइड (CO_2) का सामान्य नाम है। इसका यह नाम इसलिए है क्योंकि यह गर्म होने पर तरल में पिघलता नहीं है; अपितु यह सीधे गैस में बदल जाता है।

अतः विकल्प (D) सही है।

23. जलियांवाला बाग नरसंहार रौलट एक्ट के कारण हुआ था। रौलट एक्ट (काला अधिनियम) 10 मार्च, 1919 को पारित किया गया था, जिसमें सरकार को बिना किसी मुकदमे के, किसी भी व्यक्ति को देशद्रोही गतिविधियों में कैद या कैद करने के लिए अधिकृत किया गया था। इससे देशव्यापी अशांति फैल गई। रौलट एक्ट का विरोध करने के लिए गांधी ने सत्याग्रह शुरू किया।

अतः विकल्प (B) सही है।

24. गीजर गतिविधि, जैसे सभी गर्म पानी के झरने की गतिविधि, सतह के पानी के कारण धीरे-धीरे जमीन से नीचे गिरती है जब तक कि यह मैग्मा द्वारा गर्म चट्टान से नहीं मिलती है। भूगर्भीय रूप से गर्म पानी तब झरझरा और खंडित चट्टानों के माध्यम से संवहन द्वारा सतह की ओर बढ़ता है।

अतः विकल्प (B) सही है।

25. साक्षरता दर के आधार पर हरियाणा का देश में क्रम 22 है।

अतः विकल्प (C) सही है।

26. अमेरिकन डायमंड्स को क्यूबिक जिरकोनिया के नाम से भी जाना जाता है। मूल रूप से मूल जिरकोनियम डाइऑक्साइड को क्रिस्टलीय अवस्था में क्यूबिक जिरकोनिया कहा जाता है। पत्थर आमतौर पर असली हीरे की तरह बेरंग, सख्त और चमकदार होता है।

अतः विकल्प (B) सही है।

27. फा - हिएन प्रसिद्ध चीनी तीर्थयात्री हैं जो चंद्रगुप्त द्वितीय के शासनकाल के दौरान भारत आए थे। फा - हिएन चीन से 399 A.D में शुरू किया और रेगिस्तानों से होते हुए पेशावर तक आया।

अतः विकल्प (A) सही है।

28. ग्रहों के आकार के अनुसार अवरोही क्रम होगा- बृहस्पति (सबसे बड़ा ग्रह), शनि (दूसरा सबसे बड़ा), यूरेनस (तीसरा सबसे बड़ा) और नेप्च्यून (4 सबसे बड़ा)।

अतः विकल्प (C) सही है।

29. हाइड्रोजन सल्फाइड या H2S वह गैस होती है जिसमें दुर्गंध होती है जो सड़े हुए अंडे की तरह महकती है। इसे आमतौर पर हाइड्रोसल्फ्यूरिक एसिड, सीवर गैस और बदबू नाम के रूप में जाना जाता है। लोग इसे निम्न स्तर पर सूंघ सकते हैं।

अतः विकल्प (C) सही है।

30. 1 नवंबर 1966 को पंजाब के पुनर्गठन के साथ, हरियाणा को पूर्ण राज्य बना दिया गया। हरियाणा राज्य की पहली जनगणना एक अलग राज्य के रूप में 1971 में की गई थी। राज्य पूर्व में उत्तर प्रदेश, पश्चिम में पंजाब, उत्तर में हिमाचल प्रदेश और दक्षिण में राजस्थान से घिरा हुआ है।

अतः विकल्प (D) सही है।

31. बीजिंग ओलंपिक, 2008 में मुक्केबाजी में विजेंदर सिंह को कांस्य पदक मिला था। विजेंदर सिंह, बीजिंग 2008 में पुरुषों के मिडिलवेट क्वार्टर फाइनल में इक्वाडोर के कार्लोस गोंगोरा को ओलंपिक पदक जीतने वाले पहले भारतीय मुक्केबाज बने।

अतः विकल्प (C) सही है।

32. कलम, दाग एवं किला अरबी-फारसी मुलक शब्द है जबकि 'जल' संस्कृत मूलक तत्सम शब्द है।

अतः विकल्प (D) सही है।

33. श्रृंखला निम्न नियम का पालन करती है:

अक्षर → चिह्न → पिछले सेट में अंकों का योग और पिछले सेट में अंकों का अंतर

E @ 53 → 5 + 3 = 8 → 5 - 3 = 2 (श्रृंखला में अगले पद में अंक 82 है।)

S $ 82 → 8 + 2 = 10 → 8 - 2 = 6 (श्रृंखला में अगले पद में अंक 106 है।)

F % 106 → 10 + 6 = 16 → 10 - 6 = 4 (श्रृंखला में अगले पद में अंक 164 होगा।)

A # 164 → 16 + 4 = 20 → 16 - 4 = 12 (श्रृंखला में अगले पद में अंक 164 है।)

अतः विकल्प (C) सही है।

34. पृथ्वी को सूर्य की परिक्रमा करने में लगा समय 1 वर्ष कहलाता है। इसे नक्षत्र 4 वर्ष एवं पंचांग वर्ष के रूप में मापने के लिए प्रयोग किया जाता है। एक सौर वर्ष की अवधि 365.2419 माध्य सौर दिवस होती है एवं सामान्य पंचांग वर्ष 365 दिनों का होता है। इसलिए प्रत्येक 4 वर्ष में, फरवरी माह में, 1 दिन जोड़ा जाता है। जिससे यह 29 दिन का हो जाता है, इस वर्ष को लीप वर्ष कहा जाता है।

अतः विकल्प (C) सही है।

35. आज के आधुनिक युग में आतंकवाद ने

आधुनिक शब्द का अर्थ आज का युग है। इसलिए **आज के** और **आधुनिक** शब्द एक साथ प्रयोग नहीं होंगे।

अतः विकल्प (A) सही है।

36. माना कि संख्याएं ' x' और ' y' हैं।
प्रश्नानुसार,
$$\Rightarrow x^2 + y^2 = 164 \text{ और } x^2 - y^2 = 36$$
दो समीकरणों को जोड़ने पर,
$$\Rightarrow 2x^2 = 200$$
$$\Rightarrow x^2 = \frac{200}{2}$$
$$\Rightarrow x^2 = 100$$
$$\therefore x = \sqrt{100}$$

$$\therefore x = 10$$
किसी एक समीकरण में $x = 10$ रखने पर,
$$\Rightarrow 100 + y^2 = 164$$
$$\Rightarrow y^2 = 164 - 100$$
$$\Rightarrow y = 64$$
$$\Rightarrow y = \sqrt{64}$$
$$\Rightarrow y = 8$$
$\therefore$ संख्याओं का योग $= x + y$
$$= 8 + 10$$
$$= 18$$
अतः विकल्प (B) सही है।

37. काली मिट्टी कैल्शियम, पोटेशियम और मैग्नीशियम से भरपूर होती है लेकिन इसमें नाइट्रोजन की मात्रा कम होती है। कपास, तंबाकू, मिर्च, तेल के बीज, ज्वार, रागी और मक्का जैसी फसलें इसमें अच्छी तरह से विकसित होती हैं। रेतीली मिट्टी में पोषक तत्वों की मात्रा कम होती है, लेकिन उच्च वर्षा वाले क्षेत्रों में नारियल, काजू और कसारिन जैसे पेड़ों को उगाने के लिए उपयोगी है।

अतः विकल्प (B) सही है।

38. हरियाणा में 14 जिलों को NCR क्षेत्र में माना जाता है।

अतः विकल्प (D) सही है।

39. मेन्यु फंक्शन्स होते है जिसका प्रयोग हम ट्रेवल या अन्य सहायता प्राप्त करने के लिए करते है। उपलब्ध ऑप्शन्स/फंक्शन्स स्क्रीन पर डिस्प्ले होता है जिसका प्रयोग हम दिए गये किसी भी मेन्यु पर कर सकते है।

अतः विकल्प (B) सही है।

40. हरियाणा में मौजूद थानेश्वर की महिमा और शक्ति की चर्चा चीनी यात्री ह्वेन-त्सांग द्वारा लिखी गई पुस्तक में की गई थी

अतः विकल्प (A) सही है।

41. वस्तु का क्रय मूल्य
$$= \frac{100}{100 - loss\%} \times s.p.$$
$$= \frac{100}{96} \times 960 = 1000 रु$$

अतः विकल्प (A) सही है।

42. A hangar is a closed building structure to hold airplanes in protective storage. Hangars are used for: Protection from direct sunlight, protection from the weather, manufacture, maintenance, repair, assembly & storage of aircraft on airfields, aircraft carriers & ships.

Hence, the correct option is (B).

43. क्षोभमंडल वायुमंडल का सबसे तप्त भाग है क्योंकि यह पृथ्वी की सतह से गर्म होता है। पृथ्वी की सतह क्षोभमंडल के लिए गर्मी का स्रोत है। पृथ्वी पर चट्टान, मिट्टी और पानी सूर्य के प्रकाश को अवशोषित करते हैं और इसे वापस गर्मी के रूप में वायुमंडल में पहुंचाते हैं, इसलिए सतह के पास अधिक गर्मी होती है।

अतः विकल्प (C) सही है।

44. नारनौल के समीप नसीबपुर नामक गाँव में लड़े गए (स्वाधीनता-संग्राम) युद्ध में अंग्रेजों ने रेवाड़ी, झज्जर और जोधपुर की शक्तियों को नष्ट किया।

अतः विकल्प (A) सही है।

45. अध्यापक पुल्लिंग शब्द है। इसमें इक प्रत्यय जोड़कर स्त्रीलिंग शब्द अध्यापिका बनेगा।

अतः विकल्प (B) सही है।

46. विजय लक्ष्मी पंडित ने सोवियत संघ में भारत के पहले राजदूत के रूप में काम किया।

अतः विकल्प (D) सही है।

47. दिल्ली में संपन्न हुई पांचवी नेशनल ओपन पैदल चाल प्रतियोगिता में 20 किलोमीटर पैदल चाल में हरियाणा के पंचकूला की परमजीत कौर व झज्जर के नीरज ने कांस्य पदक जीता है।

अतः विकल्प (C) सही है।

48. भिवानी बॉक्सिंग क्लब की स्थापना हवा सिंह की थी।

अतः विकल्प (A) सही है।

49. अजय 100 मी. दौड़ता है तो 4 किमी./घं. की चाल से लगा समय

$$\frac{100 \times 18}{4 \times 5} = 90 \text{ सेकण्ड}$$

प्रश्न के अनुसार, बृजेश को 96 मी. में लगा समय $= (90 + 15)$ सेकण्ड है।

तो बृजेश की चाल :

$$\frac{96}{105} \times \frac{18}{5} = 3.29 \text{ किमी./घंटा}$$

अतः विकल्प (C) सही है।

50. रॉबर्ट वाड्रा लैंड डील की जाँच आयोग के अध्यक्ष जस्टिस एस.एन. धींगरा हैं।

अतः विकल्प (A) सही है।

51. सोनाटा एक कंपनी है। माउथ आर्गन एक संगीत वाद्ययंत्र है। इलेक्ट्रिक गिटार भी एक संगीत वाद्ययंत्र है। की-बोर्ड भी एक उपकरण है। तो, सोनाटा इन सभी में विषम है।

अतः विकल्प (D) सही है।

52. पूर्ण प्रतिस्पर्धी बाजार के तहत फर्म अक्सर मूल्य लेने वाले होते हैं। एक पूरी तरह से प्रतिस्पर्धी फर्म को कीमत लेने वाले के रूप में जाना जाता है, क्योंकि प्रतिस्पर्धी फर्मों का दबाव उन्हें बाजार में प्रचलित संतुलन मूल्य को स्वीकार करने के लिए मजबूर करता है।

अतः विकल्प (C) सही है।

53. ऐसा इसलिए है क्योंकि पानी एक बहुत ही असामान्य पदार्थ है। यह सिकुड़ जाता है और अधिक तरल पदार्थ की तरह ठंडा हो जाता है, लेकिन केवल 4°C तक। इसके बाद इसका विस्तार शुरू होता है, और जैसा कि हम सभी जानते हैं कि बर्फ पानी पर तैरती है।

अतः विकल्प (A) सही है।

54. 1798 ई में हरियाणा पर शासन करने वाले प्रसिद्ध आयरिश जॉर्ज का आवास जहाज कोठी था।

अतः विकल्प (B) सही है।

55. $\Rightarrow 6 + 8 + 0 + 9 = 23$

संख्या के अंकों का जोड़ 9 से विभाज्य होना चाहिए।

इसलिए, 23 + 4 = 27, 9 से विभाज्य है।

तब, 6809+4=6813

और, 6813, 9 से पूरी तरह से विभाज्य है।

∴ 4 जोड़ा जाना चाहिए।

अतः विकल्प (B) सही है।

56. कोल्लूर खदान भारत की सबसे अधिक उत्पादक हीरे की खदानें हैं, जो आंध्र प्रदेश के गुंटूर जिले में कृष्णा नदी के तट पर स्थित हैं। गोलकुंडा भारत में हीरे और हीरे के व्यापार और रत्नों के सर्वश्रेष्ठ बाजार के लिए प्रसिद्ध है।

अतः विकल्प (A) सही है।

57. माना सिक्के हैं,

1 रूपए के सिक्के $= 8x$

1 रूपए के सिक्के का मूल्य $= 8x$

50 पैसे के सिक्के $= 9x$

50 पैसे के सिक्के का मूल्य $= \frac{9x}{2}$

25 पैसे के सिक्के $= 11x$

25 पैसे के सिक्के का मूल्य $= \frac{11x}{4}$

कुल रूपए $= 366$

$8x + \frac{9x}{2} + \frac{11x}{4} = 366$

$\frac{61x}{4} = 366$

$61x = 1464$

$x = 24$

25 पैसे के सिक्कों की संख्या $= 11x = 11 \times 24 = 264$

अतः विकल्प (A) सही है।

58. "before" is the subordinating conjunction.

Hence, the correct option is (D).

59. दिया गया समीकरण है,

$\Rightarrow (\ 1200 \text{ का } 14\%) \text{ का } 32\% =? \text{ का } 64\%$

$\Rightarrow \frac{32}{100} \times \left(\frac{14}{100} \times 1200\right) = \frac{64}{100} \times ?$

$\Rightarrow \frac{32}{100} \times (14 \times 12) = \frac{64}{100} \times ?$

$\Rightarrow \frac{32}{100} \times (168) = \frac{64}{100} \times ?$

$\rightarrow 32 \times 168 = 64 \times ?$

$\Rightarrow ? = \frac{32 \times 168}{64}$

$\Rightarrow ? = 84$

अतः विकल्प (B) सही है।

60. मैलवेयर, मैलेशियस सॉफ्टवेयर का संक्षिप्त रूप है। इनका प्रयोग कंप्यूटर पर किसी की पहचान चोरी करने या गोपनीय जानकारी में सेंध लगाने के लिए किया जाता है।

अतः विकल्प (D) सही है।

61. सामान्य शरीर का तापमान व्यक्ति, आयु, गतिविधि और दिन के समय के अनुसार बदलता रहता है। शरीर के औसत सामान्य तापमान को आमतौर पर 98.6° F (37° C) के रूप में स्वीकार किया जाता है। कुछ अध्ययनों से पता चला है कि "सामान्य" शरीर के तापमान की एक विस्तृत श्रृंखला हो सकती है, 97° F (36.1° C) से 99° F (37.2° C) तक।

अतः विकल्प (A) सही है।

62. राष्ट्रीय राजधानी क्षेत्र में हिसार नगर शामिल नहीं है।

राष्ट्रीय राजधानी क्षेत्र (एनसीआर) और इसके नियोजन बोर्ड को राष्ट्रीय राजधानी क्षेत्र योजना बोर्ड अधिनियम 1985 के तहत बनाया गया था। 1985 के अधिनियम ने एनसीआर को संपूर्ण दिल्ली के रूप में परिभाषित किया; हरियाणा जिले गुड़गांव, फरीदाबाद और सोनीपत, रोहतक (तब झज्जर तहसील सहित) और रेवाड़ी तहसील फिर महेंद्रगढ़ जिले में; और उत्तर प्रदेश के बुलंदशहर, मुजफ्फरनगर, मेरठ (तब बागपत तहसील सहित), और गाजियाबाद (तब हापुड़ तहसील सहित) और राजस्थान जिले के कुछ हिस्से अलवर। एनसीआर की 1985 की सीमा ने 34,144 वर्ग किलोमीटर (13,183 वर्ग मील) के क्षेत्र को कवर करता है।

अतः विकल्प (C) सही है।

63. (B) Granite → (E) Grape → (D) Graph → (A) Grasp → (C) Grass

अतः विकल्प (C) सही है।

64. भारत ने पहली बार 1900 में ओलंपिक खेलों में भाग लिया, जिसमें एक अकेले एथलीट (नॉर्मन प्रिचर्ड) ने दो पदक जीते- दोनों रजत पदक- एथलेटिक्स में। राष्ट्र ने पहली बार 1920 में ग्रीष्मकालीन ओलंपिक खेलों के लिए एक टीम भेजी, और तब से हर ग्रीष्मकालीन खेलों में भाग लिया।

पदक: कुल 28

- स्वर्ण (9)
- रजत (7)
- कांस्य (12)

अतः विकल्प (A) सही है।

65. Reveal (verb) = disclose; to make something known to somebody.

Conceal (verb) = to hide something

Look at the sentences:

Details of the murderer were revealed by the local paper.

for a long time, his death was concealed from her.

Hence, the correct option is (B).

66. एक अंकगणितीय तर्क इकाई (ALU) एक संयोजन डिजिटल इलेक्ट्रॉनिक सर्किट है जो पूर्णांक बाइनरी संख्याओं पर अंकगणितीय और बिटवाइज़ गणना करता है।

अतः विकल्प (A) सही है।

67. पहली पीढ़ी के कंप्यूटर की अवधि 1946-1959 तक थी। कंप्यूटरों ने सीपीयू के लिए मेमोरी और सर्किट के लिए बुनियादी घटकों के रूप में वैक्यूम ट्यूबों का उपयोग किया। इस पीढ़ी में, मुख्य रूप से बैच प्रोसेसिंग ऑपरेटिंग सिस्टम और मशीन लैंग्वेज का उपयोग प्रोग्रामिंग भाषा के रूप में किया गया था।

अतः विकल्प (B) सही है।

68. संगणनक में जी.यू.आई. शब्दावली का अर्थ है ग्राफिकल यूज़र इंटरफ़ेस।

अतः विकल्प (C) सही है।

69. '*' को संबंधित चिह्नों से बदलते हैं और समीकरण की गणना करते हैं,

(A) 25 = 7 ÷ 350 × 2 गलत है।

(B) 25 × 7 ÷ 350 = 2 गलत है।

(C) 25 ÷ 7 × 350 = 2 गलत है।

(4) 25 × 7 = 350 ÷ 2 सही है।

इसलिये विकल्प '× = ÷' सही संयोजन है।

अतः विकल्प (D) सही है।

70. जीव वैज्ञानिकों ने पौधों में संरचना और रूप (आकार) की प्रकृति का अध्ययन करने के लिए, दुनिया के सबसे बड़े एकल कोशिकीय जीव का उपयोग किया, जलीय अल्गा जिसे कौलर्पा टैक्सीफोलिया कहा जाता है। यह एक एकल कोशिकीय है जो छह से बारह इंच की लंबाई तक बढ़ सकता है।

अतः विकल्प (D) सही है।

71. According to all statements, the only II statement is correct.

Hence, the correct option is (B).

72. 'make amends' means to do something good to make a relationship better in order to show that one is sorry about something he/she has done.

As the given sentence says Nitin is feeling sorry for his actions and he is trying to make his relationship with his friend better. So, make amends is the correct answer.

Thus, the correct sentence is: Nitin is feeling sorry for his actions and trying to make amends with his friend.

Hence, the correct option is (A).

73. बंगाल की प्रसिद्ध भक्तिपूर्ण नृत्यों में से एक गांभीरा है, छाउ नृत्य भारत के सबसे प्रसिद्ध आदिवासी मार्शल नृत्यों में से एक है। नृत्य को झारखंड में सेराइकेला छाउ, उड़ीसा में मयूरभंज छाउ, और पश्चिम बंगाल में पुरुलिया छाउ के नाम से जाना जाता है।

अतः विकल्प (D) सही है।

74. जब समानांतर प्रकाश की किरणें उत्तल दर्पण से टकराती हैं तो वे बाहर की ओर प्रतिबिंबित होती हैं और एक काल्पनिक केंद्र बिंदु (F) से सीधे दूर जाती हैं। प्रत्येक किरण अभी भी उसी कोण पर प्रतिबिंबित कर रही है क्योंकि यह सतह के उस छोटे हिस्से को हिट करती है।

अतः विकल्प (B) सही है।

75. दस्तावेज़ के लिए प्रिंट विकल्प को एमएस मेनू में फ़ाइल मेनू से एक्सेस किया जा सकता है। वैकल्पिक रूप से, इसे दस्तावेज़ में शॉर्टकट "Ctrl + P" द्वारा भी उपयोग किया जा सकता है। यह विकल्प अन्य वर्ड प्रोसेसिंग सॉफ्टवेयर और कुछ वेब ब्राउज़र में भी काम करता है।

अतः विकल्प (B) सही है।

76. दो सबसे अधिक इस्तेमाल किए जाने वाले आंसू गैसों में ω-क्लोरोएसिटोफिनोन, या CN, और o-क्लोरोबेंजिलिडीन मैलोनिनाइट्राइल, या CS हैं। CN एयरोसोल एजेंट का प्रमुख घटक है और दंगा नियंत्रण में व्यापक रूप से उपयोग किया जाता है। यह मुख्य रूप से आंखों को प्रभावित करता है।

अतः विकल्प (B) सही है।

77. मानिये कि $137 = a$

तथा $133 = b$

$$\therefore \quad \frac{137 \times 137 + 137 \times 133 + 133 \times 133}{137 \times 137 \times 137 - 133 \times 133 \times 133}$$

$$= \frac{a \times a + a \times b + b \times b}{a \times a \times a - b \times b \times b}$$

$$= \frac{a^2 + ab + b^2}{a^3 - b^3}$$

$$= \frac{a^2 + ab + b^2}{(a-b)(a^2 + ab + b^2)}$$

$$= \frac{1}{a-b}$$

$$= \frac{1}{137 - 133}$$

$$= \frac{1}{4}$$

अतः विकल्प (C) सही है।

78. वर्ष 2016 के लिए, सूरजकुंड अंतर्राष्ट्रीय शिल्प मेला के लिए थीम राज्य तेलंगाना है। एक नया राज्य होने के नाते, तेलंगाना के पास राष्ट्रीय स्तर पर अपनी संस्कृति और हस्तशिल्प को प्रदर्शित करने का यह अवसर होगा।

अतः विकल्प (B) सही है।

79. बिट डाटा कि सबसे छोटी इकाई है जिसे कंप्यूटर प्रोसेस कर सकता है। बिट बाइनरी डिजिट का संक्षिप्त रूप है, जिसका मूल्य शून्य या एक होता है। यह इनफार्मेशन का सबसे छोटा हिस्सा है। बाईट दूसरी सबसे छोटी इकाई है, जो समान्यत: 8 बिट से मिलकर बनती है। मेमोरी डिवाइस के अंतर्गत बिट वैल्यू को सामान्यत: सिंगल कैपीसिटर मे इलेक्ट्रिकल चार्ज के निर्दिष्ट स्तर के उपरी स्तर या निचले स्तर के रूप मे स्टोर किया जाता है।

अतः विकल्प (D) सही है।

80. भारत ने पहली बार अंतर्राष्ट्रीय निशानेबाजी खेल महासंघ के राइफल/ पिस्टल/ शॉटगन विश्वकप में मैडल टेबल में पहला स्थान हासिल किया है। भारत ने विश्व कप में 9 पदक जीते।

अतः विकल्प (B) सही है।

81. प्राक्कलन समिति भारत में एक संसदीय समिति है जिसमें हर साल संसद के निचले सदन लोकसभा द्वारा अपने सदस्यों में से केंद्र सरकार के बजट अनुमानों की जाँच करने के लिए चुने गए 30 सदस्यों को शामिल किया जाता है।

अतः विकल्प (C) सही है।

82. अल्जाइमर रोग से मानव शरीर का मस्तिष्क प्रभावित होता है यह एक पुरानी न्यूरोडीजेनेरेटिव बीमारी है जिसमें रोगी की मानसिक स्थिति गंभीर रूप से बिगड़ जाती है और परिणाम स्वरुप रोगी अपनी याददाश्त खो सकता है।

अतः विकल्प (D) सही है।

03. विद्युत प्रदूषण मुक्त है, जबकि अन्य जीवाश्म ईंधन।

जीवाश्म ईंधन ऊर्जा के नवीकरणीय स्रोत नहीं हैं। ये सीमित मात्रा में ही उपलब्ध है। मरे हुए जानवर और पेड़-पौधों के अवशेष लंबे समय में इस तरह के इंधन में बदल जाते हैं। पेट्रोलियम उत्पाद, कोयला और प्राकृतिक गैस जीवाश्म ईंधन के उदाहरण हैं।

अतः विकल्प (D) सही है।

84. बारहवीं शताब्दी में चौहान शासक अर्णोराजा (1131-51) ने हरियाणा प्रदेश में तोमरों को पराजित किया था। अर्णोराज शाकम्बरी के चौहान राजवंश के राजा थे। ये नल, आवेल्लदेव, आनाक इत्यादि नामान्तरणो से भी प्रसिद्धि थी।

अर्णोराज द्वारा पुष्कर का सुप्रसिद्ध वराहमन्दिर निर्मित किया गया। हेमचन्द्र सूरि की पराशक्ति से वशीभूत होकर अर्णोराज का ज्येष्ठपुत्र जगदेव ने अपने पिता की हत्या कर दी थी। उसने स्वयं राजरूप में सिंहासन पर आधिपत्य किया।

अतः विकल्प (D) सही है।

85. ऋग्वेद में वर्णित "सप्त सिन्धु या सात नदी" का सम्बंध मारकंडा नदी से नहीं है।

प्राचीन भारत की सात प्रमुख नदियों को सामूहिक रूप से ''सप्त सिन्धु या सात नदी'' कहा जाता है। इन नदियों के क्षेत्र को सप्त सैन्धव प्रदेश के नाम से जाना जाता था, जो ऋग्वैदिक आर्यों का निवास स्थान था।

सिंधु

वितस्ता (वर्तमान मे झेलम)

आक्षिणी (वर्तमान मे चेनाब)

परुष्णी (वर्तमान मे रावी)

शतद्रु (वर्तमान मे सतलज)

विपासा (वर्तमान मे व्यास)

सरस्वती

अतः विकल्प (D) सही है।

86. मोज़िला एक ऑपरेटिंग सिस्टम नहीं है। यह उसका ब्राउज़र है।

ऑपरेटिंग सिस्टम साफ्टवेयर का समूह है जो कि आंकड़ों एवं निर्देश के संचरण को नियंत्रित करता है। यह हार्डवेयर एवं साफ्टवेयर के बीच सेतु का कार्य करता है और कंप्यूटर का साफ्टवेयर घटक होता है। इसी की सहायता से ही कंप्यूटर में स्थापित प्रोग्राम चलते हैं।

अतः विकल्प (D) सही है।

87. देश की पहली व सबसे कठिन 1400 किलोमीटर की इंडो-नेपाल ट्रांस बॉर्डर राइड में देश के विभिन्न राज्यों से 23 साइकलिस्टों ने हिस्सा लिया। इसमें हिसार के निशांत मेहता ने 108 घंटों में राइड पूरी करके सफलता पाई। यह राइड 26 जनवरी को नई दिल्ली से शुरू होकर गाजियाबाद, बरेली होते हुए भारत के आखिरी कस्बे बनवसा से नेपाल में तीन वाइल्ड लाइफ सेंचुरी पार करते हुए नेपाल में लम्ही तक 700 किलोमीटर जाकर वापिस 1400 किलोमीटर दूरी की हुई।

अतः विकल्प (D) सही है।

88. असहयोग आंदोलन हरियाणा में गांधी का तूफान नाम से प्रसिद्ध हुआ। गाँधीजी के असहयोग आन्दोलन शुरू करने के पीछे सबसे प्रमुख कारण था – अंग्रेजी सरकार की अस्पष्ट नीतियाँ। सरकार के सुधारों से जनता असंतुष्ट थी, सर्वत्र आर्थिक संकट छाया हुआ था तथा महामारी और अकाल फैला हुआ था। ऐसे समय में अंग्रेजी सरकार द्वारा 1919 को रोलेट एक्ट प्रस्तुत किया गया जो भारतीयों की नज़र में एक काला कानून था।

अतः विकल्प (C) सही है।

89. A और B एक काम को क्रमशः 40 दिनों और 24 दिनों में कर सकते हैं।

$$\therefore \text{ एक दिन में } A \text{ द्वारा किये जाने वाले काम का हिस्सा} = \frac{1}{40}$$

$$\therefore \text{ एक दिन में } B \text{ द्वारा किये जाने वाले काम का हिस्सा} = \frac{1}{24}$$

$$8 \text{ दिनों में } A \text{ द्वारा किया गया काम का हिस्सा} = \frac{8}{40} = \frac{1}{5}$$

$\therefore$ काम का शेष हिस्सा $= 1 - \dfrac{1}{5} = \dfrac{4}{5}$

$\therefore$ उन दिनों की संख्या जिसमें काम को पूरा करने के लिए B को अकेले काम करना है $=$ (काम का शेष हिस्सा)/(B द्वारा एक दिन में किये जाने वाले काम का हिस्सा)

$= \dfrac{\frac{4}{5}}{\frac{1}{24}}$ दिन

$= \dfrac{4}{5} \times 24$ दिन

$= \dfrac{96}{5}$ दिन $= 19\dfrac{1}{5}$ दिन

अतः विकल्प (B) सही है।

90. बठिंडा से अजमेर तक बनने वाले ग्रीन फील्ड एक्सप्रेस-वे निर्माण के लिए केंद्रीय सड़क अथॉरिटी सर्वे तो कर चुकी है, लेकिन अभी तक इसका पंजाब व हरियाणा में निर्माण की कोई प्रक्रिया शुरू नहीं की गई है। यह एक्सप्रेस वे अजमेर, नागौर, चूरू, सिरसा और हनुमानगढ़ जिलों से निकलेगा। इसके लिए चार हजार हेक्टेयर जमीन की आवश्यकता होगी।

अतः विकल्प (B) सही है।

91. घूमर भारतीय राज्य राजस्थान का लोक नृत्य है। यह राजस्थान का पारंपरिक लोक नृत्य, अन्य राजस्थानी समुदायों के साथ भील जनजाति की महिलाओं द्वारा किया जाता है। भारत से दुनिया के शीर्ष 10 सबसे अद्भुत स्थानीय नृत्यों की सूची में है।

अतः विकल्प (A) सही है।

92. एक प्रिंटर आउटपुट डिवाइस है जिसे कंप्यूटर द्वारा संसाधित आउटपुट का प्रिंट करने के लिए उपयोग किया जाता है। आउटपुट डिवाइस उस प्रकार के डिवाइस हैं जो सीपीयू द्वारा संसाधित आउटपुट प्रदर्शित करती हैं।

अतः विकल्प (B) सही है।

93. प्रोग्रामर प्रोग्राम लिखने के लिए कुछ विशिष्ट भाषाओं का उपयोग करता है, जो प्रोग्रामिंग भाषाओं की एक सूची है। कंप्यूटर प्रोग्राम निर्देशों की एक सूची है जो कंप्यूटर को आदेश देता है कि कार्य का निष्पादन किस योजना या प्रक्रिया द्वारा करना है।

अतः विकल्प (D) सही है।

94. भारत का उपराष्ट्रपति राष्ट्रपति के बाद भारत का दूसरा सर्वोच्च संवैधानिक कार्यालय है। उपराष्ट्रपति राष्ट्रपति की अनुपस्थिति में मृत्यु, त्यागपत्र, महाभियोग या अन्य स्थितियों के कारण राष्ट्रपति के रूप में कार्य करता है।

भारत का उपराष्ट्रपति राज्य सभा का पदेन अध्यक्ष भी होता है।

अतः विकल्प (C) सही है।

95. गोहाना भारतीय राज्य हरियाणा के सोनीपत जिले में एक शहर और एक नगरपालिका परिषद है।

अतः विकल्प (B) सही है।

96. वीर रस का 'वर्ण' 'स्वर्ण' अथवा 'गौर' तथा देवता इन्द्र कहे गये हैं। यह उत्तम प्रकृति वालो से सम्बद्ध है तथा इसका स्थायी भाव 'उत्साह' है - 'अथ वीरो नाम उत्तमप्रकृतिरुत्साहात्मकः'।

अतः विकल्प (D) सही है।

97. केन्द्र और राज्यों के बीच सम्बन्ध सरकारों को एकात्मक और संघीय रूप में वर्गीकृत करने का आधार है।

अतः विकल्प (B) सही है।

98. शीत संचय, संतृप्त वसा अम्ल में असंतृप्त वसा अम्ल के अनुपात को बढ़ाता है।

अतः विकल्प (D) सही है।

99. अधिकांश आधुनिक ऑपरेटिंग सिस्टम पर, फ़ाइलों को बाइट्स के एक-आयामी सारिणी में व्यवस्थित किया जाता है। फ़ाइल का प्रारूप इसकी सामग्री द्वारा परिभाषित किया जाता है क्योंकि फ़ाइल पूरी तरह से डेटा के लिए एक कंटेनर है, हालांकि, कुछ प्लेटफॉर्म पर प्रारूप आमतौर पर इसके फ़ाइल नाम एक्सटेंशन द्वारा इंगित किया जाता है।

अतः विकल्प (A) सही है।

100. तत्पुरुष- आशातीत- आशा से अधिक

तत्पुरुष समास में दूसरा पद प्रधान होता है। इसमें विग्रह में जो कारक प्रकट होता है उसी कारक वाला वो समास होता है। इसे बनाने में दो पदों के बीच कारक चिन्हों का लोप हो जाता है।

अतः विकल्प (B) सही है।

Q.1 रिजर्व बैंक ने किस राज्य के मुधोल सहकारी बैंक लिमिटेड का लाइसेंस रद्द कर दिया है, इस प्रकार इसे जमा के पुनर्भुगतान और नए धन की स्वीकृति से प्रतिबंधित कर दिया है?

A. तेलंगाना **B.** उत्तराखंड **C.** कर्नाटक **D.** असम

Q.2 समाचार प्रसारण और डिजिटल मानक प्राधिकरण (एनबीडीएसए) के संबंध में निम्नलिखित कथनों पर विचार करें।

1. यह सूचना और प्रसारण मंत्रालय के तहत एक स्वायत्त निकाय है
2. प्राधिकरण स्वयं कार्यवाही शुरू कर सकता है और अपने नियमों के अंतर्गत आने वाले किसी भी मामले के संबंध में कारवाई कर सकता है

सही कथन का चयन करें।

A. केवल 1 **B.** केवल 2
C. दोनों 1 और 2 **D.** न तो 1 और न ही 2

Q.3 उस डिजिटल प्लेटफॉर्म का नाम क्या है जिसका उपयोग भारत में COVID टीकाकरण के लाभार्थियों को ट्रैक करने के लिए किया जाएगा?

A. आत्मानबीर प्रणाली **B.** आरोग्य सेतु प्रणाली
C. COWIN प्रणाली **D.** सीरम सिस्टम

Q.4 चेन्नई सुपर किंग्स ड्वेन ब्रावो किसे पीछे छोड़ते हुए IPL इतिहास में सबसे ज्यादा विकेट लेने वाले गेंदबाज बन गए?

A. हरभजन सिंह **B.** अमित मिश्रा
C. पीयूष चावला **D.** लसिथ मलिंगा

Q.5 31 जुलाई 2022 को उपराष्ट्रपति वेंकैया नायडू द्वारा किस राज्य की पुलिस को प्रतिष्ठित 'राष्ट्रपति रंग' प्रदान किया गया है?

A. आंध्र प्रदेश **B.** तमिलनाडु
C. उत्तर प्रदेश **D.** असम

Q.6 अगस्त 2022 में प्रधान मंत्री कार्यालय (PMO) में निदेशक के रूप में किसे नियुक्त किया गया है?

A. श्वेता सिंह **B.** रवि कुमार
C. रुचि मिश्रा **D.** अनूप कुमार पाठक

Q.7 केंद्र सरकार ने जुलाई 2022 के 1-10 से अपनी 29 अधिकृत शाखाओं के माध्यम से चुनावी बांड जारी करने और भुनाने के लिए किस बैंक को अधिकृत किया है?

A. भारतीय स्टेट बैंक **B.** ऐक्सिस बैंक
C. आईसीआईसीआई बैंक **D.** एचडीएफसी बैंक

Q.8 नई सौर ऊर्जा नीति 2021 की घोषणा निम्नलिखित में से किस राज्य द्वारा की गई है?

A. उत्तर प्रदेश **B.** गुजरात
C. महाराष्ट्र **D.** गोवा

Q.9 2022 में भारत का कौन सा खिलाड़ी 'डायमंड लीग चैंपियन' बना?

A. पी. वी. सिंधु **B.** नीरज चोपड़ा
C. एच. एस. प्रणय **D.** हिमा दास

Q.10 फर्मी पैराडॉक्स निम्नलिखित में से किस से संबंधित है?

A. एलियन आक्रमण **B.** ब्लैक होल्स
C. मंगल पर जीवन **D.** इनमें से कोई नहीं

Q.11 रमेश ने मूर्ति की मूल कीमत से 25% अधिक कीमत पर एक मूर्ति बेची। हालांकि उसने मूर्ति को मूल कीमत से 20% की छूट पर खरीदा था। उसको 2025 रु का लाभ प्राप्त हुआ। मूर्ति की मूल कीमत का पता लगाएं।

A. 6000 रु **B.** 7500 रु **C.** 4500 रु **D.** 3500 रु

Q.12 कुरुक्षेत्र विश्वविद्यालय में हस्तलेख संग्रहालय की स्थापना में सबसे अधिक योगदान किस विद्वान का रहा?

A. पंडित स्थान दत्त शर्मा **B.** जयराम शर्मा
C. सीताराम शास्त्री **D.** कपिल देव शास्त्री

Q.13 निम्नलिखित में से क्या नियोप्लाज्म (सूजन) का दूसरा नाम है?

A. फ्रैक्चर **B.** अस्थमा
C. ट्यूमर **D.** इनमें से कोई नहीं

Q.14 पहाड़ की चोटियों पर आलुओं को पकाने (गलाने) में अधिक समय लगता है क्योंकि:

A. उच्च वायुमंडलीय दबाव
B. कम वायुमंडलीय दबाव
C. पहाड़ की चोटी पर तापमान समुद्र की सतह पर तापमान से कम है
D. पहाड़ के शीर्ष पर तापमान अधिक है

Q.15 एक वस्तु जिसकी कीमत 3900 रु है, 21% की छूट पर बेचा जाता है। वस्तु का विक्रय मूल्य (रु में) क्या है?

A. 3129 रु **B.** 3081 रु **C.** 3243 रु **D.** 3189 रु

Q.16 आपातकाल के दौरान निम्नलिखित में से कौन से मौलिक अधिकार रद्द नहीं किए जा सकते?

A. संगठन की स्वतंत्रता
B. भाषण और अभिव्यक्ति की स्वतंत्रता
C. जीवन और व्यक्तिगत स्वतंत्रता
D. शस्त्र रहित संगठित होने की स्वतंत्रता

Q.17 यदि ARGUE का कूट $\alpha\,\delta\,\gamma\,\chi\,\varepsilon$ है और SOLVE का कूट $\sigma\,\phi\,\lambda\,\pi\,\varepsilon$ है तो, $\pi\,\alpha\,\gamma\,\chi\,\varepsilon\,\lambda$ किसका कूट होगा?

A. VAGUEL **B.** VAGRAN
C. VAGUAL **D.** VAGUER

Q.18 89 का x गुना 1691 है। x का मान क्या होगा?

A. 9 **B.** 19 **C.** 17 **D.** 18

Q.19 लाइसेर्जिक एसिड डायथाइलैमाइड (LSD) एक दवा है जिसका प्रयोग किया जाता है:

A. विभ्रामक **B.** दर्दनाशक **C.** शामक **D.** स्टेरॉयड

Q.20 हरियाणा के सबसे अधिक समय तक सेवारत रहने वाले मुख्यमंत्री कौन हैं?

A. ओम प्रकाश चौटाला **B.** भजन लाल
C. बंसी लाल **D.** देवी लाल

Q.21 निम्नलिखित में से कौन सी बीमारी घरेलू मक्खियों से फैलती है?

A. मलेरिया **B.** डिप्थीरिया **C.** प्लेग **D.** हैजा

Q.22 हरियाणा की कौन सा पवित्र सरोवर है, जो चारों तरफ बनी है?

A. कपालमोचन **B.** फलगू

C. सन्निहित सरोवर D. ब्रह्मा सरोवर

Q.23 एस्ट्रोजेन और प्रोजेस्टेरोन __________ में विकास को नियंत्रित और उत्तेजित करते हैं।

A. पीयूष ग्रंथियाँ B. थायराइड ग्रंथियाँ
C. स्तन ग्रंथियाँ D. अधिवृक्क ग्रंथि

Q.24 सबसे बड़ा पशुधन फॉर्म हरियाणा के किस नगर में स्थित है?

A. करनाल B. पानीपत C. सोनीपत D. हिसार

Q.25 चार अंकों की सबसे बड़ी संख्या जो 15, 25, 40 और 75 से विभाज्य है:

[Haryana Primary Teacher (PRT), 2021]

A. 9000 B. 9400 C. 9600 D. 9800

Q.26 कंप्यूटर का कौन सा उपकरण कीबोर्ड के साथ उपयोग किया जाता है?

A. जॉयस्टिक B. माउस C. लाइट पेन D. टच

Q.27 निर्देश: निम्नलिखित गद्यांश को पढ़कर निचे दिए गए प्रश्नों का उत्तर दीजिये:

नौ संगीत प्रशंसक एक शास्त्रीय संगीत कार्यक्रम एक ही पंक्ति में उत्तर की ओर सम्मुख बैठे देख रहे हैं। उनके नाम: जैकब, किंजल, लिपिका, मनोज, नीता, ओंकार, पद्मजा, करीम और रमीज़ हैं।
लिपिका, मनोज के निकटतम दाएँ तरफ है और नीता के दाएँ तरफ से तीसरे स्थान पर भी है।
किंजल पंक्ति के अंत में बैठी है।
करीम, ओंकार और पद्मजा दोनों के आस - पास बैठा है।
ओंकार, जैकब के निकटतम दाएँ तरफ है और किंजल के बाएँ ओर से तीसरे स्थान पर भी है।
पंक्ति के केंद्र में कौन बैठा है?

A. लिपिका B. जैकब C. ओंकार D. करीम

Q.28 एक देश में 55% जनसंख्या महिलाओं की है। 80% पुरुष जनसंख्या साक्षर है। यदि कुल साक्षरता 58% है तो कितनी महिलाएं साक्षर हैं?

A. 45% B. 55% C. 40% D. 22%

Q.29 1224, 4800 का कितना प्रतिशत है?

A. 24.5% B. 25% C. 24% D. 25.5%

Q.30 एक धातु की तार में करंट कैसे निर्मित होता है?

A. इलेक्ट्रॉन B. प्रोटॉन
C. न्यूट्रॉन D. इनमें से कोई नहीं

Q.31 एक आदमी 32 साल का था जब उसका पहला बेटा पैदा हुआ था। जब उसका बेटा 7 साल का था, तब उसकी पत्नी की उम्र 35 साल थी। पुरुष और उसकी पत्नी की आयु में ______ अंतर है।

A. 7 वर्ष B. 3 वर्ष C. 4 वर्ष D. 5 वर्ष

Q.32 "आइन-ए-अकबरी" लिखी गई थी:

A. अबुल फ़ज़ल B. अकबर
C. अब्दुल रहीम खानखाना D. बीरबल

Q.33 गेहूं और चावल के बाजार मूल्य का अनुपात 2 : 3 है और एक परिवार में खपत मात्रा 5 : 4 है। गेहूं और चावल के व्यय का अनुपात ज्ञात कीजिए।

A. 6:5 B. 5:6 C. 1:1 D. 8:15

Q.34 जिन्ना ने ______ में अपना 14-सूत्रीय कार्यसूची प्रस्तुत की।

A. 1920 B. 1928 C. 1935 D. 1942

Q.35 निर्देश: दिए गए शब्द का सही विलोम शब्द छाँटिए।
मृदुल

A. कठिन B. खराब C. नरम D. कठोर

Q.36 A, X का पिता है। B, Y की मां है। X व Z की बहन Y है। निम्न में से कौन सा कथन सत्य नहीं है?

A. B, A की पत्नी है B. B की A बेटी है
C. Y, A का बेटा है D. X, Z की बहन है

Q.37 इनमें से कौन सी एक आकाशगंगा है?

A. प्लूटो B. बृहस्पति C. मिल्की वे D. शनि

Q.38 स्तनधारियों के दूध में प्रमुख कार्बोहाइड्रेट कौन-सा है?

A. लैक्टोज B. ग्लूकोज C. सुक्रोज D. फ्रुक्टोज

Q.39 निर्देश: दिए गए वाक्यों में कुछ में त्रुटि है, उसे छाँटिए। यदि कोई त्रुटि न हो तो उत्तर (d) दीजिए।

A. आतंकवाद शायद एक दिशाहीन
B. और उद्देश्यहीन अंधेरा है
C. जो विश्व शान्ति एवं प्रगति को निगल रहा है।
D. कोई त्रुटि नहीं

Q.40 सबसे शक्तिशाली कंप्यूटर कौन सा है?

A. मेनफ्रेम कंप्यूटर B. आइपैड
C. मिनी कंप्यूटर D. सुपर कंप्यूटर

Q.41 निम्नलिखित में से क्या दूध के ठोस के रूप में शामिल नहीं है?

A. प्रोटीन B. जल
C. कार्बोहाइड्रेट D. दुग्ध वसा

Q.42 हमारे देश की महत्वपूर्ण गैर-खाद्य फसलें हैं:

A. कपास B. मक्का C. दलहन D. गन्ना

Q.43 कछुए किस वर्ग के हैं?

A. ऑर्थ्रोपोड B. उभयचर C. सरीसृप D. मोलस्क

Q.44 जिला कुरुक्षेत्र में स्थित 'बाबा काली कमली वाले का डेरा' नामक धार्मिक स्थल के संस्थापक कौन थे?

A. स्वामी रामतीर्थ
B. स्वामी विशुद्धानंद
C. कामकोटि पीठ के शंकराचार्य
D. स्वामी परमानंद महाराज

Q.45 निम्नलिखित में से उसे चुनिए जो अन्य सभी विकल्पों से भिन्न है।
अभिलेख, आशुलिपि, मोर्स, सेमाफोर।

A. अभिलेख B. आशुलिपि C. मोर्स D. सेमाफोर

Q.46 अगर गिरीश का वेतन हरीशंकर के वेतन का $\frac{4}{9}$ गुना है और शिरीष का वेतन हरीशंकर के वेतन का $\frac{5}{6}$ गुना है, तो गिरीश के वेतन का शिरीष के वेतन से अनुपात क्या है?

A. 27:10 B. 10:27 C. 8:15 D. 15:8

Q.47 वानर का तद्भव रूप है:

A. व्रानर B. बन्दर C. बांदर D. बान्दर

Q.48 निम्नलिखित में से कौन सा राज्य हरियाणा के साथ सीमा साझा करता है?

A. मध्य प्रदेश B. असम

C. उत्तर प्रदेश   **D.** गुजरात

Q.49 ISRO का मुख्यालय कहाँ है?

A. मुंबई   **B.** बेंगलुरु   **C.** दिल्ली   **D.** चेन्नई

Q.50 हरियाणा के पहले मुख्यमंत्री किस पार्टी से थे?

A. भारतीय राष्ट्रीय लोकदल   **B.** भारतीय राष्ट्रीय कांग्रेस
C. जनता दल   **D.** समाजवादी जनता पार्टी

Q.51 P 15 दिनों में एक काम को पूरा कर सकता है। P और Q मिलकर कितने दिनों में वही काम पूरा कर सकता है यदि Q, P से दोगुना तेज़ है?

A. 3 दिन   **B.** 5 दिन   **C.** 2 दिन   **D.** 6 दिन

Q.52 निर्देश: चुनें कि निम्न में से कौन सा आरेख बहुत तार्किक तरीके से दिए गए तत्वों के बीच संबंध का प्रतिनिधित्व करता है।

पेय पदार्थ, कॉफी और ठंडा।

Q.53 एक निश्चित कूट भाषा में, "COMB" को "DQPF" लिखा जाता है। उस कूट भाषा में "GOAT" कैसे लिखा जाएगा?

A. HQDX   **B.** HQCX   **C.** HQDY   **D.** HRDX

Q.54 वह संख्या कौन सी है जो दोगुनी करने पर 12,18,21 और 30 से पूर्णतः विभाज्य होगी?

A. 630   **B.** 196   **C.** 1260   **D.** 2520

Q.55 विटामिन C निम्नलिखित में से किस खनिजों के अवशोषण में मदद करता है?

A. आयरन   **B.** फॉस्फेट   **C.** आयोडीन   **D.** कैल्शियम

Q.56 MS Word _______ का एक उदाहरण है।

A. ऑपरेटिंग सिस्टम   **B.** प्रोसेसिंग डिवाइस
C. एप्लीकेशन सॉफ्टवेयर   **D.** इनपुट डिवाइस

Q.57 एक व्यक्ति 5 मिनट में 600 मीटर लंबी सड़क पार करता है। किमी /घंटा में उसकी गति क्या है?

A. 3.6 किमी /घंटा   **B.** 7.2 किमी /घंटा
C. 8.4 किमी /घंटा   **D.** 10 किमी /घंटा

Q.58 कालेसर वन्यजीव अभयारण्य कहाँ स्थित है?

A. यमुनानगर   **B.** पंचकुला   **C.** कुरुक्षेत्र   **D.** रेवाड़ी

Q.59 फाइब्रिनोजेन जो रक्त के थक्के से जुड़ा होता है, _________ द्वारा निर्मित होता है।

A. अस्थि मज्जा   **B.** यकृत
C. अग्न्याशय   **D.** प्लीहा

Q.60 निम्न में से क्या साधारण नमक का रासायनिक नाम है?

A. सोडियम सल्फेट   **B.** कैल्शियम फॉस्फेट
C. आयरन ऑक्साइड   **D.** सोडियम क्लोराइड

Q.61 निर्देश: दो शब्द किसी तरह से संबंधित हैं, आपको प्रत्येक प्रश्न के नीचे दिए गए विकल्पों के आधार पर दूसरे शब्दों के साथ एक ही संबंध स्थापित करना होगा।

भेड़िया : पैक :: मछली : ?

A. स्कूल   **B.** हर्ड   **C.** प्राइड   **D.** फ्लॉक

Q.62 किस मुगल सम्राट के शासन के दौरान भारतीय मुगल चित्रों का उद्गम हुआ?

A. हुमायूं   **B.** अकबर   **C.** जहांगीर   **D.** शाहजहां

Q.63 मोटर-गाड़ियों में पीछे देखने के लिए किस प्रकार के दर्पण का प्रयोग होता है?

A. अवतल   **B.** उत्तल
C. समतल   **D.** इनमें से कोई नहीं

Q.64 What is the opposite meaning of the given word?
Terrible

A. Soothing   **B.** Frightening
C. Scaring   **D.** Horrible

Q.65 नोबल गैसें व्यक्तिगत _______ के रूप में मौजूद हैं।

A. परमाणुओं   **B.** अणुओं   **C.** तत्वों   **D.** यौगिकों

Q.66 1857 की क्रांति के समय झज्जर के नवाब कौन थे?

A. नवाब अब्दुर रहमान
B. नाहर सिंह
C. हुकमचंद
D. रिसालदार बिसारत खान

Q.67 नीचे दिए गए शब्दों में से विषम को चुनिए।
सेब, पपीता, लीची, संतरा।

A. सेब   **B.** पपीता   **C.** लीची   **D.** संतरा

Q.68 हरियाणा के प्रथम गैर कांग्रेसी मुख्यमंत्री कौन थे?

[Haryana Primary Teacher (PRT), 2019]

A. देवीलाल   **B.** बंसीलाल
C. भगवत दयाल शर्मा   **D.** राव बीरेंद्र सिंह

Q.69 मिराज का कारण है:

A. वायुमंडल के विभिन्न भागों का असमान ताप
B. वातावरण में चुंबकीय गड़बड़ी
C. वायुमंडल में ओजोन परत का अवक्षेपण
D. वायुमंडल के विभिन्न भागों का समान ताप

Q.70 एक परीक्षा में 80% लड़के अंग्रेजी में पास हुए और 85% गणित में पास हुए जबकि 75% लड़के दोनों विषयों में पास हुए। यदि 45 लड़के दोनों विषयों में फेल हुए तो परीक्षा में बैठे लड़को की कुल संख्या बताइए।

A. 400   **B.** 450   **C.** 200   **D.** 150

Q.71 जंक ई-मेल को _______ भी कहा जाता है।

[NCHM JEE (Hotel Mgmt & Catering), 2019]

A. स्पैम   **B.** स्पूफ
C. स्निफर स्क्रिप्ट   **D.** स्पूल

Q.72 भारत के पहले मुख्य चुनाव आयुक्त कौन थे?

[DSSSB TGT Social Science, 2014]

A. के. वी. के. सुंदरम **B.** एस. पी. सेन वर्मा
C. सुकुमार सेन **D.** राजमन्नार

Q.73 पल्सर _______ हैं।
A. पृथ्वी की ओर बढ़ते हुए तारे
B. पृथ्वी से दूर जा रहे तारे
C. तेजी से घूमते हुए तारे
D. उच्च तापमान वाले तारे

Q.74 कौन सा स्वतंत्रता सेनानी बाद में हरियाणा का मुख्यमंत्री बना था?
A. हुकुम सिंह **B.** बंसीलाल
C. भूपिंदर सिंह हुड्डा **D.** देवीलाल

Q.75 सही विकल्प चुनें जो '?' की जगह पर आएगा।

$1860 + 21.21$ का $\frac{4}{7} - 41.4 =?$

A. 1830.72 **B.** 1829.28 **C.** 1831.72 **D.** 1831.28

Q.76 गेहूं उगाने के लिए किस प्रकार की मिट्टी अच्छी है?
A. मरु मृदा **B.** दोमट मिट्टी
C. रेतीली मिट्टी **D.** लाल मिट्टी

Q.77 निर्देश: अनुक्रम का एक समूह दिया गया है| उस विकल्प का चयन करें जो इस प्रकार के सम्बन्ध को दर्शाता है|
EDC : RQP :: LKJ : ?
A. WYX **B.** YXQ **C.** YXW **D.** WXY

Q.78 दो ट्रेनें एक ही दिशा में क्रमश: 50 किमी/घंटा और 30 किमी/घंटा की रफ्तार से दौड़ रही है। तेज रफ्तार ट्रेन धीमी गति वाली ट्रेन में बैठे एक व्यक्ति को 18 सेकेंड में पार कर लेती है। तेज रफ्तार ट्रेन की लंबाई कितनी है?
A. 240 मीटर **B.** 180 मीटर **C.** 146 मीटर **D.** 100 मीटर

Q.79 भारत का सबसे लंबा नदी डेल्टा क्षेत्र कौन सा है?
A. गोदावरी डेल्टा **B.** कावेरी डेल्टा
C. गंगा डेल्टा **D.** कृष्णा डेल्टा

Q.80 अखिल भारतीय मुस्लिम लीग की स्थापना किस वर्ष की गई थी?
A. 1902 **B.** 1905 **C.** 1906 **D.** 1910

Q.81 निर्देश: दी गई लोकोक्तियों के लिए सही विकल्प चुनिए।
आप डूबे तो जग डूबा
A. बुरा आदमी सबको बुरा कहता है
B. स्वयं डूबेंगे और तुमको भी ले डूबेंगे
C. मरने के बाद कौन देखने आता है कि क्या हुआ
D. सबको अपने समान समझना

Q.82 $4^{61} + 4^{62} + 4^{63} + 4^{64} + 4^{65}$ द्वारा विभाज्य है:
A. 3 **B.** 5 **C.** 11 **D.** 17

Q.83 USB क्या है?
A. अल्टीमेट सर्विस बिट **B.** यूनिवर्सल सेट बिट
C. यूनिवर्सल सीरियल बस **D.** अर्जेंट सेट बिट

Q.84 दो संख्याएँ 3: 4 के अनुपात में हैं। यदि उनका म. स. 4 है, तो उनका ल. स. क्या होगा?
A. 48 **B.** 42 **C.** 36 **D.** 24

Q.85 Direction: In the question below the sentence have been given in Active/Passive voice. From the given alternatives, choose the one which best expresses the given sentence in Passive/Active voice.
Who is creating this mess?
A. Who has been created this mess?
B. By whom has this mess been created?
C. By whom this mess is being created?
D. By whom is this mess being created?

Q.86 10% और 20% की दो लगातार छूट किस एकल छूट के समतुल्य हैं?
A. 30% **B.** 28% **C.** 26% **D.** 25%

Q.87 निम्नलिखित में से कौन सा मिश्रण नहीं है?
A. वायु **B.** सीमेंट **C.** शुद्ध जल **D.** मृदा

Q.88 प्रति वर्ष 7% पर 30000 रुपये पर चक्रवृद्धि ब्याज 4347 रुपये है। ऋण की अवधि (वर्षों में) क्या होगी?
A. 2 वर्ष **B.** 2.5 वर्ष **C.** 3 वर्ष **D.** 4 वर्ष

Q.89 निम्नलिखित में से किसे गोल्डन फाइबर के रूप में जाना जाता है?
A. कपास **B.** जूट **C.** रेशम **D.** पटसन

Q.90 पूर्व से पश्चिम की ओर घूमने वाले ग्रह का नाम है:
A. पृथ्वी **B.** यूरेनस **C.** नेपच्यून **D.** प्लूटो

Q.91 सिस्टम को 'डिबग' करने का अर्थ है:
A. सही हार्डवेयर का पता लगाना
B. सही सिस्टम का पता लगाना
C. सिस्टम में त्रुटियों का पता लगाना और उसे सही करना
D. ऑपरेटिंग सिस्टम इन्स्टॉल करना

Q.92 किसी एक कूट भाषा में '+' अर्थात 'x', '-' अर्थात '+', 'x' अर्थात '÷' और '÷' अर्थात '-' है। निम्नलिखित प्रश्न का उत्तर ज्ञात करें।
0.125 + 32 - 54 x 3 = ?
A. 25 **B.** 4 **C.** 22 **D.** -14

Q.93 निम्नलिखित में से कौन सा नियम गैसों से संबंधित नहीं हैं?
A. चार्ल्स का नियम **B.** डाल्टन का नियम
C. लेन्ज़ का नियम **D.** बॉयल का नियम

Q.94 निम्नलिखित समीकरण को सही करने के लिए कौन से दो चिह्न परस्पर बदलने चाहिए?
324 × 18 - 36 + 9 ÷ 45 = 387
A. ÷ और - **B.** × और +
C. ÷ और × **D.** इनमें से कोई नहीं

Q.95 किसके अधिक सेवन से अस्थि विकृति होती है?
A. फास्फोरस **B.** पोटैशियम
C. फैटी एसिड **D.** फ्लोरिन

Q.96 X और Y क्रमशः 20 दिनों और 12 दिनों में एक काम कर सकते हैं। X ने अकेले काम शुरू किया और फिर 4 दिनों के बाद, Y ने काम पूरा होने तकउसका साथ दिया। काम कब तक चला?
A. 6 दिन **B.** 10 दिन **C.** 15 दिन **D.** 20 दिन

Q.97 मनुष्यों में छोटी आंत की लंबाई लगभग है:
A. 1.5 मीटर **B.** 2.5 मीटर **C.** 5 मीटर **D.** 7 मीटर

Q.98 भारतीय संविधान में "सामाजिक समानता" का अर्थ क्या है?
A. अवसरों की कमी

B. समानता का अभाव
C. सभी वर्गों के लिए समान अवसर
D. इनमे से कोई नहीं

Q.99 निम्नलिखित में से कौन पुस्तक "ड्रीम्स ऑफ ए बिलियन: इंडिया एंड द ओलंपिक गेम्स" के लेखक हैं?

A. बोरिया मजूमदार
B. नलिन मेहता
C. अयाज मेमन
D. (A) और (B) दोनों

Q.100 वॉशिंग मशीन का कार्य सिद्धांत है:

A. विपरीत परासरण
B. प्रसार
C. केन्द्रापसारण
D. डायलिसिस

// स्मार्ट उत्तर पुस्तिका //

सही उत्तर उन छात्रों के प्रतिशत को इंगित करता है जिन्होंने प्रश्नों का सही उत्तर दिया था।

छोड़ दिया उन छात्रों के प्रतिशत को इंगित करता है जिन्होंने प्रश्नों को छोड़ दिया था।

प्रश्न संख्या	उत्तर	सही उत्तर / छोड़ दिया	प्रश्न संख्या	उत्तर	सही उत्तर / छोड़ दिया	प्रश्न संख्या	उत्तर	सही उत्तर / छोड़ दिया	प्रश्न संख्या	उत्तर	सही उत्तर / छोड़ दिया	प्रश्न संख्या	उत्तर	सही उत्तर / छोड़ दिया
1	C	40.68 % / 1.58 %	17	A	43.26 % / 1.54 %	33	B	41.43 % / 1.09 %	49	B	77.44 % / 0.0 %	65	A	86.35 % / 0.0 %
2	B	45.19 % / 1.52 %	18	B	78.44 % / 0.0 %	34	B	45.45 % / 1.34 %	50	B	81.87 % / 0.0 %	66	A	48.34 % / 1.04 %
3	C	50.8 % / 1.21 %	19	A	76.44 % / 0.0 %	35	D	77.35 % / 0.0 %	51	B	82.52 % / 0.0 %	67	C	51.7 % / 1.59 %
4	D	47.32 % / 1.77 %	20	C	47.66 % / 1.59 %	36	C	42.33 % / 1.58 %	52	D	78.54 % / 0.0 %	68	D	51.17 % / 1.3 %
5	B	56.25 % / 1.21 %	21	D	87.69 % / 0.0 %	37	C	88.97 % / 0.0 %	53	A	85.3 % / 0.0 %	69	A	89.25 % / 0.0 %
6	A	82.0 % / 0.0 %	22	D	64.6 % / 1.77 %	38	A	78.31 % / 0.0 %	54	A	42.82 % / 1.46 %	70	B	44.37 % / 1.0 %
7	A	81.93 % / 0.0 %	23	C	61.8 % / 1.09 %	39	A	80.21 % / 0.0 %	55	A	46.36 % / 1.07 %	71	A	77.14 % / 0.0 %
8	B	58.03 % / 1.93 %	24	D	57.1 % / 1.17 %	40	D	85.45 % / 0.0 %	56	C	77.92 % / 0.0 %	72	C	51.62 % / 1.33 %
9	B	59.49 % / 1.96 %	25	C	85.35 % / 0.0 %	41	B	76.64 % / 0.0 %	57	B	82.29 % / 0.0 %	73	C	55.72 % / 1.4 %
10	A	23.69 % / 4.78 %	26	B	83.23 % / 0.0 %	42	A	82.67 % / 0.0 %	58	A	59.96 % / 1.36 %	74	D	41.23 % / 1.95 %
11	C	69.02 % / 1.77 %	27	B	47.34 % / 1.77 %	43	C	45.66 % / 1.0 %	59	B	49.98 % / 1.52 %	75	A	68.86 % / 1.07 %
12	A	11.32 % / 3.81 %	28	C	53.98 % / 1.9 %	44	B	53.62 % / 1.6 %	60	D	87.15 % / 0.0 %	76	B	86.02 % / 0.0 %
13	C	53.23 % / 1.6 %	29	D	76.66 % / 0.0 %	45	A	88.45 % / 0.0 %	61	A	76.7 % / 0.0 %	77	C	89.26 % / 0.0 %
14	B	87.81 % / 0.0 %	30	A	77.78 % / 0.0 %	46	C	78.97 % / 0.0 %	62	A	53.6 % / 1.41 %	78	D	56.84 % / 1.83 %
15	B	85.0 % / 0.0 %	31	C	77.79 % / 0.0 %	47	B	77.74 % / 0.0 %	63	B	82.9 % / 0.0 %	79	C	80.42 % / 0.0 %
16	C	89.43 % / 0.0 %	32	A	42.74 % / 1.39 %	48	C	84.38 % / 0.0 %	64	A	87.59 % / 0.0 %	80	C	44.11 % / 1.03 %

प्रश्न संख्या	उत्तर	सही उत्तर / छोड़ दिया
81	A	79.55 %
		0.0 %
82	C	87.02 %
		0.0 %
83	C	78.94 %
		0.0 %
84	A	82.19 %
		0.0 %

प्रश्न संख्या	उत्तर	सही उत्तर / छोड़ दिया
85	D	88.63 %
		0.0 %
86	B	42.07 %
		1.22 %
87	C	77.89 %
		0.0 %
88	A	87.5 %
		0.0 %

प्रश्न संख्या	उत्तर	सही उत्तर / छोड़ दिया
89	B	82.61 %
		0.0 %
90	B	89.84 %
		0.0 %
91	C	88.07 %
		0.0 %
92	C	85.36 %
		0.0 %

प्रश्न संख्या	उत्तर	सही उत्तर / छोड़ दिया
93	C	49.09 %
		1.8 %
94	C	89.81 %
		0.0 %
95	D	66.41 %
		1.94 %
96	B	40.8 %
		1.61 %

प्रश्न संख्या	उत्तर	सही उत्तर / छोड़ दिया
97	D	80.43 %
		0.0 %
98	C	78.37 %
		0.0 %
99	D	55.42 %
		1.3 %
100	C	85.62 %
		0.0 %

कार्य विश्लेषण

कार्य विश्लेषण	
औसत अंक (%)	53.75%
टॉपर्स स्कोर (%)	72.5%
आपका स्कोर	

//संकेत और समाधान//

1. 8 जून को भारतीय रिज़र्व बैंक ने "द मुथोल को-ऑपरेटिव बैंक लिमिटेड, बागलकोट (कर्नाटक)" का लाइसेंस रद्द कर दिया है, इस प्रकार इसे जमा के पुनर्भुगतान और नए धन की स्वीकृति से प्रतिबंधित कर दिया है। भारतीय रिज़र्व बैंक (RBI) ने लाइसेंस रद्द करने की घोषणा करते हुए कहा कि बैंक के पास पर्याप्त पूंजी और कमाई की संभावनाएं नहीं हैं। RBI ने यह भी कहा कि बैंक अपनी वर्तमान वित्तीय स्थिति के साथ अपने वर्तमान जमाकर्ताओं को पूरा भुगतान करने में असमर्थ होगा।

अत: विकल्प (C) सही है।

2. दिए गए कथनों में से केवल कथन 2 सही हैं।

यह न्यूज़ ब्रॉडकास्टर्स एंड डिजिटल एसोसिएशन (एनबीडीए) द्वारा स्थापित एक स्वतंत्र निकाय है। यह निजी टेलीविजन समाचार, समसामयिक मामलों और डिजिटल प्रसारकों के प्रतिनिधि के रूप में कार्य करता है।

कथन 1 गलत है।

प्राधिकरण स्वयं कार्यवाही शुरू कर सकता है और नोटिस जारी कर सकता है या किसी भी मामले के संबंध में कार्रवाई कर सकता है जो उसके नियमों के अंतर्गत आता है। यह सूचना और प्रसारण मंत्रालय या किसी अन्य सरकारी निकाय या किसी अन्य व्यक्ति द्वारा अपनी वेबसाइट के माध्यम से प्राधिकरण को भेजी गई शिकायतों के माध्यम से भी हो सकता है।

कथन 2 सही है।

अतः विकल्प (B) सही है।

3. केंद्रीय स्वास्थ्य और परिवार कल्याण मंत्रालय ने देश में बड़े पैमाने पर कोविड -19 टीकाकरण अभियान पर दिशानिर्देश जारी किए हैं।

मंत्रालय ने कहा है कि COVID वैक्सीन इंटेलिजेंस नेटवर्क (Co-WIN) सिस्टम का इस्तेमाल COVID टीकाकरण के लिए लाभार्थियों को ट्रैक करने के लिए किया जाएगा। टीकाकरण के पहले चरण में सरकार ने करीब 30 करोड़ लोगों को टीका लगाने का फैसला किया है।

अत: विकल्प (C) सही है।

4. चेन्नई सुपर किंग्स ड्वेन ब्रावो (171) ने लसिथ मलिंगा (170) को पीछे छोड़ते IPL इतिहास में सबसे ज्यादा विकेट लेने वाले गेंदबाज बन गए।

उन्होंने मुंबई में लखनऊ सुपर जायंट्स के मैच के खिलाफ रिकॉर्ड बनाया। ब्रावो ने IPL के 153 मैचों में 171 विकेट लिए हैं।

अत: विकल्प (D) सही है।

5. उपराष्ट्रपति वैंकैया नायडू ने 31 जुलाई 2022 को तमिलनाडु (TN) पुलिस को प्रतिष्ठित 'राष्ट्रपति रंग' प्रदान किए।

यह राज्यों और केंद्र शासित प्रदेशों के सैन्य, अर्धसैनिक और पुलिस बलों को दिया जाने वाला सर्वोच्च सम्मान है। हालाँकि इसे 2009 में तमिलनाडु पुलिस के लिए अनुमोदित किया गया था, लेकिन इसे औपचारिक रूप से नहीं दिया गया था।

अत: विकल्प (B) सही है।

6. भारतीय विदेश सेवा (IFS) अधिकारी श्वेता सिंह को 2 अगस्त 2022 को प्रधान मंत्री कार्यालय (PMO) में निदेशक के रूप में नियुक्त किया गया था।

- सिंह 2008-बैच के IFS अधिकारी हैं।
- कैबिनेट की नियुक्ति समिति (एसीसी) ने सिंह की नियुक्ति की तारीख से तीन साल की अवधि के लिए उनकी नियुक्ति को मंजूरी दी।

अतः विकल्प (A) सही है।

7. केंद्र सरकार ने भारतीय स्टेट बैंक को जुलाई के 1–10 से अपनी 29 अधिकृत शाखाओं के माध्यम से चुनावी बांड जारी करने और भुनाने के लिए अधिकृत किया है।

चुनावी बांड जारी होने की तारीख से पंद्रह कैलेंडर दिनों के लिए वैध होंगे और वैधता अवधि की समाप्ति के बाद चुनावी बांड जमा किए जाने पर किसी भी राजनीतिक दल को कोई भुगतान नहीं किया जाएगा।

अतः विकल्प (A) सही है।

8. गुजरात राज्य ने नई सौर ऊर्जा नीति -2021 की घोषणा की है। राज्य ने 11,000 मेगा वाट उत्पादन क्षमता हासिल कर ली है और अब 2022 तक 30,000 मेगा वाट ग्रीन ऊर्जा उत्पादन का लक्ष्य रखा है जिसमें मुख्य रूप से सौर और पवन ऊर्जा शामिल होंगे। नई सौर ऊर्जा नीति 2021 में सौर ऊर्जा की खपत और उत्पादन में वृद्धि होगी और इस प्रकार उद्योगों के लिए उत्पादन लागत कम होगी और मेड इन गुजरात ब्रांड वैश्विक बाजारों में अपनी उपस्थिति बढ़ाने में मदद करेगा।

राज्य के ऊर्जा मंत्री सौरभ पटेल और प्रमुख सचिव (ऊर्जा और पेट्रोकेमिकल) सुनैना तोमर की उपस्थिति में गांधीनगर में प्रेस कॉन्फ्रेंस में यह घोषणा की गई। सिक्योरिटी डिपॉजिट 25 लाख रुपये प्रति मेगा वॉट से घटाकर 5 लाख रुपये प्रति मेगा वॉट हो जाता है।

अतः विकल्प (B) सही है।

9. 2022 में नीरज चोपड़ा 88.44 मीटर के थ्रो के साथ भारत की ओर से पहले डायमंड लीग चैंपियन चैंपियन बने।

चोपड़ा ने इससे पहले 89.08 मीटर थ्रो के साथ लुसाने डायमंड लीग जीती थी। उन्होंने पावो नूरमी खेलों में 89.30 मीटर रिकॉर्ड किया, जबकि उन्होंने जुलाई में विश्व चैंपियनशिप में ऐतिहासिक रजत पदक जीता।

अतः विकल्प (B) सही है।

10. फर्मी पैराडॉक्स एक एलियन आक्रमण से संबंधित है।

फर्मी पैराडॉक्स, जिसका नाम इटालियन-अमेरिकी भौतिक विज्ञानी एनरिको फ़ेर्मी के नाम पर रखा गया है, अलौकिक सभ्यताओं के लिए सबूतों की कमी और उनकी संभावना के लिए विभिन्न उच्च अनुमानों के बीच स्पष्ट विरोधाभास है।

अतः विकल्प (A) सही है।

11. माना की खरीद मूल्य $= P$

विक्रय मूल्य $=$ खरीद मूल्य से 25% अधिक $= P$ का 125%

छूट 20% है,

तो, लागत मूल्य $= (100 - 20)\% = P$ का 80%

लाभ $=$ विक्रय मूल्य - लागत मूल्य

$2025 = P$ का $125\% - P$ का $80\% = P$ का $45\% = \dfrac{45}{100} \times P$

$\therefore P = \dfrac{2025 \times 100}{45} = 4500$ रु

अतः विकल्प (C) सही है।

12. पंडित स्थान दत्त शर्मा ने कुरुक्षेत्र विश्वविद्यालय में हस्तलेख संग्रहालय की स्थापना में सबसे अधिक योगदान दिया।

हस्तलेख संग्रहालय को धरोहर संग्रहालय कहा जाता था। यह हरियाणा के पुरातत्व, सांस्कृतिक और स्थापत्य इतिहास और विरासत को प्रदर्शित करने के लिए कुरुक्षेत्र विश्वविद्यालय के स्वर्ण जयंती वर्ष में स्थापित किया गया था।

अतः विकल्प (A) सही है।

13. ट्यूमर नियोप्लाज्म का दूसरा नाम है।

नियोप्लास्टिक रोग ऐसी स्थितियां हैं जो ट्यूमर के विकास का कारण बनती हैं - दोनों सौम्य और घातक। सौम्य ट्यूमर कैंसरमुक्त होते हैं। वे आमतौर पर धीरे-धीरे बढ़ते हैं और अन्य ऊतकों में नहीं फैल सकते हैं। घातक ट्यूमर कैंसरयुक्त होते हैं और धीरे-धीरे या जल्दी से बढ़ सकता है।

अतः विकल्प (C) सही है।

14. कम वायुमंडलीय दबाव के कारण पहाड़ की चोटियों पर आलू पकाने (गलाने) में अधिक समय लगता है।

हवा में ऑक्सीजन और वायुमंडलीय दबाव कम होता है, इसलिए खाना पकाने में अधिक समय लगता है। नमी जल्दी से वाष्पित हो जाती है। 3,000 फीट से अधिक ऊंचाई पर, भोजन की तैयारी के लिए समय, तापमान या नुस्खा में बदलाव की आवश्यकता हो सकती है।

अतः विकल्प (B) सही है।

15. माना, वस्तु का विक्रय मूल्य $= x$

अंकित मूल्य पर छूट $= 3900 \times \left(\frac{21}{100}\right) = 819$ रु

विक्रय मूल्य $=$ अंकित मूल्य $-$ छूट

इसलिए, छूट के बाद वस्तु का विक्रय मूल्य $= 3900 - 819 = 3081$ रु

अतः विकल्प (B) सही है।

16. आपातकाल के दौरान, जीवन और व्यक्तिगत स्वतंत्रता के अधिकार को रद्द नहीं किया जा सकता है।

राष्ट्रीय आपातकाल के दौरान, भारतीय नागरिकों के कई मौलिक अधिकारों को निलंबित किया जा सकता है। स्वतंत्रता के अधिकार के तहत, छह निर्दलीय अपने आप निलंबित हो जाते हैं। इसके विपरीत, जीवन और व्यक्तिगत स्वतंत्रता के अधिकार को मूल संविधान के अनुसार निलंबित नहीं किया जा सकता है।

अतः विकल्प (C) सही है।

17.

कूट	α	δ	γ	χ	ε		σ	φ	λ	π	ε
शब्द	A	R	G	U	E		S	O	L	V	E

यहाँ, हम देख सकते हैं कि π α γ ε λ, 'VAGUEL' का एक कोड होगा।

अतः विकल्प (A) सही है।

18. दिया है,

$89 \times x = 1691$

$\Rightarrow x = \frac{1691}{89}$

$\Rightarrow x = 19$

अतः विकल्प (B) सही है।

19. लाइसेर्जिक एसिड डायथाइलैमाइड (LSD) एक दवा है जिसका उपयोग एक विभ्रामक के रूप में किया जाता है।

एलएसडी, पहली बार 1938 में संश्लेषित किया गया, एक अत्यंत शक्तिशाली विभ्रामक है। यह कृत्रिम रूप से लिसर्जिक एसिड से बनाया गया है, जो कि एरगोट में पाया जाता है, एक कवक जो राई और अन्य अनाजों पर बढ़ता है। यह इतना शक्तिशाली है कि इसकी खुराक माइक्रोग्राम (mcg) श्रेणी में होती है।

अतः विकल्प (A) सही है।

20. बंसी लाल हरियाणा के सबसे लंबे समय तक रहने वाले मुख्यमंत्री हैं।

वह 22 मई 1968 - 30 मई 1975 (कांग्रेस), 5 जुलाई 1985 - 19 जून 1987 (कांग्रेस) और 11 मई 1996 - 23 जुलाई 1999 (हरियाणा विकास पार्टी) हरियाणा के मुख्यमंत्री थे। उन्होंने हरियाणा के मुख्यमंत्री के रूप में कुल 12 साल, 226 दिन सेवा की है।

अतः विकल्प (C) सही है।

21. हैजा एक घरेलू मक्खियों द्वारा फैलने वाली बीमारी है।

सामान्य घरेलू मक्खियाँ रोगजनकों को संक्रमित कर सकती हैं जो शिगेलोसिस, टाइफाइड बुखार, ई. कोलाई और हैजा का कारण बनती हैं। रोग पैदा करने वाले कारक को शरीर के बालों द्वारा प्रेषित किया जा सकता है जो मक्खी के भूमि या भोजन की सतहों पर बैठने से प्रेषित होते हैं।

अतः विकल्प (D) सही है।

22. ब्रह्म सरोवर उत्तर भारत में हरियाणा राज्य में पुराने कुरुक्षेत्र शहर (थानेसर शहर) में हिंदू धर्म के लिए पवित्र एक प्राचीन जल कुंड है। हिंदू धर्म आंतरिक और बाह्य शुद्धता के लिए स्नान करने पर जोर देता है। ज्यादातर धार्मिक स्थलों पर या हिंदू मंदिर और सिख गुरुद्वारे के पास पानी के कुंड या सरोवर हैं।

अतः विकल्प (D) सही है।

23. एस्ट्रोजेन और प्रोजेस्टेरोन स्तन ग्रंथियों में विकास को नियंत्रित और उत्तेजित करते हैं।

महिला प्रजनन हार्मोन एस्ट्रोजेन, प्रोजेस्टेरोन और प्रोलैक्टिन स्तन कैंसर पर एक बड़ा प्रभाव डालते हैं और प्रसवोत्तर स्तन ग्रंथि के विकास को नियंत्रित करते हैं। इष्टतम स्तन विकास के लिए एस्ट्रोजन और प्रोजेस्टेरोन दोनों की आवश्यकता होती है।

अतः विकल्प (C) सही है।

24. सबसे बड़ा पशुधन फार्म हरियाणा के हिसार में स्थित है।

यह एशिया का सबसे बड़ा पशुधन प्रजनन, अनुसंधान और प्रशिक्षण संस्थान है।

अतः विकल्प (D) सही है।

25. चार अंकों की सबसे बड़ी संख्या 9999 है।

15, 25, 40 और 75 का एल.सी.एम. 600 है।

9999 को 600 से विभाजित करने पर, हमें शेष 399 मिलते हैं।

∴ आवश्यक संख्या = (9999 - 399) = 9600

अतः विकल्प (C) सही है।

26. कंप्यूटर का माउस कीबोर्ड के साथ उपयोग किया जाता है।

एक कंप्यूटर माउस एक हाथ से पकड़े जाने वाला सूचक उपकरण है जो एक सतह के सापेक्ष दो-आयामी गति का पता लगाता है। एक कर्सर को हिलाने के अलावा, एक कंप्यूटर माउस में एक या एक से अधिक बटन होते हैं, जिससे ऑपरेशन की अनुमति मिलती है जैसे कि डिस्प्ले पर मेनू आइटम का चयन। कंप्यूटिंग में, एक इनपुट डिवाइस एक कंप्यूटर हार्डवेयर उपकरण है जिसका उपयोग सूचना प्रसंस्करण प्रणाली जैसे कंप्यूटर या सूचना उपकरण के लिए डेटा और नियंत्रण सिग्नल प्रदान करने के लिए किया जाता है। इनपुट डिवाइस के उदाहरणों में कीबोर्ड, माउस, स्कैनर, डिजिटल कैमरा और जॉयस्टिक शामिल हैं।

अतः विकल्प (B) सही है।

27. एक पंक्ति में एक दूसरे के संबंध में नौ संगीत प्रशंसकों की स्थिति है:

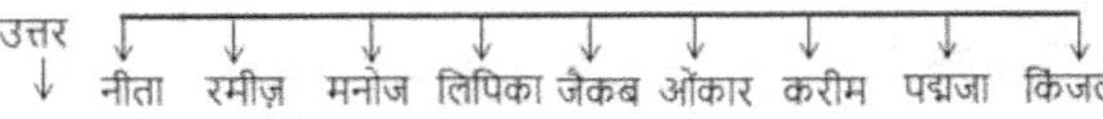

इसलिए, पंक्ति के केंद्र में जैकब बैठा है।

अतः विकल्प (B) सही है।

28. माना, कुल जनसंख्या $= 100$
तो, महिलाएं $= 100$ का $55\% = 55$
पुरुष $= 100 - 55 = 45$
अब, साक्षर जनसंख्या $= 100$ का $58\% = 58$
पुरुष साक्षर जनसंख्या $= 45$ का $80\% = 36$
महिला साक्षर + पुरुष साक्षर = कुल साक्षर
इसलिए, महिला साक्षर $= 58 - 39 = 22$
महिला साक्षर $\% = 2255 \times 100 = 40\%$

अतः विकल्प (C) सही हे।

29. माना, 1224, 4800 का $x\%$ है।

$\Rightarrow 1224 = x\% \times 4800$

$\Rightarrow x = \dfrac{1224 \times 100}{4800} = 25.5\%$

अतः विकल्प (D) सही है।

30. इलेक्ट्रॉन एक धातु के तार में करंट का निर्माण करते हैं।

एक विद्युत धारा प्रवाहित होती है जब इलेक्ट्रॉन एक सुचालक (धातु के तार) के माध्यम से चलते हैं। विद्युत धारा को मूल रूप से सकारात्मक से नकारात्मक तक के प्रवाह के रूप में परिभाषित किया गया था। वैज्ञानिकों ने बाद में पता लगाया कि विद्युत धारा वास्तव में नकारात्मक रूप से चार्ज किए गए इलेक्ट्रॉनों का प्रवाह है।

अतः विकल्प (A) सही है।

31. दिया है,

आदमी 32 साल का था जब उसका पहला बेटा पैदा हुआ था।

तो, आदमी की उम्र जब उसका बेटा 7 साल = 32 + 7 = 39 साल था

उनकी पत्नी की उम्र 35 साल है जब उनका बेटा 7 साल का है।

तो, आदमी और उसकी पत्नी के बीच आयु का अंतर = 39 - 35 = 4 वर्ष

अतः विकल्प (C) सही है।

32. अबुल फ़ज़ल "आइन-ए-अकबरी" के लेखक हैं।

"आइन-ए-अकबरी" या "अकबर का प्रशासन", 16वीं शताब्दी का एक विस्तृत दस्तावेज़ है जो सम्राट अकबर के अधीन मुगल साम्राज्य के प्रशासन को दर्ज करता है, जो उनके दरबारी इतिहासकार अबुल फ़ज़ल ने फ़ारसी भाषा में लिखी थी।

अतः विकल्प (A) सही है।

33. व्यय $=$ मूल्य $\times$ मात्रा

गेहूं का मूल्य / चावल का मूल्य $= \dfrac{2}{3}$

तथा

गेहूं की मात्रा का सेवन / चावल की मात्रा का सेवन $= \dfrac{5}{4}$

दोनों अनुपातों को गुणा करना

(गेहूं की कीमत / गेहूं की मात्रा में खपत) $\times$ (चावल की कीमत / चावल की मात्रा में खपत) $= \dfrac{2 \times 5}{3 \times 4}$

गेहूं का व्यय / चावल का व्यय $= \dfrac{5}{6}$

अतः विकल्प (B) सही है।

34. मुहम्मद अली जिन्ना ने 1928 में अपना 14-सूत्रीय कार्यसूची प्रस्तुत की।

जिन्ना की 14-सूत्रीय कार्यसूची एक स्वशासित भारत में मुसलमानों के राजनीतिक अधिकारों की रक्षा के लिए एक संवैधानिक सुधार योजना थी।

अतः विकल्प (B) सही है।

35. मृदुल का विलोम शब्द कठोर है।

किसी शब्द का विपरीत या उल्टा अर्थ देने वाले शब्द को विलोम शब्द कहते हैं। सरल भाषा में कहा जाए तो एक-दूसरे के विपरीत या उल्टा अर्थ देने वाले विलोम या विपरीतार्थक शब्द कहलाते हैं। विपरीतार्थक शब्दों को प्रतिलोमार्थक, विपर्ययवाची और विलोम शब्द भी कहते हैं।

अतः विकल्प (D) सही है।

36. दी गई जानकारी के अनुसार हमें निम्न वंश-वृक्ष प्राप्त होता है,

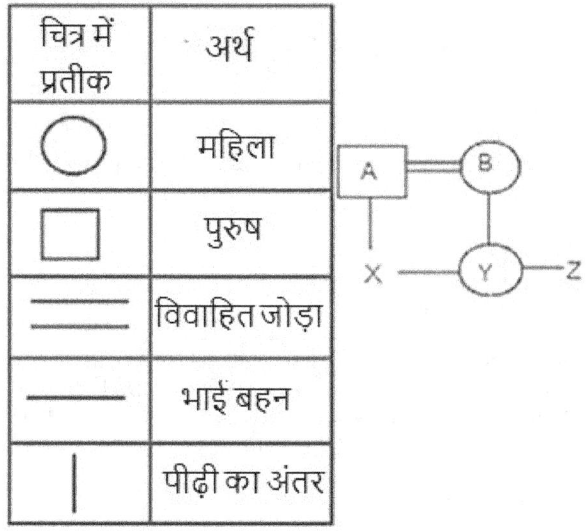

(A) B, A की पत्नी है ⇒ चूंकि X, Y व Z भाई-बहन हैं, अतः A व B पति-पत्नी हैं। इसलिए कथन सत्य है।

(B) B की A बेटी है ⇒ यह असत्य हो सकता है, क्योंकि इस कथन को प्रमाणित करने के लिए कोई निश्चित तथ्य नहीं है इसलिए इस पर विचार नहीं किया जा सकता।

(C) Y, A का बेटा है ⇒ यह कथन निश्चित रूप से असत्य है। क्योंकि Y, X व Z की बहन है। यह Y का बेटा नहीं हो सकता।

(D) X, Z की बहन है ⇒ यह असत्य हो सकता है, क्योंकि इस कथन को प्रमाणित करने के लिए कोई निश्चित तथ्य नहीं है इसलिए इस पर विचार नहीं किया जा सकता।

इसलिए, 'Y, A का बेटा है' कथन निश्चित रूप से सत्य नहीं है।

अतः विकल्प (C) सही है।

37. मिल्की वे एक आकाशगंगा है।

मिल्की वह आकाशगंगा है जिसमें हमारा सौर मंडल है। मिल्की का नाम ही पृथ्वी से आकाशगंगा की उपस्थिति का वर्णन करता है: सितारों से बनने वाला, रात के आकाश में देखा जाने वाला, प्रकाश का एक धुंधला बैंड जो व्यक्तिगत रूप से नग्न आंखों से नहीं देखा जा सकता है।

अतः विकल्प (C) सही है।

38. स्तनधारियों के दूध में लैक्टोज प्रमुख कार्बोहाइड्रेट होता है।

लैक्टोज में ग्लूकोज का एक अणु और गैलेक्टोज का एक होता है। सभी स्तनधारियों के दूध में 2 से 8 प्रतिशत लैक्टोज होता है। लैक्टोज को कभी-कभी दुग्ध शर्करा भी कहा जाता है।

अतः विकल्प (A) सही है।

39. 'आतंकवाद शायद एक दिशाहीन' वाक्य में गलत है।

इसके स्थान पर 'आतंकवाद एक दिशाहीन' होना चाहिए। यहाँ पूरा वाक्य 'आतंकवाद एक दिशाहीन और उद्देश्यहीन अंधेरा है, जो विश्व शान्ति एवं प्रगति को निगल रहा है।' होगा।

अतः विकल्प (A) सही है।

40. सुपरकंप्यूटर सबसे शक्तिशाली कंप्यूटर है।

एक सुपरकंप्यूटर सामान्य-उद्देश्य वाले कंप्यूटर की तुलना में उच्च स्तर के प्रदर्शन वाला एक कंप्यूटर है। सुपरकंप्यूटर का प्रदर्शन सामान्यतः फ्लोटिंग-पॉइंट ऑपरेशन में प्रति सेकंड मिलियन निर्देशों के बजाय प्रति सेकंड मापा जाता है। आज दुनिया का सबसे शक्तिशाली सुपरकंप्यूटर 'Summit' है, जो टेनेसी में ऊर्जा विभाग के 'ओक रिज नेशनल लेबोरेटरी' के अमेरिकी विभाग के लिए आईबीएम द्वारा बनाया गया है।

अतः विकल्प (D) सही है।

41. जल को दूध के ठोस पदार्थ के रूप में शामिल नहीं किया जाता है।

दूध में 87% जल होता है और बाकी ठोस पदार्थ और वसा होता है जिसमें प्रोटीन, कार्बोहाइड्रेट और दुग्ध वसा शामिल होते हैं।

अतः विकल्प (B) सही है।

42. कपास हमारे देश की गैर-खाद्य फसलों में से एक है।

भारत दुनिया का सबसे बड़ा कपास उत्पादक और दूसरा सबसे बड़ा निर्यातक है। गुजरात, कर्नाटक, आंध्र प्रदेश, मध्य प्रदेश और तमिलनाडु मुख्य कपास उगाने वाले राज्य हैं।

अतः विकल्प (A) सही है।

43. कछुए सरीसृप वर्ग के हैं।

सरीसृप शीत-रक्त वाले कशेरुकियों का एक वर्ग है। उनके शरीर का तापमान उनके पर्यावरण के साथ बदलता रहता है। सरीसृप में सांप, छिपकली, मगरमच्छ और कछुए शामिल हैं।

अतः विकल्प (C) सही है।

44. स्वामी विशुद्धानंद कुरुक्षेत्र जिले में स्थित 'बाबा काली कमली वाले का डेरा' नामक धार्मिक स्थान के संस्थापक थे।

कुरुक्षेत्र में स्थित बाबा काली कमली का स्थान सन्निहित तीर्थ के निकट है। श्री स्वामी विशुद्धानंद जी महाराज द्वारा स्थापित, इस क्षेत्र को कमली क्षेत्र के रूप में जाना जाता है। रात के यात्रियों के ठहरने के लिए धर्मशालाएँ हैं और भोजन की भी सुविधा है। यहाँ पर भगवान शंकर, श्री कृष्ण और अर्जुन की प्रतिमाएँ हैं।

अतः विकल्प (B) सही है।

45. यहां अभिलेख भिन्न है।

अभिलेख को छोड़कर सभी, एक भाषा में संक्षिप्त सूचनाएं हैं, जबकि रिकॉर्ड एक विस्तृत खाता है।

अतः विकल्प (A) सही है।

46. माना कि हरिशंकर का वेतन $18x$ है।

$\Rightarrow$ गिरीश का वेतन $=$ हरिशंकर के वेतन का $\frac{4}{9}$ गुना

$$= \frac{4}{9} \times 18x = 8x$$

$\Rightarrow$ शिरीष का वेतन $=$ हरिशंकर के वेतन का $\frac{5}{6}$ गुना

$$= \frac{5}{6} \times 18x = 15x$$

$\therefore$ शिरीष के गिरीश के वेतन का अनुपात $= \frac{8x}{15x} = \frac{8}{15}$

$\Rightarrow \quad 8:15$

अतः विकल्प (C) सही है।

47. वानर का तद्भव रूप बन्दर है।

संस्कृत के कुछ शब्द ऐसे होते हैं जो हिंदी में भी बिना परिवर्तन के प्रयुक्त होते हैं, उन शब्दों को तत्सम शब्द कहते हैं। तद्भव शब्द वे शब्द हैं जिनमें थोड़ा सा परिवर्तन करके हिंदी में प्रयुक्त किया जाता हैं।

अतः विकल्प (B) सही है।

48. उत्तर प्रदेश हरियाणा के साथ एक सीमा साझा करता है।

उत्तर प्रदेश हरियाणा के पूर्व में स्थित है। हरियाणा के उत्तर में पंजाब और हिमाचल प्रदेश और पश्चिम और दक्षिण में राजस्थान है। यमुना नदी उत्तराखंड और उत्तर प्रदेश के साथ अपनी पूर्वी सीमा को परिभाषित करती है।

अतः विकल्प (C) सही है।

49. ISRO का मुख्यालय बेंगलुरु में है।

भारतीय अंतरिक्ष अनुसंधान संगठन (ISRO) भारत गणराज्य की राष्ट्रीय अंतरिक्ष एजेंसी है। यह अंतरिक्ष विभाग (DoS) के तहत काम करता है, जो सीधे भारत के प्रधान मंत्री द्वारा देखा जाता है, जबकि ISRO के अध्यक्ष DoS के कार्यकारी के रूप में भी कार्य करते हैं।

अतः विकल्प (B) सही है।

50. हरियाणा के पहले मुख्यमंत्री भारतीय राष्ट्रीय कांग्रेस से थे।

पंडित जी के नाम से प्रसिद्ध भागवत दयाल शर्मा पहले भारतीय राज्य हरियाणा के मुख्यमंत्री थे और बाद में ओडिशा और मध्य प्रदेश के राज्यपाल थे।

अतः विकल्प (B) सही है।

51. P 15 दिनों में काम पूरा कर सकता है इसलिए 1 दिन में P $\frac{1}{15}$ राशि का काम पूरा करता है।

Q, P से दोगुना तेज़ है। Q से P का आधा समय लगता है अर्थात $\frac{15}{2}$ दिन

एक दिन में, Q करता है $\frac{1}{\frac{15}{2}} = \frac{2}{15}$ काम की राशि।

फिर दोनों एक साथ काम करते हैं,

एक दिन में एक साथ किया गया काम $= P$ का एक दिन का काम $+Q$ का एक दिन का काम।

$\therefore$ काम किया $= \frac{1}{15} + \frac{2}{15} = \frac{3}{15} = \frac{1}{5}$

यदि एक दिन में वे $\frac{1}{5}$ काम पूरा करते हैं तो पूरा काम दिनों में हो जाता है।

अतः विकल्प (B) सही है।

52. दिए गए तत्वों के बीच संबंध इस प्रकार है:

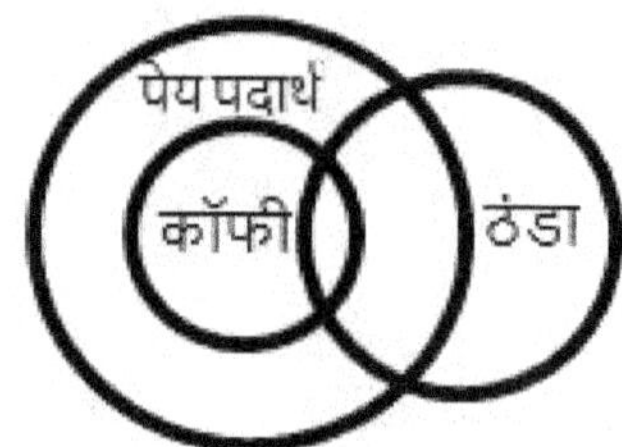

कॉफी एक प्रकार का पेय है और कभी-कभी इसे ठंडी कॉफी के रूप में भी परोसा जाता है।

अतः विकल्प (D) सही है।

53. अंग्रेजी वर्णमाला में अक्षरों की स्थिति पर विचार करने के बाद "COMB" को इस प्रकार लिखा जा सकता है:

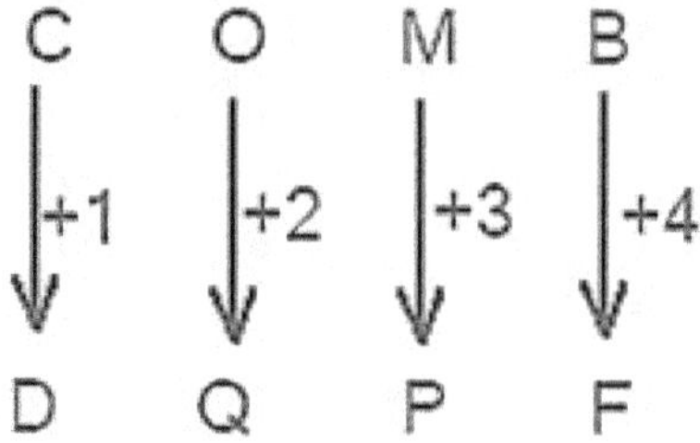

इसी प्रकार, "GOAT" को इस प्रकार लिखा जा सकता है:

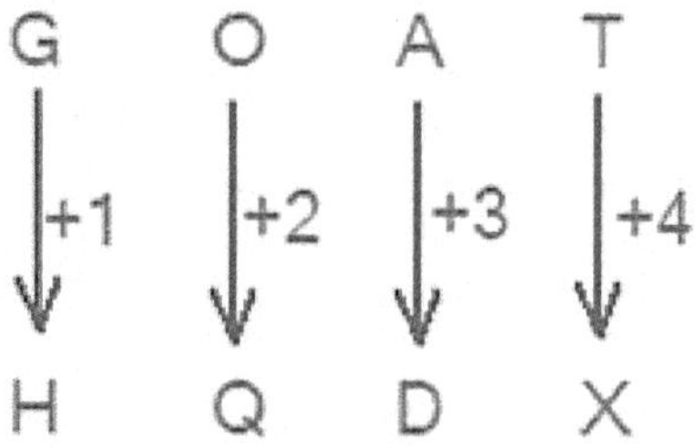

इसलिए, HQDX सही उत्तर है।

अतः विकल्प (A) सही है।

54. 12 के गुणनखंड $= 2 \times 2 \times 3$

18 के गुणनखंड $= 2 \times 3 \times 3$

21 के गुणनखंड $= 3 \times 7$

30 के गुणनखंड $= 2 \times 3 \times 5$

तो, 12,18,2 और 30 का ल. स. म. $= 2 \times 3 \times 2 \times 3 \times 7 \times 5 = 1260$

तो, आवश्यक संख्या $= \dfrac{1260}{2} = 630$

अतः विकल्प (A) सही है।

55. विटामिन सी आयरन के अवशोषण में मदद करता है।

आयरन एक खनिज है जो शरीर को विकास के लिए चाहिए। मानव शरीर हीमोग्लोबिन बनाने के लिए आयरन का उपयोग करता है, जो लाल रक्त कोशिकाओं में एक प्रोटीन होता है जो फेफड़ों से ऑक्सीजन को शरीर के सभी हिस्सों और मायोग्लोबिन में ले जाता है, एक प्रोटीन जो मांसपेशियों को ऑक्सीजन प्रदान करता है। मानव शरीर को कुछ हार्मोन बनाने के भी लिए आयरन की आवश्यकता होती है।

अतः विकल्प (A) सही है।

56. MS Word एप्लीकेशन सॉफ्टवेयर का एक उदाहरण है।

MS Word "Microsoft" द्वारा विकसित एक वर्ड प्रोसेसर है। इसे पहली बार 25 अक्टूबर, 1983 को रिलीज़ किया गया था।

अतः विकल्प (C) सही है।

57. यहाँ, गति $=$ (दूरी / समय)

$$\Rightarrow S = \left[\frac{600}{(5 \times 60)}\right] \text{मी /से} = 2 \text{ मी /से}$$

अब, मी /से को किमी /घंटा में परिवर्तित करने पर,

$$\Rightarrow S = 2 \times \left(\frac{18}{5}\right) = 7.2 \text{ किमी /घंटा।}$$

अतः विकल्प (B) सही है।

58. कालेसर वन्यजीव अभयारण्य हिमालय की शिवालिक पर्वतमाला की तलहटी में स्थित है। यह हरियाणा के यमुनानगर जिले के अंतर्गत आता है, जो तीन राज्यों अर्थात हिमाचल प्रदेश, उत्तरांचल और यू.पी. के साथ एक सीमा साझा करता है।

अतः विकल्प (A) सही है।

59. फाइब्रिनोजेन जो रक्त के थक्के से जुड़ा होता है, यकृत द्वारा निर्मित होता है।

फाइब्रिनोजेन एक प्रोटीन होता है जो शरीर में रक्त के थक्के बनाने में शामिल होता है। यह यकृत में बनता है और फाइब्रिन बनाता है। रक्त के थक्के में फाइब्रिन मुख्य प्रोटीन होता है जो रक्तस्राव को रोकने और घावों को भरने में मदद करता है।

अतः विकल्प (B) सही है।

60. सोडियम क्लोराइड साधारण नमक का रासायनिक नाम है।

सोडियम क्लोराइड, जिसे आमतौर पर नमक के रूप में जाना जाता है (हालांकि समुद्री नमक में अन्य रासायनिक लवण भी होते हैं), रासायनिक सूत्र $NaCl$ के साथ एक आयनिक यौगिक है, जो सोडियम और क्लोराइड आयनों के 1: 1 अनुपात का प्रतिनिधित्व करता है।

अतः विकल्प (D) सही है।

61. सही विकल्प 'स्कूल' होगा।

भेड़ियों के एक समूह को 'पैक' कहा जाता है। इसी तरह, मछली के एक समूह को 'स्कूल' कहा जाता है।

अतः विकल्प (A) सही है।

62. भारतीय मुगल चित्रों का उद्गम मुगल सम्राट हुमायूँ के शासन के दौरान हुआ था।खासकर जब वह दो फारसी कलाकारों मीर-सैय्यद अली और अब्द-उन-समद को भारत लाया था। धीरे-धीरे, उनकी शैली प्रभावित हुई और उन्होंने मुगल शैली को जन्म दिया, जो कई संस्कृतियों का संगम था।

अतः विकल्प (A) सही है।

63. मोटर-गाड़ियों में पीछे देखने के लिए उत्तल दर्पण का उपयोग होता है।

उत्तल दर्पण का दृश्य बहुत विस्तृत होता है क्योंकि वे बाहर की ओर मुड़े होते हैं। तो, उत्तल दर्पण चालक को समतल दर्पण की तुलना में बहुत बड़ा क्षेत्र देखने में सक्षम बनाता है। उत्पादित छवियां खड़ी हैं और उनका आकार वस्तु से बहुत छोटा है। इसलिए, वाहन के पीछे की ओर वस्तुओं को देखने के लिए इसे ऑटोमोबाइल में रियरव्यू मिरर के रूप में उपयोग किया जाता है।

अतः विकल्प (B) सही है।

64. The opposite of the word 'Terrible' is 'Soothing'.

Soothing means having a gentle and calming effect. Whereas frightening, scaring and horrible are having similar meanings as terrible.

Hence, the correct option is (A).

65. नोबल गैसें व्यक्तिगत परमाणुओं के रूप में मौजूद हैं।

नोबल गैसें सभी रंगहीन, गंधहीन और स्वादहीन होती हैं। नोबल गैस सात रासायनिक तत्व हैं जो आवर्त सारणी के समूह 18 (VIIIa) को बनाते हैं। तत्व हीलियम (He), नियोन (Ne), आर्गन (Ar), क्रिप्टन (Kr), क्सीनन (Xe), रेडॉन (Rn), और ओगेनेसन (Og) हैं।

अतः विकल्प (A) सही है।

66. 1857 की क्रांति के समय नवाब अब्दुर रहमान झज्जर के नवाब थे।

झज्जर भारत के हरियाणा राज्य में झज्जर जिले का एक शहर है। यह 15 जुलाई 1997 को रोहतक जिले से अलग हो गया था।

अतः विकल्प (A) सही है।

67. लीची यहाँ विषम है। अन्य सभी फलों में एक से अधिक बीज होते हैं।

अतः विकल्प (C) सही है।

68. हरियाणा के पहले गैर-कांग्रेसी मुख्यमंत्री राव बीरेंद्र सिंह थे।

वह हरियाणा के दूसरे मुख्यमंत्री थे। वह विशाल हरियाणा पार्टी से थे।

अतः विकल्प (D) सही है।

69. मिराज तब होता है जब जमीन बहुत गर्म होती है और हवा ठंडी होती है। गर्म जमीन जमीन के ऊपर हवा की एक परत को गर्म करती है। जब प्रकाश ठंडी हवा के माध्यम से और गर्म हवा की परत में चला जाता है तो यह अपवर्तित (मुड़ा हुआ) होता है। जमीन के पास बहुत गर्म हवा की एक परत आकाश से प्रकाश को लगभग यू-आकार के मोड़ में बदल देती है।

अतः विकल्प (A) सही है।

70. दिया है,

अंग्रेजी में उत्तीर्ण लड़के $= 80\%$

गणित में उत्तीर्ण लड़के $= 85\%$

दोनों विषयों में उत्तीर्ण लड़के $= 75\%$

लड़के जो कम से कम एक विषय में उत्तीर्ण हुए हैं $= 85\% + 80\% - 75\% = 90\%$

लड़के जो दोनों विषयों में विफल रहे $= ($ 100 $-$ लड़के कम से कम एक विषय में उत्तीर्ण हुए $) \% = 10\%$

अब, माना कुल छात्रों ने परीक्षा में भाग लिया $= x$

यह दिया गया है कि दोनों परीक्षाओं में 45 लड़के असफल रहे।

तो, x का $10\% = 45$

$$\Rightarrow x \times \left(\frac{10}{100} \right) = 45$$

$$\Rightarrow x = 450$$

अतः विकल्प (B) सही है।

71. जंक ई-मेल को स्पैम भी कहा जाता है।

विज्ञापन या अप्रासंगिक इरादे के लिए इंटरनेट पर बड़ी संख्या में उपयोगकर्ताओं के लिए अप्रासंगिक संदेश या एक ही संदेश भेजना स्पैमिंग कहलाता है और उस सामग्री को स्पैम या जंक कहा जाता है।

अतः विकल्प (A) सही है।

72. सुकुमार सेन भारत के पहले मुख्य चुनाव आयुक्त थे।

सुकुमार सेन (1898-1963) भारतीय सिविल सेवा (ICS) के एक अधिकारी थे। वह भारत के पहले मुख्य चुनाव आयुक्त (सीईसी) थे, जो 21 मार्च 1950 से 19 दिसंबर 1958 तक सेवारत थे। उनकी देखरेख में दो आम चुनाव (1951-52 और 1957 में) हुए थे।

अतः विकल्प (C) सही है।

73. पल्सर एक अत्यधिक चुम्बकीय घूर्णन वाला न्यूट्रॉन तारा है जो विद्युत चुम्बकीय विकिरण के एक किरण का उत्सर्जन करता है। यह विकिरण केवल तभी देखा जा सकता है जब उत्सर्जन की किरण पृथ्वी की ओर होती हैं और उत्सर्जन की स्पंदित उपस्थिति के लिए जिम्मेदार होती है।

अतः विकल्प (C) सही है।

74. देवीलाल स्वतंत्रता सेनानी थे जो बाद में हरियाणा के मुख्यमंत्री बने।

देवीलाल महात्मा गांधी के अनुयायी थे और ब्रिटिश राज से भारत की स्वतंत्रता के लिए संघर्ष में शामिल थे। ताऊ (चाचा) के नाम से लोकप्रिय, लाल हरियाणा राज्य के किसान नेता के रूप में उभरे और उन्होंने 1977-79 में पहले हरियाणा के मुख्यमंत्री और फिर 1987-89 में सेवा की।

अतः विकल्प (D) सही है।

75. दिया है, $\quad 1860 + 21.21$ का $\frac{4}{7} - 41.4 =?$

$$\Rightarrow 1860 + 21.21 \text{ का } \frac{4}{7} - 41.4 = 1860 + 4(3.03) - 41.4$$

$$\Rightarrow 1860 + 12.12 - 41.4 = 1872.12 - 41.4$$

$$\Rightarrow 1830.72$$

अतः विकल्प (A) सही है।

76. गेहूँ उगाने के लिए दोमट मिट्टी अच्छी होती है।

दोमट मिट्टी में सिल्ट, चिकनी मिट्टी और बालू होती है और इसमें पर्याप्त मात्रा में ह्यूमस होता है। इसलिए यह गेहूं की तरह बढ़ती फसलों के लिए सबसे अच्छी मिट्टी है क्योंकि उन्हें हवा के पर्याप्त वेंटिलेशन की जरूरत होती है और फसल को बढ़ने के लिए पर्याप्त जगह भी।

अतः विकल्प (B) सही है।

77. हम आरेख में आवश्यक संबंध देख सकते हैं:

$$E \xrightarrow{+13} R$$
$$D \xrightarrow{+13} Q$$
$$C \xrightarrow{+13} P$$

इसी तरह,

$$L \xrightarrow{+13} Y$$
$$K \xrightarrow{+13} X$$
$$J \xrightarrow{+13} W$$

अतः विकल्प (C) सही है।

78. तेज रफ्तार ट्रेन की धीमी रफ्तार ट्रेन के मुकाबले सापेक्ष रफ्तार $=$ $(50 - 30)$ किमी/घंटा $= 20$ किमी/घंटा

$\Rightarrow 20$ किमी/घंटा $= \left[20 \times \left(\frac{5}{18}\right)\right]$ मीटर/सेकेंड $= \frac{50}{9}$ मीटर/सेकेंड,

तेज रफ्तार ट्रेन द्वारा व्यक्ति को पार करने में तय की गयी दूरी = तेज रफ्तार ट्रेन की लंबाई (माना x),

जब कोई ट्रेन किसी स्थिर व्यक्ति/वस्तु को पार करती है तो ट्रेन द्वारा तय की गयी दूरी ट्रेन की लंबाई के बराबर होगी।

अब,

$\because$ दूरी $=$ रफ्तार $\times$ समय

$\Rightarrow x = \left(\frac{50}{9}\right) \times 18 = 100$ मीटर

अतः विकल्प (D) सही है।

79. गंगा डेल्टा भारत का सबसे लंबा नदी डेल्टा क्षेत्र है।

गंगा डेल्टा, जिसे गंगा ब्रह्मपुत्र डेल्टा, सुंदरबन डेल्टा या बंगाल डेल्टा भी कहा जाता है, जहाँ गंगा और ब्रह्मपुत्र नदियाँ बंगाल की खाड़ी में बहती हैं। यह दुनिया का सबसे बड़ा डेल्टा है।

अतः विकल्प (C) सही है।

80. अखिल भारतीय मुस्लिम लीग (मुस्लिम लीग के रूप में लोकप्रिय) 1906 में ब्रिटिश भारत में स्थापित एक राजनीतिक पार्टी थी। एक अलग मुस्लिम-बहुल राष्ट्र-राज्य, पाकिस्तान की स्थापना के लिए इसकी मजबूत वकालत, सफलतापूर्वक 1947 में ब्रिटिश साम्राज्य द्वारा भारत के विभाजन का कारण बनी।

अतः विकल्प (C) सही है।

81. लोकोक्ति (मुहावरे) का हिन्दी में अर्थ – जो स्वयं बुरा होता है, दूसरों को भी बुरा समझता है। आप डूबे जग डूबा हिन्दी की एक प्रसिद्ध लोकोक्ति है जिसका प्रयोग अक्सर हिन्दी के लेख, निबंध आदि में किया जाता है।

अतः विकल्प (A) सही है।

82. दी गई संख्या को निम्नानुसार लिखा जा सकता है:

$$4^{61} + 4^{62} + 4^{63} + 4^{64} + 4^{65} = 4^{61}$$
$$(1 + 4^1 + 4^2 + 4^3 + 4^4)$$

$$= 4^{61}(1 + 4 + 16 + 64 + 256) = 4^{61}(341)$$

अब विकल्पों की जाँच करें,

$\Rightarrow$ 341 3 से विभाज्य नहीं है

$\Rightarrow$ 341 5 से विभाज्य नहीं है

$\Rightarrow$ 341 11 से विभाज्य है

अतः विकल्प (C) सही है।

83. USB का अर्थ 'यूनिवर्सल सीरियल बस' है।

USB एक प्लग एंड प्ले इंटरफ़ेस है जो कंप्यूटर को परिधीय और अन्य उपकरणों के साथ संचार करने की अनुमति देता है। USB-कनेक्टेड डिवाइस एक विस्तृत श्रृंखला को कवर करते हैं; कीबोर्ड और माउस से लेकर म्यूजिक प्लेयर्स से फ्लैश ड्राइव तक।

अतः विकल्प (C) सही है।

84. माना संख्याएँ हैं = x, y

यह दिया गया है कि x : y = 3 : 4

और उनका म. स. है = 4

$\therefore$ x = 3 × 4 = 12

$\Rightarrow$ y = 4 × 4 = 16

इसलिए, 12 और 16 का ल. स. = 4 × 3 × 4 = 48

अतः विकल्प (A) सही है।

85. The passive voice of the sentence "Who is creating this mess?" will be "By whom is this mess being created?".

The structure used here is "By + question word + subject + auxiliary + past participle".

Hence, the correct option is (D).

86. यहाँ प्रयुक्त सूत्र है,

समतुल्य छूट $= \left[(A + B) - \left\{\frac{(A \times B)}{100}\right\}\right]$ जहां $A =$ पहली छूट, $B =$ दूसरी छूट

समतुल्य छूट $= (20 + 10) - \left[\frac{(20 \times 10)}{100}\right]$

समतुल्य छूट $= 30 - 2 = 28\%$

अतः विकल्प (B) सही है।

87. जब दो या अधिक पदार्थ एक साथ शारीरिक रूप से संयोजित होते हैं, मिश्रण कहलाता है। हालांकि, पानी में, दो हाइड्रोजन परमाणु रासायनिक रूप से एक ऑक्सीजन परमाणु के साथ मिलकर एक नया पदार्थ बनाते हैं जिसमें हाइड्रोजन या ऑक्सीजन से अलग गुण होते हैं। इसलिए, पानी एक मिश्रण नहीं है, यह एक यौगिक है और यह शुद्ध है।

अतः विकल्प (C) सही है।

88. राशि $= (30000 + 4347)$ रु $= 34347$ रु

माना की अवधि n वर्ष है,

इसलिए, $30000\left(1 + \frac{7}{100}\right)^n = 34347$

$\Rightarrow \left(\frac{107}{100}\right)^n = \frac{34347}{30000} = \frac{11449}{10000} = \left(\frac{107}{100}\right)^2$

$\therefore n = 2$ वर्ष

अतः विकल्प (A) सही है।

89. जूट को 'गोल्डन फाइबर' के रूप में जाना जाता है। जूट फाइबर 100% जैव-अपघटनीय और पुनर्नवीनीकरण है और इस प्रकार पर्यावरण के अनुकूल है। यह एक सुनहरा और रेशमी चमक वाला एक प्राकृतिक फाइबर है और इसलिए इसे गोल्डन फाइबर कहा जाता है।

अतः विकल्प (B) सही है।

90. यूरेनस उन दो ग्रहों में से एक है जो सूर्य के चारों ओर पूर्व से पश्चिम की ओर घूमते हैं। दूसरा शुक्र है। यूरेनस सूर्य से सातवां ग्रह है। इसमें सौरमंडल में तीसरा सबसे बड़ा ग्रह त्रिज्या और चौथा सबसे बड़ा ग्रह द्रव्यमान है।

अतः विकल्प (B) सही है।

91. सिस्टम को 'डीबग' करने का अर्थ है सिस्टम में त्रुटियों का पता लगाना और उन्हें सही करना।

डीबगिंग एक सॉफ्टवेयर कोड में मौजूदा और संभावित त्रुटियों (जिसे 'बग' भी कहा जाता है) का पता लगाने और हटाने की प्रक्रिया है, जो इसे अप्रत्याशित रूप से या दुर्घटना का कारण बन सकती है। किसी सॉफ्टवेयर या सिस्टम के गलत संचालन को रोकने के लिए, बग्स या दोषों को खोजने और हल करने के लिए डिबगिंग का उपयोग किया जाता है।

अतः विकल्प (C) सही है।

92. दिया गया समीकरण, $\Rightarrow$ 0.125 + 32 - 54 x 3 = ?

'+' अर्थात 'x', '-' अर्थात '+', 'x' अर्थात '÷' and '÷' अर्थात '-'

बदलने के बाद,

$\Rightarrow$ 0.125 × 32 + 54 ÷ 3 = ?

$\Rightarrow$ 4 + 18 = ?

$\Rightarrow$? = 22

अतः विकल्प (C) सही है।

93. लेन्ज़ का नियम गैसों से संबंधित नहीं है।

लेन्ज़ के नियम में कहा गया है कि विभिन्न ध्रुवों के साथ प्रेरित इलेक्ट्रोमोटिव बल एक विद्युत धारा को प्रेरित करता है जिसका चुंबकीय क्षेत्र लूप के माध्यम से चुंबकीय प्रवाह में परिवर्तन का विरोध करता है ताकि यह सुनिश्चित हो सके कि जब उसमें प्रवाह होता है तो मूल प्रवाह लूप के माध्यम से बनाए रखा जाता है।

अतः विकल्प (C) सही है।

94. दिया गया समीकरण, 324 × 18 - 36 + 9 ÷ 45 = 387

प्रत्येक विकल्प को जांचते हैं,

(A) ÷ और - को बदलने पर समीकरण,

$\Rightarrow$ 324 × 18 ÷ 36 + 9 - 45 = 126

(B) × और + को बदलने पर समीकरण.

$\Rightarrow$ 324 + 18 - 36 × 9 ÷ 45 = 334.8

(C) ÷ और × को बदलने पर समीकरण,

$\Rightarrow$ 324 ÷ 18 - 36 + 9 × 45 = 387

इसलिए, ÷ और × को बदलने पर, हमें सही उत्तर मिलता है।

अतः विकल्प (C) सही है।

95. जब आहार में फ्लोरीन का अत्यधिक सेवन होता है, तो व्यक्ति कई दंत और हड्डियों से संबंधित विकृति से पीड़ित होता है।

लंबी हड्डियां प्रभावित होती हैं जिसके परिणामस्वरूप हड्डियों में टूटना और फ्रैक्चर होता है।

हड्डी के घनत्व और लोच में कमी होती है जिसके परिणामस्वरूप ऑस्टियोस्क्लेरोसिस होता है।

अतः विकल्प (D) सही है।

96. X द्वारा 4 दिन में किया कार्य $= \left(\frac{1}{20} \times 4\right) = \frac{1}{5}$

बचा हुआ कार्य $= \left(1 - \frac{1}{5}\right) = \frac{4}{5}$

$(X + Y)$ का 1 दिन का कार्य $= \left(\frac{1}{20} + \frac{1}{12}\right) = \frac{8}{60} = \frac{2}{15}$

X और Y का 1 दिन का कार्य $\frac{2}{15}$ है

तो, X और Y द्वारा $\frac{4}{5}$ कार्य किया जायेगा $= \left(\frac{15}{2} \times \frac{4}{5}\right) = 6$ दिन

इसलिए, कुल समय $= (6 + 4) = 10$ दिन

अतः विकल्प (B) सही है।

97. मनुष्यों में, छोटी आंत लगभग 7 मीटर या 22 फीट लंबी होती है और व्यक्ति की आकार के आधार पर बड़ी आंत लगभग 1.5 मीटर या 5 फीट लंबी होती है।

अतः विकल्प (D) सही है।

98. सामाजिक समानता मामलों की एक ऐसी स्थिति है जिसमें एक विशिष्ट समाज के सभी लोगों के पास समान अधिकार, स्वतंत्रता और स्थिति होती है, जिसमें संभवतः नागरिक अधिकार, भाषण की स्वतंत्रता, संपत्ति के अधिकार और कुछ सामाजिक सामान और सामाजिक सेवाओं तक समान पहुंच शामिल है।

अतः विकल्प (C) सही है।

99. "ड्रीम्स ऑफ अ बिलियन: इंडिया एंड द ओलंपिक गेम्स" पुस्तक के लेखक बोरिया मजूमदार और नलिन मेहता हैं। "ड्रीम्स ऑफ ए बिलियन: इंडिया एंड द ओलंपिक गेम्स" पुस्तक 2020 टोक्यो ओलंपिक के बारे में है।

अतः विकल्प (D) सही है।

100. वॉशिंग मशीन का कार्य सिद्धांत केन्द्रापसारण है।

केन्द्रापसारण एक पृथक्करण प्रक्रिया है जो ठोस-तरल मिश्रण में कणों के त्वरित निपटान को बढ़ावा देने के लिए केन्द्रापसारक बल का उपयोग करती है। इस उद्देश्य के लिए वॉशिंग मशीन में एक अपकेंद्रित्र होता है। अपकेंद्रित्र उपकरण एक टुकड़ा है जो एक वस्तु को एक निश्चित अक्ष के चारों ओर रोटेशन में डालता है, स्पिन के अक्ष के लंबवत बल को लागू करता है जो बहुत मजबूत हो सकता है।

अतः विकल्प (C) सही है।

Q.1 _____ को भारत में "मिनी क्यूबा" कहा जाता है क्योंकि इस क्षेत्र से बड़ी संख्या में मुक्केबाज आते हैं।

A. भिवानी **B.** अंबाला **C.** करनाल **D.** पलवल

Q.2 खसरा और रूबेला _____ द्वारा होता है।

A. जीवाणु **B.** विषाणु **C.** प्रोटिस्टा **D.** कवक

Q.3 निम्नलिखित संख्यायों की श्रृंखलाओं में, कितनी बार 1,3, व 7 एक साथ आए हैं कि 7 बीच में हो और 1 व 3 उनके दोनों ओर हो?

2 9 7 3 1 7 3 7 7 1 3 3 1 7 3 8 5 7 1 3 7 7 1 7 3 9 0 6

A. 3 **B.** 4

C. 5 **D.** 5 से अधिक

Q.4 $10H$ की एक आदर्श कुंडली 5Ω के एक प्रतिरोध और $5V$ की एक बैट्री के साथ श्रृंखला में जुड़ी हुई है। कनेक्शन के बाद दो सेकंड बाद परिपथ में बहनेवाली विद्युत एम्पीयर में है

A. $(1 - e^{-1})$ **B.** $(1 - e)$

C. e **D.** e^{-1}

Q.5 यदि P(n): $2n < n!$, $n \in N$ है तो P(n) सत्य है n के लिए

A. > 2 **B.** > 3

C. < 4 **D.** इनमें से कोई नहीं

Q.6 हरियाणा का छड़ी नृत्य किस त्यौहार से संबंधित है?

A. नवरात्रि **B.** तीज **C.** गूगा नवमी **D.** होली

Q.7 3 समुच्चयों A, B, C के लिए यदि $A \subset B$, $B \subset C$ तो

A. $A \cup B \subset C$ **B.** $C \subset A \cup B$

C. $A - B = C$ **D.** इनमे से कोई नहीं

Q.8 फिल्म पगड़ी दी ऑनर में अपनी भूमिका हेतु _____ को सर्वश्रेष्ठ सहायक कलाकार हेतु राष्ट्रीय फिल्म पुरस्कार मिला।

A. उषा शर्मा **B.** बलजिंदर कौर

C. सुमित्रा हूडा **D.** शीला पहल

Q.9 2018 राष्ट्रमंडल खेल _____ में हुआ।

A. सिंगापुर **B.** दक्षिण अफ्रीका

C. इंग्लैंड **D.** ऑस्ट्रेलिया

Q.10 संसद में विधेयक की प्रस्तुति के सम्बन्ध में निम्नलिखित में से कौन-सा कथन गलत है?

A. वित्त विधेयक सर्वप्रथम संसद के किसी भी सदन में प्रस्तुत किया जा सकता है

B. सभी विधेयकों के लिए राष्ट्रपति का अनुमोदन अनिवार्य है

C. वित्तमंत्री वित्त विधेयक लोकसभा में प्रस्तुत करते हैं

D. विधेयकों के संबंध में असहमति का संसद के संयुक्त सत्र के माध्यम से सुलझाया जा सकता है

Q.11 23 दलों का UNFCCC - 2017 सम्मेलन _____ में हुआ।

A. एडिनबर्ग **B.** मोरक्को

C. कैलिफोर्निया **D.** बॉन

Q.12 _____ एक तकनीक है जिसमें संप्रेषण हेतु दो गाँठों के बीच एक समर्पित और पूर्ण भौतिक कनेक्शन स्थापित किया जाता है।

A. पैकेट स्विचिंग **B.** सर्किट स्विचिंग

C. लैन **D.** उक्त सभी

Q.13 तथ्य _____ हो सकता है।

A. केवल भौतिक

B. मनोवैज्ञानिक तथ्य

C. भौतिक और मनोवैज्ञानिक

D. उक्त में से कोई नहीं

Q.14 _____ जिले को श्रीपद जनपद कहते हैं।

A. कुरुक्षेत्र **B.** रेवड़ी **C.** फरीदाबाद **D.** पंचकूला

Q.15 वह श्रृंखला ज्ञात करें जिसमें आसन्न अक्षरों के बीच छूटे अक्षर घटते क्रम में नहीं है।

A. EQZFI **B.** GWIQU **C.** MGVFK **D.** PJXHM

Q.16 इस व्यक्ति को भाखड़ा-नांगल बाँध का जनक कहते हैं?

A. सेठ छज्जू राम

B. चौधरी छोटू राम

C. चौधरी सुखराम

D. दीवान बहादुर एस. पी. सिंह

Q.17 हरियाणा संस्कृत अकादमी द्वारा प्रकाशित मासिक पत्रिका का निम्नलिखित में से कौन-सा नाम है?

A. संस्कृतवाणी **B.** संस्कृतभारती

C. हरिप्रभा **D.** संस्कृत भाषा

Q.18 पृथ्वी के चारों ओर अदृश्य गैस की चादर _____ कहलाती है।

A. आयनमंडल **B.** क्षोभमंडल

C. समताप मंडल **D.** वायुमंडल

Q.19 हाली पुरस्कार _____ द्वारा दिया जाता है।

A. हरियाणा पंजाबी अकादमी

B. हरियाणा उर्दू अकादमी

C. हरियाणा संस्कृत अकादमी

D. हरियाणा हिंदी अकादमी

Q.20 'आंतरिक ग्रह' कहलाने वाले ग्रहों का समूह है।

A. बुध, बृहस्पति, पृथ्वी और शनि

B. बुध, पृथ्वी, नेप्प्यून और बृहस्पति

C. बुध, पृथ्वी, मंगल और शनि

D. बुध, शुक्र, पृथ्वी और मंगल

Q.21 _____ किसी प्रकार के मानों का एक क्रम है और पूर्णांकों द्वारा सूचकांकित है। ये निर्विकल्प है।

A. ट्यूपल **B.** स्ट्रिंग **C.** सूची **D.** शब्दकोश

Q.22 60 विद्यार्थियों की कक्षा में, 25 क्रिकेट खेलते हैं, 20 टेनिस खेलते हैं और 10 विद्यार्थी दोनों खेल खेलते हैं। उन विद्यार्थियों की संख्या जो न टेनिस न क्रिकेट खेलते हैं

A. 35 **B.** 40 **C.** 25 **D.** 50

Q.23 सूरजमुखी अपरारोपण के _____ प्रकार का एक उदाहरण है।

A. सीमांत अपरारोपण **B.** मुक्त केंद्रीय अपरारोपण

C. शीर्षीय अपरारोपण **D.** आधारीय अपरारोपण

Q.24 पशु और भैंस _____ परिवार से आते हैं।

A. कैमेलीडी

B. सिडी

C. इकिडी

D. इनमें से कोई नहीं

Q.25 लड़कियों की पंक्ति में, सीता जो बाएँ से 10वीं है और लीना जो दाएँ से 7वीं हैं, अपने स्थानों को आपस में बदलती है, सीता बाएँ से 15वीं हो जाती है। पंक्ति में कितनी लड़कियाँ हैं?

A. 17   B. 20   C. 22   D. 21

Q.26 __________ पूर्व ईसाई युग के यौद्धेय जनजातीय गणराज्य से जुडा है और 1938 में बीरबल सैनी द्वारा निकाले गए बहुत से इंडो-ग्रीक सिक्को के हेरों की शृंखला रखता है।

A. भिवंड़ी

B. खोकराकोट

C. चरखी दादरी

D. कैथल

Q.27 निम्नलिखित में से कौन-सा सिंधु घाटी सभ्यता का एक प्राचीन पत्तन है?

A. मोहेंजोदडो

B. कालीबँगान

C. हड़प्पा

D. लौथल

Q.28 वह राजमा किस्म चुनिए जो बैक्टीरियल ब्लाइट रोग प्रतिरोधी है।

A. हिमगिरी

B. पूसा कोमल

C. पूसा सदाबहार

D. पूसा स्वर्णिम

Q.29 भारतीय साक्ष्य अधिनियम __________ में अस्तित्व में आया।

A. 1 जनवरी, 1872

B. 1 अक्टूबर, 1872

C. 1 सितम्बर, 1872

D. 1 दिसंबर, 1872

Q.30 A, B से धनी है। C, A से धनी है। D, C से धनी है और E सबसे धनी है। यदि उन्हें धनाढ्यता के अवरोही क्रम में बैठाया जाए तो मध्य में कौन होगा?

A. A   B. B   C. C   D. D

Q.31 किन दो महीनों का एक वर्ष में समान कैलेंडर होता है?

A. जून, अक्टूबर

B. अप्रैल, नवंबर

C. अप्रैल, जुलाई

D. अक्टूबर, दिसंबर

Q.32 1556 में अकबर की मुगल फौजों को हराने के बाद इस राजा ने 'विक्रमादित्य' की उपाधि धारण की।

A. शेर शाह सूरी

B. हेमचंद्र

C. राणा प्रताप

D. पृथ्वीराज चौहान

Q.33 जब एक सिक्के को 6 बार उछाला जाता है तो संभव प्राप्तियाँ हैं

A. 36   B. 12   C. 64   D. 32

Q.34 स्वाभिमान आंदोलन ______ द्वारा शुरू किया गया।

A. स्वामी विवेकानंद

B. अंबेडकर

C. रामास्वामी नायकर

D. राजाराम मोहन राय

Q.35 निम्नलिखित में से कौन-सा डाटाबेस मैनेजमेंट सिस्टम का एक उदाहरण नहीं है?

A. SQL   B. .net   C. SAP   D. Oracle

Q.36 एक बैग में 5 लाल और 3 नीली गेंदें हैं। यदि बिना बदले यादृच्छिक रूप से 3 गेंदें निकाली जाती हैं। एक लाल गेंद आने की प्रायिकता है

A. $\frac{45}{196}$ B. $\frac{135}{392}$ C. $\frac{15}{56}$ D. $\frac{15}{29}$

Q.37 एक रेडियो सक्रिय नमे की गतिविधि 3 दिनों में अपने मूल मान का $\frac{1}{3}$ रह जाती है। तो 9 दिनों में गतिविधि हो जाती है।

A. इसके मूल मान का $\frac{1}{3}$

B. इसके मूल मान का $\frac{1}{9}$

C. इसके मूल मान का $\frac{1}{8}$

D. इसके मूल मान का $\frac{1}{27}$

Q.38 निम्नलिखित कूट का निर्गत क्या है?

```
class test:
    def __init__(self):
        self. variable = 'old'
        self. change (self. variable)
    def change (self,var):
    var ='new'
obj = test( )
print (obj. variable)
```

A. error:function cannot be called

B. 'new' is printed

C. 'old' is printed

D. nothing is printed

Q.39 भारत में खाद्य सुरक्षा अधिनियम वर्ष ________ में लागू हुआ था।

A. 2011   B. 2012   C. 2013   D. 2010

Q.40 2011 की जनसंख्या के अनुसार, हरियाणा की जनसंख्या भारत की जनसंख्या का ______ प्रतिशत है।

A. 2   B. 5   C. 10   D. 13

Q.41 दिए गए विकल्पों से, शब्द "OUTRAGEOUS" के अक्षरों को प्रयोग करते हुए न बनाया जा सकने वाला शब्द चुनिए।

A. GREAT

B. OUTAGE

C. SURAT

D. GREGARIOUS

Q.42 जब एक प्रोग्राम के निष्पादन के दौरान एक नाम से आमना-सामना होता है तो यह नाम को निम्नलिखित क्रम में खोजता है

A. स्थानीय, वैश्विक, पहले से उसी में निर्मित, बंदीकारी फंक्शन्स

B. वैश्विक, स्थानीय, बंदीकारी फंक्शन्स, उसी में निर्मित

C. उसी में निर्मित, बंदीकारी फंक्शन्स, स्थानीय, वैश्विक

D. स्थानीय, बंदीकारी फंकशन्स, वैश्विक, उसी में निर्मित

Q.43 चिली शोरा है

A. $NaNO_3$

B. KNO_3

C. $LiNO_3$

D. $Ca(NO_3)_2$

Q.44 समीकरण $kx(x - 2) + 6 = 0$ के लिए k का मान है ताकि इसके दो समान मूल हो

A. 0, 6

B. 6

C. 2, 3

D. इनमे से कोई भी नहीं

Q.45 1966 में जब हरियाणा बनाया गया तो जिलों की संख्या थी

A. 21   B. 15   C. 7   D. 9

Q.46 हरियाणा का सूचना, लोक संबंध और भाषा विभाग एक पत्रिका ______ निकालता है।

A. हरियाणा विकारा

B. हरियाणा दर्शन

C. हरयाणा संवाद

D. इनमें से कोई भी नहीं

Q.47 निम्नलिखित कूट के निर्गत का पूर्वानुमान लगाइए

```
Int f = 1, i =2;
do {
    f* = i;
    } while (++i <5);
cout<<f;
```

A. 12   **B.** 5   **C.** 4   **D.** 24

Q.48 हरियाणा के इस स्थान पर एक 2800 Megawatt का नया शक्ति संयंत्र लगाया जाएगा

A. रेवाड़ी   **B.** गोरखपुर   **C.** जींद   **D.** सिरसा

Q.49 वह विकल्प चुनिए, जो नेटवर्किंग में शामिल नहीं है।

A. दुरस्थ डेटाबेस तक पहुंच
B. संसाधन साझा करना
C. शक्ति स्थानांतरण
D. संप्रेषण

Q.50 संविधान का वह अनुच्छेद जो जम्मू और कश्मीर को विशेष राज्य का दर्जा देता है

A. 370   **B.** 382   **C.** 371   **D.** 372

Q.51 सही उतर चुनिए।
I : अंबाला में हरियाणा से सर्वाधिक वर्षा होती है ।
II : इसके चारों ओर शिवालिक की पहाड़ीयाँ है ।

A. I और II दोनों सत्य हैं और II, I की सही व्याख्या है।
B. I और II दोनों सत्य हैं और II, I की सही व्याख्या नहीं है।
C. I सत्य है परंतु II असत्य है
D. दोनों असत्य हैं।

Q.52 राष्ट्रीय जंतु अनुवांशिक संसाधन ब्यूरो _______ में स्थित है।

A. कुरुक्षेत्र   **B.** करनाल   **C.** मेवात   **D.** रेवाड़ी

Q.53 सूरदास निम्नलिखित में से किस मुगल शासक का समकालीन थे?

A. शाहजहाँ   **B.** अकबर   **C.** हुमायूँ   **D.** बाबर

Q.54 भारतीय साक्ष्य अधिनियम के अंतर्गत साक्ष्य का अर्थ है

A. मौखिक साक्ष्य   **B.** दस्तावेजीय साक्ष्य
C. (A) और (B) दोनों   **D.** उक्त में से कोई भी नहीं

Q.55 इस रक्षित क्षेत्र में दिल्ली पर्वतीय श्रेणी के अवशेषों में से एक उपस्थित हैं

A. भिंडवास वन्यजीव अभ्यारण्य
B. असोला-भट्टी वन्यजीव अभ्यारण्य
C. नाहर वन्यजीव अभ्यारण्य
D. अबूबशहर वन्यजीव अभ्यारण्य

Q.56 सही उत्तर चुनिए।
I. जिंजी फोर्ट-तमिलनाडु
II. अजंता-एलोरा गुफाएँ-मध्य प्रदेश

A. केवल I सही है   **B.** केवल II सही है
C. दोनों सही है   **D.** दोनों गलत है

Q.57 हरियाणा का यह लेखक उर्दू पत्रिका 'भारत प्रताप' का संपादक था।

A. बालमुकुंद गुप्त   **B.** प्रताप नारायण मिश्र
C. महावीर प्रसाद द्विवेदी   **D.** उक्त में से कोई भी नहीं

Q.58 भ्रूण को जन्म देना ____ कहलाता है।

A. रोपण   **B.** निषेचन
C. प्रसव   **D.** अंड़ोत्सर्जन

Q.59 भारतीय संविधान में समानता के अधिकार के संबंध में निम्नलिखित कथनों पर विचार करें।
1. अनुच्छेद 14 - कानून के समक्ष सभी समान हैं।
2. अनुच्छेद 16 - सार्वजनिक रोजगार में समान अवसर।
3, अनुच्छेद 17 - अस्पृश्यता निषिद्ध है।

4. अनुच्छेद 19 - उपाधियों का उन्मूलन।

A. 1 और 4   **B.** 2 और 4 केवल
C. 1, 2 और 4 केवल   **D.** 1, 2, और 3

Q.60 $(1 + x)^n$ के विस्तारण में दूसरा, तीसरा और चौथे पदों के गुणांक समांतर श्रेणी में है, n का मान है

A. 2   **B.** 7   **C.** 11   **D.** 14

Q.61 निम्नलिखित में से कौन-सा देश महान भौगोलिक रचना 'भारतीय उप-महाद्वीप' में शामिल नहीं है?

A. म्याँमार   **B.** पाकिस्तान   **C.** बांग्लादेश   **D.** भारत

Q.62 भारत का वर्तमान विधि मंत्री है

A. डी. वी. सदानंद गौड़ा   **B.** अनंतकुमार हेगडे
C. रविशंकर प्रसाद   **D.** नितिन गडकरी

Q.63 मोडियम प्रकाश $(\lambda = 5890\text{Å})$ हेतु व्यतिकरण सीमांतों के लिए एक द्वी प्रयोग की $0.2°$ की एक कोणीय चौड़ाई है। किस तरंगदैर्घ्यता के लिए चौड़ाई 10% अधिक होगी ?

A. 5890 Å   **B.** 7500 Å   **C.** 6479 Å   **D.** 8768 Å

Q.64 नीली क्रांति _______ से संबंधित है।

A. तिलहन फसलें   **B.** सब्जी फसलें
C. दुग्ध उत्पादन   **D.** मछली

Q.65 एक दिए गए स्थान और समय पर वायुमंडल की स्थिति को _______ कहते हैं।

A. जलवायु   **B.** मौसम
C. मौसम-विज्ञान   **D.** इनमें से कोई नहीं

Q.66 इस प्रोग्राम का निर्गत क्या है?

```
int main ( ){
char arr [20];
int i;
for (i= 0; i < 10; i++)
    *(arr + i) = 65 + i;
    *(arr + i) = '\0';
cout << ar;
return 0;
}
```

A. ABCDEFGHIJ   **B.** AAAAAAAAAA
C. 0123456789   **D.** उक्त में से कोई नहीं

Q.67 दो आबंटनों की भिन्नताओं का गुणांक 50 और 60 है और उनका अंकगणितीय मान क्रमश: 30 और 25 है। उनका मानक विचलन का अंतर है

A. 1   **B.** 0   **C.** 1.5   **D.** 2.5

Q.68 _______ हरियाणा में ऊर्जा उत्पादन हेतु उत्तरदायी है।

A. हरियाणा विद्युत सुधार आयोग
B. हरियाणा राज्य विद्युत बोर्ड
C. हरियाणा ऊर्जा उत्पादन कॉर्पोरेशन लिमिटेड
D. हरियाणा विद्युत प्रसरण निगम लिमिटेड

Q.69 _______ हरियाणा के एक स्वतंत्रता सेनानी थे जो बाद में राज्य के मुख्यमंत्री बने।

A. देवीलाल   **B.** बंसीलाल
C. भूपेंद्र सिंह हूडा   **D.** मनोहर लाल खत्तर

Q.70 जब संख्याओं 517, 325, 639, 841, 792 को अवरोही क्रम में व्यवस्थित किया जाता है तो प्रत्येक संख्या में अंकों का क्रम पलटने के बाद शीर्ष से तीसरी संख्या का अंतिम अंक क्या होगा?

A. 7   **B.** 3   **C.** 5   **D.** 2

Q.71 साहीवाल _____ की एक किस्म है।

A. चिंकारा   **B.** बाघ   **C.** मगरमच्छ   **D.** गाय

Q.72 निम्नलिखित में से कौन-सा फंक्शन/विधि पाइथन में एक कंस्ट्रक्टर की भाँति कार्य करता है?

A. construct()
B. __init__()
C. __str__
D. वह फंक्शन जिसका नाम वर्ग के नाम के समान है।

Q.73 निम्नलिखित में से कौन-सा एक उन पाँच गाँतों में से एक है जो युदिष्ठिर दुर्योधन से माँगना चाहते थे?

A. मेवात   **B.** पलवल   **C.** करनाल   **D.** सोनीपत

Q.74 'सभी त्रिभुज समबाहु त्रिभुज है' का खंडन है

A. सभी त्रिभुज समबाहु नहीं हैं
B. सभी समबाहु त्रिभुज, त्रिभुज नहीं हैं
C. एक त्रिभुज ऐसा है जो समबाहु त्रिभुज नहीं है
D. ये सभी

Q.75 एक वर्ग से एक ऑब्जेक्ट बनाना _____ कहलाता है।

A. इनीशिएलाइजेशन   **B.** इंस्टेंशिएशन
C. क्रिएशन   **D.** डेफिनेशन

Q.76 P(n): $2^{2N} - 1$, $n \in N$ _____ द्वारा विभाज्य है।

A. 4   **B.** 3
C. 5   **D.** इनमे से कोई नहीं

Q.77 मोहम्मद गझनी ने थानेसर पर _____ में आक्रमण किया।

A. 1054   **B.** 1014   **C.** 1263   **D.** 1492

Q.78 इस पंचकूला के लेखक ने 2017 का प्रतिष्ठित केंद्र साहित्य अकादमी पुरस्कार जीता है

A. नच्छतर   **B.** रमेश कुंतल मेघ
C. नासिरा शर्मा   **D.** मृदूला गर्ग

Q.79 इस महिला ने UPSC में द्वितीय स्थान प्राप्त किया था जिसे 'बेटी बचाओं. बेटी पढ़ाओ' अभियान का ब्रांड एंबेसेडर नामित किया गया था।

A. अनु कुमारी   **B.** दिव्या कुमारी
C. सरिता कुमारी   **D.** प्रिती कुमारी

Q.80 0 और 50 के बीच विषम संख्याओं का योग हैं

A. 600   **B.** 530   **C.** 480   **D.** 625

Q.81 एक व्यक्ति 5 कि.मी. पूर्व की ओर चलता है । फिर वह दक्षिण-पश्चिम में 5 कि.मी. जाता है। फिर वह उत्तर-पश्चिम की ओर 5 कि.मी. चलता है। वह बिंदु जहाँ से उसने आरंभ किया है, वे कहाँ है?

A. पूर्व   **B.** उत्तर   **C.** पश्चिम   **D.** दक्षिण

Q.82 भारत की स्वतंत्रता अधिनियम, 1947 के परित होते ही भारत तुरंत _____ बन गया।

A. गणतांत्रिक राज्य   **B.** लोकतांत्रिक राज्य
C. डोमिनियन राज्य   **D.** धर्मनिरपेक्ष राज्य

Q.83 शीत युद्ध के संबंध में निम्नलिखित में से कौन-सा कथन गलत है?

A. यह एक आदर्शवादी युद्ध है

B. यूएसएसआर और अमेरिका युद्ध में सीधे शामिल थे
C. यह सोवियत यूनियन और यूएसए के गुटों के बीच प्रतिस्पर्धा है
D. यह विश्व में प्रेरित हथियारों की दौड़ है

Q.84 लोक सभा चुनाव लड़ने के लिए किसी को न्यूनतम _____ आयु प्राप्त करनी चाहिए ।

A. 22 वर्ष   **B.** 24 वर्ष   **C.** 25 वर्ष   **D.** 30 वर्ष

Q.85 n मानों के एक समुच्चय $x_1, x_2, \ldots x_n$ का मानक विचलन σ है तो $x_1 + k, x_2 + k, \ldots x_n + k$ का मानक विचलन होगा

A. σ   **B.** σ + k   **C.** σ - k   **D.** k σ

Q.86 _____ एन्जाइम ग्लूकोज को इथाईल अल्कोहॉल और कार्बन डाइ3ऑक्साइड में रूपांतरित करता है।

A. इन्वर्टेज़   **B.** जाइमेज   **C.** डाएस्टेज   **D.** माल्टेज

Q.87 $\tan 1° \tan 2° \tan 3° \ldots \tan 89°$ का मान है

A. 0   **B.** 1   **C.** $\frac{1}{2}$ **D.** $\left(\frac{1}{\sqrt{2}}\right)^{89}$

Q.88 यदि $\sin\theta + cosec\theta = 2$ तो $\sin^2\theta + cosec^2\theta =$

A. 1   **B.** 4   **C.** 2   **D.** $\frac{1}{2}$

Ques (89-90): Fill in the blanks with correct form of verbs.

Q.89 What's that noise ? What _____?

A. Is happening   **B.** Happened
C. Had happened   **D.** Has happened

Q.90 Yesterday evening the phone _____ three times, while we were having dinner.

A. Was ringing   **B.** Has rung
C. Had been ringing   **D.** Rang

Ques (91-92): Fill in the blanks with appropriate preposition.

Q.91 I was shocked _____ what I saw. I'd never seen anything like it before.

A. For   **B.** At   **C.** On   **D.** With

Q.92 I can't understand people who are cruel _____ animals.

A. At   **B.** With   **C.** For   **D.** To

Ques (93-94): Select the part of speech of each underlined word in the following sentences.

Q.93 <u>Alas</u>! she is no more.

A. Interjection   **B.** Pronoun
C. Preposition   **D.** Conjunction

Q.94 He treated it in a light hearted manner.

A. Conjunction   **B.** Verb
C. Adverb   **D.** Adjective

Q.95 इनमे क्रिया विशेषण है

A. धीरे धीरे   **B.** चालाक   **C.** हम   **D.** लड़का

Q.96 यात्रियों के समूह को कहते हैं

A. व्यूह   **B.** कुंज   **C.** काफिला   **D.** समिति

Q.97 "लड़की जाती है।" यह वाक्य अपूर्ण भूतकाल में होता है

A. लड़की जा रही थी।   **B.** लड़की गयी।

C. लड़की गयी थी।   **D.** लड़की जाएगी।

Q.98 "जिसे किसी बात को जानने की इच्छा हो" उसे कहते है

A. सहिष्णु   **B.** जिज्ञासु   **C.** सदाचारी   **D.** नास्तिक

Q.99 "दाँतों तले उँगली दबाना" मुहावरे का अर्थ है

A. इर्ष्या से जल उठना   **B.** खुश होना
C. क्रोधित होना   **D.** आश्चर्य होना

Q.100 "हम आँखों से देखते है" इस वाक्य में "आँखों से" कौन सा कारक है?

A. कर्म कारक   **B.** करण कारक
C. संबंध कारक   **D.** कर्ता कारक

// स्मार्ट उत्तर पुस्तिका //

| सही उत्तर | उन छात्रों के प्रतिशत को इंगित करता है जिन्होंने प्रश्नों का सही उत्तर दिया था। |

| छोड़ दिया | उन छात्रों के प्रतिशत को इंगित करता है जिन्होंने प्रश्नों को छोड़ दिया था। |

प्रश्न संख्या	उत्तर	सही उत्तर / छोड़ दिया	प्रश्न संख्या	उत्तर	सही उत्तर / छोड़ दिया	प्रश्न संख्या	उत्तर	सही उत्तर / छोड़ दिया	प्रश्न संख्या	उत्तर	सही उत्तर / छोड़ दिया	प्रश्न संख्या	उत्तर	सही उत्तर / छोड़ दिया
1	A	58.97 % / 3.85 %	17	C	41.03 % / 37.18 %	33	C	26.92 % / 30.77 %	49	C	38.46 % / 37.18 %	65	B	25.64 % / 34.62 %
2	B	50.0 % / 35.9 %	18	D	39.74 % / 35.9 %	34	C	24.36 % / 35.9 %	50	A	52.56 % / 35.9 %	66	A	14.1 % / 35.9 %
3	A	44.87 % / 32.05 %	19	B	52.56 % / 29.49 %	35	B	32.05 % / 34.62 %	51	A	42.31 % / 32.05 %	67	B	7.69 % / 35.9 %
4	A	15.38 % / 35.9 %	20	D	51.28 % / 32.05 %	36	C	41.03 % / 32.05 %	52	B	61.54 % / 32.05 %	68	C	38.46 % / 35.9 %
5	B	26.92 % / 37.18 %	21	A	19.23 % / 32.05 %	37	D	29.49 % / 37.18 %	53	B	43.59 % / 37.18 %	69	B	23.08 % / 37.18 %
6	C	51.28 % / 35.9 %	22	C	32.05 % / 35.9 %	38	C	17.95 % / 35.9 %	54	C	39.74 % / 35.9 %	70	B	34.62 % / 35.89 %
7	A	26.92 % / 35.9 %	23	D	15.38 % / 30.77 %	39	C	23.08 % / 35.89 %	55	B	30.77 % / 34.61 %	71	D	61.54 % / 30.77 %
8	B	35.9 % / 35.89 %	24	D	15.38 % / 35.9 %	40	A	53.85 % / 35.89 %	56	A	23.08 % / 35.89 %	72	B	19.23 % / 32.05 %
9	D	29.49 % / 37.10 %	25	D	28.21 % / 37.17 %	41	D	62.82 % / 32.05 %	57	A	34.62 % / 37.17 %	73	D	30.77 % / 37.10 %
10	A	33.33 % / 35.9 %	26	B	52.56 % / 35.9 %	42	C	14.1 % / 35.9 %	58	C	37.18 % / 35.9 %	74	C	8.97 % / 35.9 %
11	D	16.67 % / 33.33 %	27	D	32.05 % / 30.77 %	43	A	16.67 % / 32.05 %	59	B	5.13 % / 34.61 %	75	B	16.67 % / 35.89 %
12	B	17.95 % / 35.9 %	28	B	21.79 % / 37.18 %	44	A	17.95 % / 35.9 %	60	B	24.36 % / 32.05 %	76	B	34.62 % / 35.89 %
13	A	11.54 % / 32.05 %	29	C	25.64 % / 32.05 %	45	C	62.82 % / 32.05 %	61	A	41.03 % / 37.18 %	77	B	51.28 % / 37.18 %
14	A	56.41 % / 35.9 %	30	C	40.72 % / 35.9 %	46	C	42.31 % / 35.9 %	62	C	24.36 % / 35.9 %	78	B	20.21 % / 35.89 %
15	D	17.95 % / 33.33 %	31	C	14.1 % / 33.34 %	47	A	15.38 % / 34.62 %	63	C	32.05 % / 34.62 %	79	A	44.87 % / 30.77 %
16	B	57.69 % / 32.05 %	32	B	53.85 % / 32.05 %	48	B	39.74 % / 35.9 %	64	D	52.56 % / 35.9 %	80	D	42.31 % / 32.05 %

प्रश्न संख्या	उत्तर	सही उत्तर / छोड़ दिया
81	C	20.51 % / 32.05 %
82	C	16.67 % / 35.89 %
83	B	17.95 % / 35.9 %
84	C	56.41 % / 35.9 %

प्रश्न संख्या	उत्तर	सही उत्तर / छोड़ दिया
85	A	1.28 % / 37.18 %
86	B	23.08 % / 35.89 %
87	B	32.05 % / 35.9 %
88	C	23.08 % / 35.89 %

प्रश्न संख्या	उत्तर	सही उत्तर / छोड़ दिया
89	A	29.49 % / 37.18 %
90	D	15.38 % / 37.18 %
91	B	29.49 % / 35.89 %
92	D	5.13 % / 35.9 %

प्रश्न संख्या	उत्तर	सही उत्तर / छोड़ दिया
93	A	33.33 % / 32.05 %
94	D	25.64 % / 33.33 %
95	A	55.13 % / 34.61 %
96	C	52.56 % / 35.9 %

प्रश्न संख्या	उत्तर	सही उत्तर / छोड़ दिया
97	A	37.18 % / 37.18 %
98	B	60.26 % / 35.89 %
99	D	47.44 % / 34.61 %
100	B	37.18 % / 32.05 %

कार्य विश्लेषण

औसत अंक (%)	33.75%
टॉपर्स स्कोर (%)	92.5%
आपका स्कोर	

//संकेत और समाधान//

1. भिवानी को "मिनी क्यूबा" कहा जाता है क्योंकि इस क्षेत्र से बड़ी संख्या में मुक्केबाज आते हैं। भिवानी, भारत के मुक्केबाजी पावरहाउस के रूप में 2008 में सुर्खियों में आया था क्योंकि 2008 के ग्रीष्मकालीन ओलंपिक में भारत का प्रतिनिधित्व करने वाले पांच मुक्केबाजों में से चार भिवानी से हैं।

अतः विकल्प (A) सही है।

2. खसरा और रूबेला विषाणु द्वारा होते हैं।

खसरा को रुबेला भी कहा जाता है और छोटे बच्चों के लिए गंभीर और घातक भी हो सकता है। रूबेला, जिसे जर्मन खसरा या तीन-दिन का खसरा भी कहा जाता है, एक संक्रामक वायरल संक्रमण है जिसे इसके विशिष्ट लाल चकते द्वारा जाना जाता है। रूबेला, खसरा (रुबेला) के समान नहीं है, हालांकि दोनों बीमारियां कुछ लक्षणों को साझा करती हैं, जिसमें लाल चकते शामिल हैं। हालांकि, रूबेला खसरा की तुलना में एक अलग विषाणु के कारण होता है और न तो संक्रामक होता है और न ही आमतौर पर खसरा जितना गंभीर होता है।

अतः विकल्प (B) सही है।

3. दी गई जानकारी के अनुसार,

1, 3 और 7 का एक साथ उपस्थित होना आवश्यक है और 7 का बीच में और उसके दोनों ओर 1 और 3 का होना आवश्यक है।

1 7 3

2 9 7 3 **1 7 3** 7 7 1 3 3 **1 7 3** 8 5 7 1 3 7 7 **1 7 3** 9 0 6

दी गई स्थिति 3 बार संतुष्ट होती है।

अतः विकल्प (A) सही है।

4. निम्नलिखित समीकरण समय बीतने के साथ परिपथ में विद्युत धारा की घातीय वृद्धि को दर्शाता है। तो, यहाँ इस्तेमाल सूत्र है:

$$I = I_0 \left(1 - e^{-\frac{Rt}{L}}\right), \text{जहाँ} \quad I_0 = \frac{V}{R} \text{ है}$$

इसलिए, $I_0 = \frac{5}{5} = 1$

दी गयी जानकारी से, $L = 10$ और $t = 2$

इसलिए, $I = \left(1 - e^{-\frac{5t}{10}}\right)$

$$I = \left(1 - e^{-\frac{t}{2}}\right)$$
$$I = \left(1 - e^{-1}\right)$$

अतः विकल्प (A) सही है।

5. दिए गया समीकरण है: P(n): 2n < n! ---------(1)

n = 1 को समीकरण (1) में रखने पर हमें मिलता है:

P(1): 2 × 1 < 1!

⇒ 2 < 1 (असत्य)

n = 2 को समीकरण (1) में रखने पर हमें मिलता है:

P(2): 2 × 2 < 2!

⇒ 4 < 2 (असत्य)

n = 3 को समीकरण (1) में रखने पर हमें मिलता है:

P(3): 2 × 3 < 3!

⇒ 6 < 6 (असत्य)

n = 4 को समीकरण (1) में रखने पर हमें मिलता है:

P(4): 2 × 4 < 4!

⇒ 8 < 24 (सत्य)

n = 5 को समीकरण (1) में रखने पर हमें मिलता है:

P(5): 2 × 5 < 5!

⇒ 10 < 120 (सत्य)

अतः, यह स्पष्ट है कि '3' से अधिक कोई भी संख्या डालने पर दिया गया संबंध सत्य है।

अतः विकल्प (B) सही है।

6. हरियाणा का छड़ी नृत्य गूगा नवमी से संबंधित है। यह नृत्य भादो मास में गूगा के भक्तों द्वारा किया जाता है। एक लम्बे बाँस पर मोर पंख, रंगीन धागे और कपड़े बाँध कर गोगा छड़ी को तैयार किया जाता है। इसे भक्तों द्वारा गोगा छड़ी के चारों और किया जाता है, और इसमें सारंगी और गेरू का इस्तेमाल होता है।

अतः विकल्प (C) सही है।

7. नीचे दिया गया चित्र दर्शाता है, A ⊂ B, B ⊂ C:

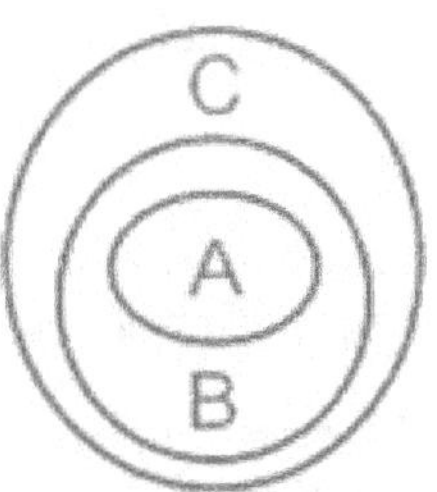

उपरोक्त चित्र से यह स्पष्ट है: A ∪ B = B

और यह भी दिया गया है कि B ⊂ C.

इसलिए, A ∪ B ⊂ C.

अतः विकल्प (A) सही है।

8. मार्च 2015 में 62वें राष्ट्रीय फिल्म पुरस्कार, 2014 की घोषणा की गई थी। ये पुरस्कार भारत के राष्ट्रपति द्वारा प्रस्तुत किए गए थे। राजीव भाटिया द्वारा निर्देशित फिल्म पगड़ी दी ऑनर को "सर्वश्रेष्ठ हरियाणवी पुरस्कार" मिला है। बलजिंदर कौर को पगड़ी द ऑनर के लिए "सर्वश्रेष्ठ सहायक अभिनेत्री" का पुरस्कार मिला।

विभिन्न श्रेणियों में पुरस्कार निम्न प्रकार है:

सर्वश्रेष्ठ अभिनेता- नानू अवनल्ला अवलू (कन्नड़) के लिए विजय।

सर्वश्रेष्ठ अभिनेत्री- क्वीन (हिंदी) के लिए कंगना रनौत।

सर्वश्रेष्ठ फीचर फिल्म- चैतन्य तम्हाने द्वारा निर्देशित कोर्ट।

अतः विकल्प (B) सही है।

9. 2018 राष्ट्रमंडल खेल ऑस्ट्रेलिया में आयोजित किए गए थे।

पहला राष्ट्रमंडल खेल 1930 में हैमिल्टन, कनाडा में आयोजित किया गया था, जहां 11 देशों ने 400 एथलीटों को छह खेलों और 59 कार्यक्रमों में भाग लेने के लिए भेजा था।

खेल	मेज़बान	वर्ष

कामनवेल्थ खेल	गोल्ड कोस्ट, ऑस्ट्रेलिया	2018
कामनवेल्थ खेल	बर्मिंघम, इंग्लैंड	2022
कामनवेल्थ युवा खेल	नासाउ, बहमास	2017
कामनवेल्थ युवा खेल	पोर्ट ऑफ़ स्पेन, त्रिनिदाद एंड टोबेगो	2021

अतः विकल्प (D) सही है।

10. "वित्त विधेयक को संसद के दोनों सदनों में से किसी एक सदन में प्रस्तुत किया जा सकता है।" कथन संसद में विधेयकों को प्रस्तुत करने के बारे में गलत है।

एक विधायी प्रस्ताव, जिसे एक विधेयक के रूप में जाना जाता है, को संसद के प्रत्येक सदन द्वारा पारित किया जाना चाहिए और अधिनियम बनने के लिए राष्ट्रपति की सहमति प्राप्त करनी चाहिए। विधेयक तीन तरह के होते हैं; साधारण विधेयक, धन या वित्त विधेयक और संवैधानिक संशोधन विधेयक। केवल वित्त विधेयक को लोकसभा में पेश किया जाता है जबकि संसद के दोनों सदनों में दोनों अन्य विधेयक पेश किए जा सकते हैं। एक बार जब कोई विधेयक पहले सदन द्वारा पारित किया जाता है, तो उसे दूसरे सदन में विचार और पारित करने के लिए भेजा जाता है।

अतः विकल्प (A) सही है।

11. कॉन्फ्रेंस ऑफ द पार्टीज (COP 23) का तेईसवां सत्र 6-17 नवंबर को जर्मनी के बॉन में हुआ और जिसकी अध्यक्षता फिजी सरकार ने की।

COP को UN फ्रेमवर्क कन्वेंशन ऑन क्लाइमेट चेंज (UNFCCC) द्वारा आयोजित किया गया था। UNFCCC (UN क्लाइमेट चेंज) 1992 में स्थापित किया गया था जब देशों ने जलवायु परिवर्तन पर संयुक्त राष्ट्र फ्रेमवर्क कन्वेंशन (UNFCCC) को अपनाया था। मार्च, 1995 में बर्लिन, जर्मनी में पहली COP बैठक हुई।

अतः विकल्प (D) सही है।

12. सर्किट स्विचिंग एक स्विचिंग विधि है जिसमें एक नेटवर्क के भीतर प्रत्येक संचार सत्र के लिए दो नोड्स के बीच भौतिक रूप में एक समर्पित संचार पथ की स्थापना, रखरखाव और समापन किया जाता है।
पारंपरिक लैंडलाइन में, सर्किट स्विचिंग का उपयोग किया गया था; प्रत्येक टेलीफोन कॉल के लिए फाइबर ऑप्टिक लाइनों की स्थापना की गई थी।

अतः विकल्प (B) सही है।

13. एक तथ्य एक इकाई है जो वास्तविकता में मौजूद है और सिद्धांत और व्यवहारिकता में साबित हो सकता है। तथ्यों को क्रॉस चेक और सत्यापित किया गया है और कोई त्रुटि नहीं है। एक तथ्य का प्राकृतिक रूप से अस्तित्व है और इसलिए मनोवैज्ञानिक तथ्यों से अलग है जो हम दार्शनिक सोच और अधिक समझ की प्रक्रिया से बनाते हैं।

अतः विकल्प (A) सही है।

14. कुरुक्षेत्र को श्रीपद जनपद भी कहा जाता है। ऐसा इसलिए है क्योंकि कुरुक्षेत्र को भगवद गीता की भूमि कहा जाता है।

विशेष नाम वाले भारत के अन्य स्थान हैं:

विशेष नाम	स्थान
संतरों का शहर	नागपुर
भारत का बुनकरों का शहर	पानीपत
भारत की सिलिकॉन वैली	बैंगलोर
गॉड्स ओन लैंड ऑफ़ इंडिया	केरल
पाडला शहर	जयपुर
साइलेंट शहर	लद्दाख
भारत का हॉलीवुड	मुंबई
पर्ल ईस्ट	गोवा

अतः विकल्प (A) सही है।

15. अंग्रेजी वर्णमाला के अक्षरों की स्थिति जानने के बाद, हम प्रत्येक विकल्प में निम्नलिखित पैटर्न देख सकते हैं।

विकल्प (A) में:

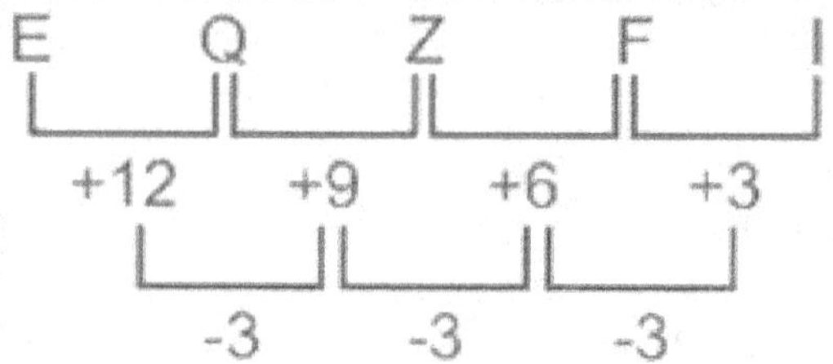

विकल्प (B) में:

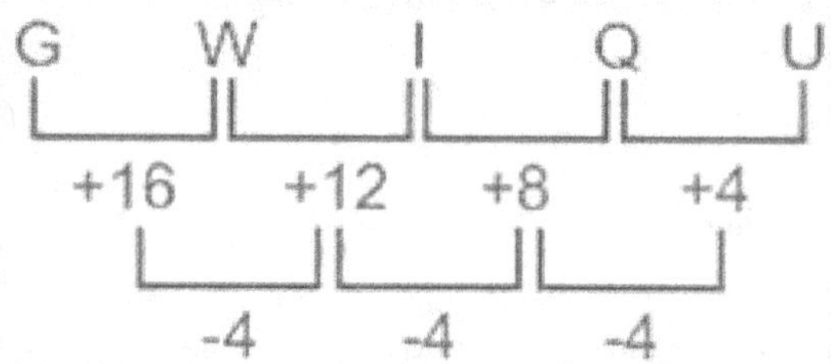

विकल्प (C) में:

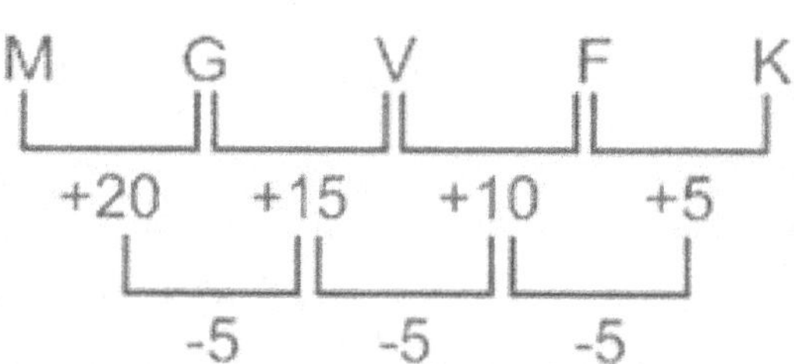

विकल्प (D) में:

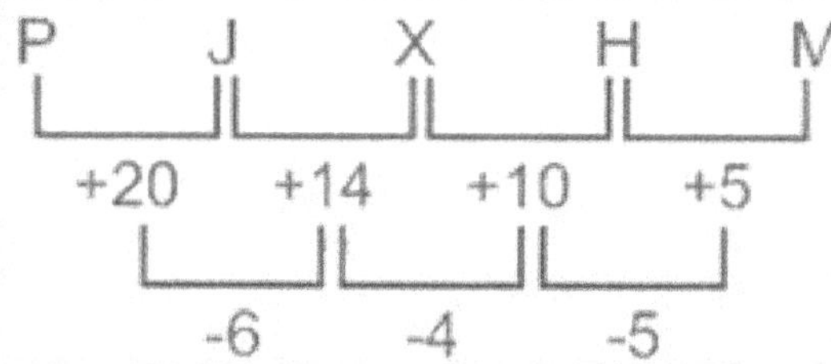

'PJXHM' को छोड़ कर शेष सभी का क्रम निरंतर घट रहा है।

इसलिए, सही उत्तर "PJXHM" है।

अतः विकल्प (D) सही है।

16. भाखड़ा नांगल बाँध के जनक चौधरी छोटू राम हैं।

उन्होंने तत्कालीन पंजाब राज्य के तथाकथित आर्थिक प्लेग-धब्बे के किसानों से छुटकारा पाने के लिए, 1923 में भाखड़ा बाँध मार्ग की कल्पना की।

वह खेती पर उसके द्वारा किए गए कम से कम खर्चों के लिए किसान को मुआवजा देने की अवधारणा के प्रवर्तक भी थे। यह अवधारणा अब 'न्यूनतम समर्थन मूल्य' में विकसित हो गई है।

24 नवंबर 1881 को रोहतक के गढ़ी सांपला गाँव में जन्मे छोटू राम ने 1905 में दिल्ली के सेंट स्टीफन कॉलेज से संस्कृत में स्नातक की उपाधि प्राप्त की थी।

अतः विकल्प (B) सही है।

17. हरियाणा संस्कृत अकादमी हरिप्रभा नामक एक मासिक पत्रिका प्रकाशित करती है।

हरियाणा सरकार द्वारा संस्कृत भाषा को बढ़ावा देने और संस्कृत को सामान्य भाषा के रूप में स्थापित करने के लिए हरियाणा सरकार द्वारा 2002 में हरियाणा संस्कृत अकादमी की स्थापना की गई थी। हरिप्रभा एक पत्रिका है जो पूरे भारत में मासिक संस्कृत भाषा से संबंधित लेख प्रकाशित करती है।

अतः विकल्प (C) सही है।

18. पृथ्वी के चारों ओर अदृश्य गैस की चादर वायुमंडल कहलाती है। वायुमंडल विभिन्न गैसों का मिश्रण है और यह पृथ्वी को चारों ओर से घेरे हुए है।

अतः विकल्प (D) सही है।

19. हरियाणा उर्दू अकादमी का सर्वोच्च पुरस्कार हाली पुरस्कार है। हाली पुरस्कार को उर्दू भाषा और साहित्य में उनके योगदान के लिए राष्ट्रीय स्तर के एक उत्कृष्ट साहित्यिक पुरस्कार से सम्मानित किया जाता है। हरियाणा उर्दू अकादमी 22 दिसंबर 1985 को अस्तित्व में आया था। इसका एकमात्र उद्देश्य हरियाणा में उर्दू भाषा और साहित्य का प्रचार और विकास है। इसने उर्दू भाषा को लोकप्रिय बनाने के लिए अभिनव और अग्रणी योजनाओं की शुरुआत करके राष्ट्रीय स्तर पर एक बेहतरीन स्थान बनाया है।

अतः विकल्प (B) सही है।

20. कुल आठ ग्रह हैं जो हमारे सौर मंडल में खोजे गए हैं। बुध, शुक्र, पृथ्वी और मंगल ग्रह सूर्य के सबसे निकट के ग्रह हैं। उन्हें आंतरिक ग्रह कहा जाता है। आंतरिक ग्रह अधिकतर चट्टानों से बने होते हैं। बाहरी ग्रह बृहस्पति, शनि, यूरेनस और नेप्च्यून हैं। इन्हें जॉवियन ग्रह भी कहा जाता है क्योंकि ये गैस से भरे होते हैं।

अतः विकल्प (D) सही है।

21. एक ट्यूपल विभिन्न डेटा प्रकारों के तत्वों का एक क्रमबद्ध क्रम है। एक ट्यूपल के तत्व कोष्ठक (गोल कोष्ठक) में संलग्न हैं और कॉमा द्वारा अलग किए गए हैं। सूची और स्ट्रिंग की तरह, एक ट्यूपल के तत्वों को 0 से शुरू होने वाले सूचकांक मूल्यों का उपयोग करके अभिगम किया जा सकता है।

अतः विकल्प (A) सही है।

22. दी गई जानकारी के अनुसार,

25 विद्यार्थी क्रिकेट खेलते हैं, 20 विद्यार्थी टेनिस खेलते हैं और 10 विद्यार्थी दोनों खेल खेलते हैं।

दी गई जानकारी के अनुसार आरेख बनाने पर,

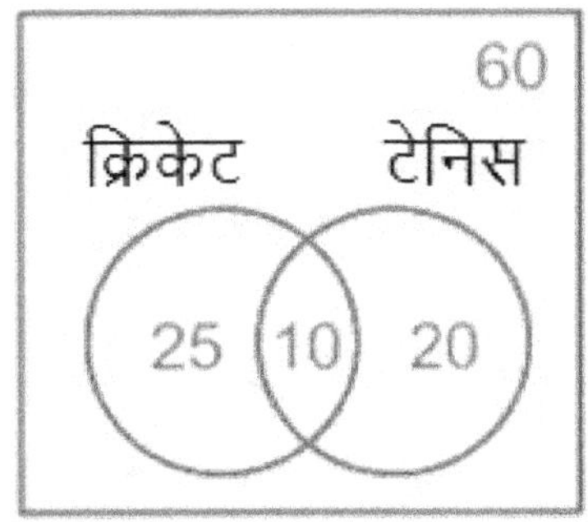

उन विद्यार्थियों की संख्या जो न टेनिस खेलते हैं न ही क्रिकेट = 60 - (25 + 20 - 10)

= 60 - 35

= 25

अतः विकल्प (C) सही है।

23. अंडाशय के भीतर अंडाणुओं की व्यवस्था को अपरारोपण कहते हैं। अपरारोपण अलग-अलग प्रकार के होते हैं, जैसे, सीमांत, धुरी, पार्श्विका, आधारीय, मध्य और मुक्त केंद्रीय। आधारीय अपरारोपण में, नाल अंडाशय के आधार पर विकसित होती है और एक एकल अंडाणु इसके साथ जुड़ा होता है, जैसा कि सूरजमुखी, मैरीगोल्ड में होता है।

अतः विकल्प (D) सही है।

24. पशु और भैंस बोविडे के श्रेणी में हैं। परिवार बोविडा, जिसमें हिरण, मवेशी, ड्यूइकर्स, बारहसिंगा, बकरियां, और भेड़ शामिल हैं, आर्टिओडैक्टाइल के भीतर सबसे बड़ा परिवार है। उनकी सामान्य विशेषता उनके बिना शाखा वाले, गैर-पर्णपाती सींग हैं। वे अफ्रीका, एशिया, उत्तरी अमेरिका और यूरोप में पाए जाते हैं।

अतः विकल्प (D) सही है।

25. दी गई जानकारी के अनुसार आरेख बनाने पर,

पंक्ति में लड़कियों की संख्या = 15 + 7 − 1 = 21

अतः विकल्प (D) सही है।

26. प्राचीन टीला, जिसे स्थानीय रूप से खोखराकोट के रूप में जाना जाता है, की पहचान ऐतिहासिक शहर रोहितिका-रोहतक से की जाती है, वर्तमान नाम इसकी प्राचीन पहचान से लिया गया है। यह स्थल यौधेय गणराज्य की राजधानी था। 8 वीं शताब्दी ईसा पूर्व से 11 वीं शताब्दी ईस्वी तक की मूर्तियां, सिक्के, टेराकोटा मूर्तियां और अन्य छोटी वस्तुएं यहां पाई गई हैं। खोखराकोट के पुरातात्विक स्थल ने 1500 ईसा पूर्व के बाद पूर्व-हड़प्पा और शुरुआती ऐतिहासिक समय से मिट्टी के बर्तनों का खुलासा किया है। पहली शताब्दी ईसा पूर्व से सिक्के के सांचों ने सिक्कों के खनन की प्रक्रियाओं पर बहुमूल्य प्रकाश डाला। रोहतक के पास खोखरा कोट प्रारंभिक ईसाई काल के यौधेय के जनजातीय गणराज्य के साथ जुड़ा हुआ था और 1938 में बीरबल सैनी द्वारा खुदाई किए जाने पर कई इंडो-ग्रीक सिक्कों को बनाने वाले टीले की एक श्रृंखला है।

अतः विकल्प (B) सही है।

27. लोथल दुनिया का पहला मानव निर्मित बंदरगाह और जली हुई ईंटों से बना डॉकयार्ड था। इसकी खोज 1953 में एस. आर. राव ने की थी। यह गुजरात में कैम्बे की खाड़ी के पास भोगवा नदी पर स्थित है। मोहनजोदड़ो की खुदाई 1922 में आर. डी. बनर्जी ने की थी। यह सिंधु (अब पाकिस्तान में) नदी के दाहिने किनारे पर सिंध में लरकाना जिले में स्थित है। द ग्रेट ग्रैनरी, द ग्रेट बाथ, बुने हुए सूती के टुकड़े, स्टीटाइट में एक दाढ़ी वाले व्यक्ति और कांस्य की नृत्य करती हुई एक लड़की मोहनजोदड़ो से पायी है। मोहनजोदड़ो को 'मृतकों के पहाड़ (माउंट ऑफ़ डेड)' के रूप में भी जाना जाता है।

अतः विकल्प (D) सही है।

28. पौधों का प्रजनन पौधों की प्रजातियों का उद्देश्यपूर्ण कार्यसाधन है ताकि वांछित पौधों के प्रकार बनाए जा सकें जो खेती के लिए बेहतर अनुकूल हैं, बेहतर पैदावार देते हैं और रोग प्रतिरोधी होते हैं।

फफूंदी, जीवाणु और विषाणु रोगों के लिए रोग प्रतिरोधक क्षमता के लिए संकरण और चयन द्वारा विकसति कुछ किस्में निम्न हैं:

फसल	प्रकार	रोग प्रतिरोधी
गेहूं	हिमगिरी	गेहूं हिमगिरी पत्ता और पट्टी जंग, पहाड़ी बंट
ब्रैसिका	पूसा स्वर्णिम (करन राय)	सफेद जंग
गोभी	पूसा शुभ्रा, पूसा स्नोबॉल K-1	ब्लैक रोट और कर्ल ब्लाइट ब्लैक रोट
लोबिया	पूसा कोमल	बैक्टीरियल ब्लाइट
मिर्च	पूसा सदाबहार	मिर्च मोज़ेक वायरस, तंबाकू मोज़ेक वायरस और लीफ कर्ल

अतः विकल्प (B) सही है।

29. भारतीय साक्ष्य अधिनियम, 1 सितम्बर, 1872 में ब्रिटिश संसद द्वारा पारित अधिनियम है, जो भारतीय न्यायालयों में स्वीकार्य साक्ष्य के नियमों को निर्धारित करता है और जिसके भारत में जाति सरकार की पारंपरिक प्रणालियों के लिए दूरगामी परिणाम थे।। यह अधिनियम सितम्बर 1872 के पहले दिन लागू हुआ। 1872 में बनाए गए भारतीय साक्ष्य अधिनियम में सन् 2000 में केवल एक बार संशोधन किया गया है।

अतः विकल्प (C) सही है।

30. दी गई जानकारी के अनुसार, A , B से धनी है:

तो, A > B

C, A से धनी है:

तो, C > A

इसलिए, C > A > B

यह भी दिया गया है कि D, C से धनी है और E सबसे धनी है।

इसलिए, D > C

तो,

धनाढ्यता का अवरोही क्रम है:

E > D > C > A > B

उनकी धनाढ्यता के अवरोही क्रम के अनुसार 'C' मध्य में होगा।

अतः विकल्प (C) सही है।

31. दो महीनों का कैलेंडर उस स्थिति में समान होगा यदि उनके बीच की अवधि 7 से भाज्य हो।

विकल्पों की जाँच करने के पर,

विकल्प (A) जून, अक्टूबर = जून + जुलाई + अगस्त + सितंबर = 30 + 31 + 31 + 30 = 122, जो कि 7 से भाज्य नहीं है।

विकल्प (B) अप्रैल, नवंबर = अप्रैल + मई + जून + जुलाई + अगस्त + सितंबर + अक्टूबर = 30 + 31 + 30 + 31 + 31 + 30 + 31 = 213, जो कि 7 से भाज्य नहीं हैं।

विकल्प (C) अप्रैल, जुलाई = अप्रैल + मई + जून = 30 + 31 + 30 = 91, जो कि 7 से भाज्य है।

विकल्प (D) अक्टूबर, दिसंबर = अक्टूबर + नवंबर = 61, जो कि 7 से भाज्य नहीं है।

अप्रैल, जुलाई एक वर्ष में समान कैलेंडर वाले महीने हैं।

अतः विकल्प (C) सही है।

32. 6 अक्टूबर, 1556 को, हेमचंद्र, एक हिंदू सम्राट की सेना को अकबर की सेना के साथ भयंकर लड़ाई का सामना करना पड़ा। हेमचंद्र ने दिल्ली के लिए युद्ध में अकबर/हुमायूँ की सेना को हराया और मुगल सेनाओं का कमांडर

तारदी बेग बच निकला, जिससे हेमचंद्र को दिल्ली पर कब्जा करने का मौका मिला। 7 अक्टूबर 1556 को हेमचंद्र को पुराने किले में ताज पहनाया गया, और 350 साल के मुस्लिम शासन के बाद उत्तर भारत में हिंदू शासन की स्थापना की गई, और सम्राट हेमचंद्र विक्रमादित्य की उपाधि दी गई। हेमचंद्र रेवाड़ी (हरियाणा) से संबंधित थे, जो पहले 1545 से 1553 तक शेरशाह सूरी के पुत्र इस्लाम शाह के सलाहकार थे।

अतः विकल्प (B) सही है।

33. सिक्के को एक बार उछाले जाने पर संभावित परिणामों की संख्या = 2^1

सिक्के को दो बार उछाले जाने पर संभावित परिणामों की संख्या = 2 × 2 = 2^2

उसी प्रकार,

सिक्के को 6 बार उछाले जाने पर संभावित परिणामों की संख्या = 2^6 = 64

अतः विकल्प (C) सही है।

34. 1925 में रामास्वामी नाइकर ने एस रामनाथन के साथ स्वाभिमान आंदोलन शुरू किया था। वह तमिलनाडु में एक अत्यधिक प्रभावशाली व्यक्ति थे। यह आंदोलन मूल रूप से समाज में पिछड़ी जातियों के स्वाभिमान के लिए एक लड़ाई थी। इसे द्रविड़ियन आंदोलन भी कहा जाता है, स्वाभिमान आंदोलन मूल रूप से पिछड़ी जाति के लिए समान अधिकार की मांग कर रहा था, और इस आंदोलन का मुख्य केंद्र महिलाओं का अधिकार था।

अतः विकल्प (C) सही है।

35. '.net' डाटाबेस मैनेजमेंट सिस्टम का एक उदाहरण नहीं है।

'.net' माइक्रोसॉफ्ट द्वारा विकसित एक सॉफ्टवेयर फ्रेमवर्क है। यह केवल माइक्रोसॉफ्ट विंडो में चलता है। SQL, SAP और ओरेकल डेटाबेस मैनेजमेंट सिस्टम सॉफ्टवेयर का एक उदाहरण है, जो मूल रूप से डेटा के परिचालन, आनयन और पुनर्प्राप्त करने के लिए डिज़ाइन किए गए हैं।

अतः विकल्प (B) सही है।

36. यह दिया गया है कि, बैग में 5 लाल और 3 नीली गेंदें हैं।

तो, बैग में गेंदों की कुल संख्या $= 5 + 3 = 8$

यदि 3 गेंदों को बिना प्रतिस्थापन के यादृच्छिक रूप से निकाला जाता है, तो वास्तव में एक लाल गेंद होने की संभावना $= \dfrac{\left(^5C_1 \times ^3C_2\right)}{^8C_3}$

$$= \dfrac{(5 \times 3)}{(8 \times 7)}$$
$$= \dfrac{15}{56}$$

अतः विकल्प (C) सही है।

37. यहाँ इस्तेमाल सूत्र है:

$$R = R_0 e^{-\lambda t}$$

यह दिया गया है कि एक रेडियो सक्रिय नमे की गतिविधि 3 दिनों में अपने मूल मान का $\dfrac{1}{3}$ रह जाती है। इसलिए

$$\dfrac{R}{R_0} = \dfrac{1}{3}$$

इसलिए $e^{-3\lambda} = \dfrac{1}{3}$

तो, $\dfrac{R}{R_0} = e^{-\lambda 9} = \left(e^{-3\lambda}\right)^3$

$$\Rightarrow \frac{R}{R_o} = \left(\frac{1}{3}\right)^3 = \frac{1}{27}$$

अतः विकल्प (D) सही है।

38. कूट का निर्गत यह है कि प्रोग्राम में कोई त्रुटि नहीं है। "old" प्रोग्राम का आउटपुट होगा।

अतः विकल्प (C) सही है।

39. भारत खाद्य सुरक्षा अधिनियम भारत की संसद का एक अधिनियम है, जिस पर 12 सितंबर 2013 को हस्ताक्षर किए गए थे। भारतीय खाद्य सुरक्षा अधिनियम (NFSA) का उद्देश्य भारत की आबादी को रियायती भोजन उपलब्ध कराना है। NFSA में मध्यांतर भोजन योजना, एकीकृत बाल विकास सेवा योजना और सार्वजनिक वितरण प्रणाली (PDS) शामिल हैं।

अतः विकल्प (C) सही है।

40. 2011 की जनगणना के अनुसार, 2011 में हरियाणा की जनसंख्या भारत की 2 प्रतिशत थी। हरियाणा की वास्तविक जनसंख्या 2,53,51,462 थी, अनुमानित 2.54 करोड़। 2011 की जनगणना के अनुसार, हरियाणा का लिंग अनुपात 879 था। 2011 में हरियाणा का साक्षरता अनुपात 75.55% था।

अतः विकल्प (A) सही है।

41. सभी विकल्पों की जाँच करने पर,

विकल्प (A) → GREAT दिए गए शब्द के अक्षरों से गठित किया जा सकता है।

विकल्प (B) → OUTAGE दिए गए शब्द के अक्षरों से गठित किया जा सकता है।

विकल्प (C) → SURAT दिए गए शब्द के अक्षरों से गठित किया जा सकता है।

विकल्प (D) → GREGARIOUS गठित नहीं किया जा सकता चूँकि दिए गए शब्द में 'I' शामिल नहीं है और केवल एक 'R' और एक 'G' शामिल है।

इसलिए , दिए गए शब्द के अक्षरों के प्रयोग से "GREGARIOUS" गठित नहीं किया जा सकता है।

अतः विकल्प (D) सही है।

42. निष्पादन के समय, प्रोग्राम पहले उसी में निर्मित नेमस्पेस में नाम की खोज करता है, उसके बाद यह बंदीकारी फंक्शन में खोज करता है। प्रोग्राम, स्थानीय नेमस्पेस में खोज करेंगे उसके बाद यह वैश्विक नेमस्पेस में खोज करेगा।

अतः विकल्प (C) सही है।

43. सोडियम नाइट्रेट को चिली शोरा भी कहा जाता है। सोडियम नाइट्रेट क्षार धातु नाइट्रेट लवण है जिसका रासायनिक सूत्र $NaNO_3$ है। सोडियम नाइट्रेट सफेद रंग में दिखाई देता है जो पानी में बहुत जल्दी घुल होता है। इस यौगिक का खनिज रूप भी नाइट्रेटिन, सोडा नाइट्रे के रूप में उपलब्ध है।

अतः विकल्प (A) सही है।

44. दिया गया समीकरण है = kx(x - 2) + 6 = 0

$\Rightarrow kx^2 - 2kx + 6 = 0$

चूँकि, इस समीकरण के मूल समान हैं, तो $b^2 = 4ac$

$\Rightarrow (-2k)^2 = 4 \times k \times 6$

$\Rightarrow k^2 = 6k$

$\Rightarrow k^2 - 6k = 0$

$\Rightarrow k(k - 6) = 0$

$\Rightarrow k = 0$ और 6

अतः विकल्प (A) सही है।

45. हरियाणा राज्य का गठन 1 नवंबर 1966 को हुआ था। जब हरियाणा का गठन किया गया था, तो हरियाणा में 7 जिले थे। उन सात जिलों का नाम करनाल, अंबाला, गुड़गाँव, हिसार, महेंद्रगढ़, रोहतक और जींद है। हरियाणा का विभाजन भाषाई जनसांख्यिकी पर आधारित था और सरदार हुकुम सिंह की सिफारिश से बना था जो संसद में लोक सभा के अध्यक्ष थे। हरियाणा के पहले मुख्यमंत्री पंडित भगवत दयाल शर्मा थे।

अतः विकल्प (C) सही है।

46. हरियाणा सरकार ने हरियाणा संवाद नामक एक पत्रिका शुरू की थी। इस पत्रिका का मुख्य उद्देश्य लोगों को सरकार की नीतियों के बारे में जानकारी प्रदान करना है। इस प्रणाली के सुचारू संचालन के लिए, मेलिंग सूचियों को समय-समय पर अद्यतन भी किया जाता है।

अतः विकल्प (C) सही है।

47. यहाँ पर इस अवधारणा का पालन हो रहा है:

f*=i को f = f * i के रूप में भी लिखा जा सकता है & ++i को i = i+1 के रूप में भी लिखा जा सकता है।

इसलिए,

पहला चरण: f = 1 & i = 2 तो ++i = 2 + 1 = 3

2, 5 से कम है तो f = 1*3 = 3

दूसरा चरण: f = 3 & i = 3 तो ++ i = 3 + 1 = 4

3, 5 से कम है तो f = 3*4 = 12

तीसरा चरण: f = 12 & i = 4 तो ++i = 4 + 1 = 5

लेकिन 5, 5 से कम नहीं है तो f = 12

इसलिए प्रोग्राम f को 12 के रूप में प्रिंट करेगा।

अतः विकल्प (A) सही है।

48. हरियाणा में फतेहाबाद जिले के गोरखपुर में एक नया 2800 Megawatt का परमाणु ऊर्जा संयंत्र स्थापित किया जाएगा। इस परियोजना के लिए अधिग्रहित भूमि 1503 एकड़ है, जिसमें से 1313 एकड़ गोरखपुर गाँव की है। इस परियोजना के लिए 23502 करोड़ रुपये की बजट राशि मंजूर की गई है।

अतः विकल्प (B) सही है।

49. नेटवर्किंग में शक्ति स्थानांतरण सुविधा मौजूद नहीं है। नेटवर्किंग इलेक्ट्रॉनिक उपकरणों जैसे कंप्यूटर के मध्य जानकारी साझा करने की प्रक्रिया है। संसाधनों का साझाकरण, रिमोट डेटाबेस का प्रवेश, संचार मूल रूप से नेटवर्किंग का हिस्सा है।

अतः विकल्प (C) सही है।

50. अनुच्छेद 370 ने जम्मू और कश्मीर को विशेष दर्जा दिया और यही कारण था कि यह लेख भारतीय संविधान के भाग XXI (21) में रखा गया था जो अस्थायी, संक्रमणकालीन और विशेष शक्तिगाँ प्रदान करता है।।

अतः विकल्प (A) सही है।

51. हाँ, यह सत्य है कि हरियाणा से अंबाला में सबसे अधिक वर्षा होती है। अंबाला शिवालिक पहाड़ियों से घिरा हुआ है। अंबाला में भारी वर्षा होती है क्योंकि पहाड़ों पर बारिश का बादल टकरा जाता है, जिसके कारण यहाँ बादल संघनित हो जाते हैं, और यह पानी की बूंदों के रूप में विभाजित हो जाते हैं, जिसके कारण अंबाला जिले में भारी वर्षा होती है।

अतः विकल्प (A) सही है।

52. राष्ट्रीय जंतु अनुवांशिक संसाधन ब्यूरो करनाल में मौजूद है। यह ब्यूरो 21 सितंबर 1984 को राष्ट्रीय डेरी अनुसंधान संस्थान, बैंगलोर के परिसर में स्थापित किया गया था। ब्यूरो को 19 जुलाई 1985 को करनाल में स्थानांतरित कर दिया गया था, और यह अस्थायी रूप से राष्ट्रीय डेयरी अनुसंधान संस्थान, करनाल के परिसर में स्थित था।

अतः विकल्प (B) सही है।

53. सूरदास मुगल शासक अकबर के समकालीन थे। सूरदास एक अंधे व्यक्ति थे, जिन्होंने भगवान कृष्ण के बारे में गायन में सबसे अधिक समय बिताया। उन्होंने अपना अधिकांश जीवन आगरा और मथुरा में बिताया है। उनका जन्म 1478 में और मृत्यु 1583 में ब्रज में हुई थी। वह एक महान कवि थे जो मूल रूप से अपने गीतों, कृष्ण की प्रशंसा के लिए जाने जाते थे।

अतः विकल्प (B) सही है।

54. धारा 3 भारतीय साक्ष्य अधिनियम 1872 को परिभाषित करती है।

मौखिक साक्ष्य - जांच के तहत तथ्य के मामले के संबंध में सभी बयान जो अदालत गवाह द्वारा इससे पहले किए जाने की अनुमति देती है।

दस्तावेजीय साक्ष्य - न्यायालय के निरीक्षण के लिए निर्मित इलेक्ट्रॉनिक रिकॉर्डिंग सहित सभी दस्तावेजों को दस्तावेजी साक्ष्य कहा जाता है।

अतः विकल्प (C) सही है।

55. असोला-भट्टी वन्यजीव अभयारण्य दिल्ली के दक्षिणी हिस्से में, अरावली पहाड़ी की दिल्ली-हरियाणा सीमा के पार है। इसमें 32.71 वर्ग किमी क्षेत्र शामिल है। संरक्षित क्षेत्र में दिल्ली रिज पहाड़ी के अंतिम जीवित अवशेषों में से एक है। यह गलियारा 1986 में स्थापित किया गया है।

वन्यजीव अभयारण्य	रखा गया
भिंडवास वन्यजीव अभयारण्य	भिंडवास, हरियाणा
नाहर वन्यजीव अभयारण्य	रेवाड़ी, हरियाणा
अबूबशहर वन्यजीव अभयारण्य	सिरसा, हरियाणा

अतः विकल्प (B) सही है।

56. जिंजी फोर्ट को सेनजी किला भी कहा जाता है जो तमिलनाडु में है। यह विल्लुपुरम जिले में स्थित है। अजंता-एलोरा की गुफाएं महाराष्ट्र में औरंगाबाद जिले में स्थित हैं। इस गुफा को दूसरी शताब्दी ईसा पूर्व से 480 ईस्वी में विकसित किया गया था।

अतः विकल्प (A) सही है।

57. बालमुकुन्द गुप्त का जन्म गुड़ियानी गाँव, जिला रिवाड़ी, हरियाणा में हुआ था। अपने घर गुड़ियानी में रहकर मुरादाबाद के 'भारत प्रताप' उर्दू मासिक का संपादन किया।

अतः विकल्प (A) सही है।

58. भ्रूण को जन्म देने की प्रक्रिया को प्रसव कहा जाता है। बच्चे के जन्म की प्रक्रिया में, गर्भाशय से योनि से बाहरी दुनिया तक प्लेसेंटा को प्रसव और प्रसव भी कहा जाता है। शब्द प्रसव लैटिन शब्द 'parturient' से आया है। इसका अर्थ है कि युवा सहन करने के लिए तैयार रहें।

रोपण - यह गर्भावस्था की स्थिति है जिसमें भ्रूण गर्भाशय की दीवार से जुड़ा रहता है।

निषेचन - यह युग्मकों के संलयन की प्रक्रिया है जिसमें विकास के लिए नए व्यक्तिगत जीवों की शुरुआत की जाती है।

अंडोत्सर्जन - यह अंडाशय से फैलोपियन ट्यूब में अंडे की रिहाई है।

अतः विकल्प (C) सही है।

59. अनुच्छेद 16, 17 और 18 भारतीय संविधान में समानता के अधिकार से संबंधित है।

अनुच्छेद 16 सार्वजनिक रोजगार में समान अवसर है।

अनुच्छेद 17 अस्पृश्यता निषिद्ध है।

अनुच्छेद 18 उपाधियों का उन्मूलन है।

अतः विकल्प (B) सही है।

60. हम जानते हैं कि $(1 + x)^n$ के विस्तार में $(r + 1)$वें पद का गुणांक ^nC_r होता है।

यह दिया गया है कि दूसरा, तीसरा और चौथे पद समांतर श्रेणी में हैं। इसलिए,

$$\Rightarrow 2 \times {}^n C_2 = {}^n C_1 + {}^n C_3$$
$$\Rightarrow n(n - 1) = n + \left[\frac{\{n(n-1)(n-2)\}}{6}\right]$$
$$\Rightarrow 6(n - 1) = 6 + n^2 - 3n + 2$$
$$\Rightarrow n^2 - 9n + 14 = 0$$
$$\Rightarrow n = 7$$

अतः विकल्प (B) सही है।

61. 'भारतीय उप-महाद्वीप' नामक महान भौगोलिक इकाई में म्याँमार शामिल नहीं है। भारत, श्रीलंका, बांग्लादेश, भूटान, मालदीव, पाकिस्तान और नेपाल जैसे दक्षिण एशियाई देश भारतीय उप-महाद्वीप का हिस्सा हैं। अधिकांश भारतीय उप-महाद्वीप के देश सार्क का भी हिस्सा हैं।

अतः विकल्प (A) सही है।

62. रविशंकर प्रसाद भारत सरकार में संचार, इलेक्ट्रानिक्स एवं सूचना प्रौद्योगिकी और विधि एवं न्याय के कैबिनेट मंत्री हैं।। भारत के पहले कानून और न्याय मंत्री बी.आर. अम्बेडकर थे। नितिन जयराम गडकरी भारत के सड़क परिवहन और राजमार्ग और सूक्ष्म, लघु और मध्यम उद्यमों के नौपरिवहन मंत्रालय के वर्तमान मंत्री हैं। रसायन और उर्वरक मंत्रालय डी. वी. सदानंद गौड़ा हैं।

अतः विकल्प (C) सही है।

63. प्रकाश की तरंगदैर्घ्य इसकी कोणीय चौड़ाई के समानुपाती होती है:

$$\theta \propto \lambda$$

इसलिए, $\dfrac{\theta_1}{\theta_2} = \dfrac{\lambda_1}{\lambda_2}$

तो, प्रश्न के अनुसार,

$$\Rightarrow \theta_1 = \theta + 0.1$$
$$= 0.2 + 0.1 \times 0.2$$
$$= 0.22$$

इसलिए, $\dfrac{\theta_1}{\theta_2} = \dfrac{\lambda_1}{\lambda_2}$

$$\Rightarrow \lambda_2 = \frac{\lambda_1}{\theta_1} \times \theta_2$$
$$= \frac{5890}{0.2} \times 0.22$$
$$= 6479 \text{Å}$$

अतः विकल्प (C) सही है।

64. नीली क्रांति मछलियों से संबंधित है। नीचे कुछ क्रांतियाँ और उनका महत्व दिया गया है।

क्रांति का नाम	महत्व
हरित क्रांति	कृषि उत्पादन से संबंधित

नीली क्रांति	मछली उत्पादन से संबंधित
श्वेत क्रांति	डेयरी और दुग्ध उत्पादन से संबंधित
पीली क्रांति	तिलहन उत्पादन से संबंधित
रजत क्रांति	अंडा उत्पादन से संबंधित

अतः विकल्प (D) सही है।

65. मौसम किसी निश्चित स्थान और समय पर वायुमंडल की स्थिति है। जलवायु को तापमान, आर्द्रता, वायुमंडलीय दबाव, हवा, वर्षा, और स्थान के अन्य मौसम संबंधी तत्वों की सामान्य स्थिति के रूप में लंबे समय तक यानी औसतन तीस वर्षों के लिए संदर्भित किया जाता है।

अतः विकल्प (B) सही है।

66. यहाँ पर हर बार हम *(arr + i) = 65 + i प्रदान कर रहे हैं। इसलिए, पहले पुनरावृत्ति में i = 0 और 65 को असाइन किया गया है। तो यह A से J तक प्रिंट होगा।

अतः विकल्प (A) सही है।

67. भिन्नता का गुणांक की गणना करने का सूत्र:

$$\left[\frac{\sigma}{x} \times 100\right], \text{ जहाँ } \sigma \text{ मानक विचलन है और } x \text{ माध्य है।}$$

पहले वितरण के लिए:

$$50 = \left(\frac{\sigma_1}{30}\right) \times 100$$
$$\sigma_1 = \frac{(50 \times 30)}{100}$$
$$\sigma_1 = 15$$

दूसरे वितरण के लिए:

$$60 = \left(\frac{\sigma_1}{25}\right) \times 100$$
$$\sigma_2 = \frac{(60 \times 25)}{100}$$
$$\sigma_2 = 15$$

आवश्यक अंतर $= \sigma_1 - \sigma_2 = 15 - 15 = 0$

अतः विकल्प (B) सही है।

68. हरियाणा ऊर्जा उत्पादन कॉर्पोरेशन लिमिटेड (एच.पी.जी.सी.एल) हरियाणा सरकार की बिजली उत्पादक कंपनी है। हरियाणा विद्युत प्रसरण निगम लिमिटेड (एच.वी.पी.एन.एल.) हरियाणा राज्य के भीतर बिजली के प्रसारण और वितरण के लिए जिम्मेदार है।

अतः विकल्प (C) सही है।

69. बंसीलाल ने हरियाणा विकास पार्टी की स्थापना की थी। वे हरियाणा के तीसरे मुख्यमंत्री बने। उन्होंने 31 मई 1968 को पहली बार हरियाणा के मुख्यमंत्री की शपथ ली। वे 1968, 1972, 1986 और 1996 में चार बार मुख्यमंत्री बने। उन्हें प्रमुख रूप से आधुनिक हरियाणा के वास्तुकार के रूप में जाना जाता था।

अतः विकल्प (B) सही है।

70. दी गई संख्याएँ हैं: 517, 325, 639, 841, और 792

प्रत्येक संख्या के अंतर्गत अंकों के स्थान को उलटने पर,

517 = 715

325 = 523

639 = 936

841 = 148

792 = 297

अब अंकों को अवरोही क्रम में व्यवस्थित करने पर,

936, 715, 523, 297, 148

शीर्ष से तीसरी संख्या का अंतिम अंक '3' है।

अतः विकल्प (B) सही है।

71. साहीवाल गाय से संबंधित एक किस्म है। साहीवाल नाम की उत्पत्ति पाकिस्तान में पंजाब प्रांत के साहीवाल जिले से हुई है। यह पाकिस्तान में साहिवाल, पंजाब के फिरोजपुर और अमृतसर जिलों और भारत में राजस्थान के श्री गंगानगर जिले में पाया जाता है।

अतः विकल्प (D) सही है।

72. निर्माता सामान्यतौर पर एक ऑब्जेक्ट के दर्शांतिकरण के लिए उपयोग किया जाता हैं। निर्माता का कार्य एक क्लास के ऑब्जेक्ट के निर्मित होने पर क्लास के डेटा सदस्यों को प्रारंभ (मान निर्दिष्ट करने के लिए) करना होता है। पाइथन में __init__() विधि निर्माता कहलाता है और इसे एक ऑब्जेक्ट के निर्मित होने पर सदैव कॉल किया जाता है।

अतः विकल्प (B) सही है।

73. पांडवों में युधिष्ठिर सबसे बड़े भाई थे और दुर्योधन 100 कौरवों में सबसे बड़े भाई थे। दोनों महाकाव्य महाभारत के पात्र हैं। युधिष्ठिर दुर्योधन से पाँच गाँव माँगना चाहते थेः

दिल्ली - इंद्रप्रस्थ

पानीपत - पानीपत

सोनीपत - सोनप्रस्थ

तिलपत - तिलप्रस्थ

बागपत - व्याघ्रप्रस्थ

अतः विकल्प (D) सही है।

74. "सभी" का प्रतिवाद या तो "कुछ" है या "एक ऐसा"।

तो, "सभी त्रिभुज समबाहु त्रिभुज हैं" का प्रतिवाद या तो "कुछ त्रिभुज समबाहु त्रिभुज नहीं हैं" होगा या "एक ऐसा त्रिभुज मौजूद है जो समबाहु त्रिभुज नहीं है" होगा।

अतः विकल्प (C) सही है।

75. इनीशिएलाइजेशन: नया संचालक एक निर्माता के लिए कॉल के बाद होता है, जो नए ऑब्जेक्ट को प्रारंभ करता है। इंस्टेंशिएशन: नया कीवर्ड एक जावा संचालक है जो ऑब्जेक्ट निर्माण करता है। डेफिनेशन: आप यह परिभाषित करते हैं कि कैसे किसी चीज को लागू किया जाता है, जैसे क्लास, फंक्शन या चर अर्थात् आप यह बताते हैं कि यह वास्तव में क्या है।

अतः विकल्प (B) सही है।

76. दी गई समीकरण है:

P(n): $2^{2N} - 1$

$= (2^N)^2 - (1)^2$

$= (2^N - 1)(2^N + 1)$

N के सभी विषम मानों के लिए, '$2^N + 1$', '3' से विभाजित होगा।

N के सभी सम मानों के लिए, '$2^N - 1$', '3' से विभाजित होगा।

अतः, $2^{2N} - 1$ सदैव '3' से विभाजित होगा।

अतः विकल्प (B) सही है।

77. गझनी के महमूद ने थानेसर पर वर्ष 1014 में हमला किया था। वह तुर्की विजेता था, जिसने मध्य एशिया में एक विशाल साम्राज्य स्थापित किया था, जो गझनी में था, यह वर्तमान में दक्षिण काबुल है। उन्होंने 1000 और 1027 ईस्वी के बीच 17 बार भारत पर हमला किया।

अतः विकल्प (B) सही है।

78. रमेश कुंतल मेघ हिंदी साहित्य के वरिष्ठ लेखक और आलोचक हैं। उन्हें हिंदी साहित्य में केंद्र साहित्य अकादमी 2017 से सम्मानित किया गया है। उन्हें उनकी पुस्तक "विश्व मिथक सरित सागर" के लिए सम्मानित किया गया।

अतः विकल्प (B) सही है।

79. अनु कुमारी सोनीपत जिले में 'बेटी बचाओ, बेटी पढाओ' अभियान की ब्रांड एंबेसडर बनीं। उन्होंने यूपीएससी सिविल सेवा 2017 परीक्षा में दूसरा स्थान हासिल किया। उन्होंने दिल्ली विश्वविद्यालय से भौतिक विज्ञान में बीएससी (ऑनर्स) के साथ स्नातक किया और आईएमटी, नागपुर से एमबीए (वित्त और विपणन) पूरा किया।

अतः विकल्प (A) सही है।

80. 0 और 50 के बीच विषम संख्याएँ $= 1, 3, 5, 7, \ldots, 49$

0 और 50 के बीच कुल विषम संख्या $= \left[\frac{(49-1)}{2}\right] + 1 = 25$

$A.P.$ का योग $= \frac{n}{2}(a+1) = \frac{25}{2}(1+49)$

$= 25 \times 25$

$= 625$

अतः विकल्प (D) सही है।

81. दी गई जानकारी के अनुसार आरेख बनाने पर,

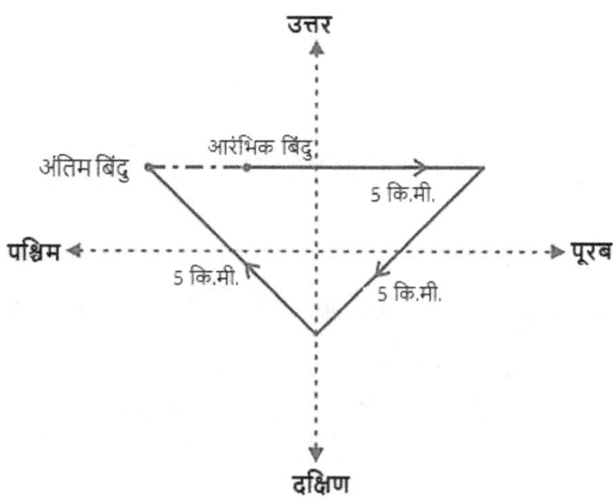

इसलिए, हम आरेख से देख सकते हैं कि वह आरंभिक बिंदु से पश्चिम की ओर है।

अतः विकल्प (C) सही है।

82. भारतीय स्वतंत्रता अधिनियम 1947 द्वारा ब्रिटिश राष्ट्रमंडल में भारत डोमिनियन राज्य बना। बाद में, 26 जनवरी, 1950 को संविधान को अपनाने के बाद यह अधिपति, लोकतांत्रिक और गणतांत्रिक राज्य बन गया था। 1976 में अधिनियम भारत के संविधान के बयालिसवें संशोधन के बाद भारत एक धर्मनिरपेक्ष राष्ट्र बना।

अतः विकल्प (C) सही है।

83. विकल्प (B) गलत कथन है क्योंकि अमेरिका और यूएसएसआर प्रत्यक्ष रूप से युद्धों में शामिल नहीं थे। दोनों ही देश परमाणु हथियारों से होने वाले विनाश को संभालने की स्थिति में नहीं थे इसलिए महान शक्तियों के बीच प्रतिद्वंद्विता का गहन शांत हो गया।

अतः विकल्प (B) सही है।

84. भारत के संविधान के अनुच्छेद 84 (ख) के अनुसार, लोकसभा चुनाव में उम्मीदवार के लिए चुनाव लड़ने की न्यूनतम उम्र 25 वर्ष होगी। जबकि राज्यसभा में न्यूनतम आयु 30 वर्ष से कम नहीं होनी चाहिए।

पद	चुनाव के लिए न्यूनतम आयु वर्षों में
अध्यक्ष	35
राज्यपाल	35
राज्यसभा सदस्य	30
लोकसभा सदस्य	25
विधान सभा के सदस्य (एम.एल.ए.)	25
विधान परिषद के सदस्य (एम.एल.सी.)	30

अतः विकल्प (C) सही है।

85. ऐसे स्तिथियों में, यदि मानक विचलन को निरंतर k द्वारा बढ़ाया जाता है, तो मानक विचलन अपरिवर्तित रहता है। इसलिए, $x_1 + k, x_2 + k, \ldots x_n + k$ का भी मानक विचलन σ होगा।

अतः विकल्प (A) सही है।

86. जाइमेज एंजाइम ग्लूकोज को एथिल अल्कोहल और कार्बन डाइऑक्साइड में परिवर्तित करता है। अल्कोहलिक फरमनटेशन सुक्रोज के एक मोल को इथेनॉल के दो मोल और कार्बन डाइऑक्साइड के दो मोल में परिवर्तित कर देता है, इस प्रक्रिया से ए.टी.पी. के दो मोल पैदा होते हैं।

डायस्टेज़ स्टार्च को माल्टोज़ में बदल देता है और उसके बाद, इसे ग्लूकोज़ में बदल देता है।

इनवर्टेज एक एंजाइम है जो सुक्रोज (टेबल शुगर) के हाइड्रोलिसिस (ब्रेकडाउन) को फ्रुक्टोज और ग्लूकोज में उत्प्रेरित करता है।

माल्टेज लार में और साथ ही अग्न्याशय में मौजूद होता है जो ग्लूकोज बनाने के लिए शर्करे को तोड़ता है।

अतः विकल्प (B) सही है।

87. $\tan 1° = \tan(90-89)° = \cot 89° = \dfrac{1}{\tan 89°}$

उसी प्रकार,

$\tan 2° = \dfrac{1}{\tan 88°}$

इन मानों को रखने पर:

$= \tan 1° \tan 2° \tan 3° \ldots \tan 89°$

$= \left(\dfrac{1}{\tan 89°}\right)\left(\dfrac{1}{\tan 88°}\right)\left(\dfrac{1}{\tan 87°}\right) \ldots \ldots \ldots \tan 45° \ldots$
$\ldots \ldots \tan 87° \tan 88° \tan 89°$

$= \tan 45° = 1$

अतः विकल्प (B) सही है।

88. दी गई समीकरण है:

$$\sin\theta + cosec\,\theta = 2$$
$$\sin\theta + \left(\frac{1}{\sin\theta}\right) = 2$$
$$\sin^2\theta + 1 = 2\sin\theta$$
$$\sin^2\theta - 2\sin\theta + 1 = 0$$
$$(\sin\theta - 1)^2 = 0$$
$$\sin\theta - 1 = 0$$
$$\sin\theta = 1$$
$$\sin\theta = \sin 90°$$
$$\theta = 90°$$

अब,

$$= \sin^2\theta + cosec^2\theta$$
$$= \sin^2 90° + cosec^2 90°$$
$$= (1)^2 + (1)^2 = 2$$

अतः विकल्प (C) सही है।

89. 'is happening' is correct because the sentence is in the present tense and it's still going on so the correct tense would be present continuous.

The present continuous (also called present progressive) is a verb tense that is used to show that an ongoing action is happening now, either at the moment of speech or now in a larger sense. The basic form is- 'is/are+verb+ing'.

For eg: You are watching TV.

Hence, the correct option is (A).

90. 'rang' is the correct solution because it is in the simple past tense.

Simple past tense is used to talk about a completed action in a time before now. The basic form is- 'verb+ed'.

For eg: John Cabot sailed to America in 1498.

Hence, the correct option is (D).

91. 'at' is used to say where something/somebody is or where something happens.

For eg: We changed at Crewe.

'at' is the correct preposition because it is used to show why was I shocked.

Hence, the correct option is (B).

92. 'to' means expressing motion in the direction of.

For eg: She told him to stop.

'To' Is the correct preposition used because it shows people are cruel towards animals.

Hence, the correct option is (D).

93. An interjection is an exclamation or an abrupt remark, especially as an aside or interruption.

For eg: Yahoo! I got a job!. Here, 'Yahoo' shows an emotion of joy so it's an interjection.

In the given sentence, 'Alas' shows an emotion of sorrow so it's an interjection.

Hence, the correct option is (A).

94. In the given sentence, 'light hearted' is a compound adjective qualifying the noun 'manner'.

Here, the word 'light' is an adjective.

Hence, the correct option is (D).

95. दिए गए विकल्पों में से 'धीरे धीरे' सही विकल्प है। जिन शब्दों से क्रिया की विशेषता का पता चलता है उसे क्रिया विशेषण कहते हैं। जैसे :- कछुआ धीरे धीरे चलता है। इस वाक्य में 'चलता' क्रिया है और 'धीरे धीरे' उसकी विशेषता।

अतः विकल्प (A) सही है।

96. 'व्यूह' अर्थात 'सैनिकों को निशेष क्रम में खड़ा करना', 'कुंज' अर्थात 'लता एवं झाड़ियों से घिरा हुआ मंडप', 'समिति' अर्थात 'सभा या संस्था' तथा 'काफिला' अर्थात 'पैदल यात्रियों का समूह'। अतः सही विकल्प काफिला है।

अतः विकल्प (C) सही है।

97. क्रिया के जिस रूप से बीते हुए समय का बोध होता है, उसे भूतकाल कहते है।
सरल शब्दों में, जिससे क्रिया से कार्य की समाप्ति का बोध हो, उसे भूतकाल की क्रिया कहते हैं।

दिए गए विकल्पों में से 'लड़की गयी' की क्रिया वर्तमान काल में है। 'लड़की गयी थी' की क्रिया भूतकाल में है किन्तु क्रिया प्रश्न के अनुसार स्पष्ट नहीं है। 'लड़की जायेगी' की क्रिया भविष्यकाल में है। इसलिए, "लड़की जा रही थी।" सही उत्तर है।

अतः विकल्प (A) सही है।

98. जिज्ञासु का अर्थ होता है - जानने की इच्छा या चाह रखने वाला

सहिष्णु का अर्थ होता है - सहनशील

सदाचारी का अर्थ होता है - अच्छे आचरण वाला

नास्तिक का अर्थ होता है - ईश्वर को न मानने वाला

अतः विकल्प (B) सही है।

99. ''दाँतों तले उँगली दबाना'' मुहावरे का अर्थ होता है 'दंग रह जाना' अर्थत आश्चर्य होना।

'इर्ष्या से जल उठना' के लिए सही मुहावरा होगा - छाती पर साँप लोटना।

'खुश होना' के लिए सही मुहावरा होगा - बाग़ बाग़ होना।

'क्रोधित होना' के लिए सही मुहावरा होगा - खून खौलना।

अतः विकल्प (D) सही है।

100. संज्ञा आदि शब्दों के जिस रूप से क्रिया के करने के साधन का बोध हो अर्थात जिसकी सहायता से कार्य संपन्न हो वह करण कारक कहलाता है। इसके विभक्ति-चिन्ह 'से' के द्वारा है।

अतः विकल्प (B) सही है।

Q.1 1929 के लाहौर कांग्रेस सत्र के बारे में निम्नलिखित कथनों पर विचार करें।

1 इसकी अध्यक्षता जवाहरलाल नेहरू ने की थी।

2. इसने 'पूर्ण स्वराज' या पूर्ण स्वतंत्रता की घोषणा की।

3. 26 जनवरी, 1930 को स्वतंत्रता दिवस के रूप में मनाने का निर्णय लिया गया।

4. गांधी जी ने करो या मरो का आह्वान किया।

सही कथनों को पहचानें।

A. 1 और 2 केवल

B. 3 और 4 केवल

C. 1, 2, और 3 केवल

D. 1, 2, और 4 केवल

Q.2 एक गैल्वेनोमीटर में 30Ω का प्रतिरोध होता है और 2 mA का एक वर्तमान पूर्ण पैमाने पर विक्षेपण देता है। आप इस गैल्वेनोमीटर को $0.2V$ रेंज के वोल्टमीटर में कैसे बदलेंगे?

A. 700Ω प्रतिरोध को गैल्वेनोमीटर के समानांतर जोड़ा जाना चाहिए

B. 70Ω प्रतिरोध को गैल्वेनोमीटर के समानांतर जोड़ा जाना चाहिए

C. 700Ω प्रतिरोध को गैल्वेनोमीटर की श्रृंखला में जोड़ा जाना चाहिए

D. 70Ω प्रतिरोध को गैल्वेनोमीटर की श्रृंखला में जोड़ा जाना चाहिए

Q.3 $7^n - 2^n$, $n \in N$ द्वारा विभाज्य है।

A. 7

B. 4

C. 5

D. इनमें से कोई नहीं

Q.4 गेहूं की बेकिंग गुणवत्ता के लिए जिम्मेदार है

A. ग्लूटेनिन

B. ग्लूटेन

C. ग्लूटेनिक अम्ल

D. इनमें से कोई नहीं

Q.5 एक मजिस्ट्रेट के पास पुलिस _________ की जांच का निर्देश देने की शक्ति है।

A. एक गैर-संज्ञानीय अपराध

B. एक संज्ञेय अपराध

C. केवल गैर-संज्ञेय अपराध, क्योंकि एक संज्ञेय अपराध में पुलिस जांच की ड्यूटी में होती है

D. (A) और (B) दोनों

Q.6 निम्नलिखित में से कौन-सा भारत में एक इंटरनेट सेवा प्रदाता (ISP) नहीं है?

A. वीएसएनएल

B. बीएसएनएल

C. ERNET इंडिया

D. इन्फोटेक इंडिया लिमिटेड

Q.7 भारत के चुनाव आयोग द्वारा जो कार्य नहीं किया जाता है वह है-

A. चुनाव के लिए अधिसूचना जारी करना

B. निर्वाचक नामावली तैयार करना

C. नामांकित उम्मीदवार

D. नमूना आचार संहिता लागू करना

Q.8 निम्नलिखित में से कौन सा कथन सत्य है?

A. मॉडेम एनालॉग संकेत को डिजिटल संकेत में बदलता है और डिजिटल संकेत को एनालॉग संकेत में बदलता है

B. मॉडेम एक सॉफ्टवेयर है

C. मॉडेम वोल्टेज को स्थिर करने में सहायता करता है

D. मॉडेम एक ऑपरेटिंग सिस्टम है

Q.9 सूचना का अधिकार अधिनियम वर्ष_________ में लागू हुआ।

A. 2003

B. 2004

C. 2005

D. 2006

Q.10 गैलेना है-

A. $CuFeS_2$

B. PbS

C. ZnS

D. $CaSO_4$

Q.11 1971 के भारत-पाकिस्तान युद्ध के दौरान निम्नलिखित में से किसे परम वीर चक्र से सम्मानित किया गया है?

A. होशियार सिंह दहिया

B. करम सिंह

C. विक्रम बत्रा

D. योगेन्द्र सिंह यादव

Q.12 बंसी लाल, हरियाणा के सर्वाधिक लंबे समय तक सेवा करने वाले मुख्यमंत्री 1975-77 के दौरान केंद्रीय_________ मंत्री थे।

A. गृह

B. वित्त

C. रक्षा

D. विधि

Q.13 बूस्ट, बॉर्निवेटा, हॉर्लिक्स आदि ऊर्जा समृद्ध पेड़ो में अनुपूरकों के रूप में किस फसल का माल्ट निचोड़ प्रयुक्त होता है?

A. गेहूँ

B. जई

C. जौ

D. ट्रिटिकेल

Q.14 चंडीगढ़ के रॉक गार्डन की स्थापना किसके द्वारा की गई थी?

A. नेक चंद सैनी

B. अल्बर्ट मेयर

C. मैकीज नोविकी

D. इनमें से कोई भी नहीं

Q.15 _________ हरियाणा के सर्वाधिक लंबी सेवा में रहने वाले थे।

A. धरम वीरा

B. बीरेंद्र नारायण चक्रवर्ती

C. रणजीत सिंह नरुला

D. जयसुख लाल हाथी

Q.16 प्रथम गुट-निरपेक्ष सम्मेलन_______ में हुआ।

A. बेलग्रेड

B. न्यूयॉर्क

C. दिल्ली

D. बैंगलोर

Q.17 निम्नलिखित में से कौन-सा विद्युत चुम्बकीय स्पेक्ट्रम त्वचा के जलने, सॉंवले, पड़ने और कैंसर आदि के लिए प्रमुख कारण है?

A. UV-A किरणें

B. UV-B किरणें

C. UV-C किरणें

D. इनमें से कोई भी नहीं

Q.18 निम्नलिखित में गर्भाशय की एक परत नहीं है

A. एंडोमेट्रियम

B. मायोमेट्रियम

C. पेरीमेट्रियम

D. एक्टोमेट्रियम

Q.19 एक संवर्धन में जीवाणुओं की संख्या प्रति घंटा दोगुनी हो जाती है। यदि मूलरूप से संवर्धन में 30 जीवाणुओं उपस्थित थे, तो चौथे घंटे के अंत में कितने जीवाणु उपस्थित थे?

A. 120

B. 240

C. 480

D. इनमें से कोई नहीं

Q.20 $\left(\sqrt{2}+1\right)^6 + \left(\sqrt{2}-1\right)^6$ का मान है-

A. $198\sqrt{2}$

B. 3024

C. 198

D. 200

Q.21 एक अपराध की जांच ______ द्वारा की जाती है।

A. न्यायिक मजिस्ट्रेट

B. कार्यपालक मजिस्ट्रेट

C. पुलिस अधिकारी

D. (A) और (C) दोनों

Q.22 निम्नलिखित से आईपी एड्रेस की पहचान करें।

A. 300-215-317-3

B. 302-215@417-5

C. 202.50.20.148   **D.** 202-50-20-148

Q.23 निम्नलिखित में से किस व्यक्तित्व को हरियाणा में लोक रंगमंच का जनक कहा जाता है?

A. अली बक्श   **B.** लख्मी चंद

C. दया चंद   **D.** मुकेश यादव

Q.24 ग्रीनहाउस प्रभाव का कारण क्या है?

A. IR-किरणें   **B.** सूक्ष्म तरंग

C. X-किरणें   **D.** रेडियो तरंगें

Q.25 अनुक्रम -1, 0, 1, 8, 27 में लुप्त संख्या ज्ञात करें।

A. 24   **B.** 44   **C.** 60   **D.** 64

Q.26 यदि $|x - 2| < 5$ फिर x _____ अंतराल में है।

A. [-7, 3]   **B.** [-3, 7]   **C.** [3, 7]   **D.** [-7, -3]

Q.27 कुल खाद्यान्न उत्पादन में निम्नलिखित में से कौन-सी फसल हरियाणा में पहले स्थान रखती है?

A. धान   **B.** गेहूँ   **C.** मक्का   **D.** दालें

Q.28 हरियाणा में सफलतापूर्वक दो पूर्ण विकसित खाद्य पार्क स्थापित करने के बाद हरियाणा राज्य औद्योगिक एवं आधारभूत संरचना विकास निगम (HSIIDC) _____ में एक और मेगा फूड पार्क पार्क विकसित कर रहा है-

A. राई   **B.** साहा

C. बरही   **D.** इनमे से कोई भी नहीं

Q.29 _____ हरियाणा का राज्य पशु है।

A. हाथी   **B.** काला हिरन

C. भारतीय बाइसन/गौर   **D.** एशियाई शेर

Q.30 जब हृदय की मांसपेशियों तक पर्याप्त ऑक्सीजन नहीं पहुँचती तो तीव्र छाती में दर्द का लक्षण दिखाई देता है, _____ कहलाते हैं।

A. एंजीना पेक्टोरिस   **B.** एथेरोस्क्लेरोसिस

C. हृदयघात   **D.** उच्च रक्तचाप

Q.31 दो पासे एक साथ फेंके जाते हैं। समुच्चय A पहले पासे पर 6 प्राप्त करने की घटना है और समुच्चय B दूसरे वाले पर 2 प्राप्त करने की घटना है। $P(A \cap B)$ का मान है-

A. $\frac{1}{18}$ **B.** $\frac{1}{36}$

C. $\frac{1}{6}$ **D.** इनमें से कोई नहीं

Q.32 52 ताश के पत्तों के एक पैक में से 4 कार्ड इस प्रकार चुनने के तरीकों की संख्या की चारो कार्ड एक ही रंग के हो।

A. 2860   **B.** 2086

C. 2680   **D.** इनमें से कोई नहीं

Q.33 हरियाणा का विधान सभा _____ में है।

A. रोहतक   **B.** पानीपत   **C.** अंबाला   **D.** चंडीगढ़

Q.34 अक्षरों का कौन-सा समुच्चय क्रमानुसार _ONPM _NPMO _PMON_ अक्षर श्रृंखला के अंतरालो में रखे जाने पर इसे पूर्ण करेगा?

A. PNOM   **B.** NMPO   **C.** ONPM   **D.** MONP

Q.35 65 लोगों के समूह में, 40 क्रिकेट को पसंद करते है, 10 क्रिकेट और टेनिस दोनों पसंद करते हैं। उन लोगो की संख्या जो केवल टेनिस को पसंद करते है क्रिकेट नहीं है, वह हैं।

A. 35   **B.** 25   **C.** 40   **D.** 15

Q.36 निम्नलिखित में से कौन-सा फुलकारी का एक प्रकार नहीं है?

A. चोप   **B.** नीलक   **C.** तिलपत्र   **D.** मूढ़ा

Q.37 सार्क के संबंध में निम्नलिखित में से कौन-सा कथन सत्य नहीं है?

A. सार्क सदस्यों साफ्टा नामक एक संधि पर हस्ताक्षर किए है

B. इसका पहला सम्मेलन बैंगलोर में हुआ

C. इसका मुख्यालय नेपाल के काठमांडू में स्थित है

D. सार्क की स्थापना 1985 में हुई

Q.38 'पिडी' से तात्पर्य है

A. टेराकोटा   **B.** काष्ठ कला

C. फुटस्टूल शिल्प   **D.** धातु कला

Q.39 यदि 'HEATER' को 'KBDQHO' लिखा जाता है। 'COOLER' को कैसे कोडित किया जा सकता है।

A. FLRIHO   **B.** ALRIHV

C. FRLIHO   **D.** FLIRHO

Q.40 एक विद्युत विभव के अंतर्गत कोलाइडल कणों की गति _____ कहलाती है।

A. ब्राउनियन गति   **B.** टिंडल प्रभाव

C. विसरण   **D.** वैद्युतकणसंचलन

Q.41 निम्नलिखित में से कौन एक सुपरसोनिक मिसाइल है?

A. त्रिशूल   **B.** आकाश   **C.** पृथ्वी   **D.** ब्रहोस

Q.42 हरियाणा पुलिस और महिला एवं बाल विकास विभाग ने राज्य के खोये हुये बच्चों को ढूढ़ने और बचाने हेतु _____ शुरू किया है।

A. ऑपरेशन चिल्ड्न   **B.** ऑपरेशन बेटी बचाओ

C. ऑपरेशन मुस्कान   **D.** इनमे से कोई भी नहीं

Q.43 निम्नलिखित से जन्मजात प्रतिरक्षा के शारीरिक बाधा का चयन करें।

A. हमारे शरीर पर त्वचा   **B.** अमाशय में अम्ल

C. मोनोसाइट्स   **D.** इंटरफेरॉन

Q.44 डेटा को एक प्रकार से दूसरे प्रकार में परिवर्तित करने की एक स्पष्ट प्रक्रिया को कहा जाता है-

A. टाइपकास्टिंग

B. आटोमेटिक टाइप कन्वर्शन

C. डाटा ओवरलोडिंग

D. एक्सेप्शन हेंडलिंग

Q.45 निम्नलिखित में से कौन-सी एक उच्च स्तरीय प्रोग्रामिंग भाषा नहीं है?

A. कोबोल   **B.** पास्कल

C. कोडांतरण भाषा   **D.** फॉर्ट्रान

Q.46 अंतर्राष्ट्रीय योग दिवस _____ को मनाया जाता है।

A. 20 जुलाई   **B.** 21 जुलाई   **C.** 22 जुलाई   **D.** 21 जून

Q.47 यदि 'A' का अर्थ '×' है, 'B' का अर्थ '÷' है, 'C' का अर्थ '+' और 'D' का अर्थ '-' है, तो 21 C 3 D 6 A 8 V 2 = ?

A. 72   **B.** 0

C. 48   **D.** इनमें से कोई नहीं

Q.48 आँकड़ा 6, 7, 10, 12, 13, 4, 8, 12 के लिए माध्य से माध्य विचलन है-

A. 3   **B.** 9   **C.** 2.75   **D.** 3.25

Q.49 घोड़ा एक है-

A. जुगाली करने वाला खुर

B. गैर-जुगाली करने वाला खुर

C. सम संख्या में उंगली वाला खुर

D. विषम संख्या में उंगली वाला खुर

Q.50 _________ हरियाणा के वर्तमान महाधिवक्ता हैं।
A. बलदेव राज महाजन
B. नवल किशोर अग्रवाल
C. अशोक अग्रवाल
D. सूर्य कांत

Q.51 निम्न में से कौन-सा सही है?
A. $sin\theta = -5$
B. $cos\theta = 1$
C. $sec\theta = \frac{1}{2}$
D. $cosa\theta = 0$

Q.52 हरियाणा ने योग और आयुर्वेद को बढ़ाने के लिए ___ को राज्य का एक ब्रांड एंबेसडर नियुक्त किया है।
A. बाबा रामदेव
B. श्री श्री रविशंकर
C. सदगुरु
D. आचार्य बालकृष्ण

Q.53 बंगाल की खाड़ी में जल की निम्न लवणता____ कारण होती है।
A. उच्च वाष्पोत्सर्जन
B. जलीकरण
C. वर्षण
D. नदी के जल का अन्तः श्रवण

Q.54 हाल ही में, इस देश ने उनके वहाँ गीता जयंती महोत्सव मनाने के लिए हरियाणा सरकार से अनुरोध किया है
A. मलेशिया
B. बाली
C. पाकिस्तान
D. मॉरीशस

Q.55 उस जोड़ी का चयन करें जिसमें संख्याएँ समान रूप से जोड़ी 7:24 से संबंधित हैं।
A. 30:100
B. 23:72
C. 19:58
D. 11:43

Q.56 तीन विवाहित जोड़ों को एक सिनेमा हॉल में में 6 सीटों पर एक पंक्ति में बैठना है। यदि पति-पत्नी को एक दूसरे से आगे बैठना है, तो उन्हें कितने प्रकार से बैठाया जा सकता है?
A. 6
B. 18
C. 48
D. इनमें से कोई नहीं

Q.57 एक ज्यामितीय श्रेणी में पहले तीन पदों का योग $\frac{13}{12}$ है और उनका उत्पाद -1 है और उनका उत्पाद है, तो सामान्य अनुपात है-
A. $\frac{-3}{4}$ या $\frac{-4}{3}$
B. -1 या $\frac{13}{12}$
C. $\frac{3}{4}$ या $\frac{4}{3}$
D. $\frac{1}{2}$ या 2

Q.58 जुगाली करने वाले का अमाशय ___ में बैठा होता है।
A. चार भाग
B. दो भाग
C. तीन भाग
D. पाँच भाग

Q.59 एक आरोप ___ द्वारा बनाया जाता है।
A. न्यायालय
B. पुलिस
C. अभियोग पक्ष
D. उपरोक्त सभी

Q.60 निम्नलिखित में से कौन सा एक सर्च इंजन नहीं है?
A. गूगल
B. क्रोम
C. याहू
D. बिंग

Q.61 हरियाणा की पहली महिला राजनीतिज्ञ, जिन्होंने राज्य के राज्यपाल के रूप में कार्य किया?
A. शन्नो देवी
B. चंद्रवती
C. चंद्रकला
D. रेणुका बिश्नोई

Q.62 रेवाड़ी की लाल मस्जिद ___ के शासन काल के दौरान बनाई गई ?
A. बाबर
B. मुहम्मद बिन तुगलक
C. मुहम्मद गोरी
D. अकबर

Q.63 वह शब्द का चुनिए जो समूह के अन्य शब्दों सबसे से कम मिलता है।
A. गाय
B. हिरन
C. गधा
D. बकरी

Q.64 पानीपत का प्रथम युद्ध _____के बीच लड़ा गया।
A. अकबर और राणा प्रताप
B. इब्राहिम लोधी और अकबर
C. इब्राहिम लोधी और बाबर
D. अकबर और शेरशाह सूरी

Q.65 ___ दो बार माउंट एवरेस्ट पर चढ़ने वाली विश्व की प्रथम और सबसे कम आयु की महिला है।
A. बछेंद्री पाल
B. संतोष यादव
C. प्रेमलता अग्रवाल
D. आरती साहा

Q.66 _________ ने गूगा कथा के एक संस्करण को एकत्रित करने और भारतीय पुरातत्व (1895) में प्रकाशित करने मे योगदान दिया।
A. मेजर जे. एबॉट
B. विलियम क्रुक
C. चार्ल्स स्वेनर्टन
D. रिचर्ड कार्नेक

Q.67 भारतीय संविधान मे वह संशोधन जिसने मतदान आयु को 21 से 18 वर्ष तक घटा दिया
A. 61
B. 62
C. 42
D. 44

Q.68 अरुणाचल प्रदेश के वर्तमान मुख्यमंत्री हैं-
A. नबाम तुकी
B. पेमा खांडु
C. दोरजी खांडु
D. इनमे से कोई भी नहीं

Q.69 हरियाणा संस्कृत गौरव सम्मान वर्ष 2016 के लिए निम्न में से किस संस्कृत लेखक को दिया गया ?
A. प्रो श्रीकृष्ण शर्मा
B. आचार्य महावीर प्रसाद शर्मा
C. प्रो राजेश्वर प्रसाद मिश्र
D. पंडित सीताराम शास्त्री आचार्य

Q.70 केवल शुद्ध आभासी प्रकार्य वाले वर्ग ___ कहलाता है।
A. आधार वर्ग
B. व्युत्पन्न वर्ग
C. सार वर्ग
D. अनुवांशिक वर्ग

Q.71 यदि $P(A) = \frac{4}{5}$ और $P(A \cap B) = \frac{7}{10}$ तो $P\left(\frac{B}{A}\right) = ?$
A. $\frac{1}{10}$
B. $\frac{1}{8}$
C. $\frac{7}{8}$
D. $\frac{17}{20}$

Q.72 निम्नलिखित में से कौन पाइथन में एक कुंजी नहीं है?
A. ट्राई
B. एक्सेप्ट
C. थ्रो
D. पास

Q.73 2003 में यूएसए द्वारा इराक पर आक्रमण करने के लिए प्रयुक्त एक कूट नाम था।
A. परेशान ऑल क्लियर
B. ऑपरेशन इराकी फ्रीडम
C. लिब्रेशन ऑफ़ इराक
D. ऑपरेशन एंड्यूरिंग फ्रीडम ऑफ़ इराक

Q.74 बेलगावी में हुआ एक द्विपक्षीय सैन्य अभ्यास, एकुवेरिन भारत और ______ के बीच हुआ।
A. श्रीलंका
B. मालदीव
C. नेपाल
D. सिंगापुर

Q.75 ABC, FGH, LMN, ? में लुप्त अक्षर ज्ञात करें।
A. IJK
B. OPO
C. STU
D. RST

Q.76 एकलव्य को समर्पित एकलौता मंदिर____में स्थित है।
A. खंडासा
B. यमुना नगर
C. बहरपुर
D. सोहना

Q.77 निम्नलिखित प्रोग्राम में निर्गत 'sum' का अनुमान लगाइए।

sum = 0

```
for i in range (1,11,2):
sum+ = i
print "sum=", sum
```
A. 11   **B.** 22   **C.** 24   **D.** 25

Q.78 हाल ही में हुए राष्ट्रमंडल खेलों में भारत द्वारा प्राप्त किये गए स्वर्ण पदको की संख्या हैं-
A. 25   **B.** 26   **C.** 27   **D.** 23

Q.79 गुड़गांव में कार्तिक सांस्कृतिक उत्सव____के प्रसार पर लच्छित है।
A. कृषि कटाई
B. मार्शल आर्ट और लोक कला
C. पति की प्रसन्नता
D. इनमे से कोई भी नहीं

Q.80 भारत में मैंगनीज का अग्रणी उत्पादक है।
A. पश्चिम बंगाल   **B.** झारखंड
C. ओडिशा   **D.** इनमे से कोई भी नहीं

Q.81 पाइथन में समान प्रधानता वाले ऑपरेटर का मूल्यांकन _____ किया जाता है।
A. दाएं से बाएं
B. बाएं से दाएं
C. (A) और (B) दोनों
D. निर्धारित नहीं किया जा सकता

Q.82 ब्रिक्स का अर्थ है-
A. ब्राजील, रूस, भारत, चीन, दक्षिण अफ्रीका
B. ब्राजील, रूस, भारत, कनाडा, दक्षिण अफ्रीका
C. ब्राजील, रूस, भारत, चीन, स्विट्जरलैंड
D. ब्राजील, रूस, इटली, चीन, दक्षिण अफ्रीका

Q.83 एक 20 सेमी फोकल लंबाई के उत्तल लेंस को 20 सेमी वक्रता के एक उत्तल लेंस के साथ सम अक्षर पर रखा गया है। उन दोनों को 15 सेमी दूर रखा गया है। एक बिन्दू वस्तु उत्तल लेंस के समक्ष 60 सेमी रखी जाती है। इस संयोजन द्वारा बने प्रतिबिम्ब की स्थिति है।
A. 60 सेमी   **B.** 40 सेमी   **C.** 30 सेमी   **D.** 10 सेमी

Q.84 माध्य से आंकड़ों $3,10,10,4,7,10,5$ का माध्य विचलन है।
A. 2   **B.** 2.57   **C.** 3   **D.** 3.75

Q.85 निम्नलिखित में से कौन-सा पुरस्कार हरियाणा संस्कृत अकादमी द्वारा नहीं दिया जाता है?
A. महर्षि वाल्मीकि सम्मान
B. महाकवि बाणभट्ट सम्मान
C. महर्षि वेदव्यास सम्मान
D. महाकवि कालीदास सम्मान

Q.86 A और B विवाहित जोड़े हैं। X और Y भाई हैं। X, A का भाई है। Y, B से कैसे संबंधित है?
A. भाई   **B.** बहनोई   **C.** पुत्र   **D.** दामाद

Q.87 A और B के बीच चार बस मार्ग हैं, B और C के बीच तीन बस मार्ग हैं। एक व्यक्ति A से C, B से होते हुए कई तरीको से आ जा सकता है यदि वह एक बस मार्ग को एक से ज्यादा बार प्रयोग नहीं करना चाहता है तो वह कितने तरीको से आ जा सकता है?
A. 72   **B.** 144   **C.** 14   **D.** 19

Q.88 हरियाणा के निम्नलिखित में से कौन-सा जिला खनिज संसाधनों में सर्वाधिक समृद्ध है?

A. फतेहगढ़   **B.** महेंद्रगढ़   **C.** हिसार   **D.** अंबाला

Ques (89-90):Direction: Fill in the blanks with appropriate from the given options.

Q.89 Benny had finished cooking when the visitors _______.
A. Entering   **B.** Were entering
C. Entered   **D.** Had entered

Q.90 He _________ two wickets before play was interrupted by the rain.
A. Had taken   **B.** Took
C. Has taken   **D.** Taken

Ques (91-92):Direction: Complete the sentences selecting the correct option.

Q.91 As soon as the speech started-
A. Then the demonstrators rushed to the platform
B. The demonstrators rushed to the platform
C. Then the demonstrators rushed to the platform
D. When the demonstrators rushed to the platform

Q.92 We are so late-
A. To catch the train
B. That we could catch the train
C. We couldn't catch the train
D. That we cannot catch the train

Ques (93-94):Direction: Select the correct indirect speech for the following.

Q.93 The master says "Have you seen the map?"
A. The master said had he seen the map
B. The master asked had he seen the map
C. The master inquires if he has seen the map
D. The master inquires if he saw the map

Q.94 He said, "Be quiet and listen to my words".
A. He said to them be quiet and listen to his words
B. He told them to quiet and listen to his words
C. He urged them to be quiet and listen to his words
D. He urged them if they sit quiet and listen to his words

Q.95 'जो किसी का उपकार न माने' उसे कहते हैं।
A. नास्तिक   **B.** कृतज्ञ   **C.** कृतघ्न   **D.** सर्वज्ञ

Q.96 'राम खाना खायेगा' इस वाक्य का कर्म वाच्य रूप है।
A. राम से खाना खाया जायेगा।
B. राम खाना खाता है।
C. राम से खाना खायी जाती है।
D. राम ख़ाना खाया।

Q.97 39 को हिंदी में कहते हैं।
A. उत्रीस   **B.** उन्यासी   **C.** उनचास   **D.** उनतालीस

Q.98 "कुत्ते ने बिल्ली को मारा" इस वाक्य में "बिल्ली को" कौन-सा कारक हैं?
A. कर्ता कारक   **B.** कर्म कारक
C. करण कारक   **D.** संबंध कारक

Q.99 इनमे विशेषण हैं।

A. बालक   **B.** क्योकि   **C.** लिखा   **D.** गोल

Q.100 'शेर' शब्द का स्त्रीलिंग रूप है।

A. शेरा   **B.** शेरी   **C.** शेरनी   **D.** शेरे

// स्मार्ट उत्तर पुस्तिका //

सही उत्तर — उन छात्रों के प्रतिशत को इंगित करता है जिन्होंने प्रश्नों का सही उत्तर दिया था।

छोड़ दिया — उन छात्रों के प्रतिशत को इंगित करता है जिन्होंने प्रश्नों को छोड़ दिया था।

प्रश्न संख्या	उत्तर	सही उत्तर / छोड़ दिया	प्रश्न संख्या	उत्तर	सही उत्तर / छोड़ दिया	प्रश्न संख्या	उत्तर	सही उत्तर / छोड़ दिया	प्रश्न संख्या	उत्तर	सही उत्तर / छोड़ दिया	प्रश्न संख्या	उत्तर	सही उत्तर / छोड़ दिया
1	C	39.71 % / 0.0 %	17	B	26.47 % / 38.24 %	33	D	52.94 % / 41 18 %	49	B	30.88 % / 44.12 %	65	B	42.65 % / 44.11 %
2	D	11.76 % / 36.77 %	18	D	26.47 % / 38.24 %	34	D	50.0 % / 41.18 %	50	A	32.35 % / 44.12 %	66	B	33.82 % / 44.12 %
3	C	45.59 % / 36.76 %	19	C	23.53 % / 38.23 %	35	B	29.41 % / 41.18 %	51	B	29.41 % / 44.12 %	67	A	33.82 % / 44.12 %
4	B	36.76 % / 36.77 %	20	C	27.94 % / 39.71 %	36	D	26.47 % / 42.65 %	52	A	50.0 % / 44.12 %	68	B	39.71 % / 44.11 %
5	B	23.53 % / 36.76 %	21	C	39.71 % / 39.7 %	37	B	29.41 % / 42.65 %	53	D	29.41 % / 44.12 %	69	B	23.53 % / 44.12 %
6	D	23.53 % / 36.76 %	22	C	41.18 % / 39.7 %	38	C	20.59 % / 42.65 %	54	D	35.29 % / 44.12 %	70	C	13.24 % / 44.11 %
7	C	36.76 % / 36.77 %	23	A	20.59 % / 39.7 %	39	A	42.65 % / 42.64 %	55	B	33.82 % / 44.12 %	71	C	27.94 % / 44.12 %
8	A	39.71 % / 36.76 %	24	A	23.53 % / 39.71 %	40	D	20.59 % / 42.65 %	56	C	22.06 % / 44.12 %	72	C	17.65 % / 44.11 %
9	C	39.71 % / 36.76 %	25	D	47.06 % / 39.7 %	41	D	42.65 % / 44.11 %	57	A	11.76 % / 44.12 %	73	B	16.18 % / 44.11 %
10	B	36.76 % / 36.77 %	26	B	30.88 % / 41.18 %	42	C	45.59 % / 44.12 %	58	A	25.0 % / 44.12 %	74	B	29.41 % / 44.12 %
11	A	39.71 % / 38.23 %	27	B	44.12 % / 41.17 %	43	B	14.71 % / 44.11 %	59	A	22.06 % / 44.12 %	75	C	39.71 % / 44.11 %
12	C	39.71 % / 38.23 %	28	C	23.53 % / 41.18 %	44	A	13.24 % / 44.11 %	60	B	26.47 % / 44.12 %	76	A	27.94 % / 44.12 %
13	C	38.24 % / 38.23 %	29	B	52.94 % / 42.65 %	45	C	26.47 % / 44.12 %	61	B	20.59 % / 44.12 %	77	D	8.82 % / 44.12 %
14	A	52.94 % / 38.24 %	30	A	10.29 % / 41.18 %	46	D	47.06 % / 44.12 %	62	D	39.71 % / 44.11 %	78	B	32.35 % / 44.12 %
15	B	48.53 % / 38.23 %	31	B	35.29 % / 41.18 %	47	B	39.71 % / 44.11 %	63	C	26.47 % / 44.12 %	79	B	36.76 % / 44.12 %
16	A	26.47 % / 38.24 %	32	A	27.94 % / 41.18 %	48	C	22.06 % / 44.12 %	64	C	45.59 % / 44.12 %	80	C	30.88 % / 44.12 %

प्रश्न संख्या	उत्तर	सही उत्तर / छोड़ दिया
81	B	25.0 % / 44.12 %
82	A	35.29 % / 44.12 %
83	C	19.12 % / 44.12 %
84	B	17.65 % / 44.11 %

प्रश्न संख्या	उत्तर	सही उत्तर / छोड़ दिया
85	D	32.35 % / 44.12 %
86	B	47.06 % / 44.12 %
87	A	17.65 % / 44.11 %
88	B	50.0 % / 45.59 %

प्रश्न संख्या	उत्तर	सही उत्तर / छोड़ दिया
89	C	27.94 % / 44.12 %
90	A	25.0 % / 44.12 %
91	B	17.65 % / 44.11 %
92	D	11.76 % / 44.12 %

प्रश्न संख्या	उत्तर	सही उत्तर / छोड़ दिया
93	C	17.65 % / 44.11 %
94	C	23.53 % / 44.12 %
95	C	39.71 % / 44.11 %
96	A	33.82 % / 44.12 %

प्रश्न संख्या	उत्तर	सही उत्तर / छोड़ दिया
97	D	51.47 % / 44.12 %
98	B	30.88 % / 44.12 %
99	D	27.94 % / 44.12 %
100	C	52.94 % / 42.65 %

कार्य विश्लेषण	
औसत अंक (%)	35.0%
टॉपर्स स्कोर (%)	100.0%
आपका स्कोर	

//संकेत और समाधान//

1. 1929 कांग्रेस सत्र:

- 1929 में कांग्रेस का अधिवेशन लाहौर में हुआ था।
- पंडित नेहरू अधिवेशन के अध्यक्ष थे।
- यह सत्र बहुत महत्वपूर्ण था क्योंकि इस लाहौर सत्र में प्रमुख पार्टी इंडियन नेशनल कांग्रेस ने पूर्ण स्वराज का संकल्प लिया था।
- इसमें पंडित जवाहर लाल नेहरू द्वारा रावी नदी के किनारे भारतीय तिरंगा झंडा फहराया गया था।
- यह वह दिन था जब पहली बार राष्ट्रवादियों ने तिरंगा फहराया था।
- इसलिए कांग्रेस ने 26 जनवरी 1930 को कुल स्वतंत्रता या पूर्ण स्वराज दिवस के रूप में मनाने का फैसला किया।

अतः विकल्प (C) सही है।

2. गैल्वेनोमीटर छोटे करंट और वोल्टेज की उपस्थिति का पता लगाने या उनके परिमाण को मापने के लिए उपयोग किया जाने वाला उपकरण है।

गैल्वेनोमीटर का एक वोल्टमीटर में रूपांतरण:

वोल्टमीटर एक ऐसा उपकरण है जिसका उपयोग करंट-वहन करने वाले कंडक्टर के दो सिरों के बीच के संभावित अंतर को मापने के लिए किया जाता है।

इसके साथ श्रृंखला में एक उच्च प्रतिरोध को जोड़कर एक गैल्वेनोमीटर को वोल्टमीटर में परिवर्तित किया जा सकता है।

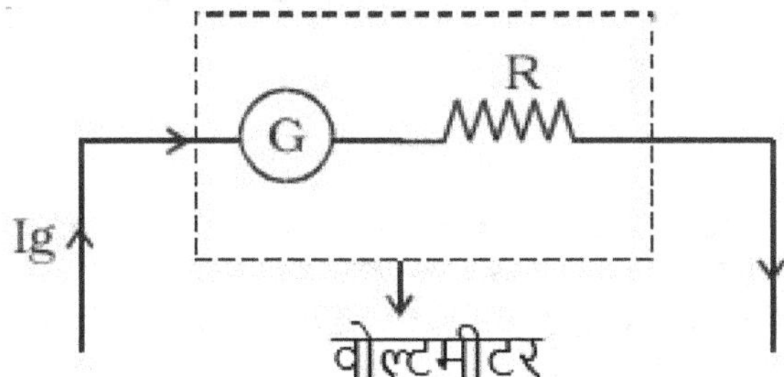

गैल्वेनोमीटर का वोल्टमीटर में रूपांतरण

पैमाने को वोल्ट में कैलिब्रेट किया जाता है।

श्रृंखला में जुड़े प्रतिरोध का मान वोल्टमीटर की सीमा तय करता है।

गैल्वेनोमीटर प्रतिरोध $= G$

गैल्वेनोमीटर में पूर्ण पैमाने पर विक्षेपण का उत्पादन करने के लिए आवश्यक वर्तमान $= I_g$

वोल्टमीटर की सीमा $= V$

श्रृंखला में जुड़े होने का प्रतिरोध $= R$

चूंकि R गैल्वेनोमीटर के साथ श्रृंखला में जुड़ा हुआ है, इसलिए गैल्वेनोमीटर के माध्यम से वर्तमान,

$$I_g = \frac{V}{R+G}$$

$$\therefore R = \frac{V}{I_g} - G$$

समीकरण से, गैल्वेनोमीटर के साथ श्रृंखला में जुड़े जाने वाले प्रतिरोध की गणना की जाती है।

वोल्टमीटर का प्रभावी प्रतिरोध है

$$Rv = G + R$$

माना r गैल्वेनोमीटर के साथ जोड़ा गया श्रृंखला प्रतिरोध है।

इसलिए, कुल प्रतिरोध $= r + 30\Omega$

पूर्ण पैमाने पर धारा $2\,mA = 0.002A$

वोल्टेज की सीमा $= 0.2v$

हम जानते हैं कि, प्रतिरोध, $R = \frac{V}{I}$

$$\Rightarrow r + 30 = \frac{0.2}{0.002} = 100$$

$$\Rightarrow r = 100 - 30 = 70\Omega$$

इसलिए, 70Ω की श्रृंखला प्रतिरोध को गैल्वेनोमीटर के साथ जोड़ा जाना चाहिए ताकि इसे $0.2v$ रेंज के वोल्टमीटर में परिवर्तित किया जा सके।

अतः विकल्प (D) सही है।

3. दिया है:

$7^n - 2^n$, $n \in N$

$n = 1$ के लिए

$7^1 - 2^1 = 5$

$n = 2$ के लिए

$7^2 - 2^2 = 49 - 4 = 45$

$n = 3$ के लिए

$7^3 - 2^3 = 343 - 8 = 335$

$5, 45, 335$ सभी 5 से विभाज्य हैं।

अतः विकल्प (C) सही है।

4.

- गेहूं की बेकिंग गुणवत्ता का श्रेय ग्लूटेन को दिया जाता है।
- ग्लूटन अनाज में पाया जाने वाला प्रोटीन का एक परिवार है, जिसमें गेहूं, राई और जौ शामिल हैं।
- लस में दो मुख्य प्रोटीन ग्लूटेनिन और ग्लियाडिन हैं। ग्लूटेन (2, 3) के अधिकांश प्रतिकूल स्वास्थ्य प्रभावों के लिए 'ग्लियाडिन' जिम्मेदार है।
- जब आटा पानी के साथ मिश्रित होता है, तो ग्लूटेन प्रोटीन एक चिपचिपा नेटवर्क बनाता है जिसमें गोंद जैरी स्थिरता होती है।
- यह गोंद जैसी संपत्ति आटा को लोचदार बनाता है और रोटी को बेकिंग के दौरान उठने की क्षमता देता है। यह एक हंसमुख, संतोषजनक बनावट भी प्रदान करता है।

अतः विकल्प (B) सही है।

5. दंड प्रक्रिया संहिता, 1973 (सीआर. पी.सी.) की धारा 156 (3) के अंतर्गत शक्ति का प्रयोग मजिस्ट्रेट द्वारा किया जा सकता है ताकि पुलिस को केवल संज्ञेय अपराध के संबंध में जांच करने का निर्देश दिया जा सके।

सीआर. पी.सी., की धारा 2 (c) के अनुसार, संज्ञेय अपराध का अर्थ है एक अपराध जिसके लिए, और 'संज्ञेय मामला' का अर्थ है, एक ऐसा मामला जिसमें, एक पुलिस अधिकारी पहली अनुसूची के अनुसार या किसी अन्य कानून के तहत लागू होने के लिए, वारंट के बिना गिरफ्तारी कर सकता है।

अतः विकल्प (B) सही है।

6.

- आईएसपी इंटरनेट को संभव बनाता है।
- एक इंटरनेट सेवा प्रदाता (ISP) कंपनी के लिए उद्योग शब्द है जो आमतौर पर कंप्यूटर से इंटरनेट तक पहुंच प्रदान करने में सक्षम है।
- एक बिल्ट-इन मॉडेम वाला एक कंप्यूटर हो सकता है और नेटवर्किंग के लिए एक राउटर हो सकता है, लेकिन आईएसपी के साथ सदस्यता के बिना, इसका इंटरनेट से कोई संबंध नहीं है।
- आईएसपी आमतौर पर एक "केबल कंपनी" है, जो इसके अलावा, या टीवी सदस्यता की पेशकश करती है, एक इंटरनेट सदस्यता भी प्रदान करती है।
- इन्फोटेक इंडिया लिमिटेड भारत में इंटरनेट सेवा प्रदाता (आईएसपी) नहीं है।

अतः विकल्प (D) सही है।

7.

- भारत निर्वाचन आयोग उम्मीदवारों को नामांकित करने में भाग नहीं लेता है।
- संविधान और जन प्रतिनिधित्व अधिनियम, 1951 के अनुसार, कोई भी भारतीय नागरिक किसी भी निर्वाचन क्षेत्र से चुनाव लड़ सकता है।
- एकमात्र शर्त यह है कि उसे उस निर्वाचन क्षेत्र से चुनाव लड़ने की योग्यता प्राप्त होनी चाहिए यानी वह चुनाव लड़ने के लिए संविधान या अन्य कानूनों के तहत अयोग्य घोषित नहीं किया गया हो।

अतः विकल्प (C) सही है।

8.

- मॉडेम एनालॉग सिग्नल को डिजिटल सिग्नल में परिवर्तित करता है और इसके विपरीततया।
- यह एक ऐसा उपकरण है जो एक प्रकार के डिवाइस (जैसे कंप्यूटर) द्वारा उत्पादित संकेतों को दूसरे (जैसे टेलीफोन) के साथ संगत रूप में परिवर्तित करता है और इसका उपयोग विशेष रूप से लैंडलाइन के माध्यम से कंप्यूटर के बीच जानकारी प्रसारित करने और प्राप्त करने के लिए किया जाता है।

अतः विकल्प (A) सही है।

9.

- सूचना का अधिकार कानून (आरटीआई) वर्ष 2005 में लागू किया गया था।
- सूचना का अधिकार अधिनियम, 2005 संसद द्वारा अधिनियमित किया गया है और 15 जून, 2005 से लागू हो गया है।
- इस अधिनियम में नागरिकों को प्रत्येक लोक प्राधिकरण के कार्य में पारदर्शिता और जवाबदेही को बढ़ावा देने के लिए सार्वजनिक प्राधिकरणों के नियंत्रण में सूचना तक पहुंच सुरक्षित करने के लिए सूचना के अधिकार का प्रावधान है।
- संसद या राज्य विधानमंडल द्वारा बनाए गए कानून द्वारा या उपयुक्त सरकार द्वारा अधिसूचना द्वारा स्थापित सभी विश्वविद्यालय और कॉलेज या सरकार द्वारा प्रदान की गई निधियों द्वारा प्रत्यक्ष या अप्रत्यक्ष रूप से वित्तपोषित स्वामित्व, नियंत्रित या पर्याप्त रूप से वित्तपोषित इस अधिनियम के तहत सार्वजनिक प्राधिकरण के अर्थ में आएंगे।

अतः विकल्प (C) सही है।

10.

- गैलिना PbS है।
- गैलिना एक ग्रे, घन, चमकदार, घने खनिज है जो आमतौर पर सीसे से जुड़ा होता है।
- अपने स्वास्थ्य जोखिम के कारण, सीसा का उपयोग अब नलसाजी या पेंट में प्रयोग नहीं किया जाता है, बल्कि कई कई अनुप्रयोगों जैसे बैटरी, या रेडियो और अन्य इलेक्ट्रॉनिक उपकरणों के लिए अर्ध-चालक के रूप में उपयोग किए जाते हैं।
- चिकित्सा उद्योग में एक्स-रे उपकरण से सुरक्षा के रूप में लीड वेस्ट का उपयोग किया जाता है।

अतः विकल्प (B) सही है।

11.

- होशियार सिंह दहिया को 1971 के भारत-पाकिस्तान युद्ध के दौरान उनकी सेवा के लिए परम वीरा चक्र से सम्मानित किया गया है।
- परम वीर चक्र 26 जनवरी 1950 को पहला गणतंत्र दिवस पर आयोजित किया गया।
- परम वीर चक्र (परमवीर चक्र) सबसे विशिष्ट बहादुरी या कुछ साहसी या वीरता या पूर्व-बलिदान के पूर्व कार्य के लिए प्रदान किया जाता है, दुश्मन की उपस्थिति में, चाहे वह जमीन पर हो, समुद्र में या हवा में।

अतः विकल्प (A) सही है।

12.

- हरियाणा के सबसे लंबे समय तक सेवा करने वाले मुख्यमंत्रियों में से एक बंसी लाल 1975-77 के दौरान केंद्रीय रक्षा मंत्री थे।
- हरियाणा के बंसी लाल, देवी लाल, भजन लाल तीन सबसे प्रमुख पूर्व मुख्यमंत्री हैं।

अतः विकल्प (C) सही है।

13.

- जौ की फसल के माल्ट अर्क को बढ़ावा देने, बोनविटा, हॉर्लिक्स जैसे ऊर्जा से भरपूर पेय में पूरक के रूप में उपयोग किया जाता है।
- गेहूं का उत्पादन अनाज और जौ विभिन्न ऊर्जा को बढ़ावा देने के पेय के लिए की खुराक बनाने में फसलों के अर्क के रूप में उपयोग किया जाता है।
- इन पौधों पर आधारित खाद्य फसलों का व्यापक रूप से मानव उपभोग और समग्र स्वास्थ्य और कल्याण के लिए उपयोग किया जाता है।
- इनकी पहुंच और पोषण की मात्रा बहुत अधिक होती है।

अतः विकल्प (C) सही है।

14.

- चंडीगढ़ के रॉक गार्डन की स्थापना नेक चंद सैनी ने की थी।
- रॉक गार्डन चंडीगढ़ का एक मूर्तिकला उद्यान है।
- उद्यान चालीस एकड़ (160,000 वर्गमीटर) के क्षेत्र में फैला हुआ है।

- यह पूरी तरह से औद्योगिक और घर के कचरे और परित्यक्त वस्तुओं से बना है। मूर्तियां बोतलों, कांच, चूड़ियों, टाइल्स, सिरेमिक पॉट्स, सिंक और इलेक्ट्रिकल कचरे का उपयोग करके बनाई जाती हैं।
- मूर्तियों के अलावा, इस उद्यान में मानव निर्मित झरने भी हैं।

अतः विकल्प (A) सही है।

15.

- बीरेंद्र नारायण चक्रवर्ती हरियाणा के सबसे लंबे समय तक सेवारत राज्यपाल रहे।
- हरियाणा भारत के राज्यों में से एक है।
- इसकी राजधानी चंडीगढ़ है।
- मनोहर लाल खट्टर हरियाणा के मौजूदा मुख्यमंत्री हैं।
- हरियाणा में गुरुग्राम एक उपग्रह शहर है (उपग्रह शहर छोटे शहर हैं जो बड़े या मुख्य शहरों के पास नियोजित और विकसित हैं। ये शहर ज्यादातर बड़े या मुख्य शहरों से स्वतंत्र हैं। ऐसे शहरों के विकास का मुख्य उद्देश्य अधिक आबादी वाले और शहरीकृत मुख्य शहर को कम करना है।

अतः विकल्प (B) सही है।

16.

- पहला गुटनिरपेक्ष शिखर सम्मेलन बेलग्रेड में आयोजित किया गया था
- गुटनिरपेक्ष आंदोलन (एनएएम) राज्यों का एक समूह है जो औपचारिक रूप से किसी भी प्रमुख शक्ति ब्लॉक के साथ या उसके साथ गठबंधन नहीं करता है।
- गुटनिरपेक्ष आंदोलन की स्थापना बेलग्रेड के पहले शिखर सम्मेलन में व्यापक भौगोलिक आधार पर की गई थी, जो 1-6 सितंबर, 1961 को आयोजित किया गया था।

अतः विकल्प (A) सही है।

17.

- इलेक्ट्रोमैग्नेटिक स्पेक्ट्रम की UV-B किरणें त्वचा जलने, टैनिंग, कैंसर आदि का मुख्य कारण हैं।
- UV-B त्वचा की शीर्ष परत (एपिडर्मिस) में प्रवेश करता है जिससे कोशिकाओं को नुकसान पहुंचता है।
- UV-B सनबर्न के लिए जिम्मेदार है - त्वचा कैंसर, विशेष रूप से मेलानोमा के लिए एक महत्वपूर्ण जोखिम कारक है।

अतः विकल्प (B) सही है।

18.

- एक्टोमेट्रियम गर्भाशय की एक परत नहीं है।
- गर्भाशय मादा प्रजनन अंग का हिस्सा होता है जिसका आकार उल्टे नाशपाती की तरह होता है और इसे गर्भाशय के रूप में जाना जाता है।
- गर्भाशय अपने सबसे विस्तृत बिंदु पर लगभग 7 सेमी लंबा और 5 सेमी चौड़ा है।
- इसकी दीवार में तीन मोटी परतें हैं जिन्हें आंतरिक परत अस्तर के रूप में जाना जाता है जिसे एंडोमेट्रियम भी कहा जाता है।
- मध्य और सबसे मोटी परत को मायोमेट्रियम के रूप में जाना जाता है, और अंत में, बाहरी सीरम परत को परिधि कहा जाता है।

अतः विकल्प (D) सही है।

19. दिया है:

- एक निश्चित संस्कृति में जीवाणु की संख्या हर घंटे दोगुनी हो जाती है।
- मूल रूप से संस्कृति में मौजूद 30 जीवाणु।

इसलिए, हर घंटे के बाद जीवाणुओं की संख्या एक G.P बनाएगी।

पहला कार्यकाल (a = 30) और सामान्य अनुपात (r = 2)

4 वें घंटे के अंत में जीवाणु की संख्या 480 होगी।

$$ar^4 = (30)(2)^4 = 480$$

अतः विकल्प (C) सही है।

20.

$$
\begin{array}{ccccccccccccc}
& & & & & & 1 & & & & & & \\
& & & & & 1 & & 1 & & & & & \\
& & & & 1 & & 2 & & 1 & & & & \\
& & & 1 & & 3 & & 3 & & 1 & & & \\
& & 1 & & 4 & & 6 & & 4 & & 1 & & \\
& 1 & & 5 & & 10 & & 10 & & 5 & & 1 & \\
1 & & 6 & & 15 & & 20 & & 15 & & 6 & & 1 \\
\end{array}
$$

हम प्रश्न को हल करने के लिए सातवीं पंक्ति का उपयोग करेंगे:

$$(\sqrt{2} + 1)^6 = (\sqrt{2})^6 + 6(\sqrt{2})^5 + 15(\sqrt{2})^4 + 20(\sqrt{2})^3 + 15(\sqrt{2})^2 + 6(\sqrt{2}) + 1^6$$

$$(\sqrt{2} - 1)^6 = (\sqrt{2})^6 - 6(\sqrt{2})^5 + 15(\sqrt{2})^4 - 20(\sqrt{2})^3 + 15(\sqrt{2})^2 - 6(\sqrt{2}) + 1^6$$

$$(\sqrt{2} + 1)^6 + (\sqrt{2} - 1)^6 = 2(\sqrt{2})^6 + 30(\sqrt{2})^4 + 30(\sqrt{2})^2 + 2 = 16 + 120 + 60 + 2 = 198$$

अतः विकल्प (C) सही है।

21.

- किसी अपराध की जांच एक पुलिस अधिकारी द्वारा की जाती है।
- सीआरपीसी की धारा 156- किसी भी पुलिस स्टेशन के प्रभारी अधिकारी, मजिस्ट्रेट के आदेश के बिना किसी भी संज्ञेय मामले की जांच कर सकते हैं

अतः विकल्प (C) सही है।

22.

- आईपी का अर्थ इंटरनेट प्रोटोकॉल है और पूरे नेटवर्क में डेटा पैकेट, या डेटाग्राम बनाने और प्रसारित करने के लिए मानकों और आवश्यकताओं के एक सेट का वर्णन करता है।
- इंटरनेट प्रोटोकॉल (IP) इंटरनेट प्रोटोकॉल सूट की इंटरनेट परत का हिस्सा है।
- 202.50.20.148 आईपी एड्रेस है।

अतः विकल्प (C) सही है।

23. अली बक्श को हरियाणा में लोक रंगमंच का जनक कहा जाता है। उस्ताद अली बक्श खान अपने समकालीन गायक उस्ताद फतेह अली खान के साथ, पटियाला घराने के संस्थापक थे। उस्ताद अली बक्श खान अपने दोस्त फतेह अली खान के साथ गाते थे।

अतः विकल्प (A) सही है।

24.

- आईआर-किरणें ग्रीनहाउस प्रभाव का कारण हैं।
- ग्रीनहाउस प्रभाव पृथ्वी की सतह और वायुमंडल की सबसे गर्म परत (वायुमंडल की सबसे निचली परत) है जो वायु में जल वाष्प, कार्बन डाइऑक्साइड, मीथेन और कुछ अन्य गैसों की उपस्थिति के कारण होती है। उन गैसों में, जिन्हें ग्रीनहाउस गैसों के रूप में जाना जाता है, जल वाष्प का सबसे बड़ा प्रभाव है।

अतः विकल्प (A) सही है।

25. दिए गए अनुक्रम -1,0,1,8,27

दी गई श्रृंखला के लिए n^3 अलग-अलग पद देगा।

जहाँ n कोई प्राकृतिक संख्या है।

पद 1 के लिए = $(-1)^3$ = -1

पद 2 के लिए = $(0)^3$ = 0

पद 3 के लिए = $(1)^3$ = 1

और इसी तरह,

पद 6 के लिए = $(4)^3$ = 64

अतः विकल्प (D) सही है।

26. दिया है:

|x - 2| < 5

-5 ≤ x - 2 ≤ 5

-5 + 2 ≤ x - 2 + 2 ≤ 5 + 2

-3 ≤ x ≤ 7

x ∈ [-3, 7]

अतः विकल्प (B) सही है।

27.

- कुल खाद्यान्न उत्पादन में, हरियाणा में गेहूं की फसल पहले स्थान पर है।
- हरियाणा मुख्य रूप से गेहूं, चावल, बाजरा, सरसों, गन्ना, और कपास के प्रसार के साथ एक कृषि अर्थव्यवस्था है।

अतः विकल्प (B) सही है।

28. हरियाणा में राय (जिला सोनीपत) में एक और पूर्णतः विकसित साहा (जिला अंबाला) में हरियाणा राज्य औद्योगिक और आधारभूत विकास निगम (HSIIDC) में दो पूर्ण विकसित फूड पार्क स्थापित करने के बाद बरही (जिला सोनीपत) में एक और मेगा फूड पार्क विकसित किया जा रहा है, जो रणनीतिक रूप से NH-I पर स्थित है, जिसे लोकप्रिय रूप से दिल्ली-अंबाला राष्ट्रीय राजमार्ग के रूप में जाना जाता है।

अतः विकल्प (C) सही है।

29.

- काला हिरन हरियाणा का राज्य पशु है।
- काला हिरण को इंडियन ब्लैक बक एंटेलोप (एंटीलोप / सर्वाइकैप एल) भी कहा जाता है। इसकी चार उपप्रजातियाँ हैं।
- राजकीय वृक्ष - पीपल, पीपल या बो वृक्ष (फिकस धर्म)
- राज्य पुष्प - कमल
- स्टेट बर्ड - ब्लैक फ्रांसोलिन

अतः विकल्प (B) सही है।

30. तीव्र छाती में दर्द का एक लक्षण जो तब दिखाई देता है जब हृदय की मांसपेशियों तक पर्याप्त ऑक्सीजन नहीं पहुंच पाती है उसे एनजाइना पेक्टोरिस कहा जाता है।

एनजाइना पेक्टोरिस, या सिर्फ एनजाइना, अस्थायी छाती में दर्द या असुविधा है जो हृदय की मांसपेशियों में रक्त के प्रवाह में कमी के कारण होता है।

रक्त के प्रवाह में कमी के कारण, हृदय की मांसपेशियों को पर्याप्त ऑक्सीजन नहीं मिलती है, जिसके परिणामस्वरूप छाती में दर्द होता है।

जबकि एनजाइना दिल का दौरा नहीं है, यह दिल के दौरे के लिए बढ़े हुए खतरे का संकेत देता है। अगर किसी को सीने में दर्द या बेचैनी का अनुभव हो तो तुरंत चिकित्सकीय सहायता लें।

अतः विकल्प (A) सही है।

31. जब दो पासे फेंके जाते हैं, तो नमूना स्थान होता है

$$S = \{(1,1), (1,2), (1,3), (1,4), (1,5), (1,6),$$
$$(2, 1), (2, 2), (2, 3), (2, 4), (2, 5), (2, 6),$$
$$(3, 1), (3, 2), (3, 3), (3, 4), (3, 5), (3, 6),$$
$$(4, 1), (4, 2), (4, 3), (4, 4), (4, 5),$$
$$(4, 6), (5, 1), (5, 2), (5, 3), (5, 4), (5, 5), (5, 6),$$
$$(6, 1), (6, 2), (6, 3), (6, 4), (6, 5), (6, 6)\}$$
$$\therefore n(S) = 36$$

घटना A: पहले पासे पर 6 प्राप्त करना।

$$\therefore A = (6,1), (6,2), (6,3), (6,4), (6,5), (6,6)$$
$$\therefore n(A) = 6$$
$$\therefore P(A) = \frac{n(A)}{n(S)} = \frac{6}{36} = \frac{1}{6}$$

घटना B: पहले पासे पर 2 प्राप्त करना।

$$\therefore B = (1,2), (2,2), (3,2), (4,2), (5,2), (6,2)$$
$$\therefore n(B) = 6$$
$$\therefore P(B) = \frac{n(B)}{n(S)} = \frac{6}{36} = \frac{1}{6}$$

अब, $A \cap B = (6,2)$

$$\therefore n(A \cap B) = 1$$
$$\therefore P(A \cap B) = \frac{n(A \cap B)}{n(S)} = \frac{1}{36} \quad .....(i)$$

$$P(A) \times P(B) = \frac{1}{6} \times \frac{1}{6} = \frac{1}{36} \quad .....(ii)$$

(i) और (ii) से, हम प्राप्त करते हैं

$$P(A \cap B) = P(A) \times P(B)$$

∴ A और B स्वतंत्र घटनाएँ हैं।

अतः विकल्प (B) सही है।

32. चार सूट यानी डायमंड, स्पेड, हार्ट, क्लब और प्रत्येक सूट के 13 कार्ड हैं।

	कुल	चुने जाने वाले कार्ड की संख्या	संख्या के तरीके
डायमंड	13	4	$^{13}C_4$
स्पेड	13	4	$^{13}C_4$
हार्ट	13	4	$^{13}C_4$
क्लब	13	4	$^{13}C_4$

चूंकि, वे अलग-अलग मामले हैं,

इसलिए, हम तरीकों की संख्या जोड़ते हैं

इस प्रकार,

एक ही सूट के चार कार्ड चुनने के तरीकों की आवश्यक संख्या

$$= {}^{13}C_4 + {}^{13}C_4 + {}^{13}C_4 + {}^{13}C_4$$

$$= 4 \times {}^{13}C_4$$

$$= 4 \times \frac{13!}{4!(13-4)}$$

$$= 4 \times \frac{13!}{4!9!}$$

$$= 4 \times \frac{13\times12\times11\times10\times9!}{4!\times3\times2\times1\times9!}$$

$$= 4 \times \frac{13\times12\times11\times10}{4\times3\times2\times1}$$

$$= 2860 \text{ तरीके}$$

अतः विकल्प (A) सही है।

33. हरियाणा का विधानसभा भवन चंडीगढ़ में है। कार्यालय का कार्यकाल पाँच वर्ष का होता है। टर्म लिमिट लीडरशिप की 5 साल है।

अतः विकल्प (D) सही है।

34. दिया है:

अक्षर श्रृंखला _ONPM _NPMO _PMON_

दी गई शृंखला को चार के समूह में विभाजित करना

_ONP\M _NP\MO _P\MON_

यहाँ से MONP रिपीटिंग स्वरूप है और MONP अक्षर श्रृंखला को पूरा करेगा।

अतः विकल्प (D) सही है।

35. माना C & T उन लोगों के सेट को निरूपित करता है, जिन्हें क्रिकेट और टेनिस पसंद है।

समूह में लोगों की संख्या

= क्रिकेट या टेनिस पसंद करने वालों की संख्या

= n(C∪T)

क्रिकेट पसंद करने वालों की संख्या = n (C) = 40,

क्रिकेट और टेनिस दोनों को पसंद करने वालों की संख्या = n(C∩T) = 10

हम जानते हैं कि,

n(C∪T) = c(C)+n(T)-n(C∩T)

65 = 40+n(T)-10

65 = 40-10+n(T)

65 = 30+n(T)

65-30 = n(T)

35 = n(T)

n(T) = 35

इसलिए, 35 लोग टेनिस पसंद करते हैं।

जितने लोग केवल टेनिस पसंद करते हैं लेकिन क्रिकेट नहीं।

ऐसे लोगों की संख्या जो केवल टेनिस नहीं बल्कि क्रिकेट पसंद करते हैं

= टेनिस पसंद करने वालों की संख्या - टेनिस और क्रिकेट दोनों को पसंद करने वालों की संख्या

= n(T-C)

= n(T)-n(T∩C)

= 35-10

= 25

अतः विकल्प (B) सही है।

36.

- मुदा एक प्रकार की फुलकारी नहीं है।
- फुलकारी, जिसका शाब्दिक अर्थ 'फूल के काम' में है, का इतिहास पंजाब की संस्कृति से जुड़ा हुआ है।
- चरखे से निकाली गई इस शानदार शैली की कढ़ाई ओडिनियों, शॉल, कुर्तियों और चुनरी पर की गई है।
- बाग, चोप और सुभर, दर्शन द्वार, सांची, तिल पात्रा, नीलक, घुंघट बाग, और काछमास फुलकारी शैलियों के प्रकार हैं।

अतः विकल्प (D) सही है।

37.

- इसका पहला शिखर सम्मेलन बैंगलोर में आयोजित किया गया था, सार्क के बारे में गलत कथन है।
- दक्षिण एशियाई क्षेत्रीय सहयोग संगठन (SAARC) 1985 में एक क्षेत्रीय सहकारी ढांचे को विकसित करने के क्षेत्र के सामूहिक निर्णय की अभिव्यक्ति के रूप में बनाया गया था।
- वर्तमान में, सार्क में आठ सदस्य देश हैं, जैसे कि अफगानिस्तान, बांग्लादेश, भूटान, भारत, नेपाल, मालदीव, पाकिस्तान और श्रीलंका।

- इसके नौ पर्यवेक्षक भी हैं, अर्थात् चीन, यूरोपीय संघ, ईरान, कोरिया गणराज्य, ऑस्ट्रेलिया, जापान, मॉरीशस, म्यांमार और संयुक्त राज्य अमेरिका।

अतः विकल्प (B) सही है।

38.

- 'पिडी' फुटस्टूल शिल्प को संदर्भित करता है।
- पिडी एक स्टूल है, जिसकी सीट को रंगीन पैटर्न बनाने के लिए ट्विस्टेड धागे के साथ बनाया गया है।
- धागे की मोटाई ऑब्जेक्ट से ऑब्जेक्ट में भिन्न होती है, उदाहरण के लिए, एक मोटा या बेड एक मोटा सुतली के साथ बनायी जाती है।
- पिडी के दूसरी तरफ में हमेशा एक अलग डिज़ाइन होता है।

अतः विकल्प (C) सही है।

39. दिया है:

HEATER को KBDQHO के रूप में कोडित किया गया है

स्वरूप इस प्रकार है

H+3 = K

E-3 = B

A+3 = D

T-3 = Q

E+3 = H

R-3 = O

तब COOLER को कोडित किया जाता है

C+3 = F

O-3 = L

O+3 = R

L-3 = I

E+3 = H

R-3 = O

इसलिए, कोड FLRIHO है।

अतः विकल्प (A) सही है।

40. एक विद्युत विभव के अंतर्गत कोलाइडल कणों की गति वैद्युतकणसंचलन कहलाती है।

इस प्रक्रिया में, जब एक विद्युत आवेश कोलाइडल विलयन पर लगाया जाता है तो धनात्मक आवेशित कण कैथोड की ओर बढ़ेंगे और ऋणात्मक आवेशित कण एनोड की ओर बढ़ेंगे।

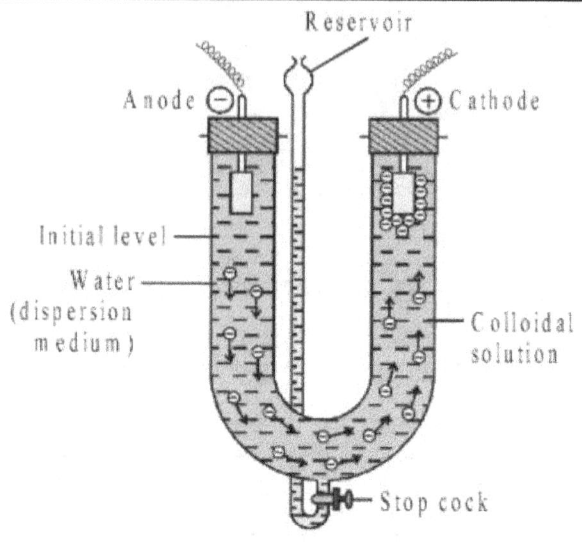

घटना में मदद करता है-

- निलंबित अशुद्धियों को दूर करना
- चिमनी गैसों से धुआं निकालना
- रबर का विद्युत
- कोलाइडल पिगमेंट के साथ धातुओं को चित्रित करना
- मिश्रण की जमावट
- आवेश का निर्धारण

अतः विकल्प (D) सही है।

41.

- ब्रह्मोस सुपरसोनिक मिसाइल है।
- ब्रह्मोस एक दो चरणीय मिसाइल है जिसमें एक ठोस प्रोपेलेंट बूस्टर इंजन है, जो इसके पहले चरण के रूप में है जो इसे सुपरसोनिक गति तक लाता है और फिर अलग हो जाता है।
- तरल रैमजेट या दूसरा चरण तब क्रूज चरण में मिसाइल को 3 मैक गति के करीब ले जाता है।

अतः विकल्प (D) सही है।

42.

- हरियाणा पुलिस और महिला और बाल विकास विभाग ने राज्य के लापता बच्चों का पता लगाने और उन्हें बचाने के लिए एक अभियान 'ऑपरेशन मुस्कान' शुरू किया है।
- इस अभियान का उद्देश्य गुमशुदा, निराश्रित और अलग हुए बच्चों का पता लगाना और उन्हें उनके माता-पिता के साथ फिर से जोड़ना है।
- अभियान को दो भागों में विभाजित किया गया है।
- पहले भाग के तहत, उन बच्चों की पहचान की जाएगी जो या तो लापता हो गए हैं या अपने माता-पिता से अलग हो गए हैं और निराश्रित की तरह रह रहे हैं।
- दूसरा भाग उन्हें अपने माता-पिता या अभिभावकों के साथ फिर से जोड़ना है।

अतः विकल्प (C) सही है।

43.

- अमाशय में अम्ल जन्मजात प्रतिरक्षा का शारीरिक बाधा है।
- पेट, मूत्राशय और गुर्दे का अम्लीय वातावरण और आंतों का पित्त कई विषाणु और जीवाणु को निष्क्रिय करता है।
- लैक्टिक अम्ल-उत्पादक जीवाणु (सामान्य वनस्पतियों) की उपस्थिति के कारण लगभग 4.4 में महिला जननांग पथ का कम पीएच अधिकांश रोगजनकों के लिए अवरोधक है।

अतः विकल्प (B) सही है।

44. डेटा को एक प्रकार से दूसरे में परिवर्तित करने की एक स्पष्ट प्रक्रिया को टाइपकास्टिंग कहा जाता है।

टाइपकास्टिंग कुछ और नहीं बल्कि एक डेटा टाइप को एक वैरिएबल को किसी अन्य डेटाटाइप में बदलने का नया तरीका है।

टाइपकास्टिंग को दो प्रकारों में दर्शाया गया है:

अंतर्निहित टाइपकास्टिंग: संकलक द्वारा किए गए इस निहित टाइपकास्टिंग में और जानकारी का कोई नुकसान नहीं है

एक्सक्लूसिव टाइपकास्टिंग: इसमें स्पष्ट टाइपकास्टिंग प्रोग्रामर द्वारा किया जाता है और जानकारी का नुकसान होगा।

उदाहरण:

float x=5.5;

int y=(int)x;

इस कोड में, दूसरा कथन फ्लोट से पूर्णांक मान तक टाइप करेगा और y का मान 5 होगा, हालाँकि, मूल x मान पर कोई बदलाव नहीं होगा।

अतः विकल्प (A) सही है।

45. कोडांतरण भाषा एक उच्च-स्तरीय प्रोग्रामिंग भाषा नहीं है।

उच्च-स्तरीय भाषा:

- यह मशीन की जानकारी से स्पष्ट अमूर्तता के साथ प्रोग्रामिंग की एक भाषा है।
- एक उच्च मानक की भाषा एक सॉफ्टवेयर अनुप्रयोग है जिसका उद्देश्य सॉफ्टवेयर विकास को आसान बनाना है।
- यह "उच्च-स्तरीय" है, हालांकि डेस्कटॉप के ऑपरेटिंग सिस्टम पर चलने वाले वास्तविक कोड से कई कदम उठाए जाते हैं।
- सबसे व्यापक रूप से उपयोग की जाने वाली प्रोग्रामिंग भाषाओं को उच्च गुणत्ता की भाषा माना जाता है।

अतः विकल्प (C) सही है।

46.

- अंतर्राष्ट्रीय योग दिवस 21 जून को मनाया जाता है।
- पहली बार, यह 21 जून 2015 को मनाया गया था।
- अंतर्राष्ट्रीय योग दिवस 2020, 6 वाँ अंतर्राष्ट्रीय योग दिवस था।
- कोविड-19 महामारी के कारण, इस वर्ष, अंतर्राष्ट्रीय योग दिवस आभासी हो गया।
- अंतर्राष्ट्रीय योग दिवस 2020 का थीम "योगा एट होम एंड योगा विद फैमिली" था।
- अंतर्राष्ट्रीय योग दिवस 2019 का थीम "क्लाइमेट एक्शन" था।

अतः विकल्प (D) सही है।

47. दिया है:

- 'A' का अर्थ '×' है
- 'B' का अर्थ '÷' है
- 'C' का अर्थ '+' है
- 'D' का अर्थ '-' है

= 21 C 3 D 6 A 8 V 2

= 21 + 3 - 6 × 8 ÷ 2

= 21 + 3 - 24

= 0

अतः विकल्प (B) सही है।

48. दिए गए आँकड़े का अर्थ $=$ सभी पद का योग $/$ पद की कुल संख्या

$$\bar{x} = \frac{6+7+10+12+13+4+8+12}{8}$$

$$= \frac{72}{8}$$

$$= 9$$

x_i	$x_i - \bar{x}$	$|x_1 - \bar{x}|$
6	$6 - 9 = -3$	$|-3| = 3$
7	$7 - 9 = -2$	$|-2| = 2$
10	$10 - 9 = 1$	$|1| = 1$
12	$12 - 9 = 3$	$|3| = 3$
13	$13 - 9 = 4$	$|4| = 4$
4	$4 - 9 = -5$	$|-5| = 5$
8	$8 - 9 = -1$	$|-1| = 1$
12	$12 - 9 = 3$	$|3| = 3$

$$\sum_1^8 |x_i - \bar{x}| = 22$$

माध्य के बारे में विचलन

$$= \frac{\sum |x_i - x|}{8}$$

$$= \frac{22}{8}$$

$$= 2.75$$

अतः विकल्प (C) सही है।

49.

- घोड़ा गैर-जुगाली करने वाला होता है।
- गैर-जुगाली करने वाले जानवर एकल कक्ष पेट वाले जानवर होते हैं, जैसे कि सूअर, मुर्गी, घोड़े, कुत्ते, बिल्लियाँ और इंसान।
- गैर-जुगाली करने वाला पोषण इन जानवरों के आहार को देखता है क्योंकि यह उनके पाचन, विकास, प्रदर्शन और समग्र स्वास्थ्य से संबंधित है।

अतः विकल्प (B) सही है।

50.

- बलदेव राज महाजन हरियाणा के वर्तमान महाधिवक्ता हैं।

- उन्हें पंजाब एवं हरियाणा उच्च न्यायालय द्वारा 29.05.2014 को वरिष्ठ अधिवक्ता के रूप में नामित किया गया था, जिसमें अधिकतम मत और बिना किसी नकारात्मक मतदान के उनकी नियुक्ति हुई।

- उन्हें 10.11.2014 को हरियाणा का महाधिवक्ता नियुक्त किया गया था।

अतः विकल्प (A) सही है।

51. $cos0° = 1$

कॉसाइन फ़ंक्शन का अधिकतम और न्यूनतम मूल्य क्रमशः $1, -1$ के ग्राफ में दिखाया गया है।

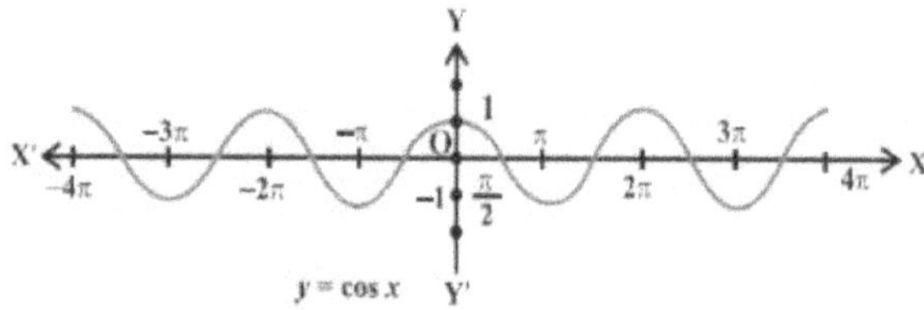

अतः विकल्प (B) सही है।

52.

- बाबा रामदेव को योग और आयुर्वेद को बढ़ावा देने के लिए ब्रांड एंबेसडर नियुक्त किया गया है।

- हरियाणा के खेल एवं स्वास्थ्य मंत्री अनिल विज ने प्रदेश में हजारों एकड़ भूमि पर विकसित होने वाले हर्बल वन को समर्पित किया, जहां आयुर्वेदिक जड़ी-बूटियों की 25 हजार प्रजातियों के पौधे योग गुरु और उनके करीबी सहयोगी बालकृष्ण की देखरेख में उगाए जाएंगे।

अतः विकल्प (A) सही है।

53.

- नदी के जल का अन्तः श्रवण के कारण बंगाल की खाड़ी में जल की कम लवणता देखी जाती है।

- इसका कारण यह है कि खाड़ी बारिश के रूप में और आसपास की नदियों के अपवाह से बहुत अधिक मात्रा में ताजा जल प्राप्त करती है।

अतः विकल्प (D) सही है।

54.

- हाल ही में मॉरीशस ने हरियाणा सरकार से अपने देश में गीता जयंती महोत्सव मनाने का अनुरोध किया है।

- श्रीमद भगवत गीता हिंदुओं की पवित्र पुस्तक है और गीता जयंती समरोह श्रीमद भगवत गीता के जन्म को समर्पित है।

- यह पर्व मुख्य रूप से हरियाणा के कुरुक्षेत्र में मनाया जाता है।

अतः विकल्प (D) सही है।

55. दिया है:

7:24

24 नीचे दिखाए गए रूप में प्राप्त किया जाता है:

7×3 = 21

21+3 = 24

इसी प्रकार, विकल्प (A) के लिए

30:100

30×3 = 90

90+3 = 93 जो 100 के बराबर नहीं है, इसलिए, यह आवश्यक संबंध का पालन नहीं करता है।

विकल्प (B) के लिए

23:72

23×3 = 69

69+3 = 72

अतः विकल्प (B) सही है।

56. दिया है:

विवाहित जोड़ों की संख्या = 3

सीटों की संख्या = 6

आइए हम विवाहित जोड़ों को S1, S2, S3 द्वारा निरूपित करें

फिर उन तरीकों की संख्या जिसमें पति-पत्नी एक दूसरे के बगल में बैठ सकते हैं 3! = 6 तरीके है

फिर से प्रत्येक जोड़े को 2! में बैठाया जा सकता है

इस प्रकार बैठने की व्यवस्था की कुल संख्या ताकि पति-पत्नी एक दूसरे के बगल में बैठें

= 3! × 2! × 2! × 2! = 48

अतः विकल्प (C) सही है।

57. माना ज्यामितीय श्रेणी $\frac{a}{r}, a, ar$ है।

$\frac{a}{r} + a + ar = \frac{13}{12}$ और $\frac{a}{r} \times a \times ar = -1$

$\Rightarrow a\left(\frac{r^2+r+1}{r}\right) = \frac{13}{12}$ और $a^3 = -1$

$\Rightarrow a = -1$ और $a(r^2 + r + 1) = \frac{13r}{12}$

$\Rightarrow r^2 + r + 1 = -\frac{13r}{12}$

$\Rightarrow 12r^2 + 25r + 12 = 0$

$\Rightarrow 12r^2 + 16r + 9r + 12 = 0$

$\Rightarrow (3r + 4)(4r + 3) = 0$

$\Rightarrow r = -\frac{4}{3}$ या $-\frac{3}{4}$

इसलिए, तीन संख्याएँ $\frac{3}{4}, -1, \frac{4}{3}$ या, $\frac{4}{3}, -1, \frac{3}{4}$ हैं।

अतः विकल्प (A) सही है।

58. जुगाली करने वालों का पेट चार भागों में विभाजित है।

चार भाग हैं:

1. रुमेन
2. रेटिकुलम
3. आमाशय
4. जठरान्त

अतः विकल्प (A) सही है।

59.

- न्यायालय द्वारा आरोप लगाया जाता है।
- आरोप तय करना उन अपराधों की सरल मान्यता है जिनके लिए अभियुक्त को अदालत में पेश किया जाएगा।
- पुलिस द्वारा एक आरोप पत्र तैयार किया जाता है और अदालत में प्रस्तुत किया जाता है।
- आरोप पत्र के आधार पर कोर्ट आरोपियों के खिलाफ आरोप तय करता है, जिसके आधार पर ट्रायल किया जाता है।

अतः विकल्प (A) सही है।

60.

- क्रोम एक सर्च इंजन नहीं है।
- एक खोज इंजन एक वेब-आधारित उपकरण है जो उपयोगकर्ताओं को वर्ल्ड वाइड वेब पर जानकारी का पता लगाने में सक्षम बनाता है।
- खोज इंजन के लोकप्रिय उदाहरण गूगल, याहू, बिंग और MSN है।

अतः विकल्प (B) सही है।

61.

- चंद्रावती हरियाणा की पहली महिला राजनीतिज्ञ थीं जिन्होंने किसी राज्य की राज्यपाल के रूप में कार्य किया।
- चंद्रावती 1977 में हरियाणा से पहली बार महिला सांसद बनीं, जब उन्होंने भिवानी निर्वाचन क्षेत्र से चौधरी बंसी लाल को हराया।

अतः विकल्प (B) सही है।

62.

- लाल मस्जिद जिसे लाल मस्जिद के नाम से जाना जाता है, का निर्माण मुगल सम्राट अकबर ने वर्ष 1570 में किया था।
- यह हरियाणा के रेवाड़ी जिले में स्थित है।

अतः विकल्प (D) सही है।

63.

- गधा समूह में अन्य जानवरों से अलग है।
- गधे के सींग नहीं हैं जबकि गाय, बकरी और हिरण के सींग हैं।

अतः विकल्प (C) सही है।

64.

- पानीपत की पहली लड़ाई इब्राहिम लोधी और बाबर के बीच लड़ी गई थी।
- यह उत्तर भारत में 21 अप्रैल 1526 को हुआ था।
- इसने मुगल साम्राज्य की शुरुआत को चिह्नित किया।
- यह बारूद आग्नेयास्त्रों और फील्ड आर्टिलरी से जुड़ी सबसे शुरुआती लड़ाइयों में से एक थी।

अतः विकल्प (C) सही है।

65.

- संतोष यादव माउंट एवरेस्ट पर दो बार चढ़ने वाली दुनिया की पहली और सबसे कम उम्र की महिला हैं।
- वह कंगशुंग फेस से माउंट एवरेस्ट पर सफलतापूर्वक चढ़ने वाली पहली महिला हैं।
- वह पहली बार मई 1992 में चोटी पर चढ़ गई थी और फिर उन्होंने 1993 में फिर से ऐसा किया।

अतः विकल्प (B) सही है।

66.

- विलियम क्रूक ने गुगा किंवदंती का एक संस्करण एकत्र करने में महत्वपूर्ण भूमिका निभाई थी और इसे भारतीय पुरातन (1895) में प्रकाशित किया था।
- भारतीय पुरातन पुरातत्व, इतिहास, साहित्य, भाषा, दर्शन, धर्म, लोककथाओं में प्राच्य अनुसंधान की एक पत्रिका है, जो 1872 और 1933 के बीच प्रकाशित भारत से संबंधित मूल शोध की पत्रिका थी।

अतः विकल्प (B) सही है।

67.

- भारतीय संविधान के 61वें संशोधन ने मतदान की उम्र 21 से घटाकर 18 साल कर दी।
- संविधान का अनुच्छेद 326 प्रदान करता है कि संसद और हर राज्य की विधान सभा के चुनाव वयस्क मताधिकार के आधार पर होंगे, अर्थात, एक व्यक्ति की आयु 21 वर्ष से कम नहीं होनी चाहिए।

अतः विकल्प (A) सही है।

68. पेमा खांडू 17 जुलाई 2016 से 16 सितंबर 2016 तक कांग्रेस के सहयोग से मुख्यमंत्री रहे, उसके बाद 16 सितंबर 2016 से 31 दिसंबर 2016 तक पीपुल्स पार्टी ऑफ अरुणाचल के सहयोग से मुख्यमंत्री रहे और फिर 31 दिसंबर 2016 से 2019 के विधानसभा चुनाव होने तक भाजपा के सहयोग से मुख्यमंत्री रहे।

अतः विकल्प (B) सही है।

69.

- वर्ष 2016 के लिए हरियाणा संस्कृत गौरव सम्मान संस्कृत लेखक आचार्य महावीर प्रसाद शर्मा को प्रदान किया गया है।
- 2 लाख रुपए हरियाणा संस्कृत गौरव सम्मान के लिए दी जाने वाली पुरस्कार राशि है।

अतः विकल्प (B) सही है।

70.

- जिस वर्ग में केवल शुद्ध आभासी कार्य होता है उसे सार वर्ग कहा जाता है।
- कभी-कभी सभी कार्यों का कार्यान्वयन बेस क्लास में प्रदान नहीं किया जा सकता है क्योंकि कोई कार्यान्वयन नहीं जानता है। इस तरह के वर्ग को एक सार वर्ग कहा जाता है।

अतः विकल्प (C) सही है।

71. दिया है:

$$P(A) = \frac{4}{5} \text{ और } P(A \cap B) = \frac{7}{10}$$

$$P\left(\frac{B}{A}\right) = \frac{P(A \cap B)}{P(A)}$$

$$= \frac{\frac{7}{10}}{\frac{4}{5}}$$

$$= \frac{7}{4 \times 2} = \frac{7}{8}$$

अतः विकल्प (C) सही है।

72.

- Throw पायथन में एक कीवर्ड नहीं है।
- कीवर्ड पायथन में आरक्षित शब्द हैं जिनका उपयोग विशिष्ट कार्यों को ट्रिगर करने के लिए किया जाता है।
- हम किसी कीवर्ड का उपयोग वैरिएबल नाम, फ़ंक्शन नाम या किसी अन्य पहचानकर्ता के रूप में नहीं कर सकते क्योंकि ये कीवर्ड प्रत्येक का एक विशेष अर्थ रखते हैं।
- पायथन के सभी कीवर्ड लोअरकेस में हैं।

अतः विकल्प (C) सही है।

73.

- 2003 में संयुक्त राज्य अमेरिका द्वारा इराक पर आक्रमण शुरू करने के लिए इस्तेमाल किया गया कोड नाम ऑपरेशन इराकी फ्रीडम था।
- इराक युद्ध, जिसे द्वितीय फारस की खाड़ी युद्ध भी कहा जाता है, (2003-11), इराक में संघर्ष जिसमें दो चरण शामिल थे।
- इनमें से पहला एक संक्षिप्त था, पारंपरिक रूप से मार्च–अप्रैल 2003 में युद्ध लड़ा गया था, जिसमें संयुक्त राज्य अमेरिका और ग्रेट ब्रिटेन के सैनिकों की एक संयुक्त सेना (कई अन्य देशों के छोटे प्रतियोगियों के साथ) ने इराक पर आक्रमण किया और तेजी से इराकी सेना और अर्धसैनिक बलों को हराया।
- दूसरा चरण जिसमें इराक पर अमेरिकी नेतृत्व वाले कब्जे का एक विद्रोह द्वारा विरोध किया गया था। 2007 में हिंसा में गिरावट शुरू होने के बाद, संयुक्त राज्य अमेरिका ने धीरे-धीरे इराक में अपनी सैन्य उपस्थिति को कम कर दिया, औपचारिक रूप से दिसंबर 2011 में अपनी वापसी को पूरा किया।

अतः विकल्प (B) सही है।

74.

- 'एकुवेरिन' हाल ही में बेलागावी में आयोजित एक द्विपक्षीय सैन्य अभ्यास, भारत और मालदीव के बीच था।
- द्विपक्षीय वार्षिक अभ्यास भारतीय सेना और मालदीव राष्ट्रीय रक्षा बल (एमएनडीएफ) के बीच 14 दिवसीय संयुक्त सैन्य प्रशिक्षण है।
- 2009 से भारत और मालदीव में 'एकुवेरिन' का आयोजन किया गया।
- मालदीव भाषा में 'एकुवेरिन' का अर्थ 'मित्र' होता है।
- अभ्यास का फोकस संयुक्त राष्ट्र (यूएन) चार्टर के तहत एक शहरी या अर्ध-शहरी वातावरण में आतंकवाद-रोधी या आतंकवाद-रोधी अभियानों की पृष्ठभूमि में दोनों सेनाओं को एक-दूसरे की परिचालन प्रक्रियाओं से परिचित कराना है, जिसका समग्र उद्देश्य दोनों सेना के बीच अंतर को बढ़ाना है।

अतः विकल्प (B) सही है।

75. दिया है:

श्रृंखला ABC, FGH, LMN

<u>ABC</u> **DE** <u>FGH</u> **IJK** <u>LMN</u> **OPQR** <u>STU</u>

दी गई श्रृंखला के लिए अक्षरों के रेखांकित समूह श्रृंखला के पद हैं और बोल्ड अक्षर अलग-अलग पदों के बीच में मौजूद अंतराल हैं जो प्रत्येक पद में एक के परिमाण द्वारा बढ़ रहे हैं।

अतः विकल्प (C) सही है।

76.

- एकलव्य को समर्पित एकमात्र मंदिर, गुरुग्राम के खंडासा में स्थित है।

- एकलव्य मंदिर का निर्माण 'महाभारत के समय' के दौरान किया गया था और वह उसी स्थान पर खड़ा था, जहाँ एकलव्य, जो एक नीची जाति का था, ने अपने दाहिने हाथ का अंगूठा काट दिया और गुरु दक्षिणा में द्रोणाचार्य को अर्पित कर दिया।

अतः विकल्प (A) सही है।

77. दिया है:

sum = 0

for i in range (1,11,2):

\ for loop पायथन में 2 वृद्धि के साथ मान लेता है जब तक कि यह 1 से शुरू होकर 11 तक नहीं पहुंच जाता\

\ इस तर्क से यह स्पष्ट है कि 1 से शुरू होकर प्रोग्राम में विषम संख्याएं दिखाई देने वाली हैं, हम 1, 3, 5, 7, 9 प्राप्त करेंगे, और 11 पर अनुक्रम समाप्त हो जाएगा\

sum+ = i \ प्रोग्राम में यह लाइन विषम नंबर को जोड़ती रहेगी\

\1+3+5+7+9= 25\

print "sum=", sum \यह लाइन यूजर-एंड पर 25 आउटपुट देगी।\

अतः विकल्प (D) सही है।

78.

- 2018 कॉमनवेल्थ गेम्स में भारत द्वारा जीते गए कुल स्वर्ण पदकों की संख्या 26 है।
- भारत कॉमनवेल्थ गेम्स (CWG) के इतिहास में ऑस्ट्रेलिया में गोल्ड कोस्ट गेम्स 2018 में शानदार प्रदर्शन के साथ 500-मेडल के निशान को तोड़ने वाला पांचवा राष्ट्र बन गया।
- भारत ने 21 वें CWG को 26 स्वर्ण सहित 66 पदकों के साथ समाप्त किया।

अतः विकल्प (B) सही है।

79.

- गुरुग्राम में कार्तिक सांस्कृतिक महोत्सव का उद्देश्य विभिन्न मार्शल आर्ट और लोक कलाओं को बढ़ावा देना है जो विलुप्त होने के कगार पर थे।
- गुरुग्राम में कार्तिक सांस्कृतिक महोत्सव के आयोजन स्थल के रूप में नाहर सिंह महल को चुना गया था।

अतः विकल्प (B) सही है।

80.

- भारत में मैंगनीज का प्रमुख उत्पादक ओडिशा में है।
- यह 2000-01 में देश के कुल उत्पादन का एक तिहाई हिस्सा था।

अतः विकल्प (C) सही है।

81.

- पाइथन में समान प्रधानता वाले ऑपरेटर का मूल्यांकन बाएं से दाएं किया जाता है।
- इसका अर्थ यह है कि एक ही पूर्वता वाले ऑपरेटरों का मूल्यांकन बाएं से दाएं तरीके से किया जाता है। उदाहरण के लिए, 2+3+4 का मूल्यांकन (2+3)+4 के रूप में किया जाता है।
- कुछ ऑपरेटरों जैसे असाइनमेंट ऑपरेटरों के पास बाएं से समरूपता का अधिकार होता है अर्थित a = b = c को a (b = c) माना जाता है।

अतः विकल्प (B) सही है।

82. ब्रिक्स पांच प्रमुख उभरते देशों - ब्राजील, रूस, भारत, चीन और दक्षिण अफ्रीका से बना समूह है जो कुल मिलाकर लगभग जनसंख्या का 42%, सकल घरेलू उत्पाद का 23%, क्षेत्र का 30% और वैश्विक व्यापार का 18% है।

21 वीं सदी में दुनिया की पांच सबसे बड़ी अर्थव्यवस्थाओं के साथ-साथ उभरती शक्तियों को इंगित करने के लिए 2001 में गोल्डमैन साक्स द्वारा संक्षिप्त ब्रिक को बनाया गया था।

2011 में, दक्षिण अफ्रीका समूह में शामिल होने के साथ, ब्रिक्स अफ्रीकी महाद्वीप के एक देश को शामिल करते हुए अपनी अंतिम रचना पर पहुंच गया।

ब्रिक्स ने विभिन्न सहयोग क्षेत्रों की स्थापना की है। सबसे प्रमुख हैं:

- अर्थव्यवस्था और वित्त
- स्वास्थ्य
- विज्ञान प्रौद्योगिकी और नवाचार
- सुरक्षा
- व्यापार

अतः विकल्प (A) सही है।

83. उत्तल लेंस के लिए लेंस सूत्र,

$$\frac{1}{v} - \frac{1}{u} = \frac{1}{f}$$

$$\frac{1}{v} - \frac{1}{-60} = \frac{1}{20}$$

$$v = 30 \text{ सेमी}$$

उत्तल लेंस द्वारा बनाई गई छवि (I_1) उत्तल दर्पण के लिए एक वस्तु के रूप में कार्य करती है।

चूंकि दर्पण और लेंस 15 सेमी से अलग हो जाते हैं, I_1 और दर्पण के बीच की दूरी 15 सेमी है।

अर्थात $u = 15$

उत्तल दर्पण के लिए,

$$f = 2R = 10 \text{ सेमी}$$

दर्पण समीकरण से,

$$\frac{1}{v_2} + \frac{1}{u_2} = \frac{1}{f_2}$$

$$\frac{1}{v_2} + \frac{1}{15} = \frac{1}{10}$$

$$v_2 = 30 \text{ सेमी}$$

तो, प्रतिबिम्ब उत्तल दर्पण के 30 सेमी दाई ओर बनाई गई है।

किरण आरेख से, यह देखा जा सकता है कि प्रतिबिम्ब आभासी है।

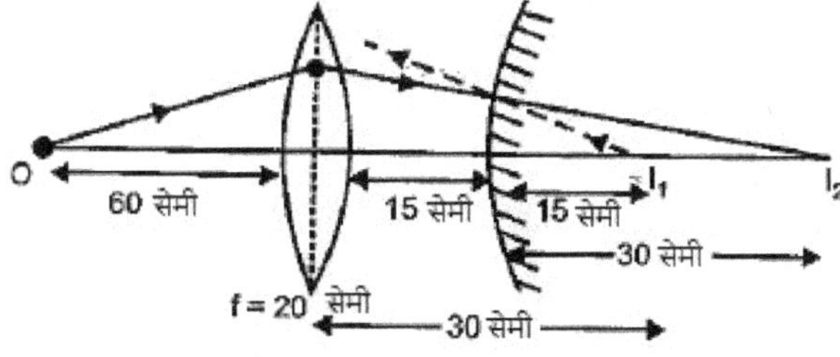

अतः विकल्प (C) सही है।

84. दिया गया आंकड़ा $3, 10, 10, 4, 7, 10, 5$ है।

यहां, $n = 7, \bar{x} = \frac{3+10+10+4+7+10+5}{7} = 7$

$\therefore$ माध्य से विचलन $= \frac{1}{n} \left(\sum |x - x| \right)$

$$= \frac{4+3+3+3+0+3+2}{7} = \frac{18}{7} = 2.57$$

अतः विकल्प (B) सही है।

85.

- महाकवि कालीदास सम्मान हरियाणा संस्कृत अकादमी द्वारा प्रस्तुत पुरस्कार नहीं है।
- महाकवि कालिदास सम्मान मध्य प्रदेश सरकार द्वारा प्रतिवर्ष प्रस्तुत किया जाने वाला एक प्रतिष्ठित कला सम्मान है।

अतः विकल्प (D) सही है।

86. दिया है:

A और B विवाहित जोड़े हैं।

X और Y भाई हैं।

X, A का भाई है।

A और B पति और पत्नी हैं। चूँकि X और Y भाई हैं, और X, A का भाई है, Y, A का भाई भी है।

इस प्रकार, Y, B का बहनोई है।

अतः विकल्प (B) सही है।

87. दिया है:

- A और B के बीच चार बस मार्ग हैं
- B और C के बीच तीन बस मार्ग हैं
- A, C से B तक बस द्वारा कई तरीकों से एक आदमी की यात्रा कर सकता है।

निम्नलिखित आकृति से:

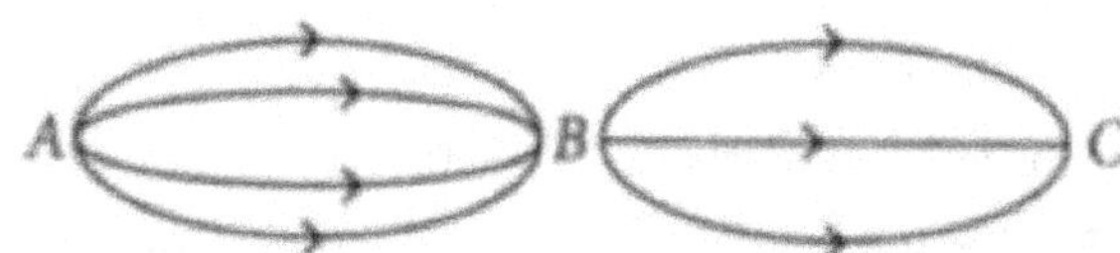

A से B तक 4 बस मार्ग हैं और B से C तक के 3 मार्ग हैं।

इसलिए, A से B तक जाने के लिए 4 × 3 = 12 मार्ग हैं।

यह एक गोल यात्रा है इसलिए आदमी B से A से C की ओर वापस जाएगा।

यह प्रतिबंधित है कि आदमी एक से अधिक बार C से B और B से समान बस मार्गों का उपयोग नहीं कर सकता है।

इस प्रकार, वापसी यात्रा के लिए 2 × 3 = 6 मार्ग हैं। इसलिए, तरीकों की आवश्यक संख्या 12 × 6 = 72

अतः विकल्प (A) सही है।

88.

- हरियाणा का महेंद्रगढ़ जिला खनिज संसाधनों में सबसे समृद्ध है।
- हरियाणा में 22 जिले हैं और महेंद्रगढ़ उनमें से एक है।

- यह जिला खनिज सामग्री और घरों चूना पत्थर, बलुआ पत्थर, फेल्डस्पार, सिलिका रेत, लोहा, केल्साइट, और अन्य में समृद्ध है।

अतः विकल्प (B) सही है।

89. Benny had finished cooking when the visitors entered.

Had finished shows the sentence is in Past Perfect Tense.

So, the third form of verb would be used.

Hence, the correct option is (C).

90. He had taken two wickets before play was interrupted by the rain.

Hence, the correct option is (A).

91. As soon as the speech started the demonstrators rushed to the platform.

Hence, the correct option is (B).

92. The Completed sentence is as shown below:

We are so late that we cannot catch the train

Hence, the correct option is (D).

93. Indirect: The master says "Have you seen the map?"

- Says ⇒ inquires
- ? ⇒ if
- Have ⇒ has
- You ⇒ he

Direct: The master inquires if he has seen the map

Hence, the correct option is (C).

94. Direct: He said, "Be quiet and listen to my words".

Indirect: He urged them to be quiet and listen to his words

- said urged
- my his

Hence, the correct option is (C).

95. 'जो किसी का उपकार न माने' उसे कृतघ्न कहते हैं

अतः विकल्प (C) सही है।

96. 'राम खाना खायेगा' इस वाक्य का कर्म वाच्य रूप है राम से खाना खाया जायेगा।

दूसरे शब्दों में क्रिया के जिस रूप से यह ज्ञात हो कि उसके प्रयोग का आधार कर्ता, कर्म या भाव है, उसे वाच्य कहते हैं। वाच्य के भेद-हिंदी में वाच्य के तीन भेद माने जाते हैं –

1. कर्तृवाच्य	2. कर्मवाच्य	3. भाववाच्य
↓	↓	↓
क्रिया का मुख्य संबंध कर्ता के साथ	क्रिया का मुख्य संबंध कर्म के साथ	क्रिया का मुख्य संबंध भाव के साथ अर्थात क्रिया खुद ही मुख्य हो जाए

अतः विकल्प (A) सही है।

97. 39 को हिंदी में उनतालीस कहते हैं।

अतः विकल्प (D) सही है।

98. "कुत्ते ने बिल्ली को मारा" इस वाक्य में "बिल्ली को" कर्म कारक हैं।

संज्ञा या सर्वनाम के जिस रूप से वाक्य के अन्य शब्दों के साथ उसके सम्बन्ध का बोध होता है, उसे कारक कहते हैं।

हिन्दी में आठ कारक होते हैं- कर्ता, कर्म, करण, सम्प्रदान, अपादान, सम्बन्ध, अधिकरण और सम्बोधन।

वह वस्तु या व्यक्ति जिस पर वाक्य में की गयी क्रिया का प्रभाव पड़ता है वह कर्म कहलाता है।

कर्म कारक का विभक्ति चिन्ह 'को' होता है।

अतः विकल्प (B) सही है।

99. गोल इनमे विशेषण है।

विशेषण वे शब्द होते हैं जो संज्ञा या सर्वनाम की विशेषता बताते हैं। ये शब्द वाक्य में संज्ञा के साथ लगकर संज्ञा की विशेषता बताते हैं।

विशेषण के मुख्यतः आठ भेद होते हैं:

- गुणवाचक विशेषण
- संख्यावाचक विशेषण
- परिमाणवाचक विशेषण
- सार्वनामिक विशेषण
- व्यक्तिवाचक विशेषण
- प्रश्नवाचक विशेषण
- तुलनबोधक विशेषण
- सम्बन्धवाचक विशेषण

अतः विकल्प (D) सही है।

100. 'शेरनी' 'शेर' शब्द का स्त्रीलिंग रूप है।

अतः विकल्प (C) सही है।

// टिप्पणियाँ //

// टिप्पणियाँ //